国家“十二五”重点图书
船舶与海洋工程·经典教材

船舶动力装置测试技术

陈 峻 刘允嘉 编著
张雅娣 主审

内容提要

本书是“十二五”国家重点图书“船舶与海洋出版工程·经典教材”系列重点建设教材，为经典教材《动力机械测试基础》的修订再版。全书共分12章：第1章测量技术概述；第2章测量误差分析；第3章测量系统基本特性；第4章传感器技术；第5章温度测量；第6章压力与流速测量；第7章流量测量；第8章转速和扭矩测量；第9章船舶液位测量；第10章烟度测量和废气分析；第11章噪声与振动的测量；第12章轴功率测试与航行试验。

本书主要作为高等院校轮机工程专业、船舶海洋工程专业教学用书，也可作为从事相关工作的研究人员及工程技术人员参考之用。

图书在版编目(CIP)数据

船舶动力装置测试技术／陈峻，刘允嘉编著．—上海：上海交通大学出版社，2015(2023重印)
ISBN 978-7-313-10441-0

Ⅰ．①船…　Ⅱ．①陈…　②刘…　Ⅲ．①船舶机械—动力装置—测试技术—教材　Ⅳ．①U664.1

中国版本图书馆CIP数据核字(2015)第015393号

船舶动力装置测试技术

编　　著：陈　峻　刘允嘉
出版发行：上海交通大学出版社　　地　　址：上海市番禺路951号
邮政编码：200030　　电　　话：021-64071208
印　　制：上海万卷印刷股份有限公司　　经　　销：全国新华书店
开　　本：787 mm×1092 mm　1/16　　印　　张：18.5
字　　数：450千字
版　　次：2015年2月第1版　　印　　次：2023年1月第2次印刷
书　　号：ISBN 978-7-313-10441-0
定　　价：39.00元

前　言

本教材是在《动力机械测试基础》教材基础上修订而成。原教材于1987年首次出版，至今已近20年，在社会上发挥了很好的作用，有一定影响。2000年前后，教材第一次修订再版，由上海交通大学罗次申主编，书名改为《动力机械测试技术》，旨在使学生在校学习期间接受必要的基础实践知识技能培训，使之走上工作岗位时初步具备了从事科学试验研究的独立工作能力。

然而，随着科学技术的迅速发展，测试技术也在不断地进步，多项常规、成熟的测量仪器设备逐步向船舶监控装备方向推进。在上海交通大学船舶海洋及建筑工程学院动力装置研究所、上海交通大学出版社与相关部门、院所专家的关心支持下，确认了本次教材重新修订的紧迫性，并指出，修订任务在内容上注重与本专业结合，贴近工业实践，与当前造船工业发展趋向紧密结合。因此，教材名称定为《船舶动力装置测试技术》，入选"十二五"国家重点图书"船舶与海洋出版工程·经典教材"系列。

本次教材修订由陈峻、刘允嘉担任主编。全书共12章，其中第1,2,3,4,5,6,7章由陈峻编写；第8,9,12章由刘允嘉编写；第10章由杨冉、李明、张海娟编写；第11章由车驰东编写。张雅娣担任本书主审。在修订过程的调研中，很多研究院所的研究员、高级工程师、工程师都给予了十分热忱的支持。他们是中船总704研究所李涛、商维禄，708研究所周师鹏、张雅娣、傅颐婷等，上海交通大学历届校友崔健生、孔曼军、杨海、夏冬莺等，在此对他们表示由衷的感谢。对组建本专业实验课的李铭慰教授表示深切缅怀。对曾为本教材建设做出过重要贡献的马福寿、陶裕民、朱士禄、徐大中、朱敏学、周校平、刘国庆、罗次申、卢士红、杨本法等同志表示十分敬意。

此外，感谢马捷教授、刘雁集博士为本书出版所做的工作。

由于编者的理论水平与实践经验有限，书中存在的不当之处，恳请读者批评指正。

编　者

2014年

目　　录

第1章　测量技术概述

知识的获取往往从测量开始。测量是人类对客观事物获得数量概念的认识过程，是将客观事物的量转换成人们可以接受或者可以利用的信息的过程。测量获得的信息，可以用数字、图形、表格、公式、声响等形式显示出来，还可以用于控制、选择、报警等不同领域，因此测量技术与其他学科有着广泛而密切的联系。

要正确地对物理量进行测量，首先必须选择正确的测量方法，其次应根据测量的复杂程度合理地组成测量系统。

任何测量中都不可避免地包含误差，因此测量技术的发展与“误差及数据处理”理论紧密相关。运用“误差理论”，能够分析和判断测量结果的可靠性和有效性。“数据处理”过程运用数学方法对大量的测量数据加以整理和分析研究，可将测量得到的数据群转换成为一定的函数式或其他形式，使测量结果更符合科学性，从而得出反映事物间联系的规律。

1.1　测量方法

1.1.1　被测量

在工程和试验中，需要测量的参数通常被称为“被测量”。在船舶动力装置中，常用的被测量有：转速、扭矩、轴功率、压力、流量、温度、振动、液位、烟度、废气组成等。

按照随时间变化的关系，被测量可分成：

(1) 静态参数：在测量的过程中，随时间变化不显著的参数。在较短的时间内，静态参数可近似地看成为常数。例如环境温度、大气压力、大气湿度；稳定工况下，动力机械的转速、扭矩等；

(2) 动态参数：在测量过程中，随时间变化急剧的参数。例如柴油机燃烧室内的燃气温度、压力；过渡工况下，动力机械的转速、扭矩等。动态参数与时间的关系，可以是周期性函数、非周期性函数或随机函数。

1.1.2　测量方法分类

测量，指用试验的方法，把被测量与同性质的标准量进行比较，确定二者的比值，从而得到被测量的量值。测量方法是实现被测量与单位(即标准量)比较的方法。

测量方法有不同的分类标准。

1. 按照获得测量结果的方法分类

按照获得测量结果的方法的不同，通常将测量方法分成直接测量和间接测量两大类。

1) 直接测量

将被测量直接与选用的测量单位进行比较，而得出被测量数值的方法。例如，用压力表测量容器内介质压力，用转速表测量发动机输出转速等。直接测量又可分成直读法和比较法两种：

(1) 直读法。直接从测量仪表(或系统)上读出测量结果。如从水银温度计上读得温度值。该方法的优点是测量过程简单而迅速,测量结果直观,缺点是测量精度较差。

(2) 比较法。这种测量方法不是直接从测量仪表上读出测量结果,而是与某一已知量或标准量进行比较,因此测量手续比较复杂,但测量仪表本身的误差以及其他某些误差往往在测量过程中被抵消,故测量精度一般比直读法高。

比较法又分成以下三种方法：零示法、差值法和替代法。

零示法,使被测量对仪表的影响被同类已知量对仪表的影响相互抵消,则被测量等于已知量。如,用天平测定物体的质量,用电位差计测量热电势等。

差值法,从仪表上直接读出被测量与已知量之间的差值。如用U型液柱式压差计测量介质的压力差。

替代法,用已知量代替被测量,使两者对仪表的影响相等,则被测量等于已知量。如,用光学高温计测量温度。

2) 间接测量

在工程中,有的被测量无法(或不便)直接测量,或者直接测量的精度不能满足要求,如果可以根据某些规律找出被测量与其他几个量的函数关系。在进行测量时,首先对与被测物理量有确定函数关系的几个量进行测量,然后将测量值代入函数关系式,经过计算得到所需的结果,这种方法称为间接测量。

如,船舶柴油机有效功率 P_e 的测量,首先用直接测量的方法分别测量得到柴油机输出扭矩 M 和转速 n,然后通过计算得到 P_e

$$P_e = \frac{M \cdot n}{9\,550}(\mathrm{kW}) \tag{1-1}$$

式中,M 为柴油机转轴传递的扭矩(N·m);n 为柴油机转轴的转速(r/min)。

2. *按照测量条件是否改变分类*

根据测量条件相同与否,测量方法可分为等精度测量和不等精度测量。一般情况下,等精度测量常用于科学实验中对某参数的精确测量,非等精度测量常用于对新研制仪器的性能检验。

1) 等精度测量

在完全相同条件(测量者、仪器、测量方法、测量环境等)下进行的一系列重复测量称为等精度测量。如,要精确测量某物质的燃点温度,采用同一测温仪器,用相同的测量方式,在相同测量条件下测量多次,取测量数据的平均值可以得到较高的测量精度,测量结果如表1-1所示,表中显示5次温度测量的平均值1 008℃可以较准确地表示被测温度。

表1-1　高炉温度测量数据

测量次数	1	2	3	4	5	平均值
测量温度	1 010℃	1 009℃	1 012℃	1 005℃	1 002℃	1 008℃

2) 非等精度测量

在多次测量中,测量条件不尽相同的测量称为非等精度测量。

3. 按被测量在测量过程中的状态分类

根据被测量在测量过程中状态是否变化，测量方法可以分成静态测量和动态测量。

1）静态测量

在测量过程中，被测量不随时间而变化或随时间变化极其缓慢的测量称为静态测量。如，理想恒温水槽中的温度测量，风洞流场稳定状态下的气流速度的测量等。

2）动态测量

在测量过程中，被测量随时间变化的测量称为动态测量。如，柴油机在过渡工况时的转速和扭矩测量，柴油机缸内温度和压力的测量。相对于静态测量，动态测量更为困难，对测量系统的要求更高。选择测量仪表（或系统）时不仅要考虑仪表（或系统）的静态特性，还要关注动态响应的要求。测量数据的处理在某些方面与静态测量数据处理有不同的原理和方法。

必须指出，严格地讲，绝对不随时间变化的量是不存在的，在实际测量过程中，只是将那些随时间变化较慢的量近似看成静态的量，对这种量的测量认为是静态测量。

4. 按测量点不同分类

1）点参数测量

在工程测量中，对某些参数只需测量一个点即可表示整个平面或空间的物理状态，这种测量称为点参数测量。如柴油机排气温度的测量。

2）场参数测量

工程测量中，有些量是在空间或平面分布不均匀，如内燃机运行过程的每一瞬间，其燃烧室内各点温度分布是不均匀的；气流在弯管内流动时，通道截面上各点速度分布是不均匀的。这一类参数必须进行多点测量，多点测量称为场测量。

5. 按测量器具是否与被测体接触分类

按测量器具与被测量体接触或不接触，测量可分为接触式测量和非接触式测量。如，测量转速有接触式转速表和非接触式转速表；热电阻测量温度时与被测物体接触，而光学高温计进行温度测量时不接触被测物体。

以上各种测量方法各有特点，测量方法的选择取决于测试的具体条件和要求。在满足测量精度的前提下，选择合适的测量方法，选择尽可能经济的测量系统，力求测量简便、迅速，不应苛求于使用高精度的仪表（或系统）。

1.2　测量系统的组成

通常，为了测量某一被测量的值，根据测量精度要求，需要将若干测量设备按照一定方式连接起来，组成测量系统。由于测量的目的和要求不同，测量所使用的仪表、装置、元件及辅助设备也会有很大差别，可以是一台简单的仪器，也可以是由许多设备组成的复杂测量系统。但是，就在测量过程中各部分所起的作用来看，任何测量系统都可分成感受元件、转换和处理单元、显示和记录单元、信号传输部分四部分（见图1-1）。

图1-1　测量系统的组成

1.2.1 感受元件

感受元件(敏感元件)与被测对象直接发生关系,它的功能是拾取信息并将该信息进行转换。通常,感受元件将被测量(如温度、转速、扭矩等)转换成为另一种易测定的物理量(如电压、位移、压差等)。转换信号的形式有两种,一种是转换成非电信号,如用水银温度计测量温度,其感受部分感受到被测介质的温度变化,转换成与之相应的水银柱位移信号;又如,用弹簧管压力计测量压力,感受部分把被测压力转换成相应的弹簧管位移信号。另一种形式是将被测量直接转换成为电信号输出,如用热电偶测量温度时,热电偶直接将温度值转换成为相应的电压信号。

理想的感受元件应转换速度快、抗干扰能力强、良好的线性转换、尽可能不干扰被测量介质的状态。

1.2.2 转换和处理单元

这部分的功能是连接感受元件和显示记录单元,将感受元件输出的信号转换成为显示记录单元易于接收的信号。

对于不同的测量系统,转换和处理单元一般有两种形式:一种是非电量的转换,如手持模拟转速表为了显示转速,利用飞块机构将转速信号变换成为指针位移信号,以供显示转速;另一种是电信号的转换和处理,由于感受元件输出的电信号一般都很微弱且包含干扰和噪声,如电压一般是毫伏级,电阻一般是微欧级,需要经过信号调理、放大、整形后可直接送到显示单元,也可通过 A/D 转换器转换成数字量。

对转换和处理单元而言,不仅要求性能稳定、精确度高,也应使信息损失最小。

1.2.3 显示和记录单元

这部分的功能是把被测量的信息用适当的形式进行显示和记录,以便进行观测和数据处理。

显示可分成模拟显示和数字显示两种。常见的模拟显示器有指针式仪表、示波器等。常用的数字式显示器是数字电压表、数字式频率计等。计算机的显示屏也可作为数字式或模拟式的显示器来用。

记录器用于记录测量过程中信号对时间变化的关系,常用的记录器有笔式记录仪、光线示波器、磁带记录仪等。高速瞬态过程的记录可用记忆示波器、瞬态记录仪、高速数据采集器等。

1.2.4 信号传输部分

对于整个测量系统,需要把信号从感受元件传输到转换处理单元,最后送到显示记录单元,这之间依靠导线、导管、光导纤维、无线电通信等来连接,由被传递信号的物理性质而定。

不同测量系统的信号传输部分差异很大,可以非常简单,只是一根导线或导管,如 U 型管压力计的信号传输部分只有橡皮管或塑料管,也可以非常复杂。

应该指出，测量系统组成和各组成部分的功能描述并不是唯一的，关键在于弄清其在系统中的作用，而不必拘泥于名称本身。

1.3　测量精度与误差

如果测量过程是在理想环境条件下进行，则测量的结果将十分正确。但这种理想的测量环境和条件在实际中是不存在的，无论是传感器、仪表、测量对象、测量方法等，都不同程度地受到各种因素的影响，当这些因素发生变化时，必然会影响到被测量示值，使示值和被测量值之间产生差异，这个差异就是测量误差。

1.3.1　误差的定义

被测物理量所具有的客观存在的量值，称为真值 x_0。由测量仪表（或系统）测得的结果称为测量值 x。测量值 x 与真值 x_0 之间的差异称为测量误差 Δx。

因为真值 x_0 无法准确得到，实际上用的都是约定真值。测量误差的存在不可避免，任何测定值只能近似地反映被测量的真值。

误差的大小与测量仪表的精度、测量过程中的随机因素、测量方法等许多因素有关，随着科技水平的不断提高，误差有可能被控制得越来越小。人们的目标是尽可能减少误差 Δx，使测量值 x 接近于真值 x_0，或者应用误差理论分析产生误差的原因和性质，并采取必要的措施，使测量误差控制在可以接受的合理范围内。

1.3.2　误差的表达形式

误差一般有绝对误差和相对误差两种表达形式：

1）绝对误差

它表示测量误差绝对量的大小，即

$$\Delta x = x - x_0 \tag{1-2}$$

测量的结果记作

$$x \pm \Delta x \tag{1-3}$$

2）相对误差

$$\delta = \frac{\Delta x}{x} \times 100\% \tag{1-4}$$

绝对误差 Δx 与测量值 x 之比称为相对误差 δ，用百分率表示，用相对误差表示的测量结果可记作

$$(1 \pm \delta)x$$

绝对误差只能表示出误差值的大小，而不能表示出测量结果的精度。例如，有两个温度测量值(15±1)℃和(150±1)℃，尽管他们的绝对误差都是±1℃，显然后者的测量精度明显高于前者，因为两者的相对误差不同，$\delta_1 = \pm 6.7\%$，$\delta_2 = \pm 0.7\%$。

1.3.3 测量误差的分类

1. 按误差的特性分类

在测量过程中产生误差的因素多种多样，如果按照这些因素出现的规律及它们对测量结果的影响程度来区分，可以分成3类误差：

1) 系统误差

在相同条件下对某一量进行多次测量时，误差的绝对值和符号均保持一致恒定，或者按照一定的规律变化，这类测量误差称为系统误差。前者称为恒值系统误差，后者称为变值系统误差。

这类误差是由某些固定的因素造成的，其来源主要包括：

(1) 由仪表和装置引入，如，仪表的示值不准、零值误差、仪表结构误差等。

(2) 环境因素引入，实际测量环境和仪表(或系统)标定环境不同而造成的、按一定规律变化的误差。

(3) 理论测量方法引入，某些理论公式本身的近似性，或实验条件不能满足理论公式所规定的要求，或测量方法本身所带来的误差。

(4) 个人因素引入，由于实验者的生理或心理特点所造成的，使实验结果产生系统误差。如，在刻度上估计读数时，习惯上偏于某一方向等。

系统误差就个体而言具有规律性，其产生的原因往往是可知的或者是能够掌握的。因此，系统误差产生的原因通过仔细地检查、校验，可以被发现。在采取相应的校正措施后，系统误差可以减小或消除，也可以通过引入更正值的方法加以修正。

2) 随机误差

对同一被测量进行多次测量时，由于受到大量的、微小的、相互独立的随机因素的影响，测量误差的大小和符号没有一定规律，并且无法估计，这类误差称为随机误差。

随机误差的产生取决于测量过程中一系列随机因素的影响。所谓随机因素是指测量者无法严格控制的因素，如，仪表内部存在有摩擦和间隙等不规则变化；测量过程中外界环境条件(如气压、温度、湿度、空气振动、电磁干扰等)的瞬间变化；测量时不定的读数误差等。

随机误差的出现是无法控制的，所以任何测量过程中，随机误差均不可避免，且在同一条件下重复进行的各次测量中，随机误差或大或小，或正或负。因此，随机误差从个体而言是没有规律的，不能通过试验的方法来消除它。但，只要在等精度条件下进行测量，且测量次数足够多，从总体上来看，随机误差又符合一定的统计规律。因此，可以用数理统计的方法从理论上估计随机误差对测量结果的影响。

3) 粗大误差

在测量过程中，完全由于人为过失而造成的、明显歪曲测量结果的误差称为粗大误差。如读数错误、记录错误、计算错误等。粗大误差的值往往大大超过在同样测量条件下的系统误差和随机误差，以至于使测量结果完全不可信赖。因此，粗大误差一经发现，必须予以剔除，同时应通过主观努力克服这类错误。

2. 按误差产生的来源分类

1) 仪表误差(也称为装置误差)

由于测量仪表或装置本身的误差所引起的，其值与测量仪表或装置的制造精度、结构、安装以及技术状况的优劣有关。

2）方法误差(理论误差)

由于测量方法的不完善，或测量所依据的理论不完善而形成的误差。

3）环境误差

由于测量环境(如温度、气压、湿度、光线、电场、磁场等)不符合测量要求而产生的附加误差。

4）动态误差

在动态测量中，由于测量系统中的自振频率、阻尼的关系，响应存在快慢。因此，被测的动态参数的真值和测量值之间存在幅值和相位的误差。

5）人为误差(也称为操作误差)

由于操作者分辨能力、反应速度的快慢、某些固有习惯以及操作熟练程度的不同等引起的误差。

1.3.4　测量的正确度、精密度、准确度、不确定度

系统误差、随机误差和粗大误差都会引起测量结果的歪曲，测量中应设法减小误差对测量结果的影响。在测量理论中引入正确度、精密度、准确度的概念，用以衡量测量结果与被测量真值的逼近程度。

1. 正确度(measurement trueness)

在等精度测量条件下，对同一被测量进行多次测量，测量均值偏离真值 x_0 的程度称为测量正确度。正确度与系统误差有关，与随机误差无关。系统误差大，则测量的正确度低。

2. 精密度(measement precision)

在等精度测量条件下，对同一被测量进行多次测量，测量值间的一致程度，或者说测量值分布的密集程度，称为测量的精密度。一般用不精密程度表示，不精密度可以用测量值的标准偏差、方差等表示。精密度反映了随机误差的影响，随机误差大，测量的精密度低，测量数据的弥散程度大。

需要指出，无论精密度还是正确度，都是就多次测量获得的测量值的分布而言的。如果仅有一个测量值，很难说明测量的精密度和正确度。

3. 准确度(measurement accuracy)

被测量的测量值与其真值间的一致程度称为测量的准确度。准确度是正确度和精密度的综合反映，同样也是随机误差和系统误差的综合反映。准确度高意味着正确度和精密度都好。

在工程测量中经常会提到的"精度"通常就是指测量的准确度。

测量的正确度、精密度、准确度的关系可用图1-2进行说明。靶心中央一点相当于被测量的真值 x_0，而打靶时的命中点则为每次的测量值。在图1-2(a)中，多次测量的测量值离散性大，测量精密度低；但均值 $\bar{x}$ 接近靶心真值 x_0，测量正确度高。在图1-2(b)中，多次测量的测量值密集，测量精密度高；但均值 $\bar{x}$ 偏离靶心真值 x_0 较大，测量正确度低。在图1-2(c)中，x_k 明显异于其他测量值，可判断为含有粗大误差的坏值，在剔除坏值 x_k 后，该组测量的精密度和正确度均高，即测量的准确度高。

4. 不确定度(measurement uncertainty)

测量误差客观存在，且不能确定其大小和方向，所以一切测量结果都不可避免地具有不确

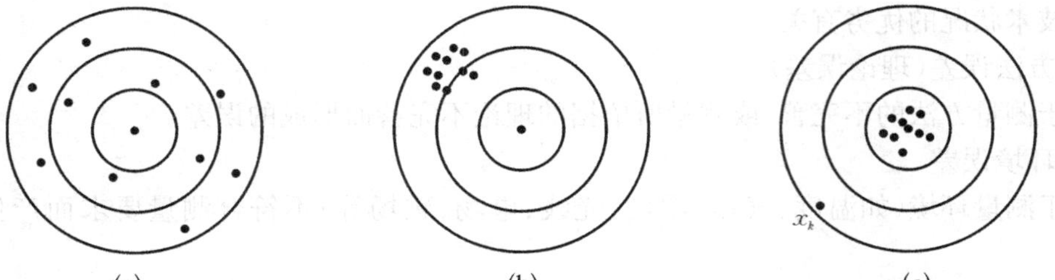

(a) (b) (c)

图 1-2 正确度、精密度、准确度之间的关系

定性，因此引入了“测量不确定度”的概念。

测量不确定度表明等精度条件下进行重复测量时得到的测定值的分散性，是通过分析和评定得到的一个区间。测量不确定度越小，测量结果的可信程度越高；测量不确定度越大，测量结果的可信程度越低。

测量不确定度可以用测量的标准差、标准差的倍数、置信区间的半宽三种形式来表示。

由于被测量的真值无法准确得到，用的都是约定真值，约定真值需用测量不确定度来表征所处的范围，按某一置信概率给出真值可能落入的区间。即，测量结果可以表示为：

$$测量结果 = 被测量估计值 \pm 测量不确定度$$

用统计方法对测量不确定度的估算详见本书第 2 章。

1.4 有效数字

测量是被测量的物理量和标准量（即单位）进行比较，确定出是标准量的多少倍。因此测量值会因所用单位的不同而不同，在确定某一单位的情况下，表示测量值的数值位数不能随意取位，写多了没有实际意义，写少了又不能比较真实的表达物理量。因此，一个物理量的数值和数学上的某一个数就有着不同的意义，这就引入了“有效数字”的概念。

1.4.1 直接测量量的有效数字

图 1-3 为用毫米尺测量某工件长度的示意图。此工件的长度介于 13 mm 和 14 mm 之间，其右端点超过 13 mm 刻度线处，估计为 6/10 格，即工件的长度为 13.6 mm。从获得结果看，前两位 13 是直接读出，称为可靠数字，而最末一位 0.6 mm 则是从尺上最小刻度间估计出来的，称为欠准数字。欠准数字虽然可以，但不是无中生有，而是有根有据有意义的。显然，有一位欠准数字，就使测量值更接近真实值，更能反映客观实际。因此，测量值应保留到这一位，即使估计数是 0，也不能舍去。

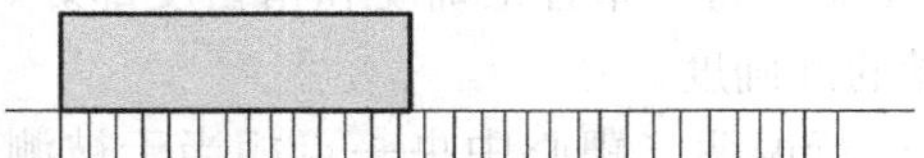

图 1-3 用毫米尺测量工件长度

由几位可靠数字加上一位欠准数字，称为有效数字。从左起第一个非 0 数字开始，到最末一位数字止的所有数字都是有效数字，有效数字的个数称为有效数字的位数，如上述的 13.6 mm 有三位有效数字。有效数字位数的多少，表示了测量所能达到的准确程度，这与所用的测量工具有关，如 0.013 5 m 是用最小刻度为毫米的测量工具测量的，而 1.030 m 的测量工

具最小刻度为厘米。

有效数字与十进制单位变换无关，即与小数点位置无关。如，0.013 5 m 和 1.35 cm 及 13.5 mm 三者是等效的，有三位有效数字，只不过是分别采用了米、厘米和毫米作为长度的表示单位。当数据过大或过小时，可用科学计数法书写。

用有效数字记录测试结果时，一般须遵守下列一些主要规则：

(1) 对不需标明误差的数据，其有效位数应取到最后一位是欠准数字，且通常认为在末位有±(0.5～1)个单位的误差，例如在图 1－3 所示测量中的例子。

(2) 对需标明误差的数据，其有效位数应取到与误差同一数量级。如用不确定度为 0.05 mA 的电流表对某电流进行测量，测量值为 1.678 mA，测量结果记作(1.678±0.05) mA 是不合适的。由于使用该电流表，测量结果在百分位上已经有了误差，在百分位以后的数字没有意义，所以应把测量结果记作：(1.68±0.05) mA。

(3) 有效数字的修约。当有效数字的位数确定后，后续的多余数字应一律舍弃。舍弃原则是“四舍六入，五凑偶数”，五凑偶数，即被处理的数据是 5 时，看 5 后面若为非 0 的数则入，5 后面无数字或为 0 则将拟保留的数凑成偶数。如将下表测量值修约为四位有效数字：

修约前	修约后	修约前	修约后	修约前	修约后
3.142 45	3.142	3.215 60	3.216	5.623 50	5.624
5.624 50	5.624	3.384 51	3.385	3.384 5	3.384

需要注意的是，修约数字时，对原测量值要一次修约到所需位数，不能分次修约。如将 3.314 9 修约成三位数，不能先修约成 3.315，再修约成 3.32；只能一次修约为 3.31。

1.4.2　间接测量量的有效数字

间接测量物理量是通过几个与之有函数关系的直接测量物理量计算得到的，进行数字运算处理时，计算的结果也存在着应取多少位数来正确表达的问题。如果间接测量值所取的有效位数超过实际所能达到的精度，多取的几位其实是无效的，即仅从计算上增加有效位数不可能提高测量精度。反之，如果间接测量值所取的有效位数少于实际所能达到的精度，就不能把已经达到的测量精度表示出来，会造成使用错误。

在进行运算时，有效数字遵循以下规则：

(1) 加减计算，参与运算的各数所保留的小数点后的位数，应与所给各数中小数点位数最少的相同，即以绝对误差最大的原始数据为准。

如 $0.012\,1 + 25.64 + 1.057\,82 = 26.709\,92$，按 25.64 为依据，有效数字保留小数点后两位，即计算结果 $= 26.71$。

(2) 乘除计算，参与运算的各数保留的位数以有效数字最少的数字为标准，即以相对误差最大的原始数据为准。

如 $\dfrac{0.032\,5 \times 5.103 \times 60.06}{139.8} = 0.071\,250\,4$，在参与运算的数中有效数字最少的是 0.032 5，则计算结果 $= 0.071\,3$。

(3) 对数、指数、三角函数运算，结果的有效数字的位数与变量的有效数字位数相同。

如 $(7.325)^2 = 53.66$，$\sqrt{32.8} = 5.73$，$\sin 60°00' = 0.8660$。

(4) 常数，公式中的常数，如 π、e、$\sqrt{2}$ 等，它们的有效数字位数是无限的，运算时一般根据需要，比参与运算的其他量多取一位有效数字即可。

应该指出的是，上述的运算规则不是绝对的。一般说来，进行手算时，为了避免在运算过程中因数字的取舍而引入计算误差，则在运算过程中的中间结果多保留一位数字为妥，但最后结果仍以间接测量值最后一位数字与不确定度对齐的原则为准。

1.4.3 不确定度的有效数字

按照测量技术规范规定，在通常情况下，测量的不确定度(通常所指的误差)最多取两位有效数字。为了对测量提供必要的保险，避免过于乐观，最终结果的不确定度在设定的有效位数截断后末尾进一。如，0.2412×10^{-8} 写作 0.25×10^{-8}，而不是 0.24×10^{-8}。

需要注意的是，如果不确定度只保留一位有效数字，尤其是该数字较小时，可能导致很大的修约误差。

例如：经计算一温度测量结果的不确定度为 0.149℃，将其修约到一位有效数字时，测量结果不确定度为 0.2℃，只考虑有效数字修约引起的误差为 0.051℃，是测量结果不确定度的 25.5%，这对评定测量结果的质量影响很大。

若将测量结果的不确定度修约到两位有效数字，测量结果的不确定度为 0.15℃，由修约引起的误差为 0.001℃，是测量结果不确定度的 1%，对评定测量结果质量的影响可以忽略不计。

当修约前测量结果不确定度的第 1 位数字增大时，则由修约引起的误差对测量结果不确定度的影响将减小。

例如：用一测温仪表测量某一物体的温度，计算出其测量结果的不确定度为 0.249℃，将其修约到一位有效数字时，测量结果的不确定度为 0.3℃，由修约引起的误差为 0.051℃，是测量结果不确定度的 17%。

若测量结果的不确定度为 0.349℃，将其修约到一位有效数字时，测量结果的不确定度为 0.4℃，由修约引起的误差为 0.051℃，仅是测量结果不确定度的 12.8%。

因此，当修约前第 1 位有效数字为 1 时，测量结果的不确定度应取两位有效数字。2 或以上时，可用一位或两位有效数字。

第 2 章　测量误差分析

由于主观和客观因素的影响，任何测量都不可避免地存在误差，所以有必要在给定的条件下，认识测量误差存在的规律性；通过误差分析找出消除或减小误差对测量结果影响的方法；由一组测量值中确定一个所谓的最优概值，用它来表达要测定的物理量；对这一最优概值的准确度做出估计。这种从一组测定值中选取被测量的最优概值，并估计其准确度的过程称为数据处理。

本章将利用概率论和数理统计的知识，介绍随机误差分布的规律及处理方法。由于在测量过程中还会有粗大误差和系统误差的存在，只有妥善地处理了这两类误差才有测量的准确度可言。所以，本章也将讨论粗大误差和系统误差的特点和处理方法。

2.1　随机误差的分布规律

2.1.1　随机误差的正态分布性质

随机误差是由于某些偶然的因素所引起的，对同一量值进行多次等精度的重复测量时，随机误差没有确定的规律，即前一个误差出现后不能预定下一个误差的大小和方向，但就随机误差的总体而言，却具有统计规律性。

为了研究随机误差的规律性，需要对同一静态物理量进行等精度重复测量，每一次测量所获得的测定值都各不相同，误差具有随机性。

例如，在测定某物体的质量时，假设测量的系统误差小到可以忽略不计，相同条件下，重复测量 90 次 ($n=90$)，得到如下表 90 个测量值(单位：g)：

1.60	1.67	1.67	1.64	1.58	1.64	1.67	1.62	1.57	1.60
1.59	1.64	1.74	1.65	1.64	1.61	1.65	1.69	1.64	1.63
1.65	1.70	1.63	1.62	1.70	1.65	1.68	1.66	1.69	1.70
1.70	1.63	1.67	1.70	1.70	1.63	1.57	1.59	1.62	1.60
1.53	1.56	1.58	1.60	1.58	1.59	1.61	1.62	1.55	1.52
1.49	1.56	1.57	1.61	1.61	1.61	1.50	1.53	1.53	1.59
1.66	1.63	1.54	1.66	1.64	1.64	1.64	1.62	1.62	1.65
1.60	1.63	1.62	1.61	1.65	1.61	1.64	1.63	1.54	1.61
1.60	1.64	1.65	1.59	1.58	1.59	1.60	1.67	1.68	1.69

首先，视样本容量的大小将所有数据分成若干组，本例分为 9 组。

再将全部数据由小至大排序，找出其中最大值和最小值，算出极差 R。极差除以组数算出组距。本例测量中最大值为 1.74，最小值为 1.49，测量均值 $\bar{x}=1.62$，极差 $R=1.74-1.49=0.25$，组距 $=0.25/9=0.03$。每组内两个数据相差 0.03，即：1.48～1.51，1.51～

1.54等等。为了使每一个测量数据只能进入某一组内，将每组界值多取一位。即：1.485～1.515，1.515～1.545，1.545～1.575等。

统计测定值落在每组内的个数(称为频数)，再计算出数据出现在各组内的频率(即相对频数)和累计频率，频率 = 频数/总数，如表2-1所示。

表2-1 静态物理量等精度测量举例 ($n = 90$)

分组(g)	频 数	频率(相对频数)	累 计 频 率
1.485～1.515	2	0.022	0.022
1.515～1.545	6	0.067	0.089
1.545～1.575	6	0.067	0.156
1.575～1.605	17	0.189	0.345
1.605～1.635	22	0.244	0.589
1.635～1.665	20	0.222	0.811
1.665～1.695	10	0.111	0.922
1.695～1.725	6	0.067	0.989
1.725～1.755	1	0.011	1.000
$\sum$	90	1.000	

为了更直观地看出这些随机数据的规律性，在横坐标上标出各分组的分点，纵坐标对应出频率或累计频率(见图2-1，图2-2)。

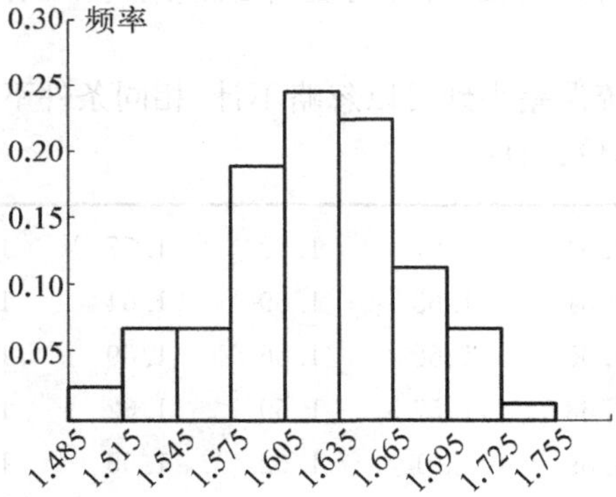

图2-1 频率分布直方图

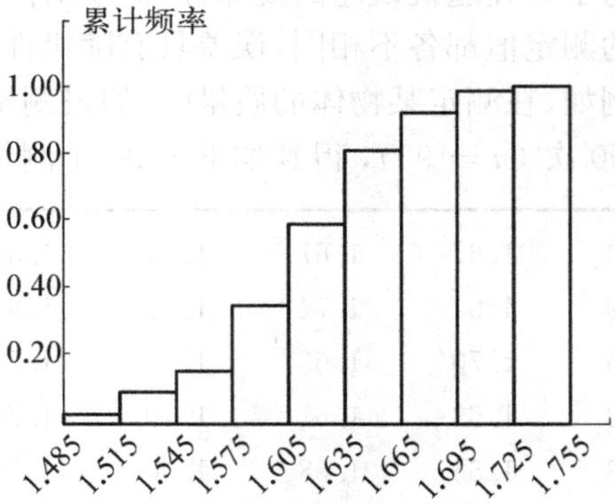

图2-2 累计频率分布(经验分布)图

频数(频率)分布直方图和累积频率分布图都是研究测定值数据规律性的重要工具。当改进测量技术(如量具的最小刻度更为精细，以使测量值的有效位数更多和组距更小)，同时增加测量次数，各组的频率将逐步以某确定的数值稳定下来，直方图也逐渐趋向于一条曲线。最终，当测量次数趋向于无穷大，测定值将连续地充满数值的某一区间，这时各组的频率可任意接近于某一定值，该值称为概率；而频率分布直方图将演变为一光滑曲线，称为分布密度曲线，如图2-3(a)所示。如果分布密度曲线可表达为函数，则称为分布密度函数，用$p(x)$表示。同样，对于累积频率[见图2-3(b)]，当测量次数趋于无穷大，则直方图就演变为光滑的连续曲线。即当子区间取得很小 $\Delta x \to 0$、测量次数很大 $n \to \infty$ 时,可以预见频率密度趋于概率密度,频率趋于概率。

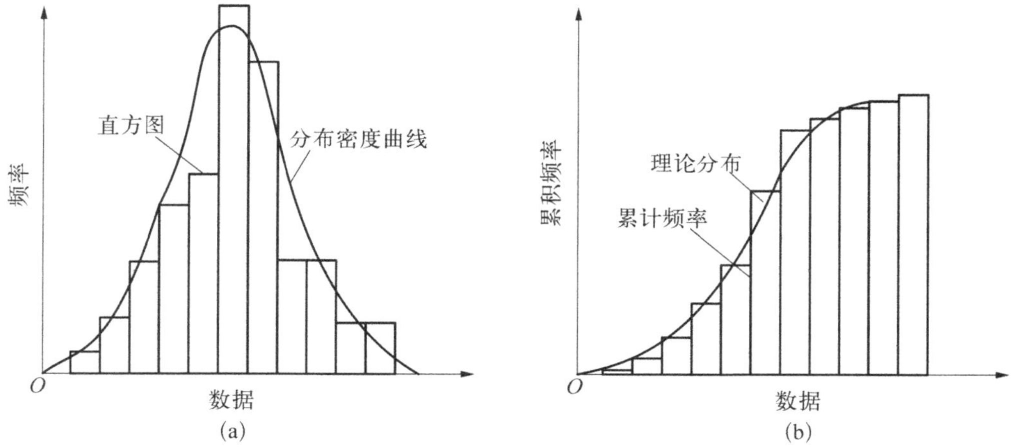

图 2-3　当子样容量无限增大时,频率直方图和经验公式的演变
(a) 频率直方图　(b) 累计频率分布图

由表 2-1 和图 2-1、图 2-2 可以看出,测定数据的分布并非杂乱无章,而是呈现出某些规律性。在全部数据中,平均值 $\bar{x}=1.62$ 所在的组具有最大的频率值,处于它两侧数据组的频率值次之。统计结果表明:测定值出现在平均值附近的频率相当高,具有明显的集中趋势;而测量值出现在距离平均值较远的区域概率较小,且距离相差越大出现的频率越小。

如果用相同的测量仪表对该质量再进行 90 次测量,再做上述的数据整理工作,会发现与第一次的数据有若干差异,但随着测量次数的增加,分布密度曲线的形状会趋于共同的规律。

任何一次测量,随机误差的存在都是不可避免的,对同一静态物理量进行等精度重复测量,每一次测量所获得的测定值都各不相同,尤其是在各个测定值的尾数上,总是存在着差异,表现出波动的状态。测定值就其个体来说是无规律的,是一随机变量,但总体上又遵循一定的统计规律。测定值的随机性表明了测量误差的随机性质。根据测量误差的定义,测定值的分布规律实际上反映了随机误差分布规律。通过对大量测定值进行统计分析,认识并总结出了随机误差分布的几点性质。

(1) 有界性。在相同测量条件下,测定值总是在相当窄的范围内变动,也就是说随机误差总在相当窄的范围内变动,绝对值很大的误差出现概率接近于零。即,随机误差的绝对值实际上不会超过一定的界限。

(2) 单峰性。随机误差的分布密度函数呈现单峰性。绝对值小的误差出现的概率大,绝对值很大的误差出现概率接近于零。当测量值等于其算术平均值时,出现的概率为最大。

(3) 对称性。当测量次数足够大时,出现正误差和负误差的次数大致相等。更确切地说,绝对值相等但符号相反的随机误差出现的概率是相同的。对称轴是数据散布的中心。

(4) 抵偿性。在等精度的条件下,当测量次数不断增加而趋向于无穷时,全部随机误差的算术平均值趋于零。抵偿性是随机误差最本质的特性,亦即凡具有抵偿性的误差,原则上都可以按随机误差处理。

以上 4 点性质是从大量的观察统计中得到的,已经为人们所公认,也称为随机误差分布的

4条公理。

从上述这些特点充分表明，大多数测量的随机误差都服从正态分布的规律。分布密度函数 $p(x)$ 一定是随机误差的平方的函数。1796年高斯(Gauss)提出了连续型随机变量的一种正态分布理论，找出了其函数形式，因此，在误差理论中正态分布又称为高斯分布。

2.1.2 正态分布密度函数

假设测量中没有粗大误差，系统误差可以忽略，设测量值为 x，则随机误差 $\Delta x = x - x_0$，当随机误差服从正态分布时，随机误差的分布密度函数可用下式表示：

$$p(\Delta x) = \frac{1}{\sigma\sqrt{2\pi}} e^{\left(-\frac{\Delta x^2}{2\sigma^2}\right)} \tag{2-1}$$

如果用测量值 x 来表示，则

$$p(x) = \frac{1}{\sigma\sqrt{2\pi}} e^{\left(-\frac{(x-x_0)^2}{2\sigma^2}\right)} \tag{2-2}$$

式中，x_0、σ 是决定正态分布的两个特征参数。曲线随两个特征参数的不同而不同。

在误差理论中，x_0 代表被测参数的真值，它完全由被测参数本身决定。当测量次数趋于无穷时，子样平均值 $\bar{x}$ 等于真值。

$$x_0 = \bar{x} = \lim_{n\to\infty} \frac{1}{n} \sum_{i=1}^{n} x_i \tag{2-3}$$

误差理论中，σ 表示测量值在真值周围的散布程度，它由测量条件所决定。σ 称为均方根误差(也称标准误差)，其定义式为

$$\sigma = \lim_{n\to\infty} \sqrt{\frac{1}{n} \sum_{i=1}^{n} \Delta x_i^{\ 2}} = \lim_{n\to\infty} \sqrt{\frac{1}{n} \sum_{i=1}^{n} (x_i - \bar{x})^2} \tag{2-4}$$

由正态分布密度函数式(2-2)可以看出，正态分布密度函数是一个曲线簇，其参变量是正态分布的两个特征参数 x_0 和 σ。

对于一定的被测量，在一定的条件下 x_0 是一定的，是随机变量分布的集中位置。σ 的大小表征着各测量值关于真值 x_0 的弥散程度。σ 值愈小，正态分布密度曲线愈陡，幅值愈大；反之，σ 值愈大，曲线愈趋平坦，幅值愈小。从随机误差的角度来说，σ 小，表明在相同条件下测量得到的数据中，误差较小的占优势；σ 大，则表明在诸测量数据中，误差较大的相对来说较多。σ 并不是一次具体测量的误差值，σ 的大小说明在一定条件下进行一系列等精度测量时，随机误差出现的概率密度分布情况。因此可以用参数 σ 来表征测量的精密度。σ 愈小，表明测量的精密度愈高。σ 的量纲与随机误差 Δx 的量纲相同。

正态分布密度函数是误差理论的基础，因此有必要比较详尽地讨论它的性质。

(1) 曲线关于 $x = x_0$ 左右对称；

(2) 当 $x = x_0$ 时，$p(x)$ 取得最大值 $\dfrac{1}{\sigma\sqrt{2\pi}}$。从理论上来说，测量误差为零时，测量值的概

率最大；

(3) 在 $x=x_0\pm\sigma$ 处，是 $p(x)$ 曲线的两拐点。曲线以横坐标为渐近线。如果固定 σ 而改变 x_0 的值，则 $p(x)$ 曲线沿着横坐标平行移动而不改变形状；如果固定 x_0 而改变 σ，由于曲线的最大值为 $p(x)=\dfrac{1}{\sigma\sqrt{2\pi}}$，因此，$\sigma$ 愈小，$p(x)$ 的曲线变得愈尖，$p(x)$ 随 x 的增加，衰减得越快，故 x 落在 x_0 附近的概率愈大；

(4) 当 x 离 x_0 愈远，$p(x)$ 的值愈小，这表明对于同样长度的区间，当区间离 x_0 愈远，x 落在这个区间的概率愈小。当 $x\to\infty$，$p(x)=0$，即大误差存在的概率是极小的。

由此可见，正态分布的性质与前述随机误差的 4 条公理相互印证，很好地反映了随机误差的分布规律。

随机误差的这种正态分布性质可由中心极限定理给出理论上的解释：测量值的随机误差由大量、相互独立的随机因素引起，如各独立因素造成的误差相对测量值的随机误差都极其微小，则可认为随机误差服从正态分布。

应该指出，测量中的随机误差并不都服从正态分布，存在一些非正态分布的随机误差，因为这些误差的构成不满足中心极限定理的条件。如果在构成误差的各种影响因素中，有一种因素的影响是主要的，那么误差总的分布就主要取决于这个因素，这时误差的分布就可能是非正态分布的。如，仪器仪表度盘的回差所产生的随机误差属于均匀分布；圆形度盘由于偏心产生的读数误差属于反正弦分布。

2.1.3　正态分布概率的计算方法(概率积分)

随机误差出现的性质决定了人们不可能准确地获得单个测定值的真误差 Δx 的数值。我们所能做的是在一定的概率意义下估计测量随机误差数值的范围，或者求得误差(也可以是测定值本身)出现于某个区间的概率。一个没有标明误差(即测量不确定度)的测量结果，在工程上几乎会成为没有用处的数据。

要计算测量值 x 或者测量误差 Δx 在某区间的概率，如果直接计算十分麻烦，下面介绍两种简化计算的方法，运用概率积分函数表，用简单的代数法计算概率。

1. *正态分布函数法*

服从正态分布的随机变量 x，其分布密度函数为

$$p(x)=\frac{1}{\sigma\sqrt{2\pi}}\mathrm{e}^{\left(-\frac{(x-x_0)^2}{2\sigma^2}\right)}$$

上式可以简写为 $p(x;\ x_0,\ \sigma)$，括号中参变量和主变量 x 用分号隔开。图 2-4 表示曲线簇随 x_0、σ 变化的情况。

特殊情况，$x_0=0$，$\sigma=1$，称为标准正态分布密度函数：

$$p(x;\ 0,\ 1)=\frac{1}{\sqrt{2\pi}}\mathrm{e}^{\left(-\frac{x^2}{2}\right)}\qquad(2-5)$$

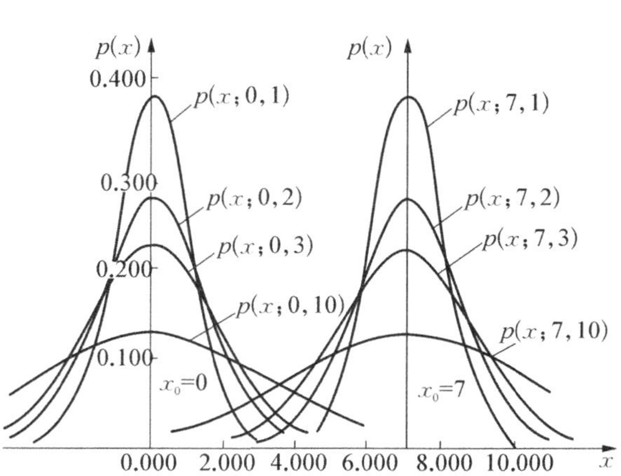

图 2-4　正态分布密度函数随 x_0 和 σ 变化的情况

对标准正态分布密度函数积分，则得到标准正态分布函数 $P(x;\ 0,\ 1)$，亦称概率积分（见图 2－5），即

$$P(x;\ 0,\ 1) = \frac{1}{\sqrt{2\pi}}\int_{-\infty}^{x} \mathrm{e}^{-\frac{x^2}{2}}\,\mathrm{d}x \tag{2-6}$$

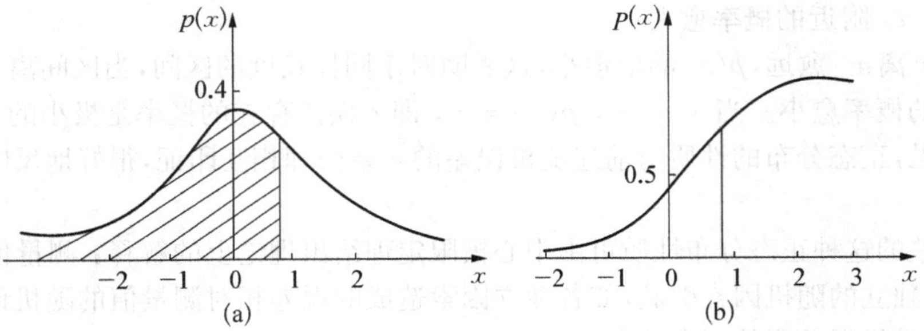

图 2－5　标准正态分布密度函数与标准正态分布函数图

（a）密度函数　（b）分布函数

由于正态分布密度的对称性，则 x 出现在 $(-z,\ z)$ 区间内的概率为

$$\begin{aligned} P(-z<x<z) &= P(-\infty<x<z) - P(-\infty<x<-z) \\ &= \int_{-\infty}^{z} p(x)\mathrm{d}x - \int_{-\infty}^{-z} p(x)\mathrm{d}x = P(z) - P(-z) \end{aligned} \tag{2-7}$$

因为

$$P(-z) + P(x) = 1$$

所以

$$P(-z) = 1 - P(x)$$

代入式（2－7）得到

$$P(-z<x<z) = 2P(z) - 1 \tag{2-8}$$

式（2－8）即为标准正态分布的概率计算公式。

对于非标准的正态分布 $p(x;\ x_0,\ \sigma)$，可先将函数标准化，利用标准正态分布表（见附表 2－1）来求取概率。令

$$z = \frac{x - x_0}{\sigma} \tag{2-9}$$

算出 z 值，即有

$$p(x;\ x_0,\ \sigma) = p\left(\frac{x - x_0}{\sigma};\ 0,\ 1\right)$$

$$P(x;\ x_0,\ \sigma) = P\left(\frac{x - x_0}{\sigma};\ 0,\ 1\right)$$

【例 2－1】　已知随机变量分布函数为 $p(x;\ 2,\ 2)$ 求它小于 4 的概率 $P(-\infty<x\leqslant 4)$。

解：根据概率的定义

$$P(4;\ 2,\ 2)=P\left(\frac{4-2}{2};\ 0,\ 1\right)=P(1;\ 0,\ 1)$$

查标准正态分布表 $P(1;\ 0,\ 1)=0.841\,3$，即 $P(-\infty<x\leqslant 4)=84.13\%$。

【例 2-2】 已知正态变量的分布是 $p(x;\ 1,\ 2)$，求 $|x|$ 超过 2 的可能性大小？

解：

$$P(|x|>2)=P(x>2)+P(x<-2)$$

因为

$$P(x>2)=1-P(2;\ 1,\ 2)=1-P\left(\frac{2-1}{2};\ 0,\ 1\right)=1-P(0.5;\ 0,\ 1)$$

$$P(x<-2)=P(-2;\ 1,\ 2)=P\left(\frac{-2-1}{2};\ 0,\ 1\right)=P(-1.5;\ 0,\ 1)=1-P(1.5;\ 0,\ 1)$$

所以

$$P(|x|>2)=1-P(0.5;\ 0,\ 1)+1-P(1.5;\ 0,\ 1)=2-0.691\,5-0.933\,2=0.375\,3=37.53\%$$

2. 拉普拉斯函数法

因为随机误差 Δx 在某区间内出现的概率与均方根误差 σ 的大小密切相关，在更多的情况下人们愿意取 σ 的若干倍来描述正态分布的对称区间，即令 $a=Z\sigma$，则随机误差出现在该对称区间的概率为：

$$P(|x-x_0|\leqslant a)=P(|x-x_0|\leqslant Z\sigma)=\frac{2}{\sqrt{2\pi}}\int_0^Z e^{\left(-\frac{Z^2}{2}\right)}\mathrm{d}Z=\phi(Z) \tag{2-10}$$

上式为拉普拉斯函数概率计算公式。概率积分 $\phi(Z)$ 与 Z 的关系列于表 2-2 中。

表 2-2　$\phi(Z)=\frac{2}{\sqrt{2\pi}}\int_0^Z e^{\left(-\frac{Z^2}{2}\right)}\mathrm{d}Z$

Z	$\phi(Z)$	Z	$\phi(Z)$	Z	$\phi(Z)$
0	0.000 0	0.6	0.451 49	1.1	0.728 67
0.1	0.079 66	0.674 5	0.500 00	1.2	0.769 86
0.2	0.158 52	0.7	0.516 07	1.3	0.806 40
0.3	0.235 82	0.8	0.576 29	1.4	0.838 49
0.4	0.310 84	0.9	0.631 88	1.5	0.866 39
0.5	0.382 93	1.0	0.682 69	1.6	0.890 40

（续 表）

Z	$\phi(Z)$	Z	$\phi(Z)$	Z	$\phi(Z)$
1.7	0.910 87	2.3	0.978 55	2.9	0.996 27
1.8	0.928 14	2.4	0.983 61	3.0	0.997 30
1.9	0.942 57	2.5	0.987 58	3.5	0.999 535
1.96	0.950 00	2.58	0.990 12	4.0	0.999 937
2.0	0.954 50	2.6	0.990 68	4.5	0.999 993
2.1	0.964 27	2.7	0.993 07	5.0	0.999 999
2.2	0.972 19	2.8	0.994 89		

【例 2-3】 设 x 的分布函数为 $p(x;\ x_0,\ \sigma)$，求随机误差 $|x-x_0|<3\sigma,\ <2\sigma,\ <\sigma$ 的概率。

解：根据表 2-2，可知：

对于 $Z=1,\ \phi(Z)=0.683$ $\quad P(|x-x_0|\leqslant\sigma)=0.683=68.3\%$

对于 $Z=2,\ \phi(Z)=0.955$ $\quad P(|x-x_0|\leqslant 2\sigma)=0.955=95.5\%$

对于 $Z=3,\ \phi(Z)=0.997$ $\quad P(|x-x_0|\leqslant 3\sigma)=0.997=99.7\%$

这个例子在误差分析中是很有用的。结果表明：一系列等精度测量值中有 68.3%的随机误差数值落在$\pm\sigma$范围内；测量中出现大于 3σ 的误差，概率仅有 0.3%，只有测量大约 370 次才有可能有一次误差超过三倍均方根误差之值。

2.2 直接测量的误差分析与处理

大多数的测量值及其误差都服从正态分布，如果能求得正态分布的两个特征参数 x_0、σ，则被测量的真值和测量精密度也就唯一地被确定下来。然而，以上两个特征值是测量次数趋于无穷大时的理论值，实际测量中人们不可能进行无穷多次测量，有时测量次数不会很多。也就是说，被测量的真值客观存在，但很难精确确定。本节将讨论，根据有限次直接测量所获得的一系列测量值，估计被测量的真值及准确度。为了便于讨论，本节进行随机误差分析时，暂不考虑系统误差和粗大误差的影响。

为方便叙述，先介绍几个常用的概念。

(1) 母体和子样。所研究的具有随机性的对象的全体称为母体，其中的一个称为个体，母体中的一部分称为子样。子样中包含个体的数目称为子样容量。

(2) 子样均值。如果子样容量为 n 的样本被记作 $x_1,\ x_2,\ \cdots,\ x_n$，则子样均值为

$$\bar{x}=\frac{1}{n}\sum_{i=1}^{n}x_i \tag{2-11}$$

可以看出，子样均值是子样的散布中心。

(3) 子样方差。子样方差描述子样在其均值附近的散布程度,定义为

$$s^2 = \frac{1}{n}\sum_{i-1}^{n}(x_i - \overline{x})^2 \tag{2-12}$$

母体的特征参数 x_0 和 σ^2 是确定的数值,而子样均值$\overline{x}$和子样方差 s^2 是在有限次测量中得到的,由于测量值是随机变量,因此 $\overline{x}$ 和 s^2 也是随机变量。随着测量次数 n 的增加,$\overline{x}$ 趋向于 x_0,s^2 趋向于 σ^2。

2.2.1　真值 x_0 的估计

对某一被测物理量进行等精度重复测量,获得一列子样容量为 n 的测量值:x_1,x_2,…,x_n。如果测量误差及测量值服从正态分布,则可以根据该列测量值提供的信息,来估计被测量的真值 x_0。

由于服从正态分布,则测量值为 $x_i(i = 1, 2, \cdots, n)$ 的概率为

$$P_i = p(x_i)\cdot\Delta x = \frac{1}{\sigma\sqrt{2\pi}}\exp\left[-\frac{(x_i - x_0)^2}{2\sigma^2}\right]\cdot\Delta x \tag{2-13}$$

因为每次测量都是相互独立的,所以进行了 n 次测量且测量值为 x_1,x_2,…,x_n,即测量值全部出现的概率为

$$P = \prod_{i=1}^{n}P_i = \left(\frac{1}{\sigma\sqrt{2\pi}}\right)^n\exp\left[-\frac{\sum_{i=1}^{n}(x_i - x_0)^2}{2\sigma^2}\right]\cdot(\Delta x)^n \tag{2-14}$$

式中,x_0 和 σ 是待估的未知参数。

根据概率论最大似然原理,使 x_1,x_2,…,x_n 同时出现的概率达到最大的参数值,就是未知参数的最大似然估计值。

令

$$L(x_1, x_2, \cdots, x_n; x_0, \sigma^2) = \left(\frac{1}{\sigma\sqrt{2\pi}}\right)^n\exp\left[-\frac{\sum_{i=1}^{n}(x_i - x_0)^2}{2\sigma^2}\right] \tag{2-15}$$

为便于计算,式(2-15)两边取对数,得

$$\ln L = -\frac{n}{2}\ln 2\pi - \frac{n}{2}\ln\sigma^2 - \frac{1}{2\sigma^2}\sum_{i=1}^{n}(x_i - x_0)^2 \tag{2-16}$$

令 $\dfrac{\partial\ln L}{\partial x_0} = 0$,$\dfrac{\partial\ln L}{\partial\sigma^2} = 0$,可求得 x_0 和 σ^2 的最大似然估计值,即

$$\begin{cases}\dfrac{\partial\ln L}{\partial x_0} = \dfrac{1}{\sigma^2}\sum\limits_{i=1}^{n}(x_i - x_0) = 0\\[2ex]\dfrac{\partial\ln L}{\partial\sigma^2} = -\dfrac{n}{2\sigma^2} + \dfrac{1}{2(\sigma^2)^2}\sum\limits_{i=1}^{n}(x_i - x_0)^2 = 0\end{cases}$$

解得

$$\hat{x}_0 = \frac{1}{n}\sum_{i=1}^{n} x_i = \overline{x} \tag{2-17}$$

$$\widetilde{\sigma}^2 = \frac{1}{n}\sum_{i=1}^{n}(x_i - \overline{x})^2 \tag{2-18}$$

式中：$\hat{x}_0$—测量真值的最大似然估计值；

$\widetilde{\sigma}^2$—测量方差的最大似然估计值。

对某随机变量进行估计时，总希望所进行的估计具有协调性、无偏性、有效性。数理统计理论表明：如果协调估计值存在，则最大似然估计将是协调的和最有效的。由于，测量值的子样均值是被测量真值的最大似然估计，显然具有协调性和有效性。下面讨论这种估计的无偏性。

估计的无偏性是指，未知参数估计值的数学期望等于未知参数本身。

子样均值的数学期望为

$$E(\hat{x}_0) = E(\overline{x}) = E\left(\frac{1}{n}\sum_{i=1}^{n} x_i\right) = \frac{1}{n}\sum_{i=1}^{n} E(x_i) = \frac{1}{n}\sum_{i=1}^{n} x_0 = x_0$$

即

$$E(\hat{x}_0) = x_0$$

所以，测量值子样均值对被测量真值的估计具有无偏性，也就是说，测量值子样均值是被测量真值的最佳估计值，这就是“算术平均值原理”。

利用这个结论，用有限次测量所获得的一列测量值，可以利用公式(2-17)来估计被测量的真值。

需要注意，测量值子样均值 $\overline{x}$ 也是一个随机变量，也服从正态分布。因此，可以用 $\overline{x}$ 的均方根误差 $\sigma_{\overline{x}}$ 来表征$\overline{x}$在被测量真值周围的散布程度。

根据方差运算的法则，$\overline{x}$ 的方差为

$$D(\overline{x}) = D\left(\frac{1}{n}\sum_{i=1}^{n} x_i\right) = \frac{1}{n^2}\sum_{i=1}^{n} D(x_i) = \frac{\sigma^2}{n}$$

即

$$\sigma_{\overline{x}}^2 = \frac{\sigma^2}{n} \tag{2-19}$$

写成均方根误差的形式为

$$\sigma_{\overline{x}} = \frac{\sigma}{\sqrt{n}} \tag{2-20}$$

由此可见，在等精度测量条件下，对某一被测量进行多次测量，用测量值的平均值估计被测量真值比用单次测量值对被测量真值估计具有更高的精密度。

式(2-20)实际上也提出了减少试验结果的随机误差的一个途径：进行多次测量求平均

值。但是测量次数增加，需要增加工作量。并且，可以看出样本均值的随机误差与$\frac{1}{\sqrt{n}}$成比例变化，当测量次数 $n > 10 \sim 20$ 时，随机误差的减小速度变慢，收敛不显著。因此，单靠增加测量次数来减少误差受到了限制。

2.2.2　标准误差 σ 的估计

标准误差 σ 表征着一列测量值在其真值附近的散布程度，它是用随机(真)误差 $\Delta x = x - x_0$ 定义的，且测量次数应趋向于无穷大。实际上，我们只能进行有限次测量，只能获得$\overline{x}$和残差 $\nu_i = x_i - \overline{x}(i = 1, 2, \cdots, n)$；测量真值 x_0 未知，所知道的也仅仅是由"算术平均值原理"求得的真值估计值 $\overline{x}$ 。可见，标准误差 σ 也不能准确计算，只能进行估计。

由式(2-18)和(2-12)可以看出，测量值子样方差 s^2 就是母体方差的最大似然估计值$\hat{\sigma}^2$，下面讨论这种估计是否具有无偏性。

为了便于计算，令

$$y_i = x_i - E(x_i) = x_i - x_0$$

则

$$\overline{y} = \overline{x} - x_0$$

s^2 的数学期望

$$\begin{aligned} E(s^2) &= E\left[\frac{1}{n}\sum_{i=1}^{n}(x_i - \overline{x})^2\right] = E\left[\frac{1}{n}\sum_{i=1}^{n}(y_i - \overline{y})^2\right] \\ &= \frac{1}{n}\left[\sum_{i=1}^{n}E(y_i^2) - 2\sum_{i=1}^{n}E(y_i \cdot \overline{y}) + \sum_{i=1}^{n}E(\overline{y}^2)\right] \end{aligned} \tag{2-21}$$

分别计算式(2-21)中各项：

$$E(y_i^2) = \frac{1}{n}\sum_{i=1}^{n}y_i^2 = \frac{1}{n}\sum_{i=1}^{n}(x_i - x_0)^2 = \sigma^2$$

$$E(y_i \cdot \overline{y}) = \frac{1}{n}\sum_{j=1}^{n}E(y_i \cdot y_j)$$

因为

$$E(y_i \cdot y_j) = \begin{cases} 0 & (i \neq j) \\ \sigma^2 & (i = j) \end{cases}$$

所以

$$E(y_i \cdot \overline{y}) = \frac{1}{n}\sigma^2$$

$$E(\overline{y}^2) = \frac{1}{n}\sum_{i=1}^{n}(\overline{x} - x_0)^2 = \sigma_{\overline{x}}^2 = \frac{\sigma^2}{n}$$

上面各项代入式(2-21)，得

$$E(s^2) = \frac{1}{n}(n\sigma^2 - 2\sigma^2 + \sigma^2) = \frac{n-1}{n} \cdot \sigma^2 \tag{2-22}$$

可见,测量值子样方差 s^2 不是母体方差 σ^2 的无偏估计。如果采用 s^2 对 σ^2 进行估计,会引入系统误差。为了从有偏估计转化成母体方差 σ^2 的无偏估计,必须乘以系数 $\frac{n}{n-1}$。若以 $\hat{\sigma}^2$ 表示 σ^2 的无偏估计,有

$$\hat{\sigma}^2 = \frac{n}{n-1} \cdot s^2 = \frac{1}{n-1}\sum_{i=1}^{n}(x_i - \overline{x})^2 \tag{2-23}$$

由式(2-23)可得到计算标准误差的表达式

$$\hat{\sigma} = \sqrt{\frac{1}{n-1}\sum_{i=1}^{n}(x_i - \overline{x})^2} \tag{2-24}$$

式(2-24)也被称为 Bessel 公式,是用残差的平方和对母体方差进行估计。

同样,子样均值的标准误差为

$$\sigma_{\overline{x}} = \frac{\hat{\sigma}}{\sqrt{n}} = \sqrt{\frac{1}{n(n-1)}\sum_{i=1}^{n}(x_i - \overline{x})^2} \tag{2-25}$$

2.2.3 测量结果的表达

任何估计值总有一定的偏差,如果不附加某种偏差的说明,这种估计就失去了严格的科学意义。需要用数理统计中的参数区间进行估计,即用某具体的数字表示未知参数落在一定区间内的肯定程度。

把一组被测量的测量值的算术平均值 $\overline{x}$ 作为真值 x_0 的估计时,$\overline{x}$ 真正处于某个区间 (μ_1, μ_2) 内的概率有多大,这个概率称为置信概率,(μ_1, μ_2) 称为置信区间。μ_1 称为置信区间的下限,μ_2 称为置信区间的上限。

有限次测量的平均值 $\overline{x}$ 为随机变量,其分布函数为

$$P(\overline{x};\, x_0,\, \sigma_{\overline{x}}) = P\left(\frac{\overline{x} - x_0}{\sigma_{\overline{x}}};\, 0,\, 1\right)$$

因此,对于给定的置信概率 $100(1-\alpha)\%$ (α 为危险率),有

$$P\left(-Z < \frac{\overline{x} - x_0}{\sigma_{\overline{x}}} < +Z\right) \tag{2-26}$$

由 2.1 节拉普拉斯函数法可推导出

$$\overline{x} - Z\frac{\hat{\sigma}}{\sqrt{n}} < x_0 < \overline{x} + Z\frac{\hat{\sigma}}{\sqrt{n}}$$

即,对于有限次测量,其测量结果可表达为

$$x_0 = \overline{x} \pm Z\frac{\hat{\sigma}}{\sqrt{n}} \tag{2-27}$$

【例 2-4】 在等精度条件下,对某动力机械的转速进行了 20 次测量,获得下表的一列测

量值(单位：r/min)

4 751.0	4 757.5	4 752.7	4 752.8	4 752.1
4 749.2	4 748.4	4 752.5	4 753.9	4 751.2
4 750.3	4 753.3	4 752.1	4 751.2	4 752.3
4 750.6	4 753.1	4 754.7	4 750.0	4 751.0

试求该动力机械的转速(置信概率 $P=95\%$)。

解：(1) 计算测量值子样均值

$$\bar{x}=\frac{1}{20}\sum_{i=1}^{20}x_i=4\,752.0$$

(2) 计算标准误差

$$\hat{\sigma}=\sqrt{\frac{1}{n-1}\sum_{i=1}^{n}(x_i-\bar{x})^2}=\sqrt{\frac{1}{20-1}\sum_{i=1}^{20}(x_i-\bar{x})^2}=2.0$$

(3) 根据给定的置信度，查表(2-2)得到 Z 值

题目给出 $P=\phi(Z)=0.95$，查表得 $Z=1.96$，测量结果为

$$x_0=\bar{x}\pm Z\frac{\hat{\sigma}}{\sqrt{n}}=4\,752.0\pm1.96\times\frac{2.0}{\sqrt{20}}=4\,752.0\pm0.9\ \text{r/min}\quad(P=95\%)$$

【例 2-5】 对某量进行 8 次测量，给定置信度 $1-\alpha=0.997$，测得值 $x_i=802.40$，802.50，802.33，802.48，802.42，802.46，802.45，802.43。

解：(1) 计算测量值子样均值

$$\bar{x}=802.44$$

(2) 计算标准误差

$$\hat{\sigma}=\sqrt{\frac{1}{n-1}\sum_{i=1}^{n}(x_i-\bar{x})^2}=0.04$$

(3) 根据给定的置信度，查表(2-2)得到 Z 值

题目给出 $P=\phi(Z)=0.997$，查表得 $Z=3$，测量结果为

$$x_0=\bar{x}\pm Z\frac{\hat{\sigma}}{\sqrt{n}}=802.44\pm3\times\frac{0.04}{\sqrt{8}}=802.44\pm0.04\quad(P=99.7\%)$$

在实际测量工作中，并非任何场合下都能对被测量进行多次重复测量，例如，生产过程中参数测量多为单次测量。如果知道了在某种测量条件下测量的精密度参数，而且在同样的测量条件下取得了单次测量值，则可给出单次测量情况下测量结果的表达式：

$$\text{测量结果}=\text{单次测量值}\pm\text{置信区间半长}\quad(\text{置信概率}\ P=?)\tag{2-28}$$

也就是说，对于同一被测量，可以用多次等精度测量所获得的测量值子样均值表示测量结

果，也可在精密度σ已知的条件下用单次测量所获得的测量值表示测量结果。不过，二者的不确定度是不同的。

【例 2-6】 对【例 2-5】所述的测量，设测量条件不变，单次测量的测量值为 802.44，试写出其测试结果。

解：本例中条件与上例中相同，借助于计算结果$\hat{\sigma}=0.04$，测量值服从的分布为$P(x;x_0,\hat{\sigma})=P(x;x_0,0.04)$。

题目给定置信概率$P=\phi(Z)=0.997$，查表得$Z=3$，测量结果为

$$x_0=\bar{x}\pm Z\frac{\hat{\sigma}}{\sqrt{n}}=802.44\pm3\times\frac{0.04}{\sqrt{1}}=802.44\pm0.12\quad(P=99.7\%)$$

比较以上两个例题，可以看出，同样测量条件、相同的置信概率下，用单次测量值表示测量结果的置信区间半长大，可信度低、不确定度大；而用多次测量所获得的测量值子样均值表示测量结果，其置信区间半长小，可信度高、不确定度小。

2.2.4 测量结果的误差评价

按同样的测试方法、测量手段、测量条件以及测量人员按同样的仔细程度，对某被测量进行的重复测量称为等精度测量。一般，总是将测量的结果按式(2-27)或式(2-28)表达为在一定的置信水平下，以子样均值(或单次测量值)为中心，以置信区间半长为界限的一个范围。这个置信区间的半长就是测量的误差限，也被称为"测量误差"或"测量的不确定度"。

单次测量的真误差不能表示测量的精密度，但，在一定概率下真误差可能出现的范围的边界却反映了测量的精密度。

由于置信概率的不同以及其他意义的不同，测量结果的误差可有不同的表示方法。

1. 标准误差

测量列的标准误差σ是母体参数，它明确地、单值地表征了测量列的精密度。如果测量列服从正态分布$P(x;x_0,\sigma)$，由此，可以求得测量列中随机误差的绝对值不大于标准误差σ的概率为

$$P(|x-x_0|\leqslant\sigma)=0.683$$

若测量结果用单次测量值表示、测量误差采用标准误差，则有

$$测量结果=单次测量值\,x\pm标准误差\,\sigma\quad(P=68.3\%)$$

若测量结果用测量值子样均值表示、测量误差采用标准误差，则有

$$测量结果=子样均值\bar{x}\pm标准误差\,\sigma_{\bar{x}}\quad(P=68.3\%)$$

可见，标准误差相应于置信概率$P=68.3\%$的置信区间半长，其对应的置信区间为$[-\sigma,\sigma]$。这就是说，在此置信度下，高精密度的测量能得到较小的置信区间，低精密度的测量具有较大的置信区间。

由于$|x-x_0|=\sigma$处恰好是正态分布密度曲线的拐点，即当随机误差超过$\sigma(|x-x_0|>\sigma)$后，概率密度曲线变化率变小，这也是经常选用标准误差作为置信区间的理由之一。

2. 平均误差

测量列的平均误差是该测定值全部随机误差绝对值的算术平均值，记作 δ，即

$$\delta=\frac{\sum_{i=1}^{n}|x_i-x_0|}{n} \tag{2-29}$$

平均误差 δ 和标准误差 σ 间的关系是

$$\delta=\sqrt{\frac{2}{\pi}}\cdot\sigma$$

由此，可以求得测量列中随机误差的绝对值不大于 δ 的概率为

$$P(|x-x_0|\leqslant\delta)=P\left(|x-x_0|\leqslant\sqrt{\frac{2}{\pi}}\sigma\right)=0.575$$

如果测量结果用单次测量测量值表示，测量误差采用平均误差，则有

$$测量结果 = 单次测定值\ x \pm 平均误差\ \delta \quad (P=57.5\%)$$

如果测量结果用子样均值表示，测量误差采用平均误差，则

$$测量结果 = 子样平均值\ \bar{x} \pm 平均误差\ \delta_{\bar{x}} \quad (P=57.5\%)$$

此处，$\delta_{\bar{x}}$ 是子样均值的平均误差，有

$$\delta_{\bar{x}}=\frac{\delta}{\sqrt{n}} \tag{2-30}$$

3. 或然误差

或然误差是指，在一组测量中对应于置信度 $P=1-\alpha=50\%$ 时的置信区间，记为 γ，写成数学式 $P(x;\ x_0,\ \sigma)=0.50$，求得的区间为 $[-\gamma,\ \gamma]$。即在一组测量值中，当 $n\rightarrow\infty$ 时，随机误差的绝对值大于或然误差或小于或然误差出现的概率各占一半。

查表可知 $Z=0.6745$，或然误差 γ 和标准误差 σ 的关系是

$$\gamma=0.6745\sigma$$

如果测量结果用单次测量测量值表示，测量误差采用或然误差，则有

$$测量结果 = 单次测定值\ x \pm 或然误差\ \gamma \quad (P=50\%)$$

如果测量结果用子样均值表示，测量误差采用或然误差，则有

$$测量结果 = 子样平均值\ \bar{x} \pm 或然误差\ \gamma_{\bar{x}} \quad (P=50\%)$$

式中，$\gamma_{\bar{x}}$ 是子样均值的或然误差，有

$$\gamma_{\bar{x}}=\frac{\gamma}{\sqrt{n}} \tag{2-31}$$

4. 极限误差(最大误差)

测量列标准误差的三倍,定义为测量列的极限误差,记为 3σ。对于服从正态分布的测量值,其随机误差的绝对值不超过极限误差的概率为

$$P(|x-x_0|\leqslant 3\sigma)=0.997\,3$$

也就是说被测量真值落在 $x_0\pm 3\sigma$ 范围之内的概率已接近 100%,而落在这个范围之外的概率极小,可以认为不存在,所以将此误差定义为极限误差。

同样,可以定义子样平均值的极限误差 $\Delta\bar{x}$,它与测量列极限误差的关系为

$$\Delta\bar{x}=3\sigma_{\bar{x}}$$

$$\text{测量结果}=\text{子样平均值}\ \bar{x}\pm\text{极限误差}\ 3\sigma_{\bar{x}}\quad (P=99.7\%)$$

在上述的几种测量误差中,人们最习惯用标准误差作为测量的精密度的参数,实际上,以上提到的 4 种误差都是在同一条正态分布密度曲线下得到的结果,它们存在着确定的关系。测量的精密度的衡量可选用任何一种。

2.2.5　小子样误差分布——t 分布

在正态分布理论的基础上,我们推导出了如何利用有限次等精度测量所获得的测量值估计被测量真值及其误差范围。一列服从正态分布的测量值 x_1, x_2, …, x_n,选定一定置信概率下的测量误差限,计算出测量值均值 $\bar{x}$,就可表示测量结果。如采用标准误差为误差限,测量结果可表示为:

$$\text{测量结果}=\bar{x}\pm\sigma_{\bar{x}}\quad (P=68.3\%)$$

子样均值的标准误差为

$$\sigma_{\bar{x}}=\frac{\hat{\sigma}}{\sqrt{n}}=\sqrt{\frac{1}{n(n-1)}\sum_{i=1}^{n}(x_i-\bar{x})^2}$$

只有当子样容量 $n\to\infty$ 时,子样方差 $\hat{\sigma}^2$ 才准确地等于母体方差 σ^2,即子样均值 $\bar{x}$ 的分布是已知的。当子样容量很小时(例如 $n<10$) 时,用子样方差 $\hat{\sigma}^2$ 代表母体方差 σ^2 很不准确,因为这时的 $\hat{\sigma}^2$ 是个随机变量,子样容量不同或子样不同,$\hat{\sigma}^2$ 也不同。子样容量愈小,这种情况就愈严重。

为了在母体参数 σ 未知情况下,根据子样平均值 $\bar{x}$ 估计被测量真值 x_0,就必须引入一个统计量,它的分布只取决于子样容量 n,而与母体的均方根误差 σ 无关。引入统计量

$$t=\frac{x-x_0}{\sigma_{\bar{x}}}=\frac{x-x_0}{\hat{\sigma}}\sqrt{n}\tag{2-32}$$

随机变量 t 不服从正态分布,它的分布规律称为学生分布或 t 分布,t 分布的概率密度函数是

$$f(t,\ v)=\frac{\Gamma\left(\frac{v+1}{2}\right)}{\sqrt{v\pi}\,\Gamma\left(\frac{v}{2}\right)\left(1+\frac{t^2}{v}\right)^{(v+1)/2}}\quad(-\infty<t<+\infty)\tag{2-33}$$

式中，Γ 为特殊函数；v 称为 t 分布的自由度，$v = n - 1$。当进行 n 次独立测量时，因为统计量 t 受到平均值 $\bar{x}$ 的约束，所以 n 个值中有一个是不独立的。

由式(2-33)可知 t 分布只与子样容量 n 有关，而与测量母体的 σ 无关。

t 分布的概率密度函数以 $t=0$ 为对称(见图 2-6)。当自由度 $v(v \geqslant 30)$ 趋于无穷大时，t 分布趋于标准正态分布。因此，t 分布主要用于小子样推断。

由图 2-6 可见，当子样容量 n 很小时，t 分布的中心值比较小，分散度较大。这从另一角度说明，当用正态分布来对小子样进行估计时，往往得到"太乐观"的结果，即分散度太小，夸大了测量结果的精密度。

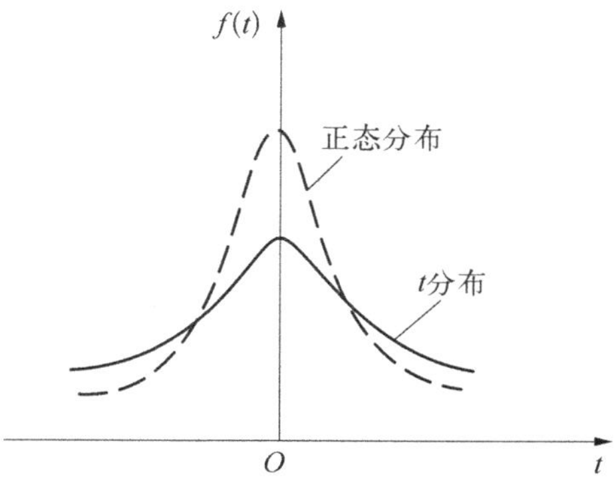

图 2-6　t 分布曲线

附表 2-2 列出了 t 分布的数值表以备查用。

$$P[\mid t \mid \leqslant t(\alpha, v)] = P[-t(\alpha, v) \leqslant t \leqslant t(\alpha, v)] = 1-\alpha$$

即

$$P\left[-t(\alpha, v) \leqslant \frac{\bar{x}-x_0}{\sigma_{\bar{x}}} \leqslant t(\alpha, v)\right] = 1-\alpha$$

上式说明，自由度为 v 的 t 分布在区间$[-t, t]$内的概率为 $(1-\alpha)$。测量结果可表示为

$$\text{测量结果} = \bar{x} \pm t(\alpha, v)\sigma_{\bar{x}} \quad (\text{置信概率 } P = 1-\alpha) \tag{2-34}$$

式中 $t(\alpha, v)$ 由 v 及给定 α 查附表 2-2 得到。

由于 v 趋向于无穷时，t 分布趋向于正态分布，所以当测量次数较多时，可以按正态分布推断出的测量误差限来表示测量结果。但，当测量次数较少时(例如 $n<10$)，则应按 t 分布来计算误差限。

【例 2-7】 以【例 2-5】子样容量为 8 的数据，用 t 分布求置信概率为 0.997 的置信区间。

解：(1) 计算出子样均值 $\bar{x} = 802.44$

(2) 计算子样标准误差 $\hat{\sigma} = 0.04$，$\sigma_{\bar{x}} = \dfrac{\hat{\sigma}}{\sqrt{n}} = 0.014$

(3) 自由度 $v = n-1 = 7$，危险度 $\alpha = 1-P = 0.01$，查表得 $t(0.01, 7) = 3.4995$

(4) 测量结果为

$$x_0 = \bar{x} \pm t(\alpha, v)\sigma_{\bar{x}} = 802.44 \pm 0.048 \quad (P = 99.7\%)$$

按正态分布所求的置信区间半长为 0.04，而 t 分布的置信区间半长为 0.048，由于子样容量很小，可以相信，相同置信概率时，按 t 分布获得的置信区间更为可信一些。

【例 2-8】 在排除系统误差的前提下，测得某电量的标准误差为 $\hat{\sigma} = 0.3(\text{mA})$。若要求

置信概率为 $P=0.99$ 时，其测量的误差限不大于 0.4(mA)，试求必要的测量次数。

解：按题意，测量的误差限

$$\left|t(\alpha,\ v)\frac{\hat{\sigma}}{\sqrt{n}}\right| \leqslant 0.4(\text{mA})$$

试取 $n=7$，则 $v=n-1=6$

根据题意 $P=0.99$，则 $\alpha=1-P=0.01$

查表得 $t(\alpha,\ v)=t(0.01,\ 6)=3.7074$

测量误差限，即不确定度为

$$t(0.01,\ 6)\frac{\hat{\sigma}}{\sqrt{n}}=3.7074\times\frac{0.3}{\sqrt{7}}=0.4204(\text{mA})>0.4(\text{mA})$$

不能满足题目要求。

再试取 $n=8$，则 $v=n-1=7$

查表得 $t(\alpha,\ v)=t(0.01,\ 7)=3.4995$

测量误差限，即不确定度为

$$t(0.01,\ 7)\frac{\hat{\sigma}}{\sqrt{n}}=3.4995\times\frac{0.3}{\sqrt{8}}=0.3712(\text{mA})<0.4(\text{mA})$$

满足题意，故取 $n=8$。

2.2.6 非等精度测量的数据处理

在非等精度测量中，各个测量值(或各组测量结果)的精密度不同，可靠程度不同，则在求取测量真值的最佳估计时，显然不应该取它们的算术平均值，而应该权衡轻重得失。精密度高的测量值应给予较大的重视，在用它计算最后结果时，所产生的影响较多。我们用“权”p_i 表示对某一测量值的重视程度。p_i 愈大，表示愈值得重视。在非等精度测量中，被测量真值的最佳估计值是测量值的加权平均值。

若对某一被测量进行 n 次测量，得到一列测量值 $x_1,\ x_2,\ \cdots,\ x_n$。假设各个测量值相互独立、服从正态分布，各个测量值的标准误差为 $\sigma_1,\ \sigma_2,\ \cdots,\ \sigma_n$。现在用最大似然估计方法来对被测量真值进行估计。

非等精度测量值 $x_1,\ x_2,\ \cdots,\ x_n$ 的似然函数为

$$L(x_1,\ x_2,\ \cdots,\ x_n;\ \sigma_1^2,\ \sigma_2^2,\ \cdots,\ \sigma_n^2,\ x_0)=\prod_{i=1}^{n}p(x_i;\ x_0,\ \sigma_i^2)$$

因 x_i 服从正态分布，故

$$L=\left(\frac{1}{\sqrt{2\pi}}\right)^n\prod_{i=1}^{n}\left(\frac{1}{\sigma_i}\right)\exp\left[-\sum_{i=1}^{n}\frac{(x_i-x_0)^2}{2\sigma_i^2}\right]$$

上式两边取对数后令

$$\frac{\partial \ln L}{\partial x_0}=0$$

可得到最大似然估计

$$\hat{x}_0=\frac{\sum_{i=1}^{n}(x_i/\sigma_i^{2})}{\sum_{i=1}^{n}(1/\sigma_i^{2})} \tag{2-35}$$

令 $p_i=\frac{1}{\sigma_i^2}$，则权 p_i 与测量值的方差 σ_i^2 成反比。σ_i^2 越小，p_i 越大，在计算 $\hat{x}_0$ 时，相应的 x_i 得到的比重越大。对于等精度测量，由于各测量值具有相同的精密度，即 σ_i^2 相同，它们的权也是一样的，故有 $\hat{x}_0=\frac{1}{n}\sum_{i=1}^{n}(x_i)$。

同理，可以求得加权算术平均值的均方根误差为

$$\sigma_{\overline{x}}=\sqrt{\frac{1}{\sum_{i=1}^{n}(1/\sigma_i^2)}} \tag{2-36}$$

由此可见，等精度测量的数据处理是非等精度测量数据处理的一个特例。

【例2-9】 两个试验者对同一气体流动速度进行了测量，各自独立获得下表一列等精度测量数据(单位：m/s)：

实验者 A	15.4	14.7	16.1	15.6	15.3	15.8	14.2	15.5	15.2	14.9		
实验者 B	14.92	15.47	15.58	15.36	15.85	15.23	15.25	15.41	14.67	15.28	15.53	15.70

试求气流速度。

解：(1) 求解两列测量值的算术平均值

$$\overline{x}_A=\frac{1}{10}\sum_{i=1}^{10}x_{Ai}=15.3$$

$$\overline{x}_B=\frac{1}{12}\sum_{i=1}^{12}x_{Bi}=15.35$$

(2) 求 $\overline{x}_A$、$\overline{x}_B$ 的均方根误差估计值

$$\sigma_{\overline{x}A}=\sqrt{\frac{1}{10\times 9}\sum_{i=1}^{10}(x_{Ai}-\overline{x}_A)^2}=0.2$$

$$\sigma_{\overline{x}B}=\sqrt{\frac{1}{12\times 11}\sum_{i=1}^{12}(x_{Bi}-\overline{x}_B)^2}=0.09$$

因此，采用标准误差为误差限，两试验者对气流速度的测试结果分别如下：

$$试验者A测量结果 = 15.3 \pm 0.2(\mathrm{m/s}) \quad (P = 68.3\%)$$

$$试验者B测量结果 = 15.35 \pm 0.09(\mathrm{m/s}) \quad (P = 68.3\%)$$

(3) 求两测量结果的加权平均值

$$\hat{x}_0 = \frac{\overline{x}_A/\sigma^2_{\overline{x}A} + \overline{x}_B/\sigma^2_{\overline{x}B}}{1/\sigma^2_{\overline{x}A} + 1/\sigma^2_{\overline{x}B}} = 15.34(\mathrm{m/s})$$

(4) 求加权平均值的均方根误差

$$\sigma_{\overline{x}} = \sqrt{\frac{1}{1/\sigma^2_{\overline{x}A} + 1/\sigma^2_{\overline{x}B}}} = 0.08(\mathrm{m/s})$$

(5) 采用标准误差为误差限，测量结果写为

$$气流速度 = 15.34 \pm 0.08(\mathrm{m/s}) \quad (P = 68.3\%)$$

2.3 粗大误差

明显地偏离了被测量真值的测量值所对应的误差称为粗大误差。粗大误差的产生，有测量操作人员的不正确行为，如读错数、记错数、计算错误等，也有客观外界条件发生突然变动，如电源电压突然大幅度波动等。为了避免或消除测量中产生粗大误差，首先要保证测量条件的稳定，增强测量人员的责任心并以严谨的作风对待测量任务。然而疏忽总有可能发生，因此，测量值中混有因疏忽引起的错误数据在所难免。

含有粗大误差的测量值称为坏值。测量列中如果混杂有坏值，必然会歪曲测量结果。对粗大误差的处理原则是：利用科学的方法对可疑测量值做出判断，对确认的坏值予以剔除。

本节将介绍几种常用的判断测量值中粗大误差存在与否的准则。

2.3.1 莱依达准则(也称 3σ 准则)

大多数测量的随机误差服从正态分布。随机误差大于 3σ 的概率极小，只有 0.3%。反过来说，大于 3σ 的误差已不属于随机误差的范围，显然，这就是该剔除的粗大误差。因此，就可把 3σ 作为判据。

3σ 准则非常简单：如果测量列中某一测定值 x_i 其残差 v_i 的绝对值大于该测量列标准误差的 3 倍，那么可以认为 x_i 为坏值，应予以剔除。

$$|x_i - \overline{x}| > 3\sigma \tag{2-37}$$

在实际使用中，σ 取 $\hat{\sigma}$。

按 3σ 准则剔除含有粗大误差的某个坏值 x_i 后，应重新计算新测量列的算术平均值及标准误差，判定在余下的数据中是否还有含粗大误差坏值。

根据 3σ 准则剔除粗大误差简单，不需要查表，但它的理论基础是正态分布，只适用于重复测量次数较多的场合。

由于一般工程试验的测量数据比较少，3σ 准则不太准确，而且由于判据 3σ 太宽，容易把本该剔除的坏值当作正常测量值。特别是，当测量次数 $n \leqslant 10$ 时，3σ 准则失效。所以目前一般都推荐采用以 t 分布为基础的格拉布斯准则。

2.3.2 格拉布斯准则(Grubbs Criterion)

格拉布斯按照数理统计理论，根据危险率 α 及子样容量 n，计算出格拉布斯准则用表(见表 2-3)。若测量列中某一测定值 x_i 的 T_{x_i} 函数超过格拉布斯鉴别值，x_i 就是坏值，应予以剔除，否则就该保留。

表 2-3　格拉布斯准则 $T(n, \alpha)$ 数值表

$T(n,\alpha)$ n \ α	5.0%	2.5%	1.0%	$T(n,\alpha)$ n \ α	5.0%	2.5%	1.0%
3	1.153	1.155	1.155	20	2.557	2.709	2.884
4	1.463	1.481	1.492	21	2.580	2.733	2.912
5	1.672	1.715	1.749	22	2.603	2.758	2.939
6	1.822	1.887	1.944	23	2.624	2.781	2.963
7	1.938	2.020	2.097	24	2.644	2.802	2.987
8	2.032	2.126	2.22	25	2.663	2.822	3.009
9	2.110	2.215	2.323	30	2.745	2.908	3.103
10	2.176	2.290	2.410	40	2.866	3.036	3.240
11	2.234	2.355	2.485	50	2.956	3.128	3.336
12	2.285	2.412	2.550	60	3.025	3.199	3.411
13	2.331	2.462	2.607	61	3.032	3.205	3.418
14	2.371	2.507	2.659	70	3.082	3.257	3.471
15	2.409	2.549	2.705	80	3.130	3.305	3.521
16	2.443	2.585	2.747	90	3.171	3.347	3.563
17	2.475	2.620	2.785	100	3.207	3.383	3.600
18	2.501	2.651	2.821				
19	2.532	2.681	2.954				

判定异常数据的步骤简述如下：

(1) 将试验数据按大小重新排列，求子样均值 $\bar{x}$ 与子样标准误差 $\hat{\sigma}$，并计算

$$T_{x_i} = \frac{|x_i - \bar{x}|}{\hat{\sigma}} \tag{2-38}$$

(2) 选定危险率 α。危险率一般不应太大，可取为 5.0%，2.5%或 1.0%。

危险率 α 的含义是按本准则判定为坏值，而实际上是正常测量数据，进行了错误剔除的概率。

(3) 根据 n 和 α，在表 2-3 中查出相应的 $T(n, \alpha)$ 值。

(4) 若 $T_{x_i} > T(n, \alpha)$，则认为所怀疑的数据 x_i 是异常的，即属于粗大误差，应予以剔除；如果 $T_{x_i} < T(n, \alpha)$，则所怀疑的数据还不能以此危险率 α 剔除，应予保留。

(5) 应该注意的是，如果 x_i 是粗大误差造成的数据，剔除该数后再检查其他数据时，子样的容量 n 变化了，子样的 $\bar{x}$、$\hat{\sigma}$ 也要变化，$T(n, \alpha)$ 也有所变动，应重新按(2)～(4)程序进行检查，直至所有数据达到 $T_{x_i} < T(n, \alpha)$ 为止。

【例 2-10】 在等精度条件下，对某温度值测量了 15 次，得到如下一列测量值(单位：℃)：

20.43	20.43	20.40	20.43	20.42
20.43	20.39	20.30	20.40	20.43
20.42	20.41	20.39	20.39	20.40

试判断其中有无含有粗大误差的坏值。

解：(1) 按大小顺序排列测量值

20.30	20.39	20.39	20.39	20.40
20.40	20.40	20.41	20.42	20.42
20.43	20.43	20.43	20.43	20.43

(2) 计算子样均值 $\bar{x}$ 和测量列标准误差估计值 $\hat{\sigma}$

$$\bar{x} = \frac{1}{15}\sum_{i=1}^{15} x_i = 20.404$$

$$\hat{\sigma} = \sqrt{\frac{1}{15-1}\sum_{i=1}^{15}(x_i - \bar{x})^2} = 0.033$$

(3) 选定危险率 α，查表得到临界值 $T(n, \alpha)$

选取 $\alpha = 0.05$，查表 2-3，得到 $T(n, \alpha) = 2.409$

(4) 对测量列中最小值进行计算

$$T_{x(1)} = \frac{|x_1 - \bar{x}|}{\hat{\sigma}} = 3.152 > 2.409$$

故，$x_{(1)} = 20.30$ 在危险率 $\alpha = 0.05$ 之下被判定为坏值，应剔除。

(5) 剔除含有粗大误差的坏值后，重新计算剩余测量值的子样均值 $\bar{x}'$ 和标准误差估计值 $\hat{\sigma}'$，查表得到新的临界值 $T'(n, \alpha)$，再判定

$$\bar{x}' = \frac{1}{14}\sum_{i=1}^{14} x_i = 20.411$$

$$\hat{\sigma}' = \sqrt{\frac{1}{14-1}\sum_{i=1}^{14}(x_i - \bar{x}')^2} = 0.016$$

$$T'(n, \alpha) = 2.371$$

$$T'_{x(1)} = \frac{|x'_1 - \overline{x}'|}{\hat{\sigma}'} = 1.3125 < 2.371$$

$$T'_{x(14)} = \frac{|x'_{14} - \overline{x}'|}{\hat{\sigma}'} = 1.188 < 2.371$$

故可知余下的测量值中已无含粗大误差的坏值。

2.3.3 肖维涅准则(Chauvenet Criterion)

大误差出现的概率很小，也就是说，在一列测量数据中，仅可能在个别数据上出现较大的误差。据此，肖维涅准则如下：在 n 次测量中，误差 δ 可能出现的次数小于半次时，则舍去这个误差值。

令误差 Δx 小于 δ 的出现概率为 P_δ，即图 2-7 中阴影所示的面积。因此，误差等于或大于 δ 的出现概率为 $(1-P_\delta)$。已知 P_δ 或 $(1-P_\delta)$ 都是相应于无限次测量的，对于有限次测量(例如 n 次)，误差等于或大于 δ 的相对频率近似取为 $1-P_\delta$，则误差等于或大于 δ 出现的次数为 $n(1-P_\delta)$。

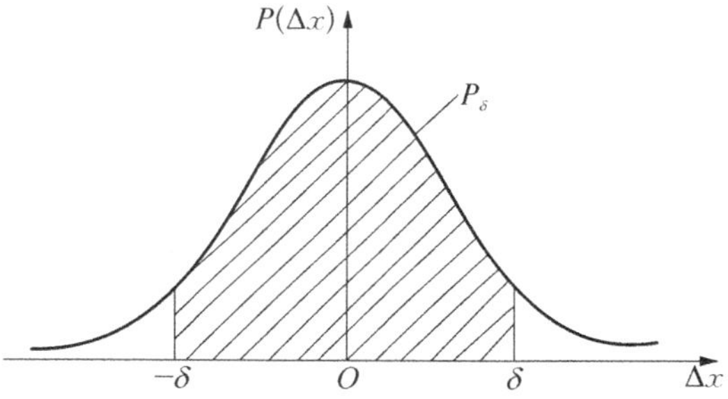

图 2-7　误差小于 δ 的概率

根据肖维涅准则应有

$$n(1-P_\delta) = \frac{1}{2}$$

则

$$P_\delta = \frac{2n-1}{2n} \tag{2-39}$$

因此，舍去的观测值的概率 $\alpha = 1 - P_\delta = \dfrac{1}{2n}$。当 n 已知时，可按上式解出。为了便于应用，将上式改写为

$$P_\delta = \int_{-\delta}^{\delta} \frac{1}{\sigma\sqrt{2\pi}} e^{-\frac{\Delta x^2}{2\sigma^2}} d(\Delta x) = \frac{2n-1}{2n} \tag{2-40}$$

在 n 已知时，解出上式右端的值，然后查正态分布表附表，便可得到表 2-4 的 $K(n)$数据。

实际测量时，误差 Δx、标准偏差 σ 皆无法知道，故具体应用为：根据一列 n 次等精度测量值 $x_1, x_2, \cdots, x_n$，计算出$\overline{x}$, $\hat{\sigma}$，并计算出某可疑数据 x_i 对应的值 T_{x_i}

$$T_{x_i} = \frac{|x_i - \overline{x}|}{\hat{\sigma}} \tag{2-41}$$

如果 T_{x_i} 的值大于表 2-4 所列之 $K(n)$值，则认为该可疑数据为坏值而将其舍弃。

表 2-4 肖维涅 $K(n)$ 数值表

n	$K(n)$	n	$K(n)$	n	$K(n)$
5	1.65	15	2.13	25	2.33
6	1.73	16	2.16	16	2.34
7	1.79	17	2.18	27	2.35
8	1.86	18	2.20	28	2.37
9	1.92	19	2.22	29	2.38
10	1.96	20	2.24	30	2.39
11	2.00	21	2.26	35	2.45
12	2.04	22	2.28	40	2.50
13	2.07	23	2.30		
14	2.10	24	2.32		

2.3.4 t 检验准则

t 检验准则是运用 t 分布原理对测量数量进行合理性检验的又一种方法。设有一列 n 次的等精度独立测量值 $x_1, x_2, \cdots, x_n\ (n \ll \infty)$。设其中的 x_d 为可疑数据，检验的方法可先计算暂时除去 x_d 的算术平均值 $\tilde{x}$ 和标准误差 $\tilde{\sigma}$，如果

$$|x_d - \tilde{x}| > K(\alpha, n)\tilde{\sigma} \tag{2-42}$$

则 x_d 被认为是坏值，式中

$$\tilde{x} = \sum_{i \neq d} x_i/(n-1)$$

$$\tilde{\sigma} = \left[\sum_{i \neq d}(x_i - \tilde{x})^2/(n-2)\right]^{\frac{1}{2}}$$

$K(\alpha, n)$ 也是一种置信系统，其值可由表 2-5 直接查得，它的含义与前面所介绍的正态分布的置信系数相似，只不过它的值是由 t 分布规律所确定的。

表 2-5 $K(\alpha, n)$ 数值表

n \ α	0.01	0.05	n \ α	0.01	0.05	n \ α	0.01	0.05
4	11.45	4.95	13	3.23	2.29	22	2.91	2.14
5	6.53	3.56	14	3.17	2.26	23	2.90	2.13
6	5.04	3.04	15	3.12	2.24	24	2.88	2.12
7	4.36	2.78	16	3.08	2.22	25	2.86	2.11
8	3.95	2.62	17	3.04	2.20	26	2.85	2.10
9	3.71	2.51	18	3.01	2.18	27	2.84	2.10
10	3.54	2.43	19	3.00	2.17	28	2.83	2.09
11	3.41	2.37	20	2.95	2.16	29	2.82	2.09
12	3.31	2.33	21	2.93	2.15	30	2.81	2.08

$$K(\alpha,\ n) = t(\alpha,\ n-2)\cdot\sqrt{\frac{n}{n-1}} \tag{2-43}$$

在计算平均值 $\tilde{x}$ 和标准误差 $\tilde{\sigma}$ 时，暂时不包括可疑值，是为了保证 $\tilde{x}$ 和 $\tilde{\sigma}$ 的值不受可疑值(其中有的可能是坏值)的影响。如果同时存在 m 个可疑值时，应逐个进行检查。

从以上介绍的四种检验准则可以看出，它们的共同之处都是把残差 $|x_i - \bar{x}|$（或 $|x_i - \tilde{x}|$）是否大于 $A\hat{\sigma}$（或 $A\tilde{\sigma}$）作为判别坏值的标准，其中 A 为判别系数。可见，对同一个可疑数据，由于使用不同的判别准则，对它的舍取问题可能会得出不同的结论。

2.4　系统误差

随机误差属于精密度的范畴，而系统误差属于正确度的范畴，两者在性质上是不同的。随机误差依靠统计的方法，可以不去研究个别数据的特点，而是从总体出发，通过大量重复性的试验及随后的数学处理来获得数量上的结果。系统误差的出现具有一定的规律性，只能采取具体问题具体分析的方法，通过仔细的检验及特定的试验才能发现与消除系统误差。

2.4.1　系统误差的性质

如果一测量列中存在有系统误差 θ_i，而 x_i' 代表更正后的测量值，则

$$x_i = \theta_i + x_i'$$

其算术平均值

$$\bar{x} = \frac{1}{n}\sum_{i=1}^{n} x_i' + \frac{1}{n}\sum_{i=1}^{n}\theta_i = \bar{x}' + \frac{1}{n}\sum_{i=1}^{n}\theta_i$$

式中，$\bar{x}'$ 是消除系统误差之后的一列测量值的算术平均值。

对于未被更正的测定值而言，也可以求得它的残差

$$v_i = x_i - \bar{x} = (x_i' + \theta_i) - \left(\bar{x}' + \frac{1}{n}\sum_{i=1}^{n}\theta_i\right) = (x_i' - \bar{x}') + \left(\theta_i - \frac{1}{n}\sum_{i=1}^{n}\theta_i\right)$$

即

$$v_i = v_i' + \left(\theta_i - \frac{1}{n}\sum_{i=1}^{n}\theta_i\right) \tag{2-44}$$

从式(2-44)中可以得到系统误差的两点特性：

(1) 对于固定的系统误差，由于

$$\theta_i = \frac{1}{n}\sum_{i=1}^{n}\theta_i$$

则 $v_i = v_i'$ 成立，根据残差计算所得的测量列的标准误差 $\sigma' = \sigma$，即，固定系统误差的存在，并不影响测量列的精密度参数，只影响其测量结果的正确度。如果测量列子样容量足够大，残差的概率分布仍服从正态分布。

(2) 对于变化的系统误差,由于

$$\theta_i \neq \frac{1}{n}\sum_{i=1}^{n}\theta_i$$

即 $v_i \neq v_i'$,所以,变值系统误差的存在,非但影响被测量对象的正确度,也影响被测对象的精密度参数。

系统误差的上述两点性质,对通过测量数据来判断系统误差的存在,有着重要的意义。

2.4.2 系统误差的一般清除方法

1. 系统误差产生的因素

由于系统误差是可以被发现的,为了提高测量精度,应尽力对系统误差进行修正或消除。就误差的来源,可将产生误差的因素归为如下几个方面:

(1) 测量仪器、试验装置不完善或安装、调整、使用不当而引起的误差。如,等臂天平的臂不相等,标准仪器随时间不稳定等。

(2) 环境方面的因素引起的误差。如,测量时实际温度对标准温度有偏差,测量过程中温度、湿度、气压等按一定规律变化。

(3) 测量方法的不正确或不完善而引起的误差。如,采用近似的测量方法或近似的计算公式等。

(4) 测量人员的因素引起的误差。如,测量者对刻度上估计读数的习惯(偏大或偏小,超前或超后)等。

所以,一般地说,系统误差的处理是属于测量技术上的问题,要从测量技术的角度出发尽可能排除造成系统误差的各种因素。

2. 系统误差消除的方法

下面介绍发现或消除固定系统误差的几种方法:

(1) 交换抵消法。这种方法的实质是交换某些测量条件,使得引起固定系统误差的原因以相反方向影响测量结果,从而中和其影响。

(2) 替代消除法。在一定的测量条件下,用一个精度较高的已知量,在测量装置中取代被测量,而使测量仪表的指示值保持不变,此时,被测量即等于已知量。

(3) 预检法。预检法是一种检验和发现测量器具系统误差的常用方法。可将测量器具与较高精度的基准器具对同一物理量进行多次重复测量。设测量器具读数的平均值为 L,基准器具读数的平均值为 L_0。则 L 与 L_0 的差值,即可以看作测量器具在该物理量测量时的系统误差。测出系统误差值就可对测量值进行修正。

检验和消除系统误差的方法是较多的,各种变值系统误差也各有其对应的消除方法,如读者有兴趣可以找有关专著研究。

2.5 间接测量误差分析处理

在测量分类讨论中曾指出,某些被测量(如流量、功率等)必须通过直接测量几个与被测量有关的物理量,然后再通过被测量与它们之间的函数关系来计算,即所谓间接测量。

因此，间接测量误差不仅和与之有关的各直接测量量的误差有关，而且还和函数关系的形式有关。间接测量误差分析的任务是，研究直接测量对象的误差如何影响间接测量对象的误差。

2.5.1 误差传布原理

设间接测量量 Y 是有关各直接测量量 $X_1, X_2, \cdots, X_m$ 的函数，其函数关系式为

$$Y = F(X_1, X_2, \cdots, X_m) \tag{2-45}$$

假设对 $X_1, X_2, \cdots, X_m$ 都进行了 n 次测量，则每个直接测量值 $X_j(j = 1, 2, \cdots, m)$ 都各自有一列测量值 $x_{j1}, x_{j2}, \cdots, x_{jn}$，其相应的随机误差为 $\delta_{j1}, \delta_{j2}, \cdots, \delta_{jn}$。

当 $n = i$ 时，可求得间接测量量 Y 的第 i 个测量值

$$y_i = F(x_{1_i}, x_{2_i}, \cdots, x_{m_i}) \tag{2-46}$$

由于测量值 $x_{1_i}, x_{2_i}, \cdots, x_{m_i}$ 与真值间存在随机误差，所以 y_i 与其真值间也必然有误差，记作 δ_{y_i}。由误差定义，上式可写成

$$Y + \delta_{y_i} = F(X_1 + \delta_{1_i}, X_2 + \delta_{2_i}, \cdots, X_m + \delta_{m_i})$$

若 δ_{y_i} 较小，且各直接测量值 $X_j(j = 1, 2, \cdots, m)$ 相互独立，上式按泰勒公式展开，并取其误差的一阶项为近似，略去高阶误差项，则上式写成

$$Y + \delta_{y_i} = F(X_1, X_2, \cdots, X_m) + \frac{\partial F}{\partial X_1}\delta_{1_i} + \frac{\partial F}{\partial X_2}\delta_{2_i} + \cdots + \frac{\partial F}{\partial X_m}\delta_{m_i} \tag{2-47}$$

其中，$i = 1, 2, \cdots, n$。共有 n 个上述方程。

将 n 个方程相加并除以 n，可求得间接测量量的算术均值 $\bar{y}$，也就是 Y 的最佳估计值

$$\begin{aligned}\bar{y} &= Y + \frac{1}{n}\sum_{i=1}^{n}\delta_{y_i} \\ &= F(X_1, X_2, \cdots, X_m) + \frac{\partial F}{\partial X_1}\frac{1}{n}\sum_{i=1}^{n}\delta_{1_i} + \frac{\partial F}{\partial X_2}\frac{1}{n}\sum_{i=1}^{n}\delta_{2_i} + \cdots + \frac{\partial F}{\partial X_m}\frac{1}{n}\sum_{i=1}^{n}\delta_{m_i}\end{aligned}$$

式中，$\frac{1}{n}\sum_{i=1}^{n}\delta_{j_i}$ 是测量 X_j 所得的一列测量值的算术均值 $\bar{x}_j$ 的随机误差，记作 $\delta_{\bar{x}_j}$，所以

$$\bar{y} = F(X_1, X_2, \cdots, X_m) + \frac{\partial F}{\partial X_1}\delta_{\bar{x}_1} + \frac{\partial F}{\partial X_2}\delta_{\bar{x}_2} + \cdots + \frac{\partial F}{\partial X_m}\delta_{\bar{x}_m} \tag{2-48}$$

另一方面，将直接测量量 $X_1, X_2, \cdots, X_m$ 所获得的测量值的算术均值 $\bar{x}_1, \bar{x}_2, \cdots, \bar{x}_m$ 带入式(2-45)，并将其在 $X_1, X_2, \cdots, X_m$ 的邻域内用泰勒公式展开，有

$$\begin{aligned}F(\bar{x}_1, \bar{x}_2, \cdots, \bar{x}_m) &= F(X_1 + \delta_{\bar{x}_1}, X_2 + \delta_{\bar{x}_2}, \cdots, X_m + \delta_{\bar{x}_m}) \\ &= F(X_1, X_2, \cdots, X_m) + \frac{\partial F}{\partial X_1}\delta_{\bar{x}_1} + \frac{\partial F}{\partial X_2}\delta_{\bar{x}_2} + \cdots + \frac{\partial F}{\partial X_m}\delta_{\bar{x}_m}\end{aligned} \tag{2-49}$$

比较式(2-48)和(2-49)，可得

$$\bar{y} = F(\bar{x}_1, \bar{x}_2, \cdots, \bar{x}_m) \tag{2-50}$$

由式(2-50)可得出

【结论 1】：间接测量量的最佳估计值$\bar{y}$可以由与其有关的各直接测量量的算术均值$\bar{x}_i(i=1, 2, \cdots, n)$代入函数关系式求得。

由式(2-47)可知，直接测量量 X_1, X_2, $\cdots$, X_m 第 i 次测量获得的测量值的误差 δ_{1_i}，δ_{2_i}，$\cdots$，δ_{m_i}，与其相应的间接测量量 Y 的误差 δ_{y_i} 之间的关系应为

$$\delta_{y_i} = \frac{\partial F}{\partial X_1}\delta_{1_i} + \frac{\partial F}{\partial X_2}\delta_{2_i} + \cdots + \frac{\partial F}{\partial X_m}\delta_{m_i} \tag{2-51}$$

假设 δ_{y_i} 的分布是正态分布，则可求得 Y 的标准误差

$$\sigma_y = \sqrt{\frac{1}{n}\sum_{i=1}^{n}\delta_{y_i}^2}$$

根据式(2-51)，可推导出

$$\begin{aligned}\sum_{i=1}^{n}\delta_{y_i}^2 &= \sum_{i=1}^{n}\left(\frac{\partial F}{\partial X_1}\delta_{x_1} + \frac{\partial F}{\partial X_2}\delta_{x_2} + \cdots + \frac{\partial F}{\partial X_m}\delta_{x_m}\right)^2 \\ &= \left(\frac{\partial F}{\partial X_1}\right)^2\sum_{i=1}^{n}\delta_{1_i}^2 + \left(\frac{\partial F}{\partial X_2}\right)^2\sum_{i=1}^{n}\delta_{2_i}^2 + \cdots + \left(\frac{\partial F}{\partial X_m}\right)^2\sum_{i=1}^{n}\delta_{m_i}^2 + \\ &\quad 2\left[\frac{\partial F}{\partial X_1}\frac{\partial F}{\partial X_2}\sum_{i=1}^{n}\delta_{1_i}\delta_{2_i} + \frac{\partial F}{\partial X_2}\frac{\partial F}{\partial X_3}\sum_{i=1}^{n}\delta_{2_i}\delta_{3_i} + \cdots + \frac{\partial F}{\partial X_{m-1}}\frac{\partial F}{\partial X_m}\sum_{i=1}^{n}\delta_{(m-1)_i}\delta_{m_i}\right]\end{aligned}$$

根据随机误差的性质，各直接测量量 $X_j(j=1, 2, \cdots, m)$ 相互独立，则当测量次数无限增加时，必有

$$\sum_{i=1}^{n}\delta_{j_i}\delta_{k_i} = 0 \quad (j \neq k)$$

所以

$$\sum_{i=1}^{n}\delta_{y_i}^2 = \left(\frac{\partial F}{\partial X_1}\right)^2\sum_{i=1}^{n}\delta_{1_i}^2 + \left(\frac{\partial F}{\partial X_2}\right)^2\sum_{i=1}^{n}\delta_{2_i}^2 + \cdots + \left(\frac{\partial F}{\partial X_m}\right)^2\sum_{i=1}^{n}\delta_{m_i}^2$$

则

$$\sigma_y = \sqrt{\left(\frac{\partial F}{\partial X_1}\right)^2\sigma_1^2 + \left(\frac{\partial F}{\partial X_2}\right)^2\sigma_2^2 + \cdots + \left(\frac{\partial F}{\partial X_m}\right)^2\sigma_m^2} \tag{2-52}$$

由式(2-52)可以得出

【结论 2】：间接测量量的标准误差是各独立直接测量量的标准误差和函数对该直接测量量偏导乘积的平方和的平方根。

以上两个结论是误差传布的基本内容，是解决间接测量误差分析的基本依据。式(2-52)也可以用子样均值的标准误差来表示，即

$$\sigma_{\bar{y}}=\sqrt{\left(\frac{\partial F}{\partial X_1}\right)^2\sigma_{\bar{x}_1}^2+\left(\frac{\partial F}{\partial X_2}\right)^2\sigma_{\bar{x}_2}^2+\cdots+\left(\frac{\partial F}{\partial X_m}\right)^2\sigma_{\bar{x}_m}^2} \tag{2-53}$$

若测量结果误差用相对误差表示的话，间接测量量 Y 的标准相对误差 ρ_y 为

$$\rho_{\bar{y}}=\sqrt{\left(\frac{\bar{x}_1}{\bar{y}}\right)^2\left(\frac{\partial F}{\partial X_1}\right)^2\rho_1^2+\left(\frac{\bar{x}_2}{\bar{y}}\right)^2\left(\frac{\partial F}{\partial X_2}\right)^2\rho_2^2+\cdots+\left(\frac{\bar{x}_m}{\bar{y}}\right)^2\left(\frac{\partial F}{\partial X_m}\right)^2\rho_m^2} \tag{2-54}$$

式中，ρ_j 是直接测量量 X_j 的标准相对误差

$$\rho_j=\frac{\sigma_j}{\bar{x}_j} \tag{2-55}$$

值得注意的是：上述各公式是建立在对每一独立的直接测量量 X_j 进行多次等精度独立测量的基础上的，否则，上述公式严格地说将不成立。对于间接测量量与各直接测量量之间呈非线性函数关系的情况，上述公式只是近似的，只有当计算 Y 的误差允许作线性近似时才能使用。

下面举例说明如何利用误差传布规律解决间接测量问题。

【例 2－11】　圆柱体积 $V=\pi r^2h$，其中 r 为底面积半径，h 为圆柱高。若实际测得半径、高参数如下：

$$r=10\pm0.035(\text{mm})$$

$$h=50\pm0.035(\text{mm})$$

求圆柱体体积 V，标准误差 σ_V 和相对误差 ρ_V。

解：(1) 求圆柱体积 V 的估计值

$$V=\pi r^2h=15\,705(\text{mm}^3)$$

(2) 求圆柱体积 V 的标准误差

$$\frac{\partial V}{\partial r}=2\pi rh=3\,141$$

$$\frac{\partial V}{\partial h}=\pi r^2=314.1$$

$$\sigma_V=\sqrt{\left(\frac{\partial F}{\partial h}\right)^2\sigma_h^2+\left(\frac{\partial F}{\partial r}\right)^2\sigma_r^2}=110.4(\text{mm}^3)$$

(3) 求圆柱体积 V 的相对误差 ρ_V

$$\rho_V=\frac{110.4}{15\,705}=0.007$$

(4) 圆柱体积可表示为

$$V=15\,705\pm110.4(\text{mm}^3)\quad(P=68.3\%)$$

2.5.2 微小误差取舍原则

在间接测量误差分析与处理中,有时需要知道某项误差小到何种程度可以忽略,以简化计算。

根据误差传布原理,间接测量量的标准误差

$$\sigma_y = \sqrt{\sum_{j=1}^{m}\left(\frac{\partial F}{\partial X_j}\sigma_j\right)^2} = \sqrt{\sum_{j=1}^{m} H_j^2}$$

式中,$H_j = \frac{\partial F}{\partial X_j}\sigma_j$,称为局部误差。若将其中的局部误差 H_k 取出,则

$$\sigma'_y = = \sqrt{\sum_{j\neq k} H_j^2}$$

如果 $\sigma_y \approx \sigma'_y$,则称 H_k 为微小误差,在计算间接测量量标准误差时可以舍去。

由于标准误差一般只取 1～2 位有效数字,故要求微小误差对 σ_y 的影响不超过 σ_y 最后一位有效数字的 1/2 单位,于是有

$$\frac{\sigma_y - \sigma'_y}{\sigma_y} \leqslant \varepsilon$$

ε 视 σ_y 有效数字的位数而异。当 $\varepsilon = 0.1,\ 0.05,\ 0.01$ 时,$H_k/\sigma_y = 1/2,\ 1/3,\ 1/7$。1/2 的控制过于冒险,过去常用的 1/3, 1/7 比较稳妥,折中一些的限制比例应该是 1/4～1/5。

2.5.3 误差的分配

误差传布原理不仅可以根据相互独立的各直接测量量的误差估计间接测量量的真值和误差,还对测量系统的设计有着重要意义。

若规定了间接测量量误差不能超过某一值,要求利用误差传布规律求出各直接测量量的误差允许值,以便满足间接测量量误差的要求,并据此选择适当的测量仪表,这就是误差的分配。在实际测量中这类问题也较为常见。

间接测量量的标准误差可表示为

$$\sigma_y = \sqrt{\sum_{j=1}^{m}\left(\frac{\partial F}{\partial X_j}\sigma_j\right)^2} = \sqrt{\sum_{j=1}^{m} H_j^2}$$

若按照等作用原则来分配误差,有

$$H_1 = H_2 = \cdots = H_m$$

即认为各个局部误差对总误差的影响相等,因此

$$\sigma_y = \sqrt{m}\left(\frac{\partial F}{\partial X_j}\right)\sigma_j$$

或者

$$\sigma_j = \frac{\sigma_y}{\sqrt{m}} \cdot \frac{1}{\left(\dfrac{\partial F}{\partial X_j}\right)} \quad (j = 1, 2, \cdots, m) \tag{2-56}$$

等作用原则也适用于相对误差的表达式

$$\rho_j = \frac{\rho_y}{\sqrt{m}} \cdot \left[\frac{\bar{y}}{\bar{x}} \frac{1}{\left(\dfrac{\partial F}{\partial X_j}\right)}\right] \quad (j = 1, 2, \cdots, m) \tag{2-57}$$

【例 2-12】 利用测压法测量气流速度，静压 $p \approx 1.0565 \times 10^5$ Pa，总压 $p^* \approx 1.0782 \times 10^5$ Pa，总温 $T^* \approx 300$ K，设绝热指数 $k = 1.4$，气体常数 $R = 287$ J/(kg·K)。现要求测得气流速度的相对误差不超过 1%，问 p，p^*，T^* 的误差各应为多少才能满足上述要求？

解： (1) 求气流速度的估计值

$$v = \sqrt{\frac{2k}{k-1} R T^* \left[1 - \left(\frac{p}{p^*}\right)^{\frac{k-1}{k}}\right]} = 59.1 \text{ m/s}$$

(2) 按等作用原则，求相对误差

$$\frac{\partial v}{\partial T^*} = \frac{\sqrt{\dfrac{2k}{k-1} R T^* \left[1 - \left(\dfrac{p}{p^*}\right)^{\frac{k-1}{k}}\right]}}{2T^*} = 0.0905$$

$$\frac{\partial v}{\partial p} = \frac{RT^*}{\sqrt{\dfrac{2k}{k-1} R T^* \left[1 - \left(\dfrac{p}{p^*}\right)^{\frac{k-1}{k}}\right]}} \left(\frac{p}{p^*}\right)^{\frac{k-1}{k}} \left(\frac{1}{p}\right) = -0.0137$$

$$\frac{\partial v}{\partial p^*} = \frac{RT^*}{\sqrt{\dfrac{2k}{k-1} R T^* \left[1 - \left(\dfrac{p}{p^*}\right)^{\frac{k-1}{k}}\right]}} \left(\frac{p}{p^*}\right)^{\frac{k-1}{k}} \left(\frac{1}{p^*}\right) = 0.0134$$

$$\rho_{T^*} = \frac{\rho_v}{\sqrt{m}} \left[\frac{v}{T^*} \frac{1}{\dfrac{\partial v}{\partial T^*}}\right] = \frac{0.01}{\sqrt{3}} \left[\frac{59.1}{300} \cdot \frac{1}{0.0905}\right] = 1.26\%$$

$$\rho_p = \frac{\rho_v}{\sqrt{m}} \left[\frac{v}{p} \frac{1}{\dfrac{\partial v}{\partial p}}\right] = \frac{0.01}{\sqrt{3}} \left[\frac{59.1}{1.0565 \times 10^5} \cdot \frac{1}{-0.0137}\right] = -0.23\%$$

$$\rho_{p^*} = \frac{\rho_v}{\sqrt{m}} \left[\frac{v}{p^*} \frac{1}{\dfrac{\partial v}{\partial p^*}}\right] = \frac{0.01}{\sqrt{3}} \left[\frac{59.1}{1.0782 \times 10^5} \cdot \frac{1}{0.0134}\right] = 0.23\%$$

(3) p，p^*，T^* 的误差分别为

$$\Delta T^* = T^* \cdot \rho_{T^*} = 300 \times 1.26\% = 3.78 \text{ K}$$

$$\Delta p = p \cdot \rho_p = 1.0565 \times 10^5 \times (-0.23\%) = -2.4299 \times 10^2 \text{ Pa}$$

$$\Delta p^* = p^* \cdot \rho_{p^*} = 1.0782 \times 10^5 \times 0.23\% = 2.48 \times 10^2 \text{ Pa}$$

显然，按等作用原则计算的 T^* 相对误差较大，与实际有较大偏差。进行误差分配时可按照实际情况进行调整。一般测温的精度能达到±1 K，即 $\sigma_{T^*} = 1$ K。因此在已知气流速度测量精度为 1%的条件下，用误差传布原理，可反求出测压的精度，即

$$\sigma_v = 59.1 \times 1\% = 0.6 \text{ m/s}$$

由

$$\sigma_v = \sqrt{\left(\frac{\partial F}{\partial T^*}\sigma_{T^*}\right)^2 + \left(\frac{\partial F}{\partial p^*}\sigma_{p^*}\right)^2 + \left(\frac{\partial F}{\partial p}\sigma_p\right)^2}$$

用试凑法可求得

$$\sigma_{p^*} = \sigma_p = 0.0003 \times 10^5 \text{ Pa}$$

所以

$$p = (1.0565 \pm 0.0003) \times 10^5 \text{ Pa}$$

$$p^* = (1.0782 \pm 0.0003) \times 10^5 \text{ Pa}$$

$$T^* = (300 \pm 1) \text{K}$$

$$v = 59.1 \pm 0.6 \text{ m/s}$$

2.6 误差的综合

在测量过程中，系统误差、随机误差、粗大误差这三种不同性质的误差可能同时存在。要判定测量的精度是否达到了预定指标，需对测量的全部误差进行综合，以估计各项误差对测量结果的综合影响。当粗大误差剔除后，决定测量精度的是系统误差和随机误差。系统误差影响正确度，随机误差影响精密度。由于测量精度(准确度)是用总误差来量度的，因此，误差的综合问题主要指多个随机误差的综合、多个系统误差的综合以及总随机误差和总系统误差如何综合成测量的总误差。

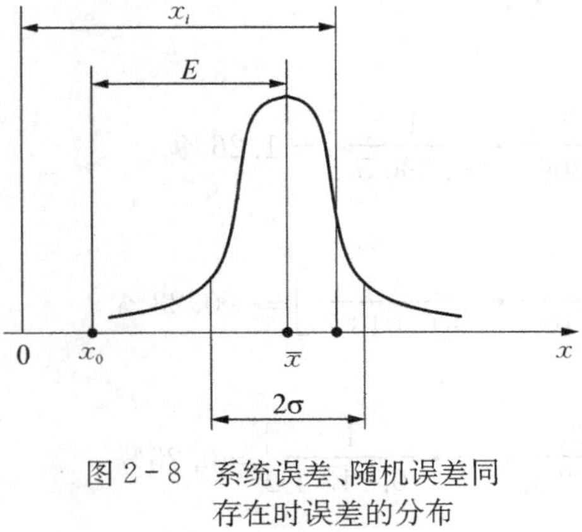

图 2-8 系统误差、随机误差同存在时误差的分布

当系统误差和随机误差同时存在时，误差按图 2-8 所示的规律分布。图中 x_0 为被测量的真值，E 为系统误差，σ 为随机误差的标准误差，x_i 为多次重复测量时任一次的测量值。

2.6.1 随机误差的综合

若测量结果中含有 k 项相互独立的随机误差，各单项测量的标准误差分别为 σ_1，σ_2，…，

σ_k，则 k 项独立随机误差的综合效应应该是它们平方和之均方根。即综合的标准误差为

$$\sigma=\sqrt{\sum_{i=1}^{k}\sigma_i^2} \tag{2-58}$$

在计算综合误差时，经常用极限误差来合成。测量值子样容量足够大，就可以认为极限误差

$$\Delta_i = 3\sigma_i$$

若子样容量较小，用 t 分布原理按给定的置信水平求极限误差更合适，此时

$$\Delta_i = t(\alpha,\ \nu)\sigma_i$$

综合的极限误差

$$\Delta=\sqrt{\sum_{i=1}^{k}\Delta_i{}^2} \tag{2-59}$$

实际上，测量结果中总的随机误差，既可以根据全部测量结果（各项随机误差源同时存在）直接求得，又可以通过分析各项随机误差来源，分别求得各自的极限误差（或标准误差），然后根据式(2-59)或式(2-58)来求得，两者的结果基本吻合。在一般测量中，没有必要分项求出随机误差，只需直接求总的随机误差，这样比较简单。只有对重要的测量，才需要逐项分析随机误差的来源，且分析各项对测量结果的影响程度，然后进行误差的综合。

特别要指出的是，对于按复杂规律变化的系统误差（也称为系偶误差），一般也作为随机误差来处理。

2.6.2　系统误差的综合

系统误差的出现是有规律的，不能按平方和之平方根的方法来综合。无论系统误差的变化规律如何，根据对系统误差的掌握程度可分为确定（常值）系统误差和不确定的系统误差。

1. 确定的系统误差的综合

确定的系统误差是数值大小和符号均已确定了的误差，其综合方法就是将各项已定系统误差代数相加。若有 l 个确定的系统误差 $E_1,\ E_2,\ \cdots,\ E_l$，则总的确定的系统误差为

$$E=\sum_{i=1}^{l}E_i \tag{2-60}$$

在实际测量中，有不少确定的系统误差在测量过程中均已消除，由于某种原因未作修正和消除的系统误差只有有限的几项，按代数和进行综合后，还可从测量中修正，故最后的测量结果中一般不含有确定的系统误差。

2. 不确定的系统误差的综合

不确定的系统误差是指误差的大小和方向不能确切掌握，而只能或只需估计出它不至于超过的极限范围 $\pm e$ 的系统误差。不确定的系统误差不是随机误差，鉴于对它的认识有限，人们趋于按概率型处理它，即将 e_i 视为随机变量，这样不必花费过多精力去掌握规律，可以带来极大的方便。

设测量结果中含有 n 项不确定系统误差，其极限分别为 $e_1,\ e_2,\ \cdots,\ e_n$，则总的不确定系统

误差为

$$e=\sum_{i=1}^{n}e_i \tag{2-61}$$

式中,各分项确定系统误差应具有相同的置信概率(如90%,95%,99%等)。可以看出这样的系统综合方法,误差的估计是偏大的,故是一种极为保险的方法。当项数 n 较大时,误差以同样方向叠加的可能性极小,所以只有 $n<10$ 时才采用这样的方法。当 $n>10$ 时,可采用方和根法,即

$$e=\sqrt{\sum_{i=1}^{n}e_i^2} \tag{2-62}$$

如果考虑到各分项不同的置信系数,则可用广义方和根法。由各单项误差 e_i 计算出相应的标准偏差 σ_{s_i},通过对 σ_{s_i} 进行方和根合成得到总的不确定系统误差的标准偏差 σ_s,然后再根据 σ_s 求出相应的 e,即

$$\sigma_s=\sqrt{\sum_{i=1}^{n}\sigma_{s_i}^2}=\sqrt{\sum_{i=1}^{n}\left(\frac{e_i}{k_i}\right)^2} \tag{2-63}$$

$$e=k_s\sigma_s=k_s\sqrt{\sum_{i=1}^{n}\left(\frac{e_i}{k_i}\right)^2} \tag{2-64}$$

式中,e_i 为第 i 项不确定系统误差;k_i 为其在具体约定的置信概率下所对应的置信系数;k_s 为总不确定系统误差在其约定的置信概率下的置信系数;e 为总不确定系统误差。

当各单项误差都服从正态分布,且各 e_i 与合成后的 e 具有相同的置信概率,则有 $k_1=k_2=\cdots=k_n=k_s$

$$e=k_s\sqrt{\sum_{i=1}^{n}\left(\frac{e_i}{k_i}\right)^2}=\sqrt{\sum_{i=1}^{n}e_i^2} \tag{2-65}$$

这时广义方和根法就是方和根法。

2.6.3　误差合成定律

设测量结果中有 k 项独立随机误差,用极限误差表示为

$$\Delta_1,\ \Delta_2,\ \cdots,\ \Delta_k$$

有 m 个确定系统误差,其值分别为

$$E_1,\ E_2,\ \cdots,\ E_m$$

有 n 个不确定系统误差,其值分别为

$$e_1,\ e_2,\ \cdots,\ e_n$$

则测量结果的综合误差为

$$\Delta E=\sum_{i=1}^{m}E_i\pm\left(\sum_{j=1}^{n}e_j+\sqrt{\sum_{p=1}^{k}\Delta_p^2}\right) \tag{2-66}$$

附表 2-1　标准正态分布表

$$P(z)=\int_{-\infty}^{z}\frac{1}{\sqrt{2\pi}}\left[\exp\left(-\frac{x^2}{2}\right)\right]dx$$

x	0	1	2	3	4	5	6	7	8	9
0.0	0.500 0	0.504 0	0.508 0	0.512 0	0.516 0	0.519 9	0.523 9	0.527 9	0.531 9	0.535 9
0.1	0.539 8	0.543 8	0.547 8	0.551 7	0.555 7	0.559 6	0.563 6	0.567 5	0.571 4	0.575 3
0.2	0.579 3	0.583 2	0.587 1	0.591 0	0.594 8	0.598 7	0.602 6	0.606 4	0.610 3	0.614 1
0.3	0.617 9	0.621 7	0.625 5	0.629 3	0.633 1	0.636 8	0.640 4	0.644 3	0.648 0	0.651 7
0.4	0.655 4	0.659 1	0.662 8	0.666 4	0.670 0	0.673 6	0.677 2	0.680 8	0.684 4	0.687 9
0.5	0.691 5	0.695 0	0.698 5	0.701 9	0.705 4	0.708 8	0.712 3	0.715 7	0.719 0	0.722 4
0.6	0.725 7	0.729 1	0.732 4	0.735 7	0.738 9	0.742 2	0.745 4	0.748 6	0.751 7	0.754 9
0.7	0.758 0	0.761 1	0.764 2	0.767 3	0.770 3	0.773 4	0.776 4	0.779 4	0.782 3	0.785 2
0.8	0.788 1	0.791 0	0.793 9	0.796 7	0.799 5	0.802 3	0.805 1	0.807 8	0.810 6	0.813 3
0.9	0.815 9	0.818 6	0.821 2	0.823 8	0.826 4	0.828 9	0.835 5	0.834 0	0.836 5	0.838 9
1.0	0.841 3	0.843 8	0.846 1	0.848 5	0.850 8	0.853 1	0.855 4	0.857 7	0.859 9	0.862 1
1.1	0.864 3	0.866 5	0.868 6	0.870 8	0.872 9	0.874 9	0.877 0	0.879 0	0.881 0	0.883 0
1.2	0.884 9	0.886 9	0.888 8	0.890 7	0.892 5	0.894 4	0.896 2	0.898 0	0.899 7	0.901 5
1.3	0.903 2	0.904 9	0.906 6	0.908 2	0.909 9	0.911 5	0.913 1	0.914 7	0.916 2	0.917 7
1.4	0.919 2	0.920 7	0.922 2	0.923 6	0.925 1	0.926 5	0.927 9	0.929 2	0.930 6	0.931 9
1.5	0.933 2	0.934 5	0.935 7	0.937 0	0.938 2	0.939 4	0.940 6	0.941 8	0.943 0	0.944 1
1.6	0.945 2	0.946 3	0.947 4	0.948 4	0.949 5	0.950 5	0.951 5	0.952 5	0.953 5	0.953 5
1.7	0.955 4	0.956 4	0.957 3	0.958 2	0.959 1	0.959 9	0.960 8	0.961 6	0.962 5	0.963 3
1.8	0.964 1	0.964 8	0.965 6	0.966 4	0.967 2	0.967 8	0.968 6	0.969 3	0.970 0	0.970 6
1.9	0.971 3	0.971 9	0.972 6	0.973 2	0.973 8	0.974 4	0.975 0	0.975 6	0.976 2	0.976 7
2.0	0.977 2	0.977 8	0.978 3	0.978 8	0.979 3	0.979 8	0.980 3	0.980 8	0.981 2	0.981 7
2.1	0.982 1	0.982 6	0.983 0	0.983 4	0.983 8	0.984 2	0.984 6	0.985 0	0.985 4	0.985 7
2.2	0.986 1	0.986 4	0.986 8	0.987 1	0.987 4	0.987 8	0.988 1	0.988 4	0.988 7	0.989 0
2.3	0.989 3	0.989 6	0.989 8	0.990 1	0.990 4	0.990 6	0.990 9	0.991 1	0.991 3	0.991 6
2.4	0.991 8	0.992 0	0.992 2	0.992 5	0.992 7	0.992 9	0.993 1	0.993 2	0.993 4	0.993 6
2.5	0.993 8	0.994 0	0.994 1	0.994 3	0.994 5	0.994 6	0.994 8	0.994 9	0.995 1	0.995 2
2.6	0.995 3	0.995 5	0.995 6	0.995 7	0.995 9	0.996 0	0.996 1	0.996 2	0.996 3	0.996 4
2.7	0.996 5	0.996 6	0.996 7	0.996 8	0.996 9	0.997 0	0.997 1	0.997 2	0.997 3	0.997 4
2.8	0.997 4	0.997 5	0.997 6	0.997 7	0.997 7	0.997 8	0.997 9	0.997 9	0.998 0	0.998 1
2.9	0.998 1	0.998 2	0.998 2	0.998 3	0.998 4	0.998 4	0.998 5	0.998 5	0.998 6	0.998 6
3.0	0.998 7	0.999 0	0.999 3	0.999 5	0.999 7	0.999 8	0.999 8	0.999 9	0.999 9	1.000 0

附表 2-2 $t(\alpha, v)$值表

$t(\alpha, v)$ \ α / v	0.500	0.200	0.100	0.050	0.020	0.010	0.005	0.002	0.001
1	1.000	3.078	6.314	12.706	31.821	63.657	127.321	318.309	636.619
2	0.816	1.886	2.920	4.303	6.965	9.925	14.089	22.327	31.599
3	0.765	1.638	2.353	3.182	4.541	5.841	7.453	10.215	12.924
4	0.741	1.533	2.132	2.776	3.747	4.604	5.598	7.173	8.610
5	0.727	1.476	2.015	2.571	3.365	4.032	4.773	5.893	6.869
6	0.718	1.440	1.943	2.447	3.143	3.707	4.317	5.208	5.959
7	0.711	1.415	1.895	2.365	2.998	3.499	4.029	4.785	5.408
8	0.706	1.397	1.860	2.306	2.896	3.355	3.833	4.501	5.041
9	0.703	1.383	1.833	2.262	2.821	3.250	3.690	4.297	4.781
10	0.700	1.372	1.812	2.228	2.764	3.169	3.581	4.144	4.587
11	0.697	1.363	1.796	2.201	2.718	3.106	3.497	4.025	4.437
12	0.695	1.356	1.782	2.179	2.681	3.055	3.428	3.930	4.318
13	0.694	1.350	1.771	2.160	2.650	3.012	3.372	3.852	4.221
14	0.692	1.345	1.761	2.145	2.624	2.977	3.326	3.787	4.140
15	0.691	1.341	1.753	2.131	2.602	2.947	3.286	3.733	4.073
16	0.690	1.337	1.746	2.120	2.583	2.921	3.252	3.686	4.015
17	0.689	1.333	1.740	2.110	2.567	2.898	3.222	3.646	3.965
18	0.688	1.330	1.734	2.101	2.552	2.878	3.197	3.610	3.922
19	0.688	1.328	1.729	2.093	2.539	2.861	3.174	3.579	3.883
20	0.687	1.325	1.725	2.086	2.528	2.845	3.153	3.552	3.850
21	0.686	1.323	1.721	2.080	2.518	2.831	3.135	3.527	3.819
22	0.686	1.321	1.717	2.074	2.508	2.819	3.119	3.505	3.792
23	0.685	1.319	1.714	2.069	2.500	2.807	3.104	3.485	3.768
24	0.685	1.318	1.711	2.064	2.492	2.797	3.091	3.467	3.745
25	0.684	1.316	1.708	2.060	2.485	2.787	3.078	3.450	3.725
26	0.684	1.315	1.706	2.056	2.479	2.779	3.067	3.435	3.707
27	0.684	1.314	1.703	2.052	2.473	2.771	3.057	3.421	3.690
28	0.683	1.313	1.701	2.048	2.467	2.763	3.047	3.408	3.674
29	0.683	1.311	1.699	2.045	2.462	2.756	3.038	3.396	3.659
30	0.683	1.310	1.697	2.042	2.457	2.750	3.030	3.385	3.646
31	0.682	1.309	1.696	2.040	2.453	2.744	3.022	3.375	3.633
32	0.682	1.309	1.694	2.037	2.449	2.738	3.015	3.365	3.622
33	0.682	1.308	1.692	2.035	2.445	2.733	3.008	3.356	3.611
34	0.682	1.307	1.091	2.032	2.441	2.728	3.002	3.348	3.601
35	0.682	1.306	1.690	2.030	2.438	2.724	2.996	3.340	3.591

（续　表）

$t(\alpha, v)$ α / v	0.500	0.200	0.100	0.050	0.020	0.010	0.005	0.002	0.001
36	0.681	1.306	1.688	2.028	2.434	2.719	2.990	3.333	3.582
37	0.681	1.305	1.687	2.026	2.431	2.715	2.985	3.326	3.574
38	0.681	1.304	1.686	2.024	2.429	2.712	2.980	3.319	3.566
39	0.681	1.304	1.685	2.023	2.426	2.708	2.976	3.313	3.558
40	0.681	1.303	1.684	2.021	2.423	2.704	2.971	3.307	3.551
50	0.679	1.299	1.676	2.009	2.403	2.678	2.937	3.261	3.496
60	0.679	1.296	1.671	2.000	2.390	2.660	2.915	3.232	3.460
70	0.678	1.294	1.667	1.994	2.381	2.648	2.899	3.211	3.436
80	0.678	1.292	1.664	1.990	2.374	2.639	2.887	3.195	3.416
90	0.677	1.291	1.662	1.987	2.368	2.632	2.878	3.183	3.402
100	0.677	1.290	1.660	1.984	2.364	2.626	2.871	3.174	3.390

第 3 章　测量系统基本特性

为了完成某一特定的试验任务，需要选用适当的传感器、仪表，或把这些测量装置和仪表按一定方式组成测量系统。最终的测量结果能否在规定的误差范围内反映原来的被测量，这往往取决于所选测量系统（传感器、仪表）的输入-输出特性及其性能。本章将讨论测量系统的基本特性及表征测量过程品质优劣的主要性能指标。

测量系统的基本特性是指系统的输入与相应输出的关系，分成静态特性和动态特性两方面。通常，测量系统的输入指被测量，其相应输出是经过测量系统变换后的量。正确选用测量系统才能使其输出正确反映输入。

当被测量不随时间变化或变化非常缓慢时，系统输出量和输入量之间在数值上一般具有一定的对应关系。以静态关系为基础，通常可以定义一组性能指标来描述静态测量过程的品质。当被测量随时间变化迅速时，即动态测量中，由于测量系统具有一定惯性，使得系统的输出量不能正确反映同一时刻输入量的实际情况，此时必须考虑系统的动态特性。以动态关系为基础的动态性能指标是判断动态测量过程品质优劣的依据。

3.1　测量系统的静态特性

3.1.1　测量系统基本静态特性

测量系统的静态特性是被测量和测量系统都处于稳定状态时的关系，系统的输入和输出间的关系应该是确定的、单值的。一般情况下，测量系统的静态特性可用代数方程来描述：

$$y = a_0 + a_1 x + a_2 x^2 + \cdots + a_n x^n = \sum_{i=0}^{n} a_i x^i \tag{3-1}$$

式中，y 为测量系统输出量；x 为测量系统输入量；a_0 为系统零位输出；a_1 为系统灵敏度；a_2，…，a_n 为非线性项的待定常数。如图 3-1(b)所示。

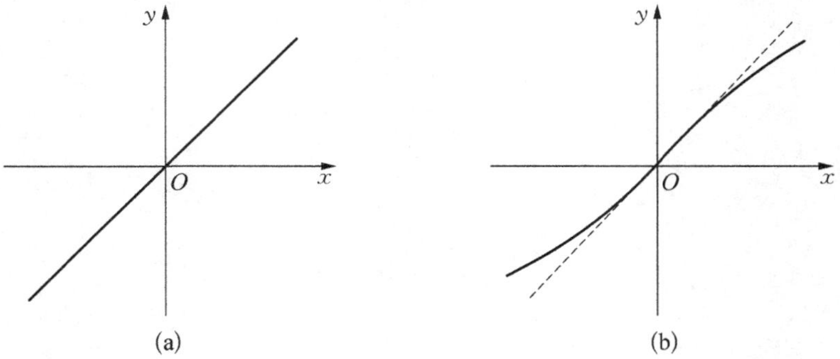

图 3-1　静态特性曲线

(a) 理想线性　(b) 普通情况下的非线性

式(3-1)就是测量系统静态特性的数学模型。对于理想测量系统,其输出是输入的单调、线性函数,如图3-1(a)所示。在这种情况下,$a_0 = a_2 = a_3 = \cdots = a_n = 0$,即

$$y = a_1 x \tag{3-2}$$

目前广泛采用静态校准试验方法来取得测量系统的静态特性,利用校准数据建立数学模型和静态特性曲线。

3.1.2 测量系统的静态性能指标

1. 量程

测量系统能测量的最大输入量和最小输入量之间的范围称为测量系统的量程范围,或称量程。最大输入量和最小输入量分别称为测量上限和测量下限。测量系统的量程在数值上等于测量上限和测量下限代数差。如

表3-1 量程举例

仪表名称	测量范围	测量下限	测量上限	量程
某压力表 某温度计	0～+10 MPa −40～+80℃	0 MPa −40℃	+10 MPa +80℃	10 MPa 120℃

在组成测量系统时,首先应对被测量有一个大致地估计,务必使被测量的值落在量程之内,最好落在系统量程的$\frac{2}{3}\sim\frac{3}{4}$处,如果量程选择太小,被测量的值超过测量系统量程,会造成系统因过载而受损;如果量程选择太大,会使测量精度下降。

2. 基本误差、准确度等级

基本误差用来表示测量系统(仪表)的误差。测量系统(仪表)量程范围内,在各测量值的绝对误差中,绝对值最大者被称作系统基本误差。可表示为

$$\Delta_j = \pm |\Delta X_{\max}|_A \tag{3-3}$$

式中,Δ_j 为测量系统基本误差;A 为量程;$|\Delta X_{\max}|_A$ 为在量程范围内,最大的绝对误差绝对值。

测量值绝对误差是测量系统和标准设备对同一被测量进行测量,两个测量值之差。在规定条件下使用测量系统,所得测量值的绝对误差可大可小,可正可负,不尽相同,但有把握说它们不会超过测量系统的基本误差。可见 Δ_j 是一种按极限形式表示测量系统误差的方法。

基本误差也可表示成用量程为分母折合的引用误差形式,即

$$\delta_j = \frac{\Delta_j}{A} \times 100\% = \pm \frac{|\Delta X_{\max}|}{A} \times 100\% \tag{3-4}$$

这样可以方便地比较两套测量系统的误差。

在工程测量中,通常用准确度等级表示测量系统(仪表)的准确程度。准确度等级也称精度等级,是在设计、组成测量系统时,保证其基本误差不超过某个一定的允许误差值所确立的指标。是衡量测量系统(仪表)质量优劣的重要指标之一。我国工业仪表准确度等级分为

0.1，0.2，0.5，1.0，1.5，2.5，5.0 七个等级；过程检测控制仪表的准确度等级有 0.005，0.02，0.1，0.35，0.5，1.0，1.5，2.5，4 等。准确度等级是以引用误差形式表示的允许误差去掉百分号。如，0.5 级表示该仪表的允许误差为±0.5%，其测量值的绝对误差最大值不超过该仪表量程的±0.5%。又如，某台测温仪表的基本误差为±1.3%，则认为该仪表的精确度等级符合 1.5 级。

对确定了准确度等级的仪表，测量值绝对误差最大值与该仪表的量程有关，因此，应尽量避免使被测量值在$\frac{1}{3}$被选仪表量程以下工作，否则将使被测量值产生较大的测量相对误差。

3. 灵敏度

灵敏度表示测量系统进行静态测量时，其输出变化量与输入变化量的比值，其数学表达式

$$k=\frac{\Delta y}{\Delta x} \tag{3-5}$$

式中，Δy 为系统输出量的变化量；Δx 为系统输入量的变化量。

线性测量系统的灵敏度是常数，如图 3-2(a)所示。非线性测量系统灵敏度是随输入量的变化而变化的，如图 3-2(b)所示。

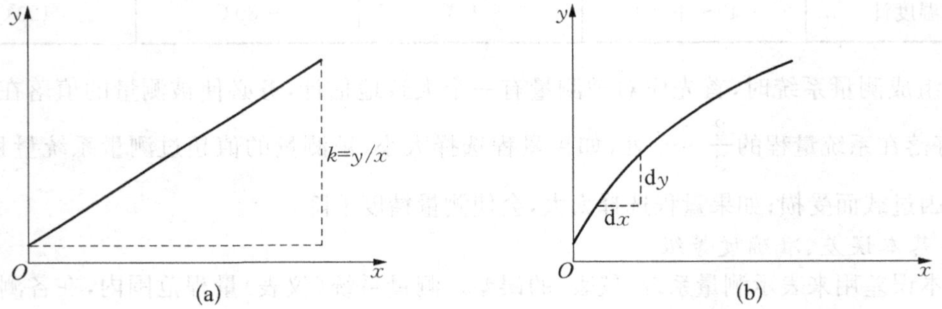

图 3-2　灵敏度特性

(a) 线性测量系统　(b) 非线性测量系统

灵敏度的量纲是系统输出、输入量的量纲之比。如某一位移传感器在位移变化 1 mm 时，输出电压变化 300 mV，则其灵敏度为 300 mV/mm。

与灵敏度有关的另一性能指标是分辨率。分辨率是指测量系统能够检测出的最小输入变化量。为了保证测量准确，一般规定分辨率应不大于系统（仪表）允许误差的$\frac{1}{3}\sim\frac{1}{10}$。

4. 线性度（非线性误差）

在理想情况下，测量系统的输出与输入之间关系是一条直线，即灵敏度为常数。而实际测量系统的输出与输入关系是一条曲线。该曲线通过静态校准获得，称为校准曲线。校准曲线与拟合直线间的不吻合程度称为测量系统的线性度，又称非线性误差。线性度一般用相对误差的形式表示，即用校准曲线和拟合直线之间的最大偏差的绝对值与系统满量程输出值之比值的百分数来表征，为

$$L_n=\frac{|\Delta L_{\max}|}{y_{\mathrm{F.S}}}\times 100\%=\frac{|\Delta L_{\max}|}{|y_{\mathrm{H}}-y_{\mathrm{L}}|}\times 100\% \tag{3-6}$$

式中，L_n 为线性度；ΔL_{max} 为实际输出值与理论输出值的最大偏差；$y_{F.S}$ 为满量程输出值；y_H，y_L 分别为测量上、下限的标称值。

从上式可知，线性度是以某一拟合直线作为基准计算出来的。如果所依据的拟合直线不同，则得出的线性度就有差异。所以在表示线性度大小时，还必须说明所依据的理论直线。确定拟合直线的方法有多种，一般常用端基点法、平均选点法和最小二乘法等。

（1）端基点法。把测量系统量程的两个端点，即校准数据的零点输出平均值和满量程输出平均值，连成直线，作为系统的理论直线，如图 3-3 所示。其直线方程为

$$y = y_0 + \frac{y_{max} - y_0}{x_{max}} \cdot x \tag{3-7}$$

这种计算拟合直线的方法简单，但拟合精度较低，除了两个端点，没有考虑其他校准点的分布情况。用这种方法求出的线性度称为端点（端基）线性度。

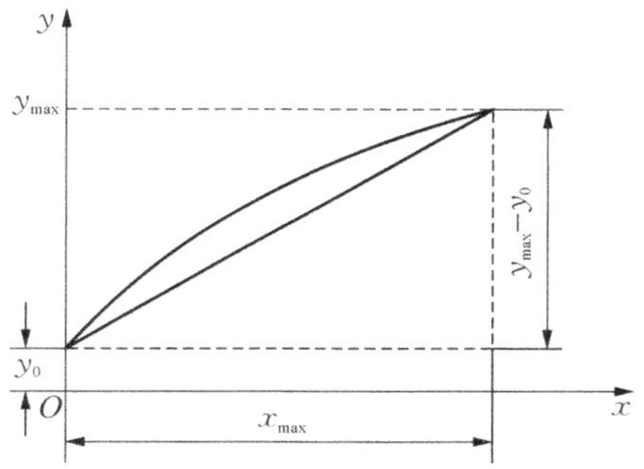

图 3-3　端基点拟合直线

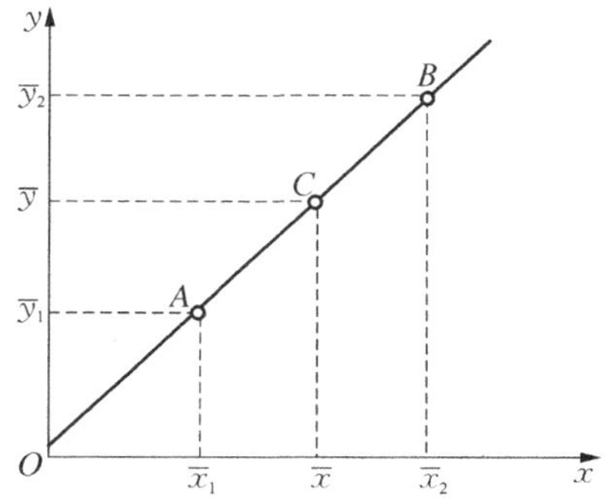

图 3-4　平均选点拟合直线

（2）平均选点法。把测量系统的校准数据点分成数目相同的两个组，两个组的校准数据点各自有一“点系中心”，这些点分布在各自“点系中心”周围。通过两个“点系中心”连成一条直线，作为测量系统的理论直线，见图 3-4。

前半部校准数据点的“点系中心”坐标为

$$\bar{x}_1 = \frac{2}{n}\sum_{i=1}^{n/2} x_i,\quad \bar{y}_1 = \frac{2}{n}\sum_{i=1}^{n/2} y_i \tag{3-8}$$

后半部校准数据点的“点系中心”坐标为

$$\bar{x}_2 = \frac{2}{n}\sum_{i=\frac{n}{2}+1}^{n} x_i,\quad \bar{y}_2 = \frac{2}{n}\sum_{i=\frac{n}{2}+1}^{n} y_i \tag{3-9}$$

通过两个“点系中心”的直线方程为

$$y = mx + b \tag{3-10}$$

式中，m 为直线的斜率，$m = \dfrac{\bar{y}_2 - \bar{y}_1}{\bar{x}_2 - \bar{x}_1}$；$b$ 为直线在 y 轴上的截距，$b = \bar{y}_1 - m\bar{x}_1$ 或 $b = \bar{y}_2 - m\bar{x}_2$。

此拟合理论直线方法不太复杂，拟合精度比端基点法好。

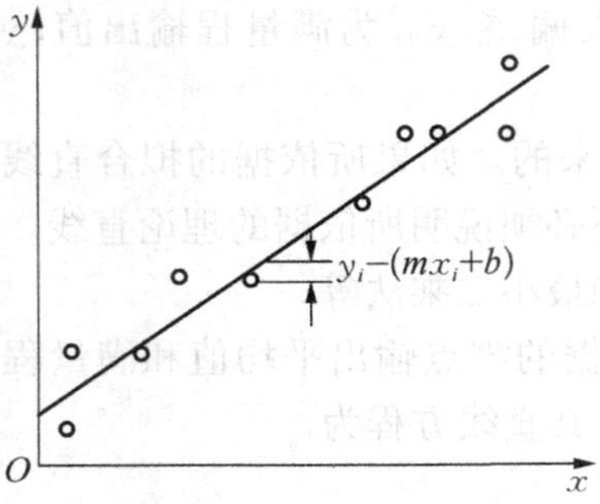

图 3-5 最小二乘法拟合直线

(3) 最小二乘法。直线方程的一般形式可写成 $y = mx + b$，最小二乘法的原理是根据具体的校准数据来确定拟合直线方程的系数，使所有较准点与拟合直线的偏差平方和为最小值。如图 3-5 所示，有 n 个校准点 $(x_1, y_1), (x_2, y_2), \cdots, (x_n, y_n)$，全部较准点与拟合直线的偏差平方和为

$$Q(m, b) = \sum_{i=1}^{n} [y_i - (mx_i + b)]^2$$

它刻画了全部校准点与拟合直线的偏离程度，欲使其值为最小，只需将上式分别对 m 与 b 求偏导，并令它们等于零，即

$$\frac{\partial Q}{\partial b} = -2\sum_{i=1}^{n}(y_i - mx_i - b) = 0$$

$$\frac{\partial Q}{\partial m} = -2\sum_{i=1}^{n}(y_i - mx_i - b)x_i = 0$$

解上述方程组，得

$$m = \frac{n\sum(x_i y_i) - \left(\sum x_i\right)\left(\sum y_i\right)}{n\sum x_i^2 - \left(\sum x_i\right)^2} \tag{3-11}$$

$$b = \frac{\left(\sum y_i\right)\left(\sum x_i^2\right) - \left[\sum(x_i y_i)\right]\left(\sum x_i\right)}{n\sum x_i^2 - \left(\sum x_i\right)^2} \tag{3-12}$$

将 m、b 值代入直线方程 $y = mx + b$，即可得到拟合直线。

用平均选点法、最小二乘法等方法，是以全部校准点的数据求出拟合理论直线，直线的线性度称为独立线性度。

5. *迟滞误差*

测量系统的输入从量程下限增至测量上限的过程称为正行程，输入由量程的上限减至其下限的过程称为反行程。理想测量系统的输入-输出关系正行程和反行程应该是重合的。但实际上，对同一输入量，测量系统的正、反行程输出量往往不相等(见图 3-6)，两者之间的差值称为迟滞差值，记作 Δy_H。全量程中最大的迟滞差值 Δy_{Hmax} 与满量程输出值之比的百分数表示迟滞误差，

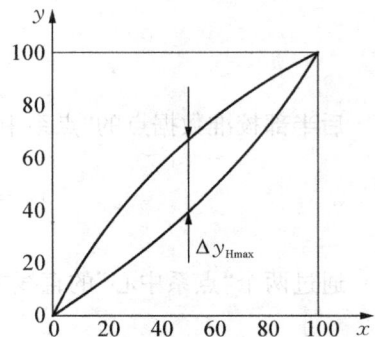

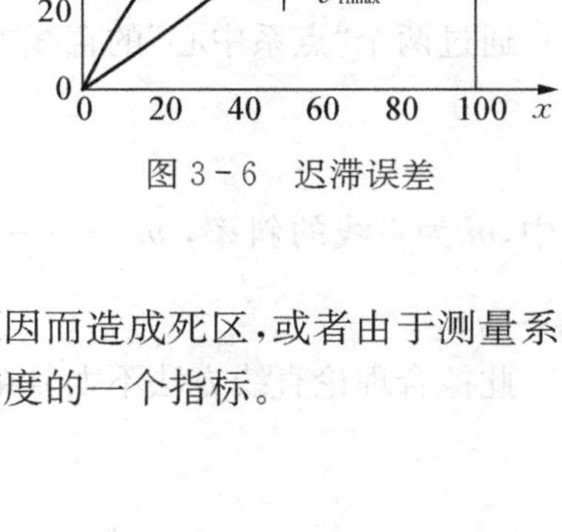

图 3-6 迟滞误差

$$y_H = \frac{\Delta y_{Hmax}}{y_{F.S}} \times 100\% \tag{3-13}$$

迟滞误差是由于测量系统内部件存在着摩擦、间隙等原因而造成死区，或者由于测量系统中的弹性元件、磁性元件等的滞后现象所致。它是反映精密度的一个指标。

6. 重复性误差

在相同的测量条件下，对同一个输入量进行多次重复测量，测量系统的输出值不一致，这种差值称为重复差值(见图3-7)。在全部正、反行程中，重复性误差是用全量程的最大重复差值 Δy_{Rmax} 与满量程输出值之比的百分数表示，即

$$y_R = \frac{\Delta y_{Rmax}}{y_{F.S}} \times 100\% \qquad (3-14)$$

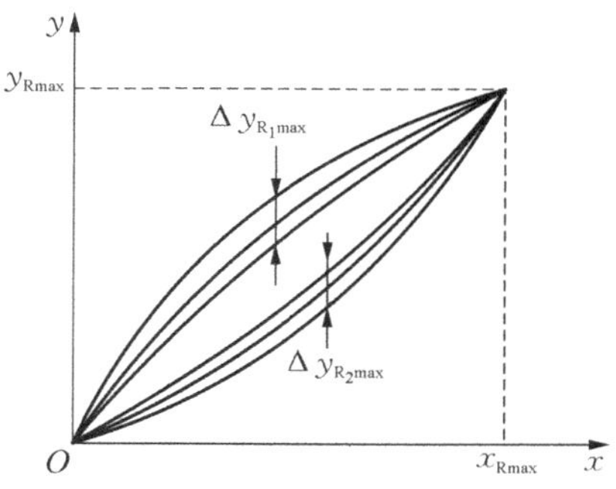

图3-7 重复性误差

重复性误差的大小表示了测量值的离散程度，它是衡量随机误差(精密度)的指标。所以采用标准误差 σ 来代替 Δy_{Rmax} 较合理。用标准误差 σ 计算时，有

$$y_R = \frac{(2\sim 3)\sigma_{max}}{y_{F.S}} \times 100\% \qquad (3-15)$$

当误差服从正态分布，式(3-15)中置信系数取2时，其置信概率为95.45%；置信系数取3时，其置信概率为99.73%。

7. 漂移

在一定的环境和工作条件下，测量系统的输入量固定不变时，输出量却发生变化，这种变化称为漂移。在系统的零点产生漂移为零漂。在系统满量程处发生漂移是满量程漂移。漂移往往是由于测量系统内部温度缓慢变化或元(零)件性能不稳定而引起的。所以有时把主要是由于温度变化引起输出量变化的漂移称作温漂。由此可知，漂移是衡量测量系统稳定性的重要指标。

8. 温度误差

测量系统(仪表)环境温度偏离其正常工作温度时，在同一输入量下，其输出值将发生变化。通常将系统在偏离正常温度(20℃左右)的输出与正常工作温度的输出之差称为温度误差。测量系统的相对温度误差，一般用全量程的最大温度误差与正常工作温度下满量程输出之比值的百分数来表示，即

$$\delta_t = \frac{(y_t - y_{20})_{max}}{y_{F.S}} \times 100\% \qquad (3-16)$$

3.2 测量系统的动态特性

当输入随时间变化时，为了能研究测量系统对输入信号的响应，须建立其数学模型。实际的测量系统，往往在一定的工作误差允许范围内均可被视为线性系统。因此研究线性系统具有普遍性。

3.2.1 测量系统的数学模型

研究测量系统的动态特性时，广泛采用的数学模型是常系数线性微分方程。在忽略了测

量系统的某些固有物理特性(如非线性因素,分布参数影响等)并进行适当的简化处理后,测量系统输入量 $x(t)$ 与输出量 $y(t)$ 间的关系可表示为

$$
\begin{aligned}
& a_n \frac{\mathrm{d}^n y(t)}{\mathrm{d}t^n} + a_{n-1} \frac{\mathrm{d}^{n-1} y(t)}{\mathrm{d}t^{n-1}} + \cdots + a_1 \frac{\mathrm{d}y(t)}{\mathrm{d}t} + a_0 y(t) \\
= {} & b_m \frac{\mathrm{d}^m x(t)}{\mathrm{d}t^m} + b_{m-1} \frac{\mathrm{d}^{m-1} x(t)}{\mathrm{d}t^{m-1}} + \cdots + b_1 \frac{\mathrm{d}x(t)}{\mathrm{d}t} + b_0 x(t)
\end{aligned}
\tag{3-17}
$$

式中,$\frac{\mathrm{d}^n y(t)}{\mathrm{d}t^n}$为输出量对时间 t 的 n 阶导数;$\frac{\mathrm{d}^m x(t)}{\mathrm{d}t^m}$为输入量对时间 t 的 m 阶导数;a_0,a_1,…,a_n,b_0,b_1,…,b_m 是与测量系统物理参数有关的常系数。

应该指出,一些测量系统,不可能在相当大的工作范围内都保持线性。如,在大信号作用下,测量系统的输出可能出现饱和;在小信号作用时,系统可能存在死区。为了避免由于非线性因素造成数学分析上的困难,人们总是忽略某些影响较小的物理特性,通过适当假设,把一般测量系统当作线性定常系统来处理。

常系数微分方程,采用拉普拉斯变换的方法求解十分方便。拉普拉斯变换是将时域函数 $f(t)$转换成 s 域函数 $F(s)$的一种变换。具体变换如下:

若 $f(t)$为时间变量 t 的函数,且当 $t \leqslant 0$ 时有 $f(t)=0$,则 $f(t)$的拉普拉斯变换 $F(s)$定义为

$$
L[f(t)] = F(s) = \int_0^{+\infty} f(t)\mathrm{e}^{-st}\,\mathrm{d}t \tag{3-18}
$$

式中,s 为复变量,$s = a + \mathrm{j}b$,$a > 0$;$f(t)$称为原函数;$F(s)$称为像函数。

函数 $F(s)$的拉氏反变换定义为

$$
L^{-1}[F(s)] = f(t) = \frac{1}{2\pi\mathrm{j}} \int_{\sigma-\mathrm{j}\infty}^{\sigma+\mathrm{j}\infty} F(s)\mathrm{e}^{st}\,\mathrm{d}s \tag{3-19}
$$

对于式(3-17)列出的方程,当系统的初始条件为零,即,认为输入 $x(t)$、输出 $y(t)$以及它们的各阶导数的初始值(即 $t=0$ 时的值)均为零,微分方程的拉氏变换可简单地用拉氏算子 s 代替$\frac{\mathrm{d}}{\mathrm{d}t}$,$s^2$ 代替$\frac{\mathrm{d}^2}{\mathrm{d}t^2}$,$s^n$ 代替$\frac{\mathrm{d}^n}{\mathrm{d}t^n}$等得到,即

$$
\begin{aligned}
& a_n s^n Y(s) + a_{n-1} s^{n-1} Y(s) + \cdots + a_1 s Y(s) + a_0 Y(s) \\
= {} & b_m s^m X(s) + b_{m-1} s^{m-1} X(s) + \cdots + b_1 s X(s) + b_0 X(s)
\end{aligned}
\tag{3-20}
$$

式中,$X(s)$、$Y(s)$分别是测量系统输入 $x(t)$和输出 $y(t)$的拉氏变换。

可以看出,运用拉普拉斯变换,线性微分方程可以转换成复变量的代数方程。通过求解式(3-20)可以得到 $Y(s)$,然后作 $Y(s)$的拉氏反变换(借助拉氏变换表),可求解得到微分方程(3-17)的时间解 $y(t)$。

3.2.2 传递函数

在研究线性定常系统输入量和输出量之间的关系时,传递函数是一个十分有用的概念。传递函数的定义为:当输入、输出的初始条件为零时,系统输出的拉氏变换与输入的拉氏变换之比称为该系统的传递函数,即

$$H(s)=\frac{Y(s)}{X(s)}=\frac{b_m s^m+b_{m-1}s^{m-1}+\cdots+b_1 s+b_0}{a_n s^n+a_{n-1}s^{n-1}+\cdots+a_1 s+a_0} \tag{3-21}$$

式中，$H(s)$为系统的传递函数；$Y(s)$是系统输出量的拉氏变换；$X(s)$是系统输入量的拉氏变换。

传递函数分母中 s 的最高幂次等于测量系统输出量最高阶导数的阶数。若 s 的最高阶等于 n，则称该系统为 n 阶系统。一般常用的测量系统(仪表)多可简化为一阶或二阶系统，或者是由若干个一阶、二阶系统组合而成。

从式(3-21)不难得到如下几条传递函数的特性：

(1) 等式右边与输入 $x(t)$无关，即传递函数 $H(s)$仅表达系统本身的特性，不因输入 $x(t)$的改变而改变；

(2) 由传递函数 $H(s)$所描述的系统，对于任何一个具体的输入 $x(t)$都明确地给出了相应的输出 $y(t)$；

(3) $H(s)$的分母取决于系统结构，分子则是系统和外界之间的关系；

(4) 传递函数不能表明测量系统的物理结构。物理上完全不同的两个系统，可以有相同的传递函数，具有相似的传递特性。例如，水银温度计和 RC 低通滤波器同属于一阶系统；动圈式指示仪表和弹簧测力计都是二阶系统，它们的物理特性相差悬殊，但却有相似的传递函数。

在研究系统时，可以不用考虑其物理结构，只用框图单元表示测量系统环节。如图 3-8 所示，环节的传递函数通常写在方框中。

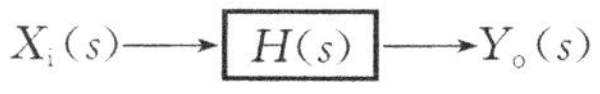

图 3-8　环节框图单元

在由若干测量环节组合而成的系统中，只要已知各个环节的传递函数，则按照环节组合方式，能够很容易得到整个测量系统的传递函数。

图 3-9(a)为两个环节串联，两个环节的传递函数分别为 $H_1(s)$和 $H_2(s)$，串联后形成的系统总的传递函数等于 $H(s)=H_1(s)\cdot H_2(s)$。

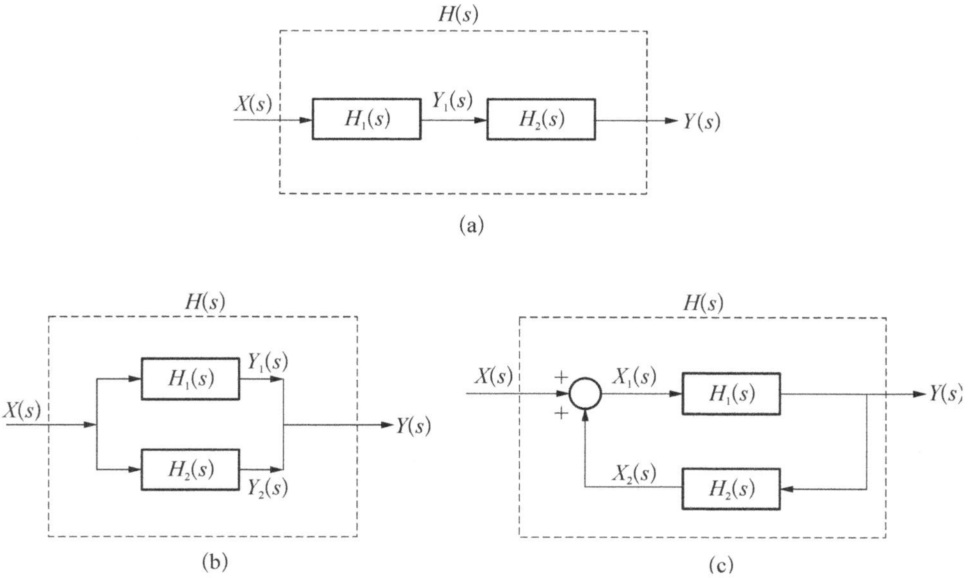

图 3-9　环节的基本组合方式

图 3-9(b)为两个环节并联,两个环节的传递函数分别为 $H_1(s)$和 $H_2(s)$,并联后形成的系统总的传递函数等于 $H(s)=H_1(s)+H_2(s)$。

图 3-9(c)为两环节联结成闭环回路,两个环节的传递函数分别为 $H_1(s)$和 $H_2(s)$,反馈形成的系统的传递函数等于 $H(s)=\dfrac{H_1(s)}{1-H_1(s)H_2(s)}$。

一般的测试装置总是稳定系统,系统传递函数表达式(3-21)中分母中 s 的幂次总高于分子中 s 的幂次,即 $n>m$,且 s 的极点应为负实数。可将式(3-12)中分母分解为 s 的一次和二次实系数因子式(二次实系数式对应其复数极点),即

$$\begin{aligned}&a_n s^n+a_{n-1}s^{n-1}+\cdots+a_1 s+a_0\\&=a_n\prod_{i=1}^{r}(s+p_i)\prod_{i=1}^{(n-r)/2}(s^2+2\zeta_i\omega_{ni}s+\omega_{ni}^2)\end{aligned}$$

式中,p_i,ζ_i 和 ω_{ni} 为常量。

因此式(3-21)可改写为

$$H(s)=\sum_{i=1}^{r}\frac{q_i}{s+p_i}+\sum_{i=1}^{(n-r)/2}\frac{\alpha_i s+\beta_i}{s^2+2\zeta_i\omega_{ni}s+\omega_{ni}^2}$$

上式表明,任何一个测量系统均可视为是多个一阶、二阶系统的串、并联。所以,下面就基本测量系统的传递函数作介绍。

1. 一阶测量系统

在式(3-17)中若除了 a_0、a_1 和 b_0 之外,其余系数均为零,则得

$$a_1\frac{\mathrm{d}y(t)}{\mathrm{d}t}+a_0 y(t)=b_0 x(t) \tag{3-22}$$

任何测量系统若遵循式(3-22)的数学关系,则称为一阶测量系统,或一阶惯性系统。

将式(3-22)两边除以 a_0 并进行拉氏变换,得

$$\tau sY(s)+Y(s)=KX(s) \tag{3-23}$$

式中,τ 为时间常数,$=(a_1/a_0)$;K 为稳态灵敏度,$=(b_0/a_0)$,在线性定常系统中稳态灵敏度为常数。

时间常数 τ 具有时间的量纲,稳定灵敏度则具有"输出量/输入量"的量纲。因此,一阶测量系统的传递函数是

$$H(s)=\frac{Y(s)}{X(s)}=\frac{K}{\tau s+1} \tag{3-24}$$

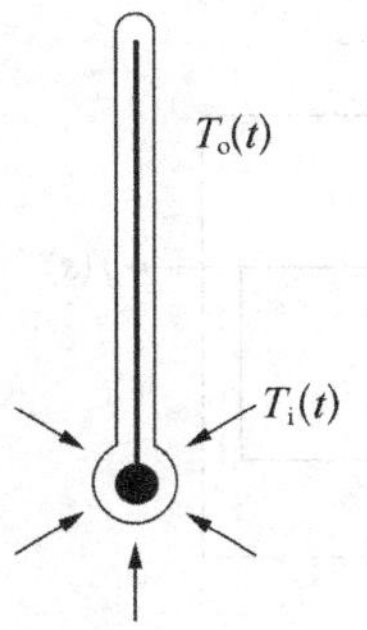

图 3-10 一阶测量系统

下面来分析一个具体的例子。图 3-10 为一液柱式温度计,$T_i(t)$表示温度计的输入量,即被测温度,以 $T_o(t)$表示温度计的输出量,即示值温度,则输入量与输出量的关系为

$$\frac{T_i(t)-T_o(t)}{R}=C\frac{\mathrm{d}T_o(t)}{\mathrm{d}t}$$

式中，R 为传导介质的热阻；C 为温度计的热容量。

经拉氏变换后，得到

$$T_o(s)+RCsT_o(s)=T_i(s)$$

令 $\tau=RC$（τ 为该温度计的时间常数），则有

$$\tau sT_o(s)+T_o(s)=T_i(s)$$

整理得到系统的传递函数

$$H(s)=\frac{T_o(s)}{T_i(s)}=\frac{1}{\tau s+1}$$

可以看出，液柱式温度计的传递特性是一个一阶惯性系统特性。

图 3-11 给出另外两个一阶系统的例子，图 3-11(a)为忽略质量的单自由度振动系统，图 3-11(b)为 RC 低通滤波电路。由系统的相似性理论可知，它们都具有与图 3-10 所示液柱式温度计相同的传递特性。

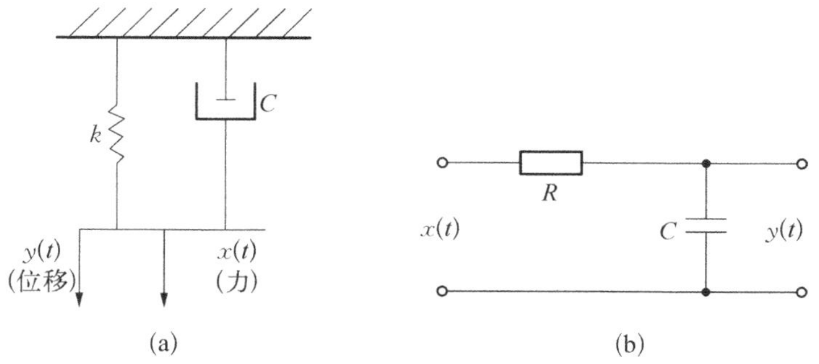

图 3-11　一阶系统

(a) 忽略质量的单自由度振动系统　(b) RC 低通滤波电路

2. 二阶系统

若式(3-17)中除了 a_0，a_1，a_2 和 b_0 以外，其余系数均为零，则得到

$$a_2\frac{d^2y(t)}{dt^2}+a_1\frac{dy(t)}{dt}+a_0y(t)=b_0x(t) \tag{3-25}$$

这便是二阶系统的微分方程式。

令 $K=\frac{b_0}{a_0}$ 为系统稳态灵敏度；$\omega_n=\sqrt{\frac{a_0}{a_2}}$ 为系统无阻尼固有频率(rad/s)，或称系统无阻尼自振频率；$\zeta=\frac{a_1}{2\sqrt{a_0a_2}}$ 为系统阻尼比。对式(3-25)两边作拉氏变换得

$$\left(\frac{s^2}{\omega_n^2}+\frac{2\zeta s}{\omega_n}+1\right)Y(s)=KX(s)$$

则，系统的传递函数为：

$$H(s)=\frac{Y(s)}{X(s)}=\frac{K\omega_n^2}{s^2+2\zeta\omega_n s+\omega_n^2} \tag{3-26}$$

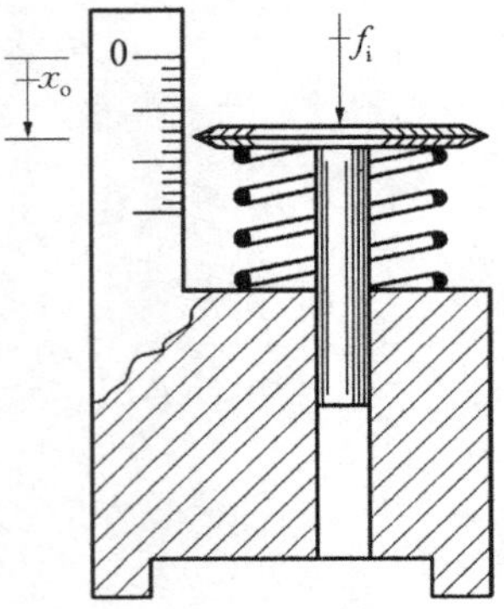

图 3-12 二阶简化系统模型

图 3-12 为一个弹簧测力秤。系统输入量为施加的力 f_i，系统输出量为测力计指针移动距离 x_o。设系统为零初始状态。由牛顿第二定律 $\sum F=ma$，得它的微分方程为

$$f_i-B\frac{dx_o}{dt}-kx_o=M\frac{d^2x_o}{dt^2}$$

式中，B 为系统阻尼常数；k 为弹簧系数。

对上式作拉氏变换有

$$(Ms^2+Bs+k)X_o(s)=F_i(s)$$

令 $\omega_n=\dfrac{k}{M}$(rad/s)；$\zeta=\dfrac{B}{2kM}$；$K=\dfrac{1}{k}$(m/N)，则上式变为

$$\left(\frac{s^2}{\omega_n^2}+\frac{2\zeta}{\omega_n}s+1\right)X_o(s)=KF_i(s)$$

则，弹簧测力系统的传递函数为

$$H(s)=\frac{X_o(s)}{F_i(s)}=\frac{K\omega_n^2}{s^2+2\zeta\omega_n s+\omega_n^2}$$

可以看出这是一个典型的二阶系统。磁电传感器和测力弹簧秤一样，也属于二阶系统。

3.2.3 动态响应特性

测量系统的动态响应特性是系统正确传递并显示输入信号全部信息能力的一种反映。通过研究测量系统的响应特性，可以从其输出信号重现输入信号的正确程度来评价该系统的动态性能。所以在实际分析测量系统的过程中，往往适当地规定其输入信号的形式。根据测量系统对某几种典型输入信号的响应，来直接了解系统的动态特性及其相关性能指标。

研究测量系统的动态响应，可以从时间域和频率域两方面进行。当输入信号为阶跃信号时，其对应的输出被称为阶跃响应。阶跃响应是在时域中描述系统的动态特性。一般低阶系统或系统输入是简单的瞬态信号时，测量系统的性能指标多以时域量值的形式给出。当测量系统的输入是一系列不同频率的正弦信号时，其相应的输出被称为频率响应。频率响应是在频域中描述测量系统的动态特性。一般，对于高阶系统或系统输入为复杂的、周期性的信号时，测量系统的性能指标以频域量值的形式给出更为方便。

1. 阶跃响应

研究测量系统的阶跃响应，就是给初始处于静止状态的测量系统突然输入一个阶跃信号，对系统的响应输出进行分析比较。选择阶跃信号的原因有两个：首先系统输入阶跃信号，使其从一个稳态突然过渡到另一个稳态，这对系统的考验比较严格，容易暴露问题；其次，阶跃信号形式简单，便于产生。

单位阶跃信号的函数形式为

$$x(t)=\begin{cases}0,\ t<0\\1,\ t\geqslant 0\end{cases} \tag{3-27}$$

其拉氏变换为 $X(s)=\dfrac{1}{s}$，则测量系统的输出的拉氏变换为

$$Y(s)=X(s)H(s)=H(s)\cdot\frac{1}{s} \tag{3-28}$$

1）一阶测量系统的阶跃响应

一阶测量系统的传递函数由式(3-24)给出，带入式(3-28)，则一阶测量系统的阶跃响应的拉氏变换为

$$Y(s)=\frac{1}{\tau s+1}\cdot\frac{1}{s} \tag{3-29}$$

对上式进行拉氏反变换，得到一阶测量系统的单位阶跃响应为

$$y(t)=(1-\mathrm{e}^{-\frac{t}{\tau}})\quad(t\geqslant 0) \tag{3-30}$$

图 3-13 为一阶测量系统对阶跃输入的响应曲线。

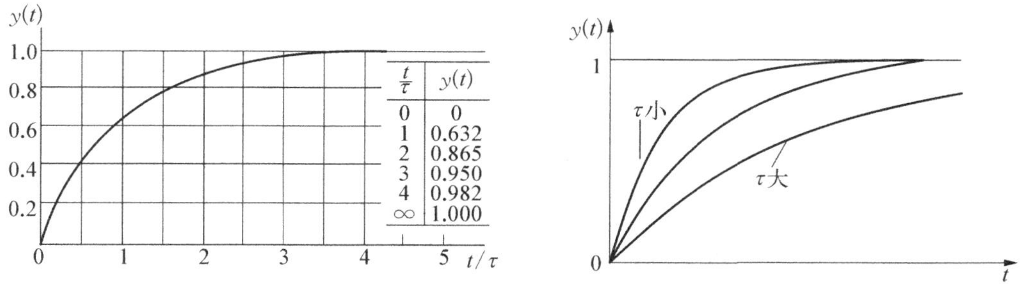

图 3-13　一阶测量系统的阶跃响应

由式(3-30)可知一阶测量系统阶跃响应的特点是：

(1) 输出量 $y(t)$ 的初始值等于零，稳态值等于 1，系统输出不能马上达到稳态值。当 $t=\tau$ 时，系统输出量 $y(t)=0.632$，即达到稳态输出值的 63.2%；当 $t=4\tau$ 时，输出值达到稳态输出值的 98%；

(2) 系统输入是阶跃曲线，而输出是一指数曲线。指数曲线的变化率取决于时间常数 τ，τ 愈小，输出曲线愈陡，即输出量 $y(t)$ 趋于稳态值的时间愈短。所以，为了进行可靠的动态测量，应使测量系统的响应速度快，尽可能采用时间常数 τ 小的系统。

2）二阶测量系统的阶跃响应

二阶测量系统的传递函数由式(3-26)给出，带入式(3-28)，则二阶测量系统的阶跃响应的拉氏变换为

$$Y(s)=\frac{\omega_n^2}{s^2+2\xi\omega_n s+\omega_n^2}\cdot\frac{1}{s} \tag{3-31}$$

对上式进行拉氏反变换，可得到二阶测量系统的单位阶跃响应。由于阻尼比 ξ 值不同，系统响

应的具体形式也不同。稳定系统有下列三种情况：

- $\xi>1$（过阻尼情况）时

$$y(t)=1-\frac{1}{2\sqrt{\xi^2-1}}\left\{\frac{1}{\xi-\sqrt{\xi^2-1}}\exp\left[-(\xi-\sqrt{\xi^2-1})\omega_n t\right]-\frac{1}{\xi+\sqrt{\xi^2-1}}\exp\left[-(\xi+\sqrt{\xi^2-1})\omega_n t\right]\right\} \tag{3-32}$$

- $\xi=1$（临界阻尼情况）时

$$y(t)=1-(1+\omega_n t)\exp(-\omega_n t) \tag{3-33}$$

- $0<\xi<1$（欠阻尼情况）时

$$y(t)=1-\frac{\exp(-\xi\omega_n t)}{\sqrt{1-\xi^2}}\sin(\omega_d t+\beta) \tag{3-34}$$

式中，ω_d 为阻尼固有频率，$=\omega_n\sqrt{1-\xi^2}$；$\beta=\arctan\left(\frac{\sqrt{1-\xi^2}}{\xi}\right)$。

二阶测量系统阶跃响应曲线如图 3-14 所示。由图可知，二阶测量系统阶跃响应的特点如下：

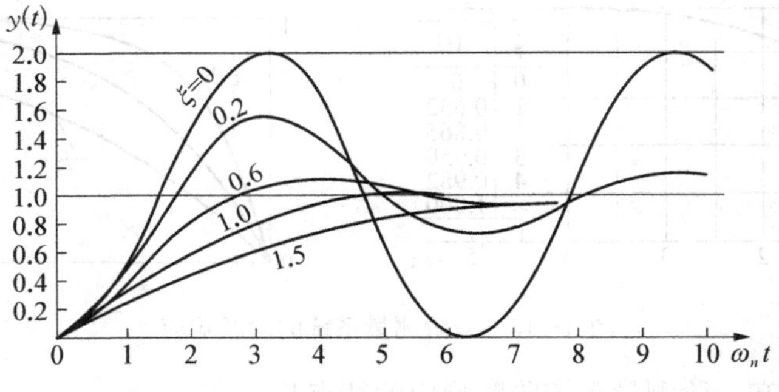

图 3-14　二阶测量系统的阶跃响应

(1) 系统输入是阶跃信号，系统输出随阻尼比 ξ 的不同而有不同。$\xi\geqslant 1$ 时，输出曲线没有振荡，不发生超调，输出为指数曲线。随着时间的增加，输出值趋近输入值。输出达到稳定值的时间与固有频率 ω_n 和阻尼比 ξ 有关。当固有频率不变，阻尼比增加时，输出达到稳定值的时间增加。当 $0<\xi<1$ 时，输出为正弦衰减振荡曲线。随着时间的增加，输出值趋于稳定值。阻尼比 ξ 越小，超调越大，振荡衰减越慢，输出达到稳定值的时间越长。如果 $\xi=0$ 时，则系统的阶跃响应为无衰减等幅振荡形式，此时，系统超调为 100%，且持续不停振荡下去。

由上述可知，二阶测量系统的响应速度与阻尼比 ξ 有关，通常选择 ξ 在 0.6～0.8 之间，这样既能保证系统响应速度较快，也使系统响应的超调不超过 2.5%～10%，以保证充分的稳定性。

(2) 在图 3-14 中，横坐标是以“固有频率 $\omega_n\times$ 时间 t”的形式给出，因此，曲线只是 ξ 的函数。这表明二阶测量系统的响应速度还与固有频率 ω_n 有关。当 ξ 一定时，固有频率 ω_n 越大，系统响应时间越短，响应速度越高。测量系统的固有频率 ω_n 由系统的主要结构参数决定。

2. 频率响应

频率响应是测量系统对正弦输入的稳态响应。当输入信号为正弦波 $A\sin\omega t$ 时，由于瞬态响应的影响，系统输出信号开始不是正弦波。在全部瞬态效应消失后，系统的输出信号是一个与输入信号同频率的正弦波。不过，输出量的幅值通常不等于输入量的幅值，且会存在相位差，即输出信号为 $B\sin(\omega t+\phi)$。由于稳定输出信号和输入信号是频率相同之正弦波，所以，测量系统输出和输入之间的关系，完全可以由二者之间的幅值比 $\frac{B}{A}$ 和相位差 ϕ 来决定。通常把输出量与输入量的幅值比随输入信号频率的变化关系称为测量系统的幅频特性，相位差随频率的变化关系称为测量系统的相频特性。幅频特性和相频特性共同表达了测量系统的频率响应特性。图 3-15 给出了这些概念的图示说明。

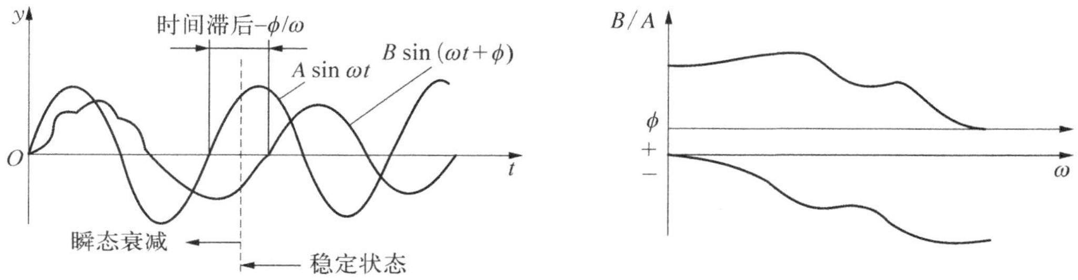

图 3-15　测量系统频率响应

在实际测量中，任何输入信号都可以表示成不同频率的正弦信号之和。对线性测量系统，如果研制系统的频率响应特性，就可以利用叠加原理求得测量系统对任意输入信号的响应。

测量信号的频率响应可通过傅氏变换表示的传递函数得到。式(3-21)是以拉氏变换表示的传递函数，式中的 s 为复数，当 s 为纯虚数，即 $s=\mathrm{j}\omega$ 时，有

$$H(\mathrm{j}\omega)=\frac{Y(\mathrm{j}\omega)}{X(\mathrm{j}\omega)} \tag{3-35}$$

上式是系统输出与输入的傅氏变换之比，称为系统的频率响应函数或频率特性。显然，频率响应函数是传递函数的特例。它反映了测量系统对正弦输入信号的稳态响应，描述了测量系统的输出随频率变化的情况，是在“频域”对系统传递信息特征的描述。

频率响应函数是以频率 ω 为参量的函数，对任意给定的频率 ω，$H(\mathrm{j}\omega)$ 是一个复数，它也可用指数形式表示

$$H(\mathrm{j}\omega)=\frac{a(\omega)+\mathrm{j}b(\omega)}{c(\omega)+\mathrm{j}d(\omega)}=A(\omega)\mathrm{e}^{\mathrm{j}\varphi(\omega)} \tag{3-36}$$

式中，$A(\omega)$ 为 $H(\mathrm{j}\omega)$ 的模，等于输出输入信号的振幅比，是 ω 的函数，称为幅频特性；$\varphi(\omega)$ 为 $H(\mathrm{j}\omega)$ 的相位角，等于输出输入信号的相位差，是 ω 的函数，称为相频特性。

$$A(\omega)=\sqrt{\frac{a^2+b^2}{c^2+d^2}} \tag{3-37}$$

$$\varphi(\omega)=-\tan^{-1}\left(\frac{bc-ad}{ac+bd}\right) \tag{3-38}$$

式(3-38)中的负号表示输出滞后于输入。

1) 一阶测量系统的频率响应

一阶测量系统的频率响应函数

$$H(\mathrm{j}\omega)=\frac{1}{1+\mathrm{j}\omega\tau} \tag{3-39}$$

其幅频特性

$$A(\omega)=\frac{1}{\sqrt{1+(\omega\tau)^2}} \tag{3-40}$$

其相频特性

$$\varphi(\omega)=-\tan^{-1}(\omega\tau) \tag{3-41}$$

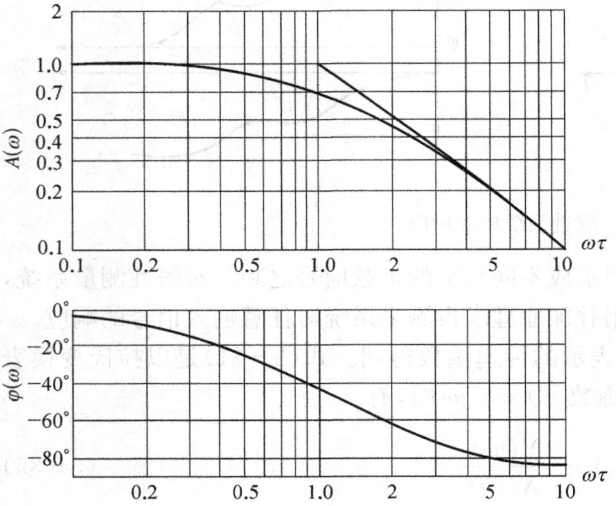

图 3-16 一阶测量系统的频率响应

将式(3-40)、(3-41)用图形表示，如图 3-16 所示。由图可知一阶测量系统的频率响应的特点是：

(1) 幅值比 $A(\omega)$ 随工作频率 ω 的增大而减小，相位差 $\varphi(\omega)$ 随工作频率 ω 的增大而增大。

(2) 测量系统的频率响应与时间常数 τ 有关。当 τ 给定时，系统幅频特性和相频特性即被确定。时间常数 τ 越小，频率响应特性越好。当 $\omega\tau\ll 1$ 时，$A(\omega)\approx 1$，表明输出信号的幅值几乎没有失真；$\varphi(\omega)\approx\omega\tau$，也很小。

2) 二阶测量系统的频率响应

二阶测量系统的频率响应函数

$$H(\mathrm{j}\omega)=\frac{\omega_n^2}{\omega_n^2+\mathrm{j}2\xi\omega_n\omega+(\mathrm{j}\omega)^2}=\frac{1}{[1-(\omega/\omega_n)^2]+2\mathrm{j}\xi\omega/\omega_n} \tag{3-42}$$

其幅频特性

$$A(\omega)=\frac{1}{\sqrt{[1-(\omega/\omega_n)^2]^2+(2\xi\omega/\omega_n)^2}} \tag{3-43}$$

其相频特性

$$\varphi(\omega)=-\tan^{-1}\left(\frac{2\xi\dfrac{\omega}{\omega_n}}{1-\left(\dfrac{\omega}{\omega_n}\right)^2}\right) \tag{3-44}$$

将式(3-43)、(3-44)用图形表示，如图 3-17 所示。由图可知二阶测量系统的频率响应的特点是：

（1）幅值比 $A(\omega)$ 随频率比（ω/ω_n）的变化与阻尼比 ξ 有关。当 $\xi<1$ 时，$A(\omega)$ 在固有频率 ω_n 附近显著增加，这种现象称为谐振。此时幅值增益高度随 ξ 的减小而增大，当 $\xi\to 0$ 时，增益为∞。$\xi\geqslant 0.707$ 时，不出现谐振，幅值比随（ω/ω_n）的提高而单调下降。

（2）阻尼比 $\xi=0.6\sim 0.8$ 的情况下，从幅频特性来看，其幅值比 $A(\omega)$ 接近或等于1的频率区域范围最宽；且在此阻尼比范围的相频特性 $\varphi(\omega)$，在很宽频率范围内几乎都是线性的。这些正是实际测量中所需要的特性，因为在动态测量中，测量系统输出信号与输入信号间存在时间延迟，只要输入输出的相位差随（ω/ω_n）的变化呈线性，则，系统对不同频率正弦波的延迟时间相同，就不会引起输出信号的失真。所以阻尼比 ξ 的最佳选择是由幅频特性和相频特性共同决定的。

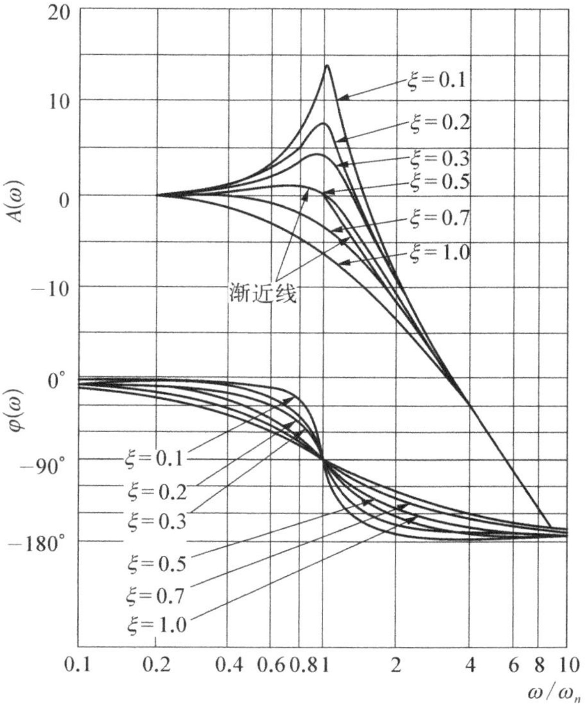

图3-17　二阶测量系统的频率响应

（3）测量系统的频率响应与其固有频率 ω_n 有关。ω_n 越高，测量系统幅值失真小的工作频率范围也越高，即，幅频特性曲线上相对平坦区域的范围也会扩大。也就是说，需要测量的被测量频率高，就要求测量系统具有足够大的固有频率 ω_n，否则会产生动态幅值误差。

为保证动态测试的精度，在实际测量中，如果被测信号为正弦信号时，一般取 $\omega_n\geqslant 3\omega_0$，$\omega_0$ 是信号的基频（$\omega_0=2\pi/T$）；如果被测信号是复杂周期信号时，将信号按照傅氏级数分解为各次谐波，通常要一直计算到振幅为基频振幅2%的第 n 次谐波频率，即以 $n\omega_0$ 作为信号的最高频率，此时应使 $\omega_n\geqslant 3n\omega_0$，$\omega_0$ 是信号的基频，n 为谐波次数。按照计算，对于周期三角波 $n=7$，周期方波 $n=51$。测量柴油机示功图时，n 达150。测量实践也表明，如果被测信号的波形与正弦波相差不大时，选用测量系统的固有频率 ω_n 应约等于被测信号基频 ω_0 的10倍，就可基本保证动态测量精度。

3.2.4　动态特性的评价指标

实际的测量系统多数是近似于一阶或二阶或一阶、二阶的组合，因此求得系统动态特性比上述要复杂，也没有必要求得。实际往往是通过试验，用某些指标来表示其动态特性。

1．时域动态性能指标

时域动态性能指标一般都用系统阶跃响应曲线（见图3-18）上的特征参数来表示。

（1）上升时间 t_r：阶跃响应如没有超调，t_r 指曲线从稳态值的10%上升到90%所需的时间；若响应有超调，t_r 指曲线第一次上升到稳态值的时间。

（2）调节时间 t_s（又称过渡过程时间）：从阶跃输入开始到响应曲线到达给定允许误差范

围（如±5%，±2%）内不再超出所需的时间。

(3) 超调量 σ：阶跃响应超过稳态输出值 y_c 的最大量，也称为最大过冲量，通常用相对形式表示。

(4) 延迟时间 t_d：阶跃响应曲线第一次到达稳态值的一半所需的时间。

(5) 时间常数 τ：系统近似于一阶测量系统时，可用响应曲线由零上升到稳态值 y_c 的 63.2% 所需的时间作为时间常数。

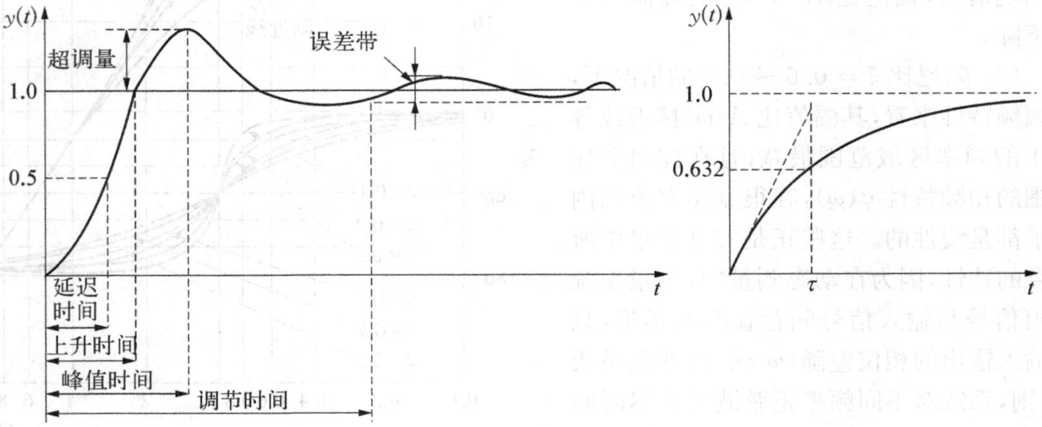

图 3-18 阶跃响应动态性能指标

2. 频域动态性能指标

测量系统的频域性能通常用下列指标来衡量：

(1) 频带 ω_{g1} 或 ω_{g2}：测量系统的幅值误差保持在一定值内（允许误差在±5%或±10%）所对应的频率范围。

(2) 截止频率 ω_b：测量系统幅值比下降到零频率幅值比的 $\frac{1}{\sqrt{2}}$ 所对应的频率。截止频率 ω_b 越高，系统反应越快。

一阶系统的截止频率是时间常数的倒数，即，$\omega_b=\frac{1}{\tau}$，在比较两个一阶系统动态特性时，这个指标很有用。二阶测量系统的截止频率与系统的固有频率 ω_n 和阻尼比 ξ 有关，一般来说，ω_b 越大，系统上升时间越小，系统可以精确测量的频率范围越宽。但当阻尼比 ξ 较小时，截止频率 ω_b 并不总是正比地表明二阶测量系统可以精确测量的频率范围，该范围还取决于所能接受的允许误差。所以对二阶测量系统而言，截止频率只能粗略表明系统的响应速度。

3.3 测量系统的校准

3.3.1 测量系统的静态校准

静态校准是对被校准系统输入一系列静态量，由其输出来确定该测量系统的静态特性指标，如线性度、灵敏度、滞迟和重复性等。

1. 静态校准系统的要求

对测量系统进行静态校准，首先，创造一个静态标准条件，即没有加速度、振动、冲击(除非这些参数本身就是被测物理量)及一定的环境温度、相对湿度等。其次，选择比被校准系统的精度要高一个数量等级精度的校准系统，通常校准系统的误差应小于被校系统基本误差的 1/5，最好为 1/10。这样才能保证被校准的测量系统所确定的静态性能指标是可靠的，所得到的精度是可信的。

2. 校准试验步骤

(1) 根据被校准系统的量程，确定各校准点，在量程范围内共确定 k 个校准点；

为了提高被校系统的拟合精度，在量程范围内的校准点不宜过少。一般在整个被校量程内分成的等间距点不少于 10 个。

(2) 按校准点，向系统依次施加标准输入量。由小到大逐渐递增，直至量程上限，然后再由大到小逐渐递减输入量，直至量程下限。观察并记录相应的系统输出量。

需要注意，在向系统施加输入量时，应在各校准点停留一段时间，使系统输出达到稳定值。正、反行程循环校准的次数应≥3 次。

3. 校准数据处理

依照校准试验取得的数据，可以对线性测量系统的静态性能指标，如非线性误差、重复性误差和迟滞误差，进行计算。

计算非线性误差时，首先要进行理论直线的拟合。

根据静态校准试验取得的数据，计算对应于各输入量 x_i 的各组输出量 y_i 的平均值

$$\overline{y}_i = \frac{1}{n}\sum_{j=1}^{n} y_{ij}$$

式中，$i = 1, 2, \cdots, k$ (k 是量程范围内确定的校准点点数)；$j = 1, 2, \cdots, n$ (n 是重复测量的次数)。

依照选定的直线拟合方法，用 k 个 $\overline{y}_i$ 值可以求出拟合直线方程 $y = mx + b$。

然后计算 k 个平均值$\overline{y}_i$ 对拟合直线的偏差值 $\Delta L_i = \overline{y}_i - (mx_i + b)$。用其中最大正偏差 $\Delta L^{+}_{\max}$与最大负偏差 $\Delta L^{-}_{\max}$绝对值之和的一半作为最大非线性误差，即

$$\Delta L_{\max} = \frac{1}{2}(|\Delta L^{+}_{\max}| + |\Delta L^{-}_{\max}|) \tag{3-45}$$

使用最大非线性误差值作为线性度指标，相当于将拟合直线平移一段距离，在 y 轴上的截距需加一修正值 Δb，即

$$\Delta b = \frac{1}{2}(|\Delta L^{+}_{\max}| - |\Delta L^{-}_{\max}|) \tag{3-46}$$

修正后的拟合直线为

$$y = mx + b' \tag{3-47}$$

式中，$b' = b + \Delta b$。

用修正后的直线方程，可求出被校仪表的各理论输出值，如

$$y_H = mx_{max} + b',\ y_L = mx_{min} + b' \tag{3-48}$$

计算重复性误差时，可以正、反行程分别计算，或正、反行程一起计算。

重复性是衡量随机误差的指标，用标准误差 σ 来表征较为合理。标准误差 σ 可根据对应于各输入量 x_i 测量得到的输出量 y_{ij} 和平均值 $\overline{y}_i$ 进行计算。用其中最大的标准误差来作为重复性指标。

当正、反行程一起计算时，根据同一个输入量的全部输出量求出标准误差 $\sigma_i = \sqrt{\frac{1}{n-1}\sum_{j=1}^{n}(y_{ij}-\overline{y}_i)^2}$。它表征在该输入量时的输出量的分散程度。由于，此时在重复性误差的计算中已包含了迟滞误差，所以不需再计算迟滞误差。

当正、反行程分别计算重复性误差时，应分别根据各输入量 x_i 的正、反行程的各组输出量，计算正行程标准误差 σ_{ui}、反行程标准误差 σ_{di}：

$$\sigma_{ui} = \sqrt{\frac{1}{(n/2)-1}\sum_{j=1}^{n/2}(y_{uij}-\overline{y}_{ui})^2} \tag{3-49}$$

$$\sigma_{di} = \sqrt{\frac{1}{(n/2)-1}\sum_{j=1}^{n/2}(y_{dij}-\overline{y}_{di})^2} \tag{3-50}$$

式中，$\overline{y}_{ui}$ 为输入量为 x_i 时，正行程输出量的平均值，$\overline{y}_{ui} = \frac{1}{(n/2)}\sum_{j=1}^{n/2} y_{uij}$；$\overline{y}_{di}$ 为输入量为 x_i 时，反行程输出量的平均值，$\overline{y}_{di} = \frac{1}{(n/2)}\sum_{j=1}^{n/2} y_{dij}$。

正反行程迟滞误差 $\Delta y_{Hi} = \frac{1}{2}(\overline{y}_{di}-\overline{y}_{ui})$，取其最大值作为迟滞性指标。

由上述计算得到各校准点的非线性误差 ΔL_i，标准误差 σ_i 和迟滞误差 Δy_{Hi}。按线性度、重复性误差和迟滞误差的定义便可确定上述三项性能指标。下面讨论三项指标如何综合成为一个综合性指标——综合误差或精度。

1）按系统误差和随机误差的合成法

非线性误差 ΔL_i 与迟滞误差 Δy_{Hi} 表征系统误差，而标准误差 σ_i 表征随机误差。在各校准点的非线性误差与迟滞误差中，取其最大值 ΔL_{max} 与 Δy_{Hmax} 作为系统误差极限，而随机误差极限为 $K\sigma_{max}$。其中 σ_{max} 为各校准点的标准误差中最大值，K 为相应于置信概率的置信系数。按系统误差与随机误差合成方法得综合误差

$$\Delta C = |\Delta L_{max}| + K\sigma_{max}$$

$$\text{或 } \Delta C = |\Delta L_{max}| + |\Delta y_{Hmax}| + K\sigma_{max} \tag{3-51}$$

将上式除以满量程输出量 $y_{F.S}$，便可计算出精度 $A\%$。

上述的误差综合方法停留在对单个校准点的误差综合的基础上做出的。在计算时，系统误差与随机误差都采用校准范围中最大值，然后将其代数相加。显然这种综合方法偏于保守，可能使计算结果偏大。

2）由各校准点的非线性误差、迟滞误差和标准误差合成法

校准时，被校系统在同一输入量 x_i 下，得到 n 个输出量 $y_{ij}(j=1, 2, \cdots, n)$，其平均值 $\overline{y}_i$ 与拟合直线之差称为非线性误差 $\Delta L_i(i=1, 2, \cdots, k)$，它是被校系统的系统误差。但在整个校准范围内的各校准点的非线性误差 ΔL_i 并不相同，具有随机性质，是一种带有随机性的系统误差。所以非线性误差的综合值可按随机误差的合成方法计算，即

$$\sigma_{\mathrm{L}}=\sqrt{\frac{1}{k}\sum_{i=1}^{k}\Delta L_i^2} \tag{3-52}$$

同理，迟滞误差的综合值亦可根据上述方法处理，即

$$\sigma_{\mathrm{H}}=\sqrt{\frac{1}{k}\sum_{i=1}^{k}\Delta y_{\mathrm{H}i}^2} \tag{3-53}$$

重复性误差在正、反行程分别进行时，各校准点正、反行程的重复性误差分别为 $\sigma_{\mathrm{u}i}$，$\sigma_{\mathrm{d}i}$。正行程重复性误差的综合值

$$\sigma_{\mathrm{u}}=\sqrt{\frac{1}{k}\sum_{i=1}^{k}\Delta\sigma_{\mathrm{u}i}^2} \tag{3-54}$$

反行程重复性误差的综合值

$$\sigma_{\mathrm{d}}=\sqrt{\frac{1}{k}\sum_{i=1}^{k}\Delta\sigma_{\mathrm{d}i}^2} \tag{3-55}$$

正、反行程重复性误差的综合值

$$\sigma_{\mathrm{R}}=\sqrt{\frac{1}{2}(\sigma_{\mathrm{u}}^2+\sigma_{\mathrm{d}}^2)} \tag{3-56}$$

进行误差综合时，若正反行程重复性误差分开计算，则非线性误差、迟滞误差和重复性误差三者的综合值

$$\sigma_{\mathrm{T}}=\sqrt{\sigma_{\mathrm{L}}^2+\sigma_{\mathrm{H}}^2+\sigma_{\mathrm{R}}^2} \tag{3-57}$$

若不分正、反行程计算重复性误差，则非线性误差和重复性误差两者的综合值

$$\sigma_{\mathrm{T}}=\sqrt{\sigma_{\mathrm{L}}^2+\sigma_{\mathrm{R}}^2} \tag{3-58}$$

求得综合误差 σ_{T} 后，根据选定的置信概率确定相应的置信系数 K，从而可算出被校系统的精度 $A=K\sigma_{\mathrm{T}}/y_{\mathrm{F.S}}\times 100$。

上述处理方法是基于在整个校准范围内，各校准点的非线性误差、迟滞误差和重复性误差都具有随机性，因而可按随机误差的计算方法进行综合。该综合方法考虑了所有校准点的影响，计算结果比较合理。

3.3.2　测量系统的动态校准

动态校准是通过实验方法，将预先选定的实验信号，如正弦波、阶跃信号、随机信号等输入

被校准的测量系统，然后测定系统对这些信号的响应，来确定系统动态响应有关的特性参数，如被校准系统是一阶系统，则只要确定时间常数 τ；被校准系统是二阶系统，则需要确定的有固有频率 ω_n 和阻尼比 ξ。

1. 正弦信号校准法

正弦信号校准原理如图 3-19 所示，从正弦信号发生器得到不同频率的正弦信号，将正弦信号在一个很宽的频率范围内输入被试验系统，记录系统的输入与输出值，然后用对数坐标画出系统的幅值比和相位差，便可得到被校准测量系统的频率特性。

图 3-19 正弦信号校准法原理

若系统为一阶系统，则所得幅值比曲线在低频段为一水平线(斜率为零)，在高频段斜率为 −20 dB/10 倍频，同时相位差渐近地接近 −90°。于是由曲线的转折点(转折频率 ω_{break})处可求得时间常数，如图 3-20 所示。同样也可从测得的曲线形状偏离理想曲线的程度来判断系统是否一阶系统。

$$\tau = \frac{1}{\omega_{break}}$$

二阶系统多为 $0 < \xi < 1$ 的欠阻尼系统。其典型幅频曲线如图 3-21 所示。其中峰值处的幅值比 A_p 的关系为

$$\frac{A_p}{A_0} = \frac{1}{2\xi\sqrt{1-\xi^2}} \tag{3-59}$$

从上式可计算出系统阻尼比 ξ。固有频率 ω_n 与谐振频率 ω_p 的关系为

$$\frac{\omega_p}{\omega_n} = \sqrt{1-2\xi^2} \tag{3-60}$$

由测量得到的幅频特性读取 ω_p，便可由式(3-60)计算得到系统固有频率 ω_n。

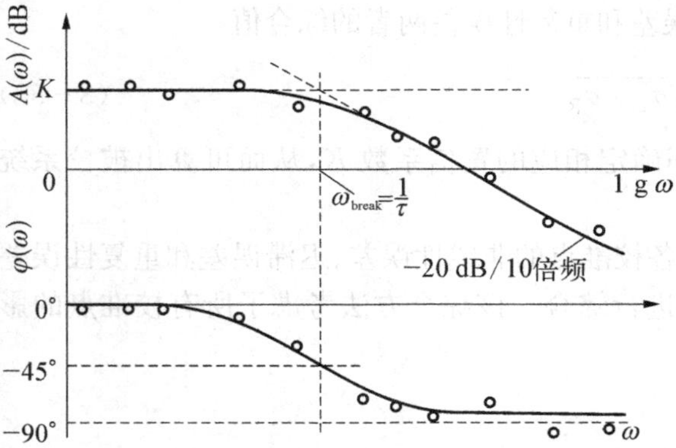

图 3-20 一阶测量系统频率响应实验

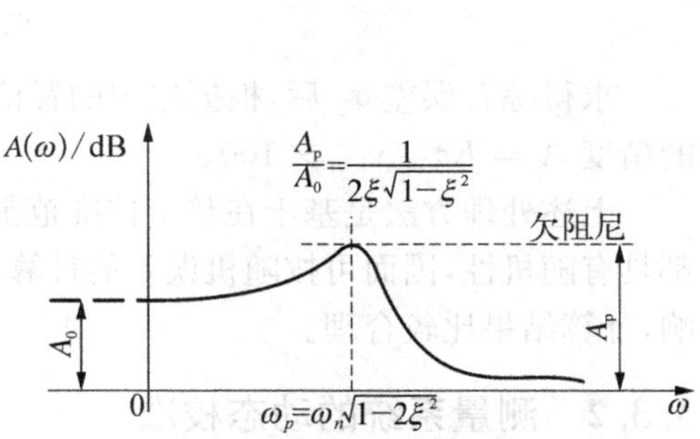

图 3-21 二阶测量系统频率响应实验

2. 阶跃信号校准法

正弦信号校准法是确定确定系统动态特性参数的一种基本方法。但是，由于频率特性需要在相当宽的频率范围内，选取若干频率点进行实验，因此需要花费很长的实验时间。在许多情况下，如果用阶跃信号作为被校测量系统的实验输入信号，系统瞬态响应可以相当迅速地提供确定动态特性参数的全部信息。

阶跃信号的校准原理是快速地改变被校准测量系统的输入量，相当于输入一个阶跃信号，测量记录其输出的响应曲线，便可求得系统特征参数。

对于一阶系统，系统达到最终稳定值的 63.2% 所需时间来确定系统的时间常数 τ。这一方法不够精确，因为系统的起始时间 $t=0$ 点不能够确定，且没有考虑响应的全过程的影响，另外也不能够确切地确定被测系统一定是一个一阶系统。采用下述方法，可获得较可靠的结果：

一阶测量系统的阶跃响应函数为

$$y(t)=(1-e^{-\frac{t}{\tau}})$$

移项得

$$e^{-\frac{t}{\tau}}=1-y(t)$$

令 $z=\ln[1-y(t)]$，则

$$z=-\frac{t}{\tau} \tag{3-61}$$

上式表明 z 和 t 是线性关系。若画出 z 与 t 的关系图，则可得到一根斜率为 $-\frac{1}{\tau}$ 的直线。

用上述方法可得到更为精确的 τ 值。根据实验所取得的系统阶跃响应曲线，取若干对 t 与 $y(t)$ 的值，将 $y(t)$ 代入式(3-61)，计算出各个 z 值。根据(t, z)值，在图上描点，并用一元线性回归的方法求取拟合直线，如图 3-22 所示。根据 $\Delta t/\Delta z$ 值便可获得系统时间常数 τ。

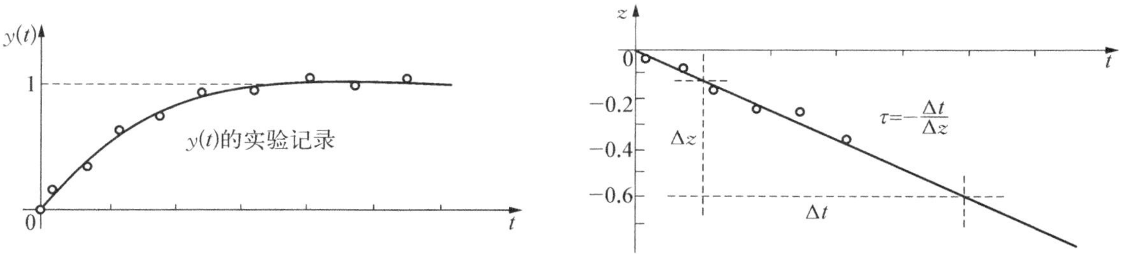

图 3-22　一阶系统的阶跃实验

若测量系统是一典型的一阶系统，$z-t$ 关系应是一条直线，故可根据各点与直线的拟合程度来判断该系统与一阶系统的符合程度。

典型的欠阻尼二阶测量系统阶跃响应曲线为一条衰减的正弦曲线，它以 ω_d 的频率做衰减振荡。$\omega_d=\omega_n\sqrt{1-\xi^2}$，称为阻尼固有频率，其周期 $T_d=\frac{2\pi}{\omega_d}$。

将达到第一个峰值(最大超调)所需的时间 $t_{p1}=\frac{T_d}{2}=\frac{\pi}{\omega_d}$ 代入式(3-34)，可求得最大

超调量

$$A_1 = \mathrm{e}^{-\left(\frac{\xi\pi}{\sqrt{1-\xi^2}}\right)} \tag{3-62}$$

由上式可知

$$\xi = \sqrt{\frac{1}{\left(\frac{\pi}{\ln A_1}\right)^2 + 1}} \tag{3-63}$$

由阶跃响应曲线图 3-23 可测得 A_1 值，将其代入式(3-63)，便可求得阻尼比 ξ。根据阻尼比 ξ 和测得的周期 T_d 可求得固有频率 ω_n。

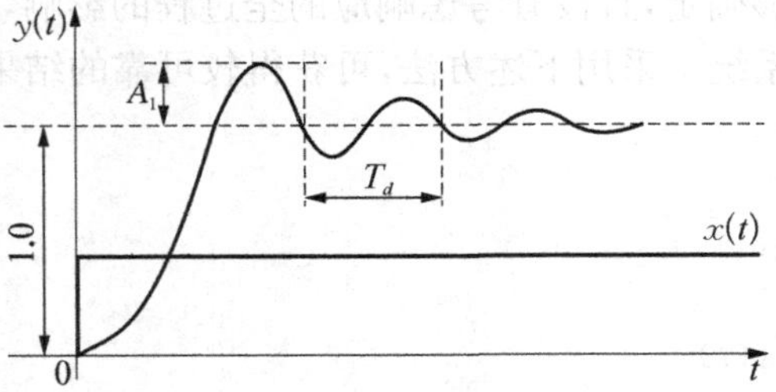

图 3-23　二阶系统的阶跃响应试验

此外，如果能记录到多个振荡周期，如图 3-23 所示，也可根据任意两个峰值 A_i，A_{i+n} 来求得阻尼比 ξ。n 为整数，表示两个峰值相隔的周期数。若峰值 A_i 对应的时间是 t_i，A_{i+n} 对应的时间是 t_{i+n}，有

$$t_{i+n} = t_i + \frac{2n\pi}{\omega_d} = t_i + \frac{2n\pi}{\omega_n\sqrt{1-\xi^2}}$$

将 t_i，t_{i+n} 代入式(3-62)，可得

$$\ln\frac{A_i}{A_{i+n}} = \frac{2n\pi\xi}{\sqrt{1-\xi^2}} = \delta_n \tag{3-64}$$

由上式可知

$$\xi = \sqrt{\frac{\delta_n^2}{\delta_n^2 + 4n^2\pi^2}} \tag{3-65}$$

从阶跃响应曲线上测量得到相隔 n 个周期的两个过冲量 A_i 和 A_{i+n}，将其代入式(3-64)，便能求得阻尼比 ξ。

若测量系统是典型的二阶系统，则采用不同 n 值（$n = 1, 2, 3, \cdots$）所计算得到的阻尼比 ξ 相同。因此可根据不同 n 值所计算得到的阻尼比 ξ 的差别来判断测量系统与二阶系统的符合程度。

第4章　传感器技术

传感器是以一定的精确度把被测量转换成可用输出信号的器件或装置。常用传感器的输出信号基本都是容易检测、传输和处理的电信号，所以一般都认为传感器是将非电量转换成电量的器件或装置。传感器直接和被测对象接触，是获取信息的第一环节，其性能直接影响整个测试系统和测试结果的准确性、可靠性。

传感器的种类很多，按测量对象来分，传感器可分为压力传感器、温度传感器、扭矩传感器、转速传感器等；按工作原理来分，有电阻式、电感式、电容式、热电式、光电式等传感器；按能量传递方式来分，传感器有两大类：有源传感器和无源传感器。有源传感器如同一台微型发电机，将外界能量转换成电能，因此不需要外界电源，这类传感器有磁电式、压电式、热电式、光电式等；无源传感器没有换能作用，它只能改变电路中的某些电参量(如电阻、电容等)，必须进一步转换成电压或电流信号后才能测量，所以必须有辅助电源。电阻式、电容式、电感式等传感器均属无源传感器。

传感器通常包括敏感元件、转换元件、测量转换电路几个部分，有些包含辅助电源电路，如图4-1所示。其中敏感元件是能直接感受(或响应)被测信息的部分。转换元件把敏感元件的输出转换成为电信号。由于转换元件输出的电信号很微弱，需要转换为便于显示、记录、处理和控制的形式，这个任务由测量转换电路完成。辅助电源电路为上述三个部分提供工作所需的交、直流电。

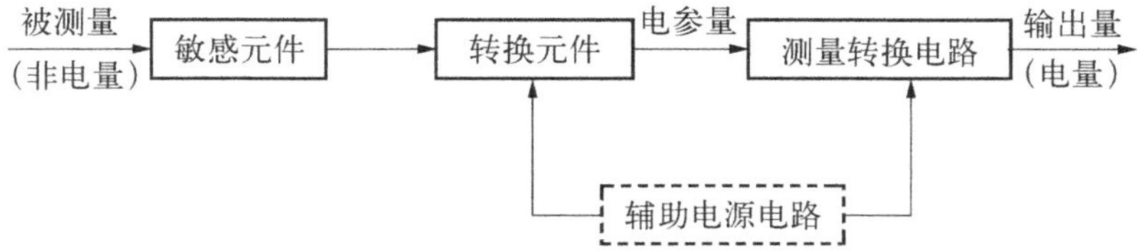

图4-1　传感器组成框图

常见的测量转换电路有放大器、电桥、振荡器、电荷放大器等，它们分别与相应的传感器相配合。

4.1　传感器基本形式、原理

按工作原理对传感器进行分类，可避免涉及过多的传感器品种，有利于系统地了解传感器的工作原理和基本性能，本节将在原理及形式上，对船舶动力装置测试中常见的几种传感器进行说明。

4.1.1　电阻式传感器

电阻式传感器是应用最广、最成熟的传感器之一。它的基本工作原理是利用电阻元件，把被测量(如位移、力、加速度、扭矩、形变、温度、湿度、液位等)的变化转换成敏感元件电阻值的变化,通过测量电阻变化值来确定被测量的值。

电阻式传感器的种类很多,根据制成电阻的导体或半导体阻值变化的方式,常用的电阻式传感器有:变阻式(改变导体的长度);压阻式(改变导体的内部接触电阻);电阻应变式(改变导体或半导体内部应力);热敏电阻式(由于温度变化引起电阻变化)等等。其中,电阻应变式传感器通过粘结在弹性元件上的应变片的电阻值发生变化来反映被测量。具有结构简单、性能稳定、灵敏度较高、测量精度较高等特点,在船舶动力装置测量中被广泛应用,如用来测量力、压力、加速度、动力设备输出轴扭矩、机械轴转速、振动等。下面主要介绍这种传感器。

1. 工作原理

电阻应变式传感器的工作原理基于应变效应。导体或半导体制成的电阻丝受力发生微小机械变形,其电阻值将发生变化。在拉伸极限内,电阻变化率与应变成正比,满足

$$\frac{\Delta R/R}{\varepsilon}=K \tag{4-1}$$

式中,K 为电阻丝灵敏系数,是常数。R 为电阻初值,应变片电阻值有 60 Ω、120 Ω、350 Ω、600 Ω 和 1 000 Ω。ε 为电阻丝纵向应变,$\varepsilon=\frac{\Delta l}{l}$。$l$ 为电阻丝长度。Δl 为电阻丝受力变形后的长度变化量。

由式(4-1)可以看出,只要测量出电阻的变化值 ΔR,就可以求得所感受的应变 ε,凡是会引起电阻丝发生应变的物理量,如力、力矩、加速度等都能进一步求得。

电阻丝灵敏系数 K 随材料的不同而不同,金属电阻丝(如镍铬合金、铁镍合金等)一般为 $K=1.7\sim4.0$。而半导体(如锗、硅等)制成的电阻丝,具有比金属电阻丝高数十倍的灵敏度,通常 $K>100$,因此适用于微小应变的测量。

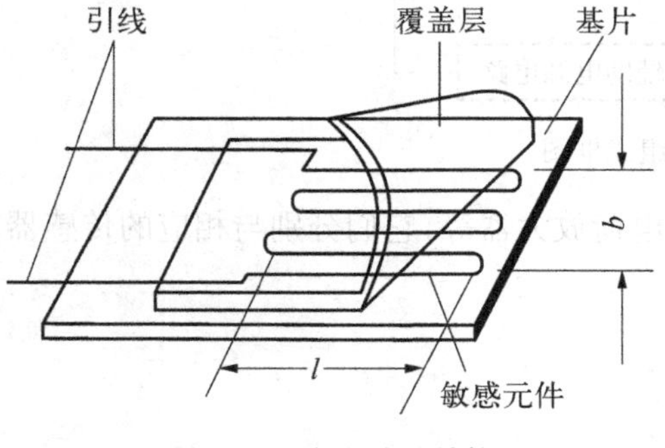

图 4-2 应变片的结构

2. 应变片结构

电阻应变式传感器通常做成应变片的形式,应变片由敏感元件(应变电阻丝)、基片及引线构成(见图 4-2)。

根据敏感元件的材料不同,应变片分成金属应变片和半导体应变片两大类。

金属应变片又可分为丝式、箔式、薄膜式三种。其中箔式应变片具有制造尺寸小、传递应变好、散热性能好、允许通过较大的工作电流,疲劳寿命长、性能稳定等优点,所以应用较广泛。

半导体应变片有许多突出优点,它的灵敏度高,可以反应非常微小的应变;体积小,可制成小型或超小型应变片;频率响应高,机械滞后和横向效应小,使得测量准确性得到提高。但半导体应变片对环境温度变化敏感,不能在较高温度场合使用,测量大应变时,灵敏度的非线性严重,针对这些缺点,目前已研制出许多新品种。例如,为了克服温度的影响,可采用如图 4-3 所示的温度自补偿半导体应变片。它由灵敏度系数为正的 P 型硅条 1 和灵敏度系数

为负的N型硅条2并列布置而成。使用时将1，2作为电桥的相邻两臂(具体可参见本章4.2内容)，当环境温度变化时，电阻元件1，2的电阻变化大小相等，符号相同，此时电桥输出为零，不受温度变化的影响，达到温度补偿的目的。而在测量时，应变片受力变形，1，2两个电阻元件的电阻变化大小相等、符号相反，此时，电桥有较大的输出信号，提高了测量灵敏度。

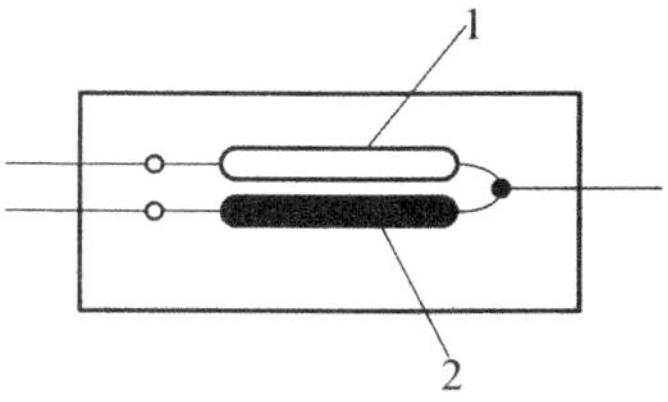

图4-3 温度自动补偿半导体

1—P型硅条；2—N型硅条

3. 应变片的温度误差及补偿

通常情况下，应变ε很小，一般以10^{-6}为基本单位，因此，应变片由于应变而产生的电阻变化值很小。测量中必须排除干扰的影响，才能使其电阻值的变化能正确地反映试件或弹性元件的应变。对于电阻应变片来说，引起干扰最重要的因素是环境温度的变化。

应变片的电阻值受温度影响很大，主要表现在两个方面：一是应变片敏感元件本身的电阻会随温度的变化而变化；二是弹性元件和应变片的线膨胀系数很难完全一样，但它们粘贴在一起，如果环境温度变化，即使未受到外部载荷，应变片也会产生应变，导致应变片电阻值的变化，即会产生附加应变。以上两项温度对应变片阻值的影响可记为

$$\Delta R_t = \alpha \Delta t R + K(\beta_1 - \beta_2)\Delta t R \tag{4-2}$$

式中，ΔR_t为环境温度变化所引起的应变片电阻变化值；Δt为环境温度变化值；α为电阻丝的温度系数；R为应变片电阻初值；β_1为试件(或弹性元件)的线膨胀系数；β_2为电阻丝的线膨胀系数；K为电阻丝灵敏系数。

实际上，温度变化造成的干扰并不限于上述两方面，如连接导线的长度，基底材料、黏合剂等都会随温度变化而引起测量误差。为了消除温度的影响，提高测量的精度，必须进行温度补偿，应变片的温度补偿方法通常有桥路补偿和应变片自补偿两大类。

1) 桥路补偿

图4-4给出了电阻应变式传感器桥路温度补偿原理图。电阻应变片R_1和R_B接入电桥的相邻桥臂，选用相同型号。R_1为工作应变片，贴在试件或弹性元件上感受被测量的变化。R_B为温度补偿应变片，贴在与R_1同一温度场但不承受应变的位置。由于R_B与R_1相同，所以，环境温度变化引起的电阻变化值相同，即$\Delta R_1 = \Delta R_B$。则温度变化对电桥的输出没有影响，达到了温度补偿的目的。(有关测量电桥的内容参见本书4.2节内容)。

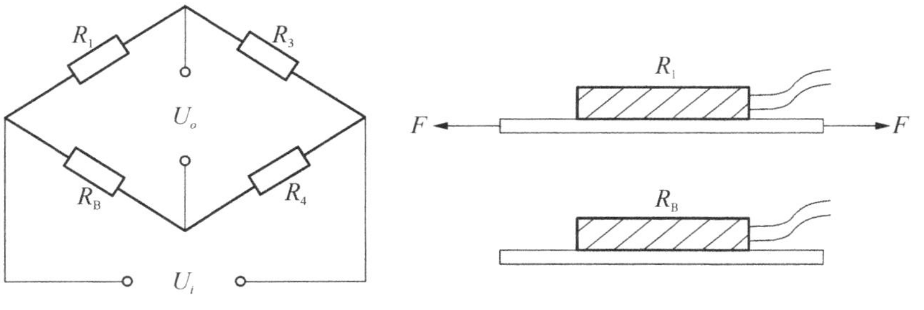

图4-4 桥路补偿法

需要注意的是，实际测量时情况要复杂一些，如，在某些测试条件下，温度场的温度梯度大，R_B与R_1很难处于相同温度点，进行了桥路补偿也不能完全消除温度对测量的影响，此时，

可在电路中串联温度补偿电阻。

2) 应变片自补偿

自补偿的工作原理可由式(4-2)得出,要实现温度误差自补偿,即 $\Delta R_t = 0$ 必须有

$$\alpha + K(\beta_1 - \beta_2) = 0 \tag{4-3}$$

可见,对某材料的试件或弹性元件,适当选择应变片敏感栅的材料,选择满足式(4-3)的要求,便可实现温度自补偿的目的,这种应变片称为温度自补偿应变片。

应变片自补偿法简单、使用方便,但一种 α 值的应变片只能用在一种材料的试件上,局限性比较大。

4. 测量电路

电阻应变片把机械量转换成电阻值的变化,由于机械应变一般都很小,因此引起的电阻变化值也十分微小,难以用一般的电阻测量仪表检测,通常将电阻变化转换成电压变化进行测量。电阻应变式传感器常用的测量电路有直流电桥或交流电桥。

4.1.2 电感式传感器

电感式传感器是利用电磁感应原理,把被测非电量转换成为线圈自感 L 或互感 M 变化的一种装置,它能对位移、压力、振动、应变、流量、密度等物理量进行测量。由于结构简单、灵敏度高、输出功率大、测量精密度高等优点,电感式传感器在工业自动化测量中得到广泛应用。但是频率响应较低,不适合快速动态测量,且易受外界温度和磁场的影响。

按其不同的转换方式,电感式传感器可分为自感式和互感式两类。

1. 自感式电感传感器

1) 自感式电感传感器的工作原理

自感式电感传感器一般由线圈、铁芯、衔铁等部分组成,通过三者之间位置关系的改变来改变自身线圈电感 L 的大小,从而实现非电量到电量的转换。

图 4-5 是自感式电感传感器结构示意图,有变间隙式、变面积式和螺线管式三种形式。线圈由恒定的交流电源供电后产生磁场,铁芯、衔铁和两者之间的空气隙组成闭合磁路。被测物体和衔铁相连,被测物体移动,衔铁的位置改变,使线圈电感量变化。

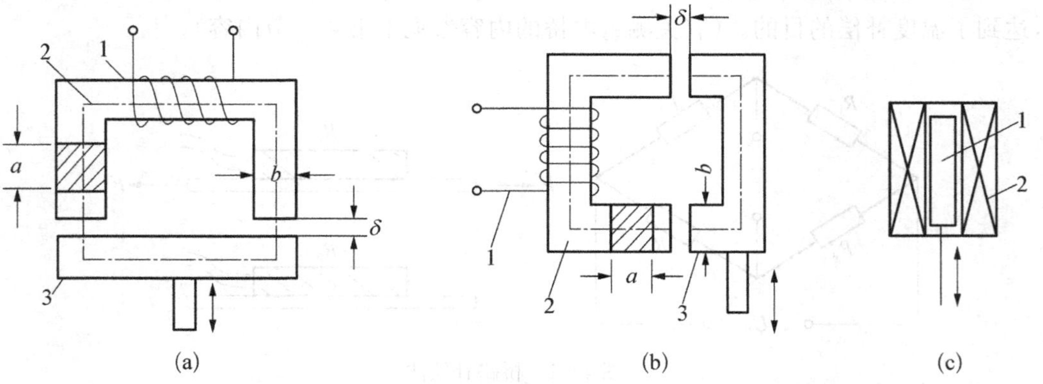

图 4-5 电感传感器原理示意图

(a) 变间隙式 (b) 变面积式 (c) 螺线管式

1—线圈;2—铁芯;3—衔铁

由于传感器空气隙厚度 δ 很小，线圈电感值可近似为

$$L=\frac{W^2}{R_m}\approx\frac{W^2\mu_0 A}{2}\cdot\frac{1}{\delta} \tag{4-4}$$

式中，W 为线圈匝数；R_m 为磁路磁阻；μ_0 为空气的磁导率（常数）；δ 为空气隙厚度；A 为空气隙的有效截面积。

由式(4-4)可知，改变空气隙厚度 δ 或空气隙的有效截面积 A，均可使电感值 L 发生变化。前者为变间隙式，后者为变面积式。

变间隙式电感传感器，其线圈匝数 W 和空气隙面积 A 不变，线圈的电感值 L 与空气隙厚度 δ 呈反比关系（见图 4-6）。

假设空气隙的初始厚度为 δ_0，衔铁上移 $\Delta\delta$，即空气隙减小到 $\delta_0-\Delta\delta$，则线圈的电感量为

$$L=L_0+\Delta L=\frac{W^2\mu_0 A}{2}\cdot\frac{1}{\delta_0-\Delta\delta}=\frac{L_0}{1-\frac{\Delta\delta}{\delta_0}} \tag{4-5}$$

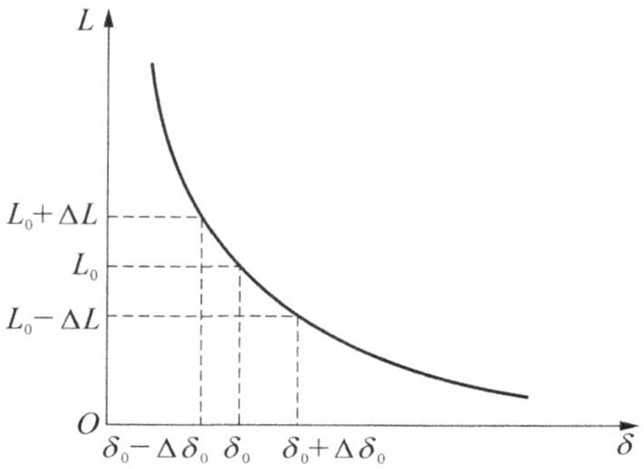

图 4-6 电感传感器特性曲线

式中，δ_0 为空气隙初始厚度；$\Delta\delta$ 为衔铁位移；L_0 为传感器初始电感量；ΔL 为电感变化量。

可以看出，为了获得较好的线性，必须将衔铁的工作位移限制得较小，当 $\frac{\Delta\delta}{\delta_0}\ll 1$ 时，将式(4-5)用泰勒级数展开成级数形式为

$$L=L_0+\Delta L=L_0\left[1+\left(\frac{\Delta\delta}{\delta_0}\right)+\left(\frac{\Delta\delta}{\delta_0}\right)^2+\left(\frac{\Delta\delta}{\delta_0}\right)^3+\cdots\right] \tag{4-6}$$

由上式可求得电感增量 ΔL 和相对增量 $\Delta L/L_0$ 的表达式，即：

$$\Delta L=L_0\cdot\frac{\Delta\delta}{\delta_0}\cdot\left[1+\left(\frac{\Delta\delta}{\delta_0}\right)+\left(\frac{\Delta\delta}{\delta_0}\right)^2+\cdots\right] \tag{4-7}$$

$$\frac{\Delta L}{L_0}=\frac{\Delta\delta}{\delta_0}\left[1+\left(\frac{\Delta\delta}{\delta_0}\right)+\left(\frac{\Delta\delta}{\delta_0}\right)^2+\cdots\right] \tag{4-8}$$

衔铁下移 $\Delta\delta$，即空气隙增加到 $\delta_0+\Delta\delta$，则线圈的电感量变为 $L_0-\Delta L'$，有

$$\Delta L'=L_0\cdot\frac{\Delta\delta}{\delta_0}\cdot\left[1-\left(\frac{\Delta\delta}{\delta_0}\right)+\left(\frac{\Delta\delta}{\delta_0}\right)^2-\left(\frac{\Delta\delta}{\delta_0}\right)^3+\cdots\right] \tag{4-9}$$

$$\frac{\Delta L'}{L_0}=\frac{\Delta\delta}{\delta_0}\cdot\left[1-\left(\frac{\Delta\delta}{\delta_0}\right)+\left(\frac{\Delta\delta}{\delta_0}\right)^2-\left(\frac{\Delta\delta}{\delta_0}\right)^3+\cdots\right] \tag{4-10}$$

对式(4-7)～(4-10)作线性处理，忽略高次项，可得

$$\Delta L=\Delta L'=\frac{L_0}{\delta_0}\Delta\delta \tag{4-11}$$

即，在位移 $\Delta\delta$ 很小时，传感器输出 ΔL 和输入 $\Delta\delta$ 近似线性，灵敏度为 L_0/δ_0，非线性误差 $< L_0(\Delta\sigma/\delta_0)^2$。

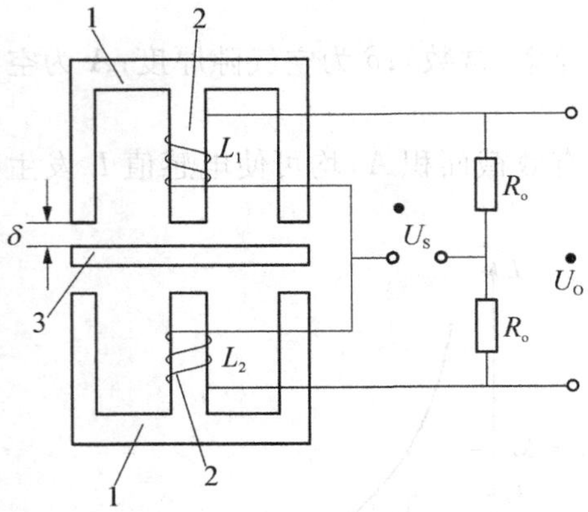

图 4-7 差动变间隙式电感传感器

从以上推导可以看出，要想获得较高灵敏度，传感器空气隙初始厚度 δ_0 应较小，所以，变间隙式电感式传感器用于测量微小位移时比较精确的。图 4-5 所示的单线圈自感传感器在工作时，由于线圈中有电流流过产生电磁场，衔铁始终受电磁力的作用，且传感器易受环境温度的影响，测量不能反映极性，所以在实际应用中较少使用，一般均采用差动形式(如图 4-7)。

差动变间隙式电感传感器是由两个完全相同的单线圈电感传感器、共用衔铁构成。初始时，衔铁位于中间位置。当衔铁位移，两边的气隙厚度发生变化，一个线圈的电感增加，另一个线圈的电感减少。

若衔铁偏离中间向上移动 $\Delta\delta$，则线圈 1 的电感由 L_0 增大至 $L_0 + \Delta L_1$，线圈 2 的电感由 L_0 减少至 $L_0 - \Delta L_2$。ΔL_1 和 ΔL_2 分别由式(4-7)和(4-9)计算。使用差动传感器时，两个电感线圈接到交流电桥的相邻桥臂，另两个桥臂由电阻组成(见图 4-7)，电桥输出信号的非线性与 $\Delta L = \Delta L_1 + \Delta L_2$ 有关，为

$$\Delta L = \Delta L_1 + \Delta L_2 = 2L_0 \frac{\Delta\delta}{\delta_0}\left[1 + \left(\frac{\Delta\delta}{\delta_0}\right)^2 + \left(\frac{\Delta\delta}{\delta_0}\right)^4 + \cdots\right] \tag{4-12}$$

对上式进行线性处理，忽略高次项得：

$$\Delta L = 2\frac{L_0}{\delta_0}\Delta\delta \tag{4-13}$$

即，在位移 $\Delta\delta$ 很小时，差动式传感器输出 ΔL 和输入 $\Delta\delta$ 近似线性，灵敏度为 $2L_0/\delta_0$，非线性误差 $< L_0(\Delta\delta/\delta_0)^3$。

可见采用差动结构传感器灵敏度提高一倍，非线性度得以改善，工作范围扩大。另外温度的影响大大减小，作用在衔铁上的电磁力由于相互抵消而减小。

2) 自感式电感传感器的测量电路

自感式电感传感器的测量通常采用信号调制与解调电路。信号的调制既可用调幅处理又可用调频处理(具体内容见本书 4.2 节)。

2. 互感式电感传感器

互感式传感器把被测量转换为线圈间互感 M，其工作原理很像变压器，因此又称为变压器式传感器。有气隙式、螺线管式两种类型，通常都采用差动形式。它测量精度高(可达 0.1 μm 量级)、线性量程大(可达 ±100 mm)、并具有测量精度高、灵敏度高、结构简单、性能可靠等优点，广泛应用于直线位移的测量。另外，借助于弹性元件可将压力、重量等物理量转换成位移，因此也能够进行这些物理量的测量。

1）变压器式传感器的工作原理

图4－8是变压器式传感器原理示意图，它由两个铁芯和一个公用衔铁组成。每个铁芯上绕有初级线圈和次级线圈，本身就是一个变压器。初级线圈输入交流电压，次级线圈感应出电信号。初始时，衔铁处于平衡位置，即 $M_1 = M_2$，两个次级线圈反向串接，传感器输出电压 $U_o = 0$。当衔铁位移，互感发生变化，两个次级线圈的感应电势也随之变化，传感器输出电压偏离零位，且能反映衔铁位移的大小和方向，理想的差动变压器输出特性见图4－9所示。实际上，由于绕组电气参数和几何尺寸的不对称等原因，差动变压器式传感器存在波形复杂的“零点残余电压”。

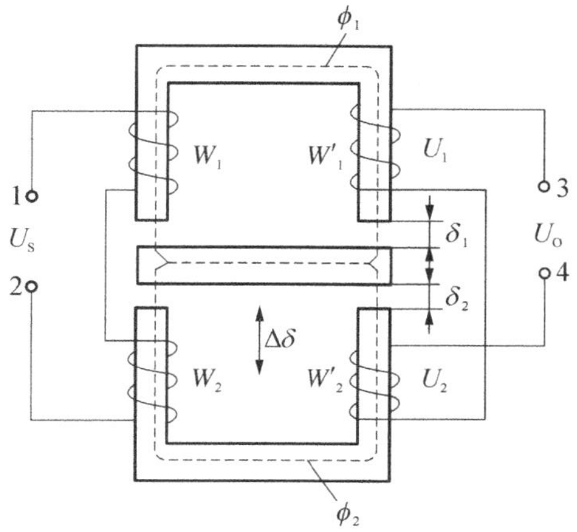

图4－8 差动变压器式传感器原理

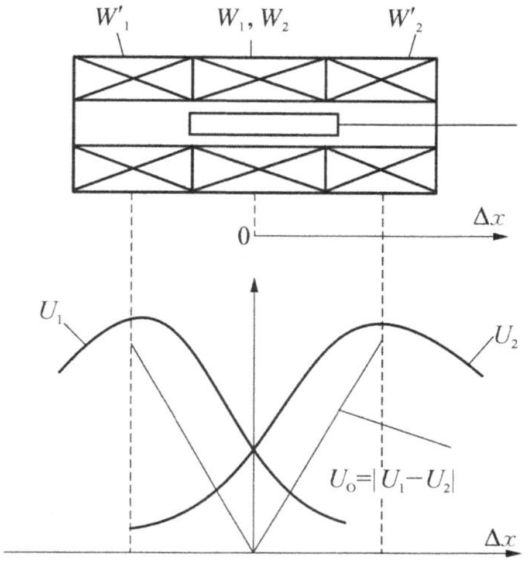

图4－9 差动变压器式传感器输出特性

2）差动变压器式传感器的测量电路

差动变压器式传感器最常用的测量电路是差动整流电路，通过该电路可不用考虑次级电压的相位与零点残余电压对测量的影响。

4.1.3 电容式传感器

电容式传感器采用电容器作为敏感元件，将被测物理量的变化转换为电容量的变化，电容变化使测量电路输出相应的电信号，达到测量的目的。

电容式传感器具有结构简单、体积小、灵敏度高、动态特性好、温度稳定性好等特点，广泛应用于位移、振动、角度、加速度等机械量的精密测量，以及压力、压差、液面、料面、成分含量等方面的测量。作为一种频响宽、可非接触测量的传感器，电容式传感器应用广泛，有着很好的发展前景。

1. 工作原理

电容式传感器由金属板制成的可动极板和固定极板组成，两个极板间是绝缘介质，不考虑边缘效应，其电容量为

$$C = \frac{\varepsilon S}{\delta} = \frac{\varepsilon_r \varepsilon_0 S}{\delta} \tag{4-14}$$

式中，ε 为极板间介质的介电常数；ε_0 为真空介电常数；ε_r 为介质对真空的相对介电常数；$\varepsilon = \varepsilon_0 \cdot \varepsilon_r$；$S$ 为极板相对覆盖面积；δ 为极板间距。

从式(4-14)可以看出,改变 ε、S 或 δ 中的任意一个,均可导致电容量 C 的变化。利用被测物理量使电容器的一个参数发生变化,这就构成了电容传感器。按照改变电容的方法不同,电容式传感器有三种基本形式:变间距式、变面积式、变介电常数式。其中,变间距式灵敏度高,可用来测量微米级别的位移,甚至能测量的振幅为 0.05 μm;变面积式适用于厘米级别的位移测量;而变介电常数式常用在液面和厚度的测量。

2. 结构形式

1) 变间距式电容传感器

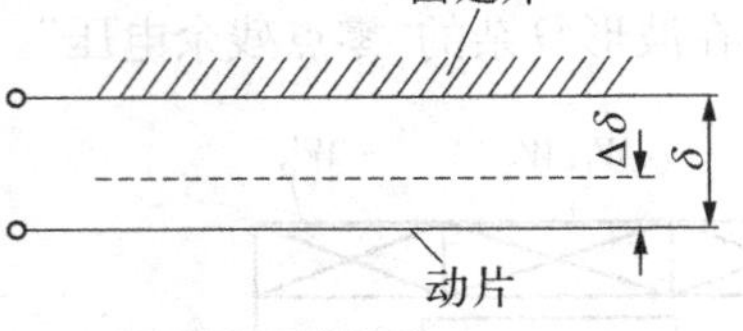

图 4-10　变间距式电容传感器结构示意图

变间距式电容传感器是电容传感器中使用较为广泛的形式,其结构如图 4-10 所示,由固定极板和可动极板组成,可动极板在被测量的作用可下上下移动,使极板间距发生的变化。由式(4-14)可知,电容值 C 和极板间距 δ 成反比关系。

设极板初始间距为 δ_0,极板向上移动 $\Delta\delta$,当 $\dfrac{\Delta\delta}{\delta_0} \ll 1$ 时,电容增量可写成

$$\begin{aligned}\Delta C &= \frac{\varepsilon S}{\delta_0 - \Delta\delta} = C_0\left(1 - \frac{\Delta\delta}{\delta_0}\right)^{-1} \\ &= C_0\,\frac{\Delta\delta}{\delta_0}\left[1 + \frac{\Delta\delta}{\delta_0} + \left(\frac{\Delta\delta}{\delta_0}\right)^2 + \cdots\right]\end{aligned} \tag{4-15}$$

进行线性化处理,有

$$\Delta C \approx \frac{C_0}{\delta_0}\Delta\delta \tag{4-16}$$

即,在 $\dfrac{\Delta\delta}{\delta_0}$ 很小时电容变化量和位移成正比,传感器灵敏度为 $\dfrac{C_0}{\delta_0}$,非线性误差为 $C_0\left(\dfrac{\Delta\delta}{\delta_0}\right)^2$。

减小极板间距初始值 δ_0,可提高变间距式电容传感器的灵敏度,但 δ_0 过小,容易引起电容器击穿或短路。为此,极板间可放置高介电常数的材料(云母、塑料膜等)作介质,如图 4-11 所示,可大大缩小极板间初始间距。

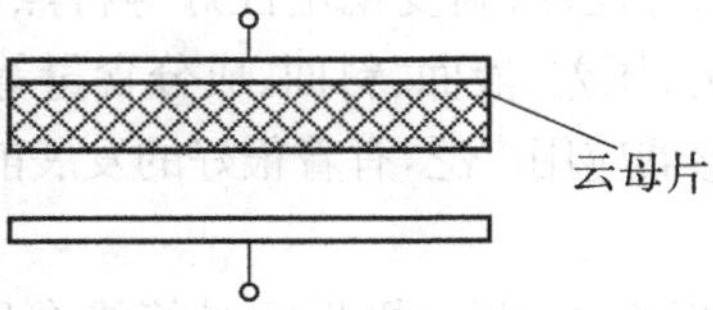

图 4-11　放置云母片的电容

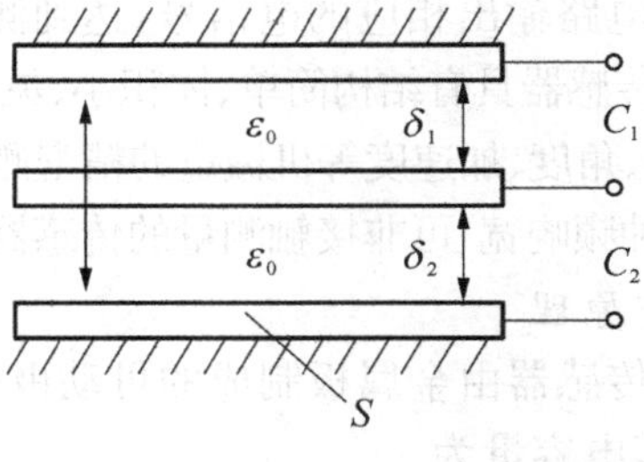

图 4-12　差动变间距式电容传感器结构图

实际应用中,为提高灵敏度、减小非线性误差,通常采用差动结构形式(见图 4-12)。两边是固定极板 1, 2,中间是可动极板 3,初始时,可动极板位于两个固定极板中间位置,与两个固定极板的间距一样,$\delta_1 = \delta_2 = \delta_0$。则极板 1, 3 和极板 2, 3 间的初始电容相等,为 C_0。当可动极板在被测量的作用下,偏离中间位置,会引起极板 1, 3 和极板 2, 3 间的电容变化,一个增

加，一个减少。则，差动式电容传感器总的电容变化量为

$$\begin{aligned}\Delta C &= \Delta C_1 + \Delta C_2 = \frac{\varepsilon S}{\delta_0 + \Delta\delta} + \frac{\varepsilon S}{\delta_0 - \Delta\delta} \\ &= 2C_0 \frac{\Delta\delta}{\delta_0}\left[1 + \left(\frac{\Delta\delta}{\delta_0}\right)^2 + \left(\frac{\Delta\delta}{\delta_0}\right)^4 + \cdots\right] \approx 2C_0 \frac{\Delta\delta}{\delta_0}\end{aligned} \tag{4-17}$$

在 $\frac{\Delta\delta}{\delta_0} \ll 1$ 时，差动电容传感器的电容变化量和位移成正比，传感器灵敏度为$\frac{2C_0}{\delta_0}$，非线性误差为 $C_0\left(\frac{\Delta\delta}{\delta_0}\right)^3$。可见，差动式传感器的灵敏度提高了一倍，非线性误差大大减少。

2）变面积式电容传感器

变面积式电容传感器由可动极板和固定极板组成，通过可动极板移动或转动来改变极板相对覆盖面积 S，使电容量值随之改变。

图 4-13 为几种形式的变面积电容传感器。

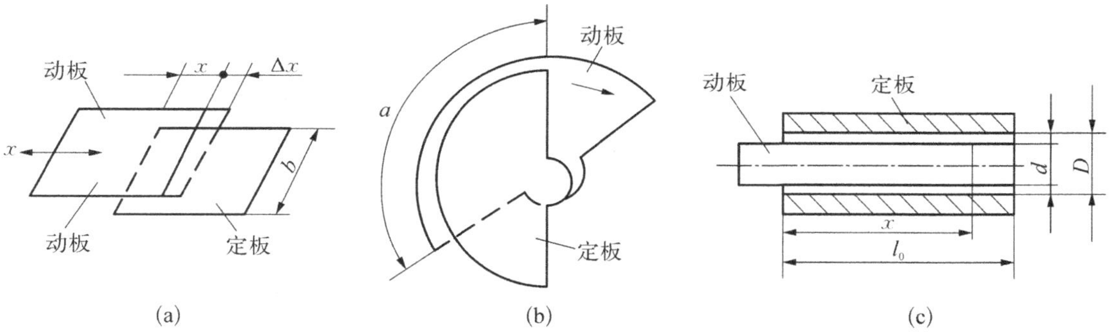

图 4-13 变面积式电容传感器

(a) 平板线位移式 (b) 转角式 (c) 圆柱体线位移式

图 4-13(a)是板式线位移电容传感器，C_0 为电容初值。当极板位移 Δx 后，两极板间的电容变化量为

$$\Delta C = C - C_0 = \frac{\varepsilon b}{\delta_0} \cdot \Delta x \propto \Delta x \tag{4-18}$$

可见，理想情况下变面积式电容传感器的输出特性呈线性，增加极板宽度 b 或减小间距 δ_0 均能提高灵敏度。

3）变介电常数式电容传感器

变介质型电容传感器有较多的结构型式，可用来测量纸张，绝缘薄膜等的厚度，也可用来测量粮食、纺织品、木材或煤等非导电固体介质的湿度。图 4-14 为两种变介电常数式电容传感器，图 4-14(a)可用来测量介质的插入深度，图 4-14(b)用来测量液位。

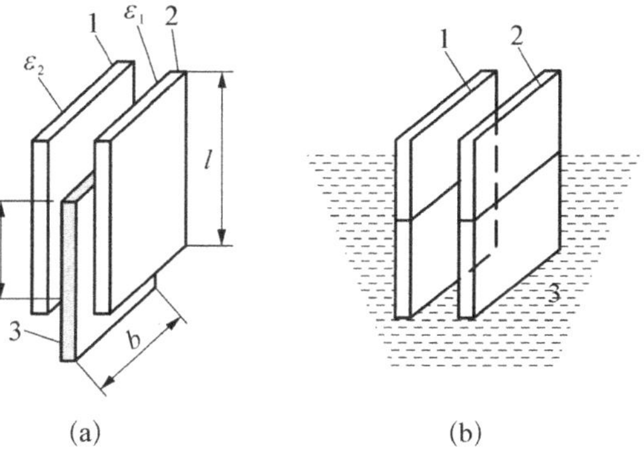

图 4-14 变介质式电容传感器

它的可动介质 3 在两个固定极板 1，2 间移动，由于介电常数发生变化，导致电容量发生改变，其电容值为

$$
\begin{aligned}
C &= C_A + C_B = \frac{ba\varepsilon_2}{\delta_0} + \frac{b(l-a)\varepsilon_1}{\delta_0} \\
&= \frac{bl\varepsilon_1}{\delta_0} + \frac{ba(\varepsilon_2 - \varepsilon_1)}{\delta_0} \propto a(\varepsilon_2 - \varepsilon_1)
\end{aligned}
\tag{4-19}
$$

式中，l 为极板长度/cm。

由式(4-19)可知，电容 C 和 $a(\varepsilon_2 - \varepsilon_1)$ 呈线性关系，该类型传感器在船舶动力装置测试中常用于测量液位。

3. 测量电路

电容传感器的测量电路形式较多，常用的有调频电路、运算放大器式电路、二极管双 T 型交流电桥、脉冲宽度调制电路等。这些测量电路能够检出传感器微小的电容变化量，并将其转换成与其成单值函数关系的电压、电流或者频率。

在实际测量中，由于电容传感器的结构尺寸、介电常数均会因环境温度的改变而变化，影响测量精度，这需要在测量线路中进行温度补偿。另外，电容传感器由于几何尺寸的限制，电容值一般很小(几十至几百 pF)，输出阻抗很高，尤其当采用音频范围内的交流电源时，输出阻抗可达几兆欧或几百兆欧，因此传感器负载能力差，易受外界干扰影响而产生不稳定现象。还有，由于电容式传感器的电容量很小，而传感器的引线电缆电容、测量电路的杂散电容以及传感器极板与其周围导体构成的电容等“寄生电容”却较大，降低了传感器的灵敏度，破坏了稳定性，影响测量精度。所以，电容传感器的极板和整体之间应有良好的绝缘，传感器与连接导线应采取屏蔽措施，可采用前置放大器以增强其输出信号，且前置放大器应尽可能靠近传感器，缩短它们之间的连接电缆。

4.1.4　压电式传感器

压电式传感器利用某些材料的压电效应，以压电晶片作为敏感元件实现“力—电荷”的转换。压电式传感器可测量最终能变换成力(动态)的物理量，是一种典型的有源传感器。具有体积小、重量轻、工作频带宽等优点，广泛应用于位移、加速度、力、压力等动态参数的测量。

1. 工作原理

压电式传感器利用某些电介质的压电效应来进行测量。所谓压电效应有两个方面：某些材料的一定方向上施加机械力而变形时，内部会产生极化作用，从而在材料的相应表面产生电荷，形成电场，当外力去除，又恢复成不带电状态，这种现象称为正向压电效应，如图 4-15 所示；反之，在这些电介质的极化方向施加电场，这些电介质就在一定方向上产生机械变形或机械应力，当外电场撤去时，这些变形或应力也随之消失，这是逆向压电效应。

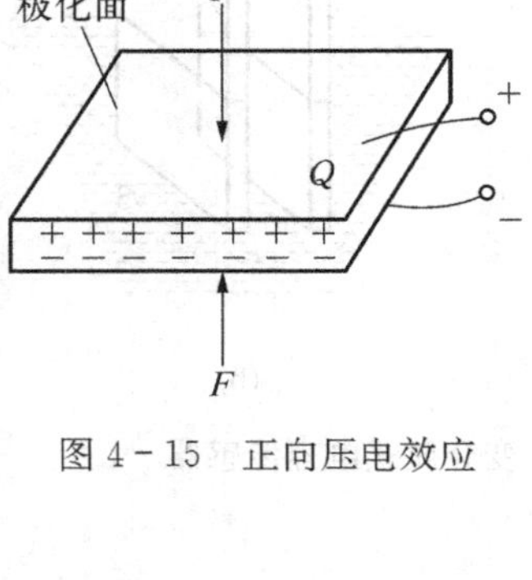

图 4-15　正向压电效应

压电材料有三类：压电晶体(如石英)、压电陶瓷(多晶半导瓷)、新型压电材料(压电半导体、有机高分子压电材料)。

压电式传感器一般是在压电晶片的两面各放一极板，晶片

受力后，一个极板聚集正电荷，一个极板聚集负电荷，且两极板电荷量相等，电荷量为：

$$Q_x = K \cdot F_x \propto F_x \tag{4-20}$$

式中，K 为压电系数；F_x 为沿晶轴方向的外力。

压电式传感器的两极板相当于一电容器，电容量为：

$$C_0 = \frac{\varepsilon S}{\delta} \tag{4-21}$$

式中，ε 为晶片介电常数；δ 为晶片厚度；S 为极板面积。

两极板间电压为

$$U_x = \frac{Q_x}{C_0} = \frac{KF_x}{\frac{\varepsilon S}{\delta}} = \frac{K\delta}{\varepsilon S} \cdot F_x \propto F_x \tag{4-22}$$

由上述可知，压电式传感器能以电荷和电压两种电量形式输出，可以被视作电荷源，又可当成电压源，其等效电路见图 4-16 所示。故其灵敏度也有两种表示方法，即

$$\begin{aligned} &\text{电荷灵敏度} \quad S_Q = \frac{Q_x}{F_x} = K \\ &\text{电压灵敏度} \quad S_U = \frac{U_x}{F_x} = \frac{S_Q}{C_0} \end{aligned} \tag{4-23}$$

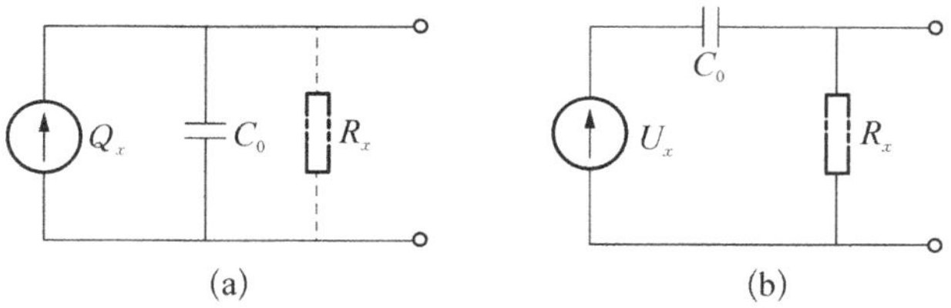

图 4-16　压电传感器等效电路

(a) 等效电荷源　(b) 等效电压源

2. 结构形式

在实际使用中，如仅用单片压电晶片工作的话，要产生足够的表面电荷就需很大的作用力，为提高压电式传感器的灵敏度，其变换元件常采用两块或以上的晶片叠合而成（见图 4-17），其中(a)为并联接法，(b)为串联接法。

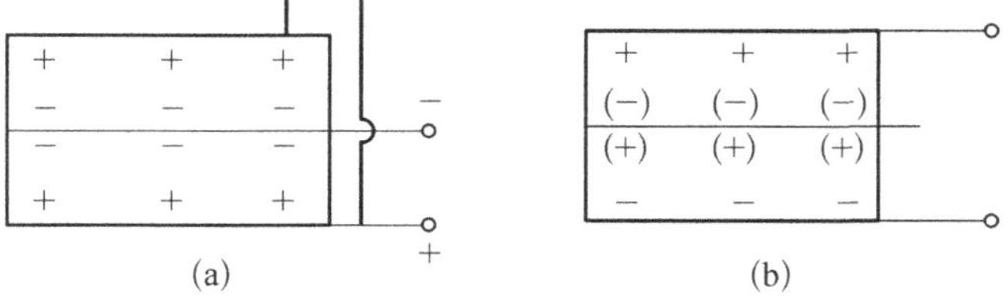

图 4-17　压电传感器的结构形式

(a) 压电传感器的并联　(b) 压电传感器的串联

并联接法输出电压不变 $U' = U$，电荷增加 $Q' = 2Q$，电容增加 $C' = 2C$，因此时间常数大，适用于测量缓变信号和以电荷为输出的场合。

串联接法输出电压增加 $U' = 2U$，电荷不变 $Q' = Q$，电容减小 $C' = C/2$，因此时间常数小，故适用于测量高频信号、要求以电压作为输出信号以及测量电路的输入阻抗很高的场合。

3. 测量电路

压电式传感器所产生的电荷量极其微弱，本身的内阻很高，输出信号微弱，所以通常需要一个高输入阻抗的前置放大器，在放大弱信号的同时将高输入阻抗变成低输出阻抗，然后再采用一般的放大、检波电路处理，方可将输出信号提供给指示记录仪表。

由于压电式传感器的输出形式有两种，既可以是电荷，又可以是电压。因此，前置放大器通常有两种：

(1) 高输入阻抗电压放大器。采用电阻反馈，其输出电压正比于输入电压(即压电传感器的输出)；

(2) 电荷放大器。采用电容反馈，其输出电压与输入电荷成正比。

采用高输入阻抗的电压放大器时，应注意考虑电缆分布电容的影响。更换压电传感器与前置放大器的连接电缆时，前置放大器的放大倍数会变化，放大器的输出电压也会随之改变。因此，连接电缆不能随意更换，如有改变，必须重新校准灵敏度。在实际测量中，为保证测量精度，一般采用电荷放大器。

4.1.5 磁电式传感器

磁电式传感器是一种结构较为复杂的有源传感器，其工作原理是大家熟悉的发电机原理，把被测物理量转换成为感应电势。磁电式传感器广泛地应用于测量转速、振幅、位移、加速度、扭矩等物理量，是船舶动力装置测试中非常重要的传感器。

1. 工作原理

磁电式传感器的工作原理是基于电磁感应定律，它将机械能转化成为电能。

由电工学可知，当穿过闭合线圈的磁通量发生变化时，线圈中将产生感应电势，感应电势的大小与穿过闭合线圈中磁通量的变化率成正比，即

$$U = -W \frac{d\phi}{dt} \tag{4-24}$$

式中，W 为线圈的匝数，$\frac{d\phi}{dt}$ 为磁通量的变化率。

改变穿过闭合线圈磁通量的方法通常有：线圈在磁场中运动，由于切割磁力线而产生感应电势；铁芯在磁场中运动，磁路的磁阻发生变化，从而改变穿过闭合线圈的磁通量。因此，磁电式传感器的结构形式有线圈运动式和铁芯运动式两种。

2. 结构形式

1) 线圈运动式磁电传感器

图 4-18 为线圈运动式磁电传感器的工作原理图，其中图 4-18(a)为线圈做直线运动的磁电式传感器，它由永久磁铁 1、线圈 2、铁芯 3 组成。线圈固定在膜片上，当膜片在被测量的作用下运动时，线圈切割磁力线，线圈中产生的感应电势为：

$$U = WBL\ \frac{dx}{dt}\sin\theta \tag{4-25}$$

式中，W 为线圈匝数；B 为磁感应强度；L 为单匝线圈长度；$\frac{dx}{dt}$ 为线圈运动的线速度；θ 为线圈运动方向与磁场方向的夹角。

对于确定的传感器和确定的测量场合，磁场强度与线圈长度一定，则线圈的感应电势与线圈线速度$\frac{dx}{dt}$成正比，因此这种结构形式常用于测量线速度、加速度和位移。

图 4-18(b)为线圈做旋转运动的磁电传感器。当线圈 2 在磁场中作旋转时，切割磁力线所产生的感应电势为

$$U = kWBS \cdot \sin\theta \cdot \omega \tag{4-26}$$

式中，ω 为线圈运动的角速度；S 为单匝线圈平均截面积；k 为传感器结构系数，<1。即，线圈的感应电势与其旋转的角速度 ω 成正比。这种结构形式的传感器实际上相当于一台微型发电机，通常用于测量物体的转速，因此也称为测速发电机。

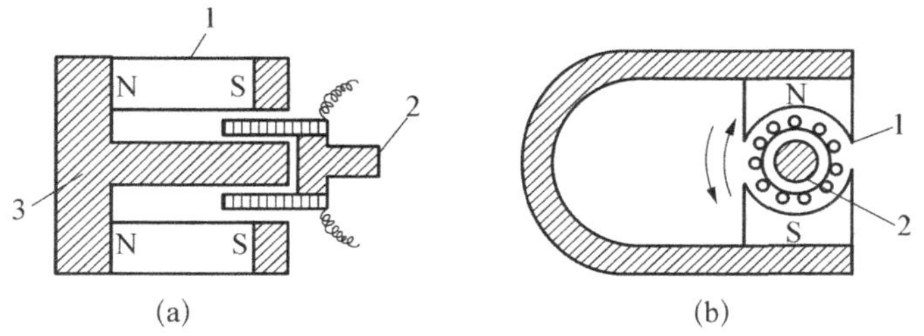

图 4-18 线圈运动式磁电传感器原理图

(a) 线圈做直线运动 (b) 线圈做旋转运动
1—永久磁铁；2—线圈；3—铁芯

2) 铁芯运动式磁电传感器

图 4-19 为铁芯运动式磁电传感器原理示意图，它由永久磁铁 1，线圈 2 与测量齿轮 3 组成。其中测量齿轮由导磁材料制成，被安装在被测旋转体上。

当测量齿轮与被测旋转体一起旋转时，由永久磁铁、空气隙、测量齿轮所组成的磁阻作时大时小的变化，使穿过线圈的磁通量随之发生周期性变化，从而在线圈中产生交变的感应电势。显然，感应电势的频率 f 与被测量的转速 n 成正比，即

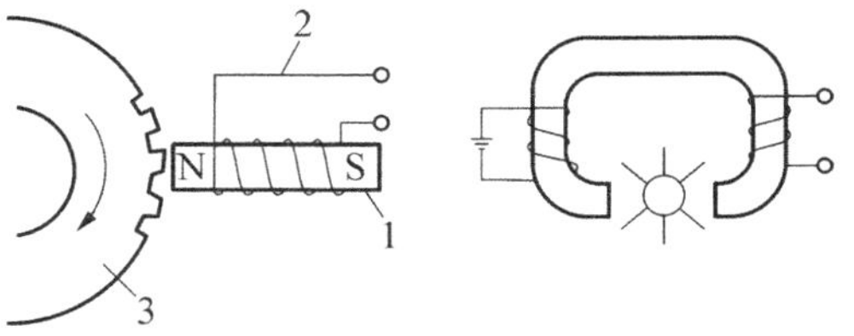

图 4-19 铁芯运动式磁电传感器原理示意图

$$f = \frac{n}{60} \cdot z \tag{4-27}$$

式中，n 为转轴的转速(r/min)；z 为测量齿轮的齿数。

铁芯运动式磁电传感器通常用于测量转速，也可测量偏心量、振动等。该种传感器对环境要求不高，可在-150℃～90℃的环境温度范围中工作，也可工作于水雾、油气等环境中。但这

种传感器的工作频率下限较高，约为 50 Hz，上限可达 100 Hz。

3) 测量电路

通常磁电式传感器的输出电压为毫伏级，一般不需要高增益的放大器。为了便于测量和后继处理，信号放大常采用一般的晶体管放大器。

根据磁电式传感器的工作原理，它的输出电势与运动速度成正比，所以，从直接应用来说它是一种测速传感器。速度和位移或加速度之间有内在联系，仅差一个积分或微分关系，因此在实际测量中，磁电式传感器也常常被用于测量位移(或振幅)和加速度，为了能使测量电路输出信号的大小与位移或加速度成正比，可在测量电路中后接微分电路或积分电路(见图 4－20)。如果在测量电路中接入一个积分电路，则输出信号与位移成正比；如在测量电路中接入一微分电路，则输出信号的大小就与加速度成正比。

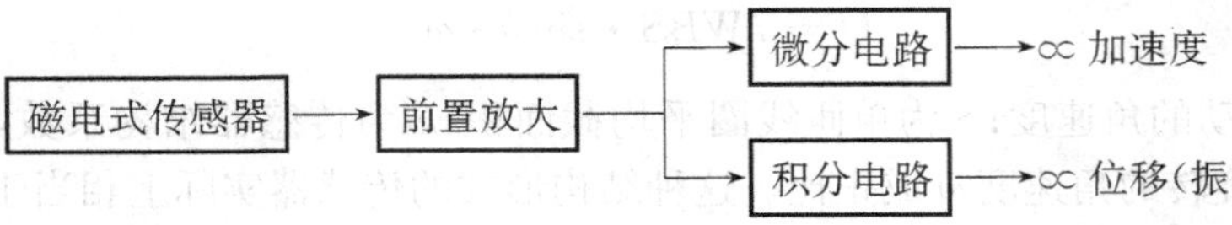

图 4－20　磁电式传感器测量电路示意图

除以上介绍的几种类型的传感器外，常用的传感器还有热电式传感器、光电式传感器、半导体气敏传感器、湿敏传感器、光纤传感器等种类，其工作原理主要基于各种物理、化学效应，而测量电路是以模拟—数字电路为基础，应根据实际情况，合理选用及设计传感器测量系统。

4.2　信号转换与传输

传感器是测量物理量的第一个环节，它的敏感元件把被测量转换成为各种电路性参量(如电阻、电感、电容、电压、电流、电荷等)。如何把敏感元件输出的电参量变换成为下级装置可以接受的且具有足够功率的电压或电流信号，如何保证上级装置的能量能最大限度地传输给下级装置，是设计和组合测试系统时必须考虑的问题。解决上述问题的电路通常称为信号传输和转换电路。

常用的信号转换与传输电路有以下几种：电桥电路、谐振电路、阻抗匹配电路、运算电路等，本节将介绍这些电路的基本原理和计算方法。

4.2.1　电桥电路

电桥是将电阻、电感、电容的变化转换为电压或电流输出的一种测量电路。由于电桥电路简单可靠，且可根据实际需要灵活的改变成各种形式，它可以达到相当高的精度和灵敏度，所以应用广泛，是测量系统中最常见的一种电路。电阻应变片、电容传感器、电感传感器等都可以与电桥电路配合进行信号调理。

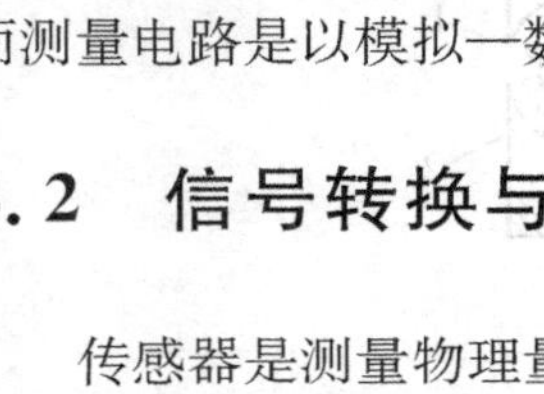

图 4－21　电桥的基本形式

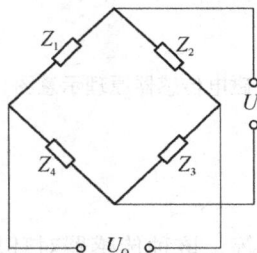

电桥电路的基本形式如图 4－21 所示。电桥由 Z_1，Z_2，Z_3，Z_4 四个阻抗元件组成四个桥臂，U_S 是激励电源，U_o 是电桥的输出信号。电桥的输出 U_o 可直接驱动指示仪表，也可接入后续放大电路。

根据激励电源 U_S 的类型，电桥分成直流电桥和交流电桥两种。

大多数情况下使用的是交流电桥，只有电阻传感器能接入直流电桥。

在测试中，电桥通常采用“偏值法”进行测量。电桥平衡时，输出 $U_o = 0$；电桥的桥臂阻抗发生变化时，电桥失去平衡，输出 $U_o \neq 0$。

1. 直流电桥

直流电桥（见图 4-22）的激励电源 U_S 是直流电，电桥的四个桥臂是电阻元件 R_1，R_2，R_3，R_4。直流电桥的输出电压

$$U_o = \left(\frac{R_1}{R_1 + R_2} - \frac{R_4}{R_3 + R_4}\right) \cdot U_S \tag{4-28}$$

式中 U_S 为电桥激励电源电压。可见，电桥平衡的条件为

$$R_1 \cdot R_3 = R_2 \cdot R_4 \tag{4-29}$$

为了简化，通常取 $R_1 = R_2 = R_3 = R_4 = R$。

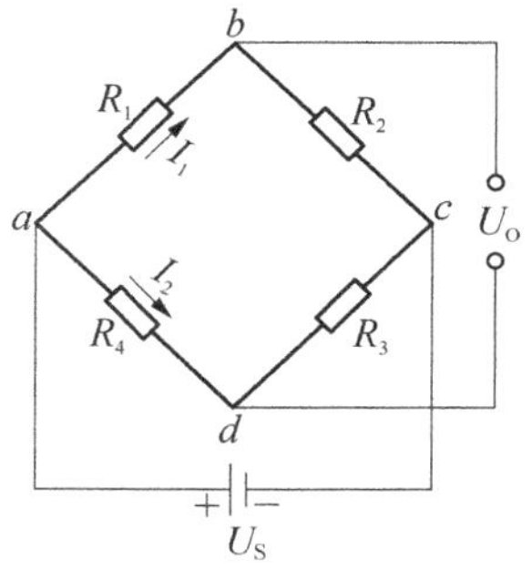

图 4-22　直流电桥

在电桥桥臂中的一个或数个电阻值发生变化 ΔR，均会令电桥失去平衡，即 $U_o \neq 0$，因此可根据 U_o 值测定电阻变化值 ΔR。

根据电桥电路中引入变化电阻的数目，直流电桥有 1/4 桥（一个桥臂电阻值有变化）、半桥（相邻两个桥臂电阻值有变化）及全桥（四个桥臂电阻值均有变化）三种接法（见图 4-23）。

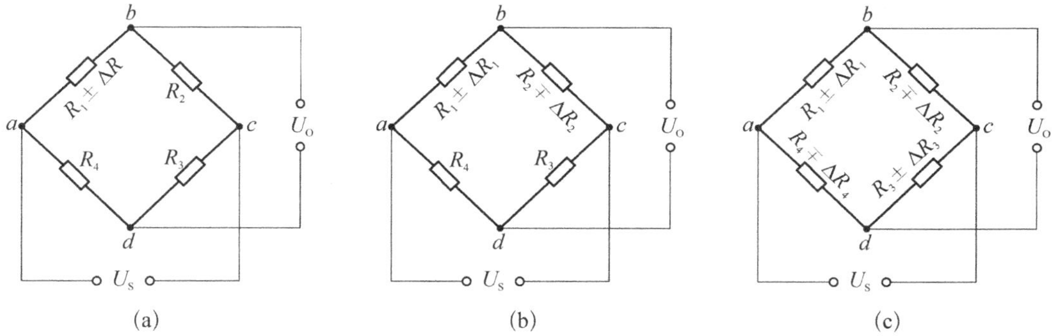

图 4-23　直流电桥的接法

(a) 1/4 桥接法　(b) 1/2 桥接法　(c) 全桥接法

1/4 电桥电路的输出电压

$$U_o = \frac{\Delta R}{4R + 2\Delta R} \cdot U_S \approx \frac{1}{4R} U_S \cdot \Delta R \quad (\Delta R \ll R) \tag{4-30}$$

半桥电路的输出电压

$$U_o = \frac{1}{2R} U_S \cdot \Delta R \tag{4-31}$$

全桥电路的输出电压为

$$U_o = \frac{1}{R} U_S \cdot \Delta R \tag{4-32}$$

由于 1/4 桥存在非线性误差，输出灵敏度低，一般不采用。而半桥电路、全桥电路输出灵敏度高、输出电压 U_o 与输入 ΔR 成线性、可以补偿温度效应等优点，因而应用最普遍。

通常，电阻式传感器敏感元件可接入桥臂进行信号转换。图 4-24 是测量静态或准静态力、力矩时电阻应变片贴片和接入全桥电路的示意图。

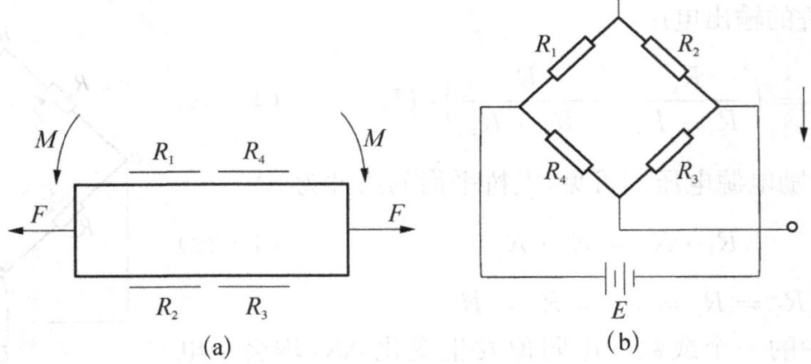

图 4-24 测 M 或 F 时电阻应变片贴片和接桥示意图

直流电桥在实际工作中有广泛的应用，其主要优点是工作所需要的高稳定直流电源较容易获得；电桥输出是直流量，可直接用直流仪表测量，精度较高；电桥与后接仪表间的连接导线不会引起分布参数，故对连接导线要求低；实现预调平衡的电路简单，仅需对纯电阻加以调整即可。图 4-25 给出了直流电桥平衡调节的几种配置方式。

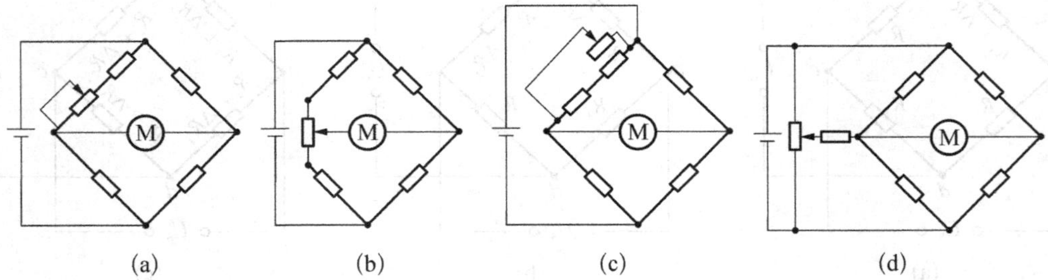

图 4-25 直流电桥平衡调节的配置方式

直流电桥的输出电压较小，需采用高输入阻抗、高共模抑制比的直流放大器放大后才能推动后继环节。直流电桥的主要缺点是容易引入工频干扰。另外，它不适合动态测量。工程上动态测量的对象是随时间迅速变化的信号（如用电阻应变式传感器测量交变应变），信号的频带通常由零至几百赫兹，要选用一个频带从零到几百赫兹、且能保持放大增益是常数的直流放大器是很困难的。所以对动态量的测量往往采用交流电桥，选择交流电桥可将工作频率移到放大器常值增益的频带上去。

2. 交流电桥——调幅测量电路

交流电桥的供电电压 U_S 是高频交流电源，电源频率一般在被测信号频率的 10 倍以上，交流桥臂的桥臂可以是纯电阻，也可以是包含电感、电容、电阻的复合阻抗，电桥平衡的条件为

$$\dot{Z}_1 \cdot \dot{Z}_3 = \dot{Z}_2 \cdot \dot{Z}_4 \tag{4-33}$$

即同时需要满足阻抗幅值平衡条件和相位平衡条件

$$\begin{cases}Z_1 Z_3 = Z_2 Z_4 \\ \phi_1 + \phi_3 = \phi_2 + \phi_4\end{cases} \tag{4-34}$$

式中，Z_1，Z_2，Z_3，Z_4 为各阻抗幅值；ϕ_1，ϕ_2，ϕ_3，ϕ_4 为各阻抗角。

不同类型阻抗元件的阻抗角不同，纯电阻阻抗角 $\phi=0$，电容元件阻抗角 $\phi<0$，电感元件阻抗角 $\phi>0$。所以，当交流电桥两个相邻桥臂接入纯电阻，则另外两个相邻两桥臂则应接入同性质的阻抗元件，即同为感性阻抗或同为容性阻抗；当相对两桥臂接入纯电阻，则另外相对两臂应接入反阻抗角的阻抗，即一臂为容性阻抗，另一臂为感性阻抗，如图 4-26 所示。

图 4-26 交流电桥的平衡

交流电桥可用与电阻式、电感式、电容式传感器相连构成测量系统。它在动态测量中应用广泛，不同频率的动态信号都很容易找到合适的后继放大器。交流电桥的缺点也是明显的，如电桥连接的分布参数会对电桥的平衡产生影响。所以，在调节电桥平衡时，阻抗的模和相位会交叉影响，需要反复调节才能达到最终平衡。使用时，交流电桥的激励必须具有良好的幅值和频率的稳定性。前者会影响电桥的输出灵敏度，后者会影响电桥的平衡(因为复合阻抗的计算中包含了电源频率的因子)。当电源电压波形畸变，即其中包含了高次谐波。即使针对基波频率将电桥调至平衡，由于电源电压波形中有高次谐波，仍将有高次谐波的输出，电桥仍不一定能平衡。

交流电桥还可以作为信号调制与解调电路中的调幅器使用。

在测量过程中常常会碰到诸如力、位移等一些变化缓慢的量，经传感器转换后得到的是低频的微弱信号(缓变信号)，需要进行放大处理才能向下一级传输。如果采取直流放大会带来零漂和级间耦合等问题，造成信号的失真；直接用交流放大器的话，低频段放大器的工作特性不佳。因此直流信号的放大较困难。为了解决这一问题，经常设法先将这些低频信号通过一定的手段变为高频信号，然后采用交流放大器进行放大，最后再从放大后的高频信号中还原出缓变信号，得到的缓变信号被放大了。这便是信号的调制和解调，如图 4-27 所示。

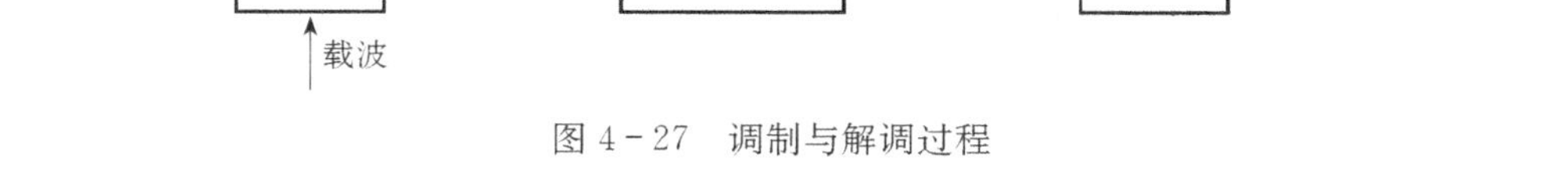

图 4-27 调制与解调过程

利用缓变信号来控制高频振荡信号，使高频振荡信号的某个参数(幅值、频率、相位)随缓变信号的变化规律而变化的过程就是调制过程。解调是从已被放大和传输的，且包含有原来缓变信号信息的高频信号中，不失真地恢复原有缓变信号的过程。调制与解调是一对信号变

换过程，在工程上常常结合在一起使用。当被控制的量是高频振荡信号的幅值时，称为幅值调制或调幅（AM）；当被控制的量为高频振荡信号的频率时，称为频率调制或调频（FM）；而当被控制的量为高频振荡信号的相位时，则称为相位调制或调相，调相主要用于遥测和遥控，一般测量仪表中用得较少。

在调制解调技术中，将起控制作用的缓变信号称为调制信号；载送缓变信号的高频信号称为载波，工程测试技术中常以正（余）弦波为载波；调制后的高频振荡信号称为已调制信号。从时域上讲，调制过程即是使载波的某一参量随调制波的变化而变化；而在频域上，调制过程则是一个移频的过程。

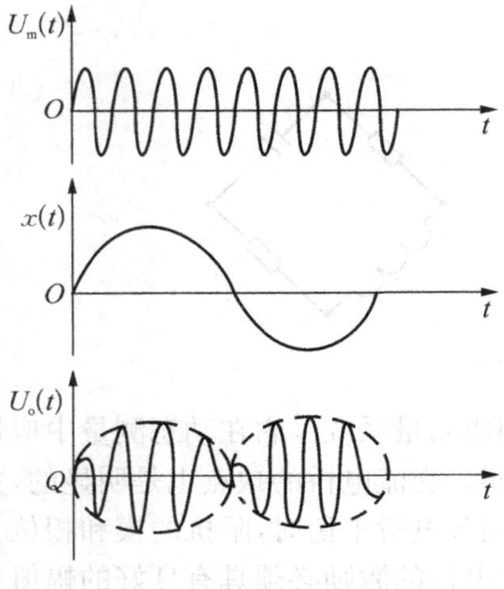

图 4-28 调幅波形

调幅是将一个高频载波信号同被测信号（调制信号）相乘，使载波信号的幅值随着被测信号的变化而变化。如图 4-28 所示，$x(t)$为被测信号，$U_m(t)$为高频载波信号，$U_o(t)$为已调制信号。调幅常用乘法器或具有乘法功能的电路来完成，下面来看一下交流电桥的调幅作用。

设需要测量电阻应变片的电阻变化值，电桥四个桥臂均选择纯电阻，电桥激励电压为$U_m = A \cdot \sin \omega t$，则电桥输出为

$$U_o(t) = K \cdot \Delta R \cdot U_m(t) = K \cdot \Delta R \cdot A \sin \omega t \tag{4-35}$$

式中，K 为接法系数（如半桥接法 $K = \dfrac{1}{2R_0}$）；ΔR 为电阻应变片的阻值变化。

由式（4-35）可知，电桥输出信号 $U_o(t)$的幅值随输入信号 ΔR 的变化而变化。即在交流电桥中，激励 $U_m(t)$是载波信号，输入 ΔR 是调制信号，输出 $U_o(t)$是调幅信号。

同理，需要测量电感或电容变化值时，将待测量接入交流电桥，电桥的激励信号是载波，电容或电感的变化值是调制信号，交流电桥的输出是调幅信号。

调幅信号的解调有多种方法，常用的有同步解调、整流检波和相敏解调法。其中，相敏检波由于能够正确地恢复被测信号的幅值与相位，因此得到很广泛的应用。将调幅信号送入相敏检波器后，可得到一个幅值与极性随调制信号（被测量）的幅度与极性变化的电流或电压信号，即可达到解调的目的。

4.2.2 谐振电路——频率调制电路

谐振电路是可将电容变化值 ΔC 或电感变化值 ΔL 变换成电压变化的电路，它可以作为信号调制与解调电路中的调频器，是测量系统中常见的一种变换电路。

在频率调制过程中载波幅值保持不变，因此调频波的功率也是个常量。谐振电路利用振荡器产生一个具有中心频率的载波，载波的频率随调制信号的幅度成正比地偏离中心频率，从而将被测信号转换成频率的变化，实现了频率调制，图 4-29(a)给出的调制信号是三角波，图 4-29(b)给出了调频信号波形。

调频较之调幅的主要优越性是它的抗干扰能力强。由于噪声干扰会直接影响信号的幅度，调频对于施加在振幅上的噪声不敏感。较之调幅电路，调频电路的信噪比大为改善，但成本较高。

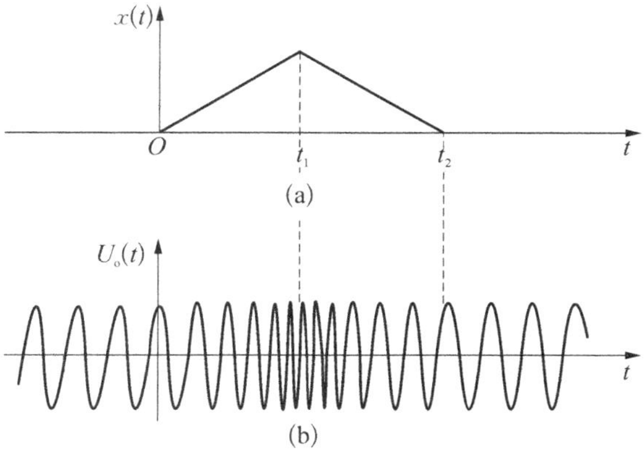

图 4-29 频率调制信号

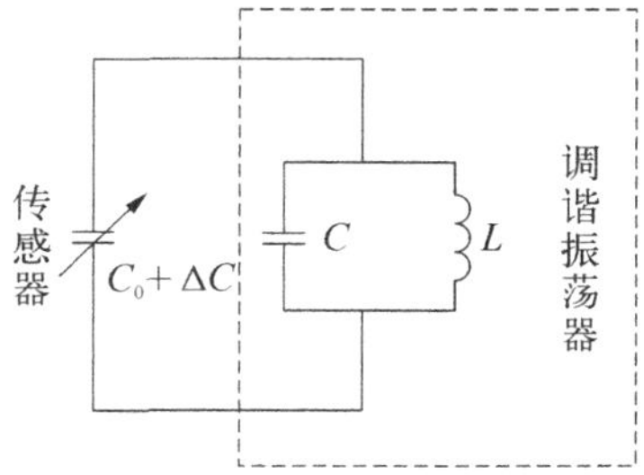

图 4-30 LC 振荡电路

谐振电路常把电容、电感(有时也有电阻)作元件构成电路。图 4-30 为 LC 振荡电路，该电路常作为电容、电涡流、电感传感器的测量电路，将电容(或电感)作为自激振荡器的谐振回路的调谐参数。电路谐振时，其谐振频率为

$$\omega = \frac{1}{2\pi\sqrt{LC}} \tag{4-36}$$

电容传感器的初值为 C_0，谐振频率为

$$\omega_0 = \frac{1}{2\pi\sqrt{L(C+C_0)}}$$

传感器电容值变化为 $C_0+\Delta C$，谐振频率为

$$\omega = \frac{1}{2\pi\sqrt{L(C+C_0+\Delta C)}} = \frac{\omega_0}{\sqrt{1+\dfrac{\Delta C}{C+C_0}}}$$

$$\approx \omega_0\left(1-\frac{1}{2}\cdot\frac{\Delta C}{C+C_0}\right) = \omega_0 - \frac{1}{2}\cdot\frac{\Delta C}{C+C_0}\cdot\omega_0$$

即

$$\Delta\omega = \omega - \omega_0 = -\frac{1}{2}\cdot\frac{\Delta C}{C+C_0}\omega_0 \quad \propto \Delta C \tag{4-37}$$

也就是说，将电容变化量 ΔC(或电感变化量 ΔL)接入谐振电路，电路的谐振频率将随之变化，达到输出电压的频率受输入信号控制的目的，该电路完成了调频电路的功能。

调频波的解调通常采用鉴频器，需要解调的调频信号经过放大后传输至限幅鉴频器。

信号在传输过程中，由于受到内、外噪声的干扰以及系统引起的寄生调幅，使调频信号的幅值发生变化，可用限幅器将超过限幅电平的外来干扰和固有寄生调幅抑制掉，从而消除干扰

信号和寄生调幅对信号幅值的影响，得到等幅调频信号，而调频信号中的有用信息——频率变化没有改变。鉴频器的功能是将频率的变化转换成电压的变化，即将被测缓变信号从调频信号中检测出来，因此它是调频的逆过程。

4.2.3 阻抗匹配电路

在测试过程中，必须把各种装置或电路连接起来，组成测试系统。从能量角度出发，要求前一级装置能最大限度地把能量传递给下一级装置。前、后级装置如何配联才能达到上述要求，就是阻抗匹配问题。阻抗匹配是指负载阻抗与激励源内部阻抗互相适配，得到最大功率输出的一种工作状态。

对于不同特性的电路，匹配条件是不一样的。纯电阻电路中，当负载电阻等于激励源内阻时，则输出功率为最大，这种工作状态称为匹配。当激励源内阻抗和负载阻抗含有电抗成分时，为使负载得到最大功率，负载阻抗与内阻必须满足共扼关系，即电阻成分相等，电抗成分只数值相等而符号相反。这种匹配条件称为共扼匹配。

组成测量系统时，如前后装置（或电路）不能达到阻抗匹配，就需要有专门的阻抗匹配装置（或电路）来变换阻抗。测试系统中常用的阻抗匹配方法有匹配变压器、匹配电阻、射级跟随器、电荷放大器等。

1. 匹配变压器的匹配法

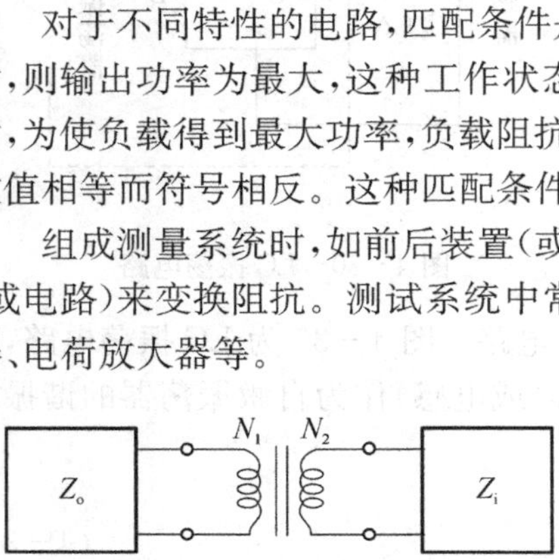

图 4-31 匹配变压器的匹配法

采用匹配变压器进行匹配时，变压器的结构（如铁芯大小、线径粗细等）可按一般变压器的要求进行匹配，图 4-31 为匹配变压器的阻抗匹配方法。

当变压器的初、次级线圈满足下式时，前后电路可达到阻抗匹配

$$\frac{N_1}{N_2}=\sqrt{\frac{Z_o}{Z_i}} \tag{4-38}$$

式中，N_1，N_2 为变压器初、次级线圈匝数；Z_o 为前一级装置输出阻抗的模；Z_i 为后一级装置输入阻抗的模。

由式(4-38)可以看出，如果前后装置的阻抗 Z_o，Z_i 不能达到匹配要求，通过改变变压器线圈匝数来变换阻抗可达到匹配。

2. 匹配电阻的匹配方法

当前级输出阻抗是纯电阻 R_o、后级装置的输入阻抗是纯电阻 R_i 时，或在阻抗匹配要求不高时，可选用匹配电阻法进行阻抗匹配（见图 4-32）。

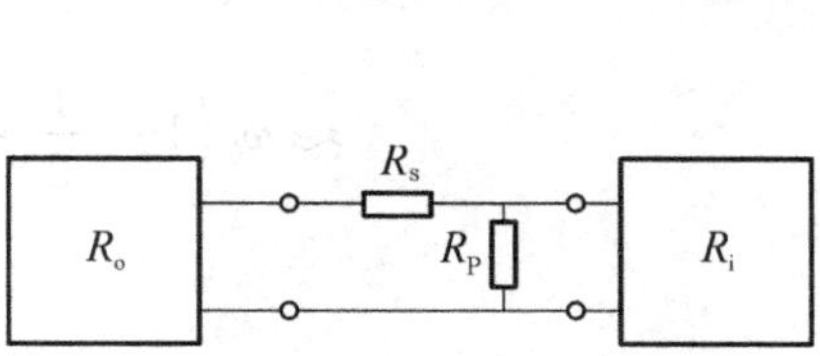

图 4-32 匹配电阻的匹配方法

匹配的电阻阻值应满足

$$R_s=\sqrt{R_o(R_o-R_i)} \tag{4-39}$$

$$R_P=\sqrt{R_o\left(\frac{R_oR_i}{R_o-R_i}\right)} \tag{4-40}$$

由于使用的匹配元件是电阻，不可避免地有损耗能量，这种损耗称为插入损耗。

3. 射极跟随放大器匹配的方法

射极跟随放大器由两部分组成，前一部分是射极跟随器，后一部分是通常的放大器，在有些场合可以只使用射极跟随器。图4-33为射极跟随器典型电路。

在一般的放大电路中，为了获得较大的增益，达到放大信号的目的，放大器的输出信号总是从集电极上取得。而射极跟随器的输出信号是从发射极上取得的，它的放大增益总小于1，它的功能是进行阻抗变换，通过该电路可将高输入阻抗转换成低输出阻抗。

该装置广泛应用于高阻抗传感器(如电容式传感器、压电式传感器等)与低阻抗的后级装置进行阻抗匹配。

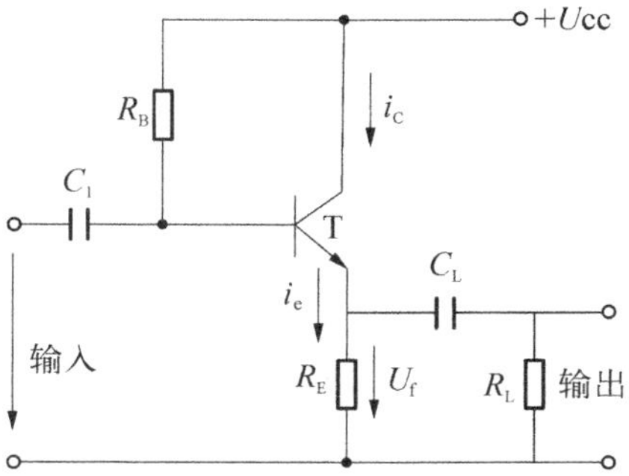

图4-33 射极跟随器

4. 电荷放大器匹配方法

压电式传感器的输出阻抗一般高达数兆欧姆，如采用射极跟随放大器进行匹配，比较简单、方便，但无法避免连接电缆、接插件等产生的分布电容对测量的影响。电荷放大器是一种能将电子或电荷数量转换成电压输出的特殊装置，由于它可以避免杂散电容的干扰，因此，除了完成阻抗匹配的功能外，也带来传感器灵敏度与联接电缆长度无关的好处，因而能保证传感器使用的灵敏度。所以电荷放大器几乎成为压电式传感器的专用匹配装置。

电荷放大器是一个带电容负反馈的高增益运算放大器，其等效电路图如图4-34所示。

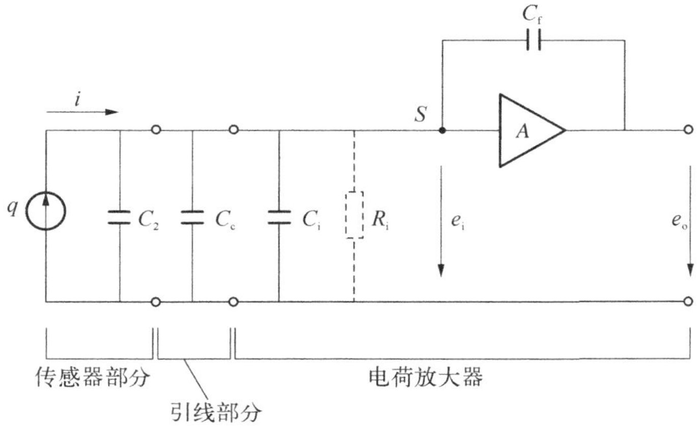

图4-34 电荷放大器等效电路

图中，q 为压电传感器输出电荷；C_2 为压电传感器电容；C_c 为连接电缆分布电容；C_i 为放大器输入电容；C_f 为反馈电容；A 为放大器的开环增益，$A \gg 1$；R_i 为放大器输入电阻。

当忽略放大器输入电阻 R_i 时，由电压-电荷关系可知，放大器输入端电压为 e_i 为

$$e_i = \frac{q}{C_2 + C_c + C_i + (1+A)C_f} \tag{4-41}$$

放大器输出端电压 e_o 为

$$e_o = -Ae_i = -\frac{Aq}{C_2 + C_c + C_i + (1+A)C_f} \tag{4-42}$$

当放大器增益足够大时，即 $(1+A)C_f \gg C_2 + C_c + C_i$，有

$$e_o = -\frac{q}{C_f} \tag{4-43}$$

式(4-43)表明，电荷放大器的输出电压 e_o 的灵敏度主要与反馈电容 C_f 有关，电缆分布电容 C_c 影响很小，从而电荷放大器彻底消除了电缆长度的改变对测量精度带来的影响，故电荷放大器传输距离可达数百米。

4.2.4 运算电路

运算电路是进行数学运算(如比例、加、减、积分、微分、对数和指数等)的电路，它的输出电压反映了对输入电压某种运算的结果。微分电路和积分电路是船舶动力装置测量中常用的运算电路。在测量电路中接入微分电路，系统的输出电压与输入信号的微分成比例；同理，在测量电路中接入积分电路，则系统的输出电压与输入信号的积分成比例。

如，磁电式传感器的输出与线速度(或角速度)成比例，可以直接用来测量线速度(或角速度)。由于速度与位移是积分关系，速度和加速度间是微分关系，在测量电路中接入一微分电路，则系统输出电压就与运动的加速度成正比；在电路中接入一积分电路，则输出电压与位移成正比。这样，磁电传感器不仅可以用来测量速度，还可测量加速度和位移。

1. 微分电路

图 4-35 为微分电路。图中，流经电容的电流为 $i = C\frac{dU_i}{dt}$，则，输出电压为

$$U_o = -iR = -RC\frac{dU_i}{dt} \tag{4-44}$$

由式(4-44)可以看出，输出电压 U_o 与输入电压 U_i 的微分成正比，实现了微分运算。

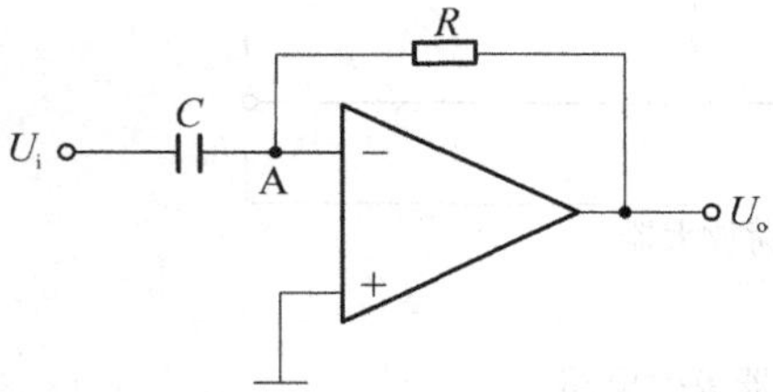

图 4-35 微分电路

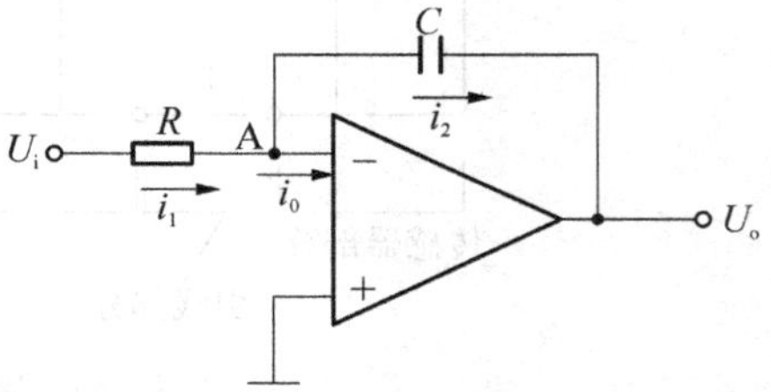

图 4-36 微分电路

2. 积分电路

图 4-36 为积分电路。图中，电容两端的电压为 $U_C = U_A - U_o = \frac{1}{C}\int i_2 dt \approx \frac{1}{C}\int i_1 dt$，输出电压为

$$U_o = -\frac{1}{RC}\int U_i dt \tag{4-45}$$

可见，输出电压 U_o 与输入电压 U_i 的积分成比例，实现了积分运算。

4.3 信号处理

非电量经传感器变换成电量后，必须经过处理才能对这些信号的特性进行分析和研究，然后再送入记录仪器或控制装置。常用的信号处理电路有：滤波电路、绝对值检测电路、峰值检测电路等。

4.3.1 有源滤波器

广泛意义的滤波是由所测信号中选取人们所感兴趣的那部分信号，它包括利用电、机械以及数学等的技术手段滤除信号的噪声和虚假信号，这种对信号的加工包括时域、频域和倒频域等方面。

测试中最常用的滤波是指在信号的频域内的选频加工。动态测试中测量得到的信号往往具有多种频率成分，人们为了各种不同的目的，须将其中有用的频率成分提取出来，而将不需要的频率成分衰减掉，以对信号的某一方面的特征有更深的认识，或有利于对信号作进一步的分析处理。

滤波器是检测电路中的一种常用电路，信号输入滤波器后，部分频率可以通过，部分则被阻挡。对于一个滤波器，能通过它的频率范围称为该滤波器的频率通带，被它抑制或极大的衰减的频率范围称为频率阻带，通带和阻带的交界点称为截止频率。

滤波器分为无源滤波器和有源滤波器两种，前者是由电感 L、电容 C 和电阻 R 等无源元件组成；有源滤波器除必要的无源元件外，还有集成运算放大器等有源元件。

无源滤波器电路简单，噪声非常低，不需要电源，有宽广的动态范围；但它的所有能量均取自输入，使它的带负载能力差。其中，LC 滤波器，由于有电感，不适于低频或超低频场合；RC 滤波器由于电阻是耗能元件，因而信号损失比较严重。有源滤波器可以克服这些缺点，在无源元件中损失的能量可以由有源元件来补充，尤其是运算放大器和 RC 网络构成的有源滤波器有一系列优点，首先，它不用电感元件，避免了电感所固有的非线性、磁场屏蔽、损耗、体积大、重量大的缺点；另外，运算放大器的增益及高输入阻抗、低输出阻抗，使有源滤波器具有放大和缓冲的作用。

由运算放大器组成的有源滤波器可以适应很低频率的工作情况，但高频受到本身带宽的限制，一般的频率范围均在 10 kHz 以下。

滤波器是在一定的通带范围内传输信号，所以希望在通带内的幅频特性、相频特性满足不失真的要求；在通频带外的信号频率成分在滤波后应尽可能减小；另外，通带和阻带间要尽可能区别清楚。在实际工作中还希望滤波器的线路可靠，易于调试，长期工作性能稳定等。

有源滤波器从功能来分，可分成低通滤波器、高通滤波器、带通滤波器和带阻滤波器等几类，它们各自的频率特性如图 4-37 所示。

由图 4-37(a)可知，低通滤波器用以通过低频信号，抑制衰减高频信号。信号中频率低于 f_2 的成分均能以常值增益通过，而高于 f_2 的频率成分都被衰减掉，f_2 是该滤波器的上截止频率。

图 4-37(b)是高通滤波器的幅频特性，它用来通过高频信号，抑制衰减低频信号。信号中凡高于 f_1 的频率成分均能以常值增益通过，而低于 f_1 的频率成分被衰减掉，f_1 是该高通滤波器的下截止频率。

带通滤波器[见图 4-37(c)]允许某一频率范围（$f_1 \leqslant f \leqslant f_2$）的信号以常值增益通过，$f_1$，$f_2$ 分别是该带通滤波器的下、上截止频率；$f_2 - f_1 = B$ 称为带通滤波器的带宽。

图 4-37(d)是带阻滤波器的幅频特性，它不允许两截止频率间的信号通过。

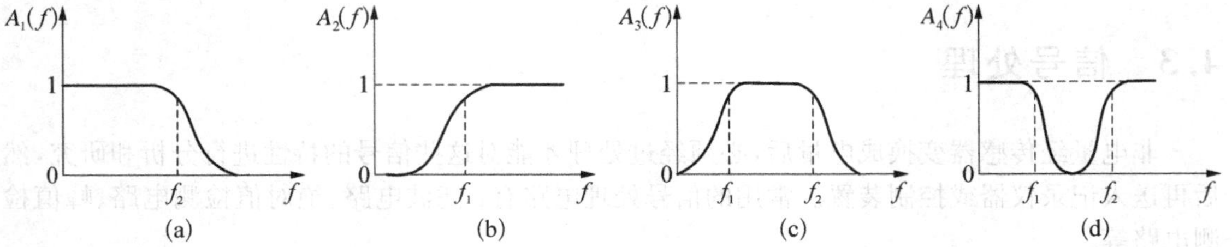

图 4 - 37　几种滤波器的幅频特性

(a) 低通滤波器　(b) 高通滤波器　(c) 带通滤波器　(d) 带阻滤波器

4.3.2　绝对值检测电路

在测量中，有时候只需要测量电信号的幅值，对信号的极性并不感兴趣，为了简化后续电路，可以引入绝对值检测电路。绝对值检测电路将双极性信号(交流电)变为单极性信号(直流电)，它实际上就是全波整流电路。

利用具有单向导电特性的器件，可以把方向和大小交变的电流变换为直流电。最基本的单向导电元件是二极管，但由于二极管存在阈值电压，输出非线性，使得信号误差很大，为提高精度，必须采取相应措施。

图 4 - 38 是由运算放大器和二极管构成的最基本的半波整流电路。当输入电压 $U_i > 0$ 时，运算放大器输出为负，二极管 D 导通，输出 $U_o < 0$；当 $U_i < 0$ 时，运算放大器输出为正，二极管 D 不通，$U_o = 0$。实现了半波整流。

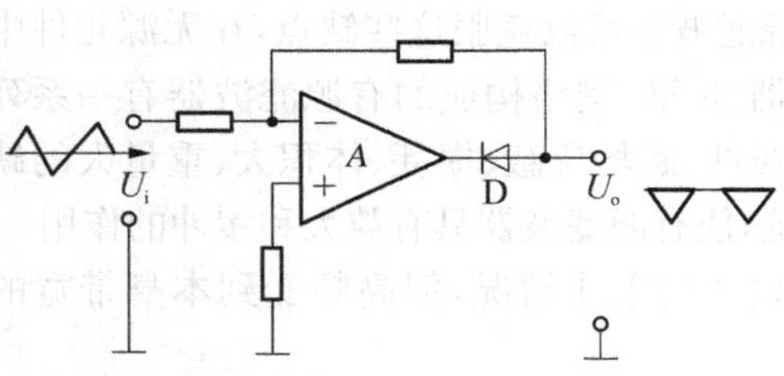

图 4 - 38　基本的半波整流电路

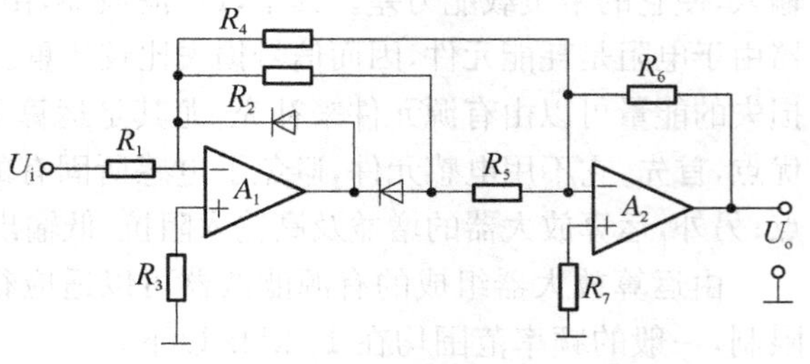

图 4 - 39　全波整流电路

在半波整流电路的基础上，加一级加法器即可组成全波整流电路(见图 4 - 39)。当 $R_1 = R_2$，$R_4 = R_6 = 2R_5$ 时，有：

$$U_o = | U_i | \tag{4-46}$$

即，无论输入信号的极性如何，电路输出信号总是正的，且数值上等于输入信号的绝对值，实现了对输入信号幅值的检定。

4.3.3　峰值检测电路

在测量中常常需要测量信号的峰值，但一般的测量仪表具有惯性，跟不上被测参数的快速变化，因此需要有电路能实现这样功能：对信号的峰值进行采集并保持，这就是峰值检测电路。

峰值检测电路的原理如图 4 - 40 所示。电路的输入信号为 U_i，输出信号为 U_o。电路中二极管 D 具有单向导通性。

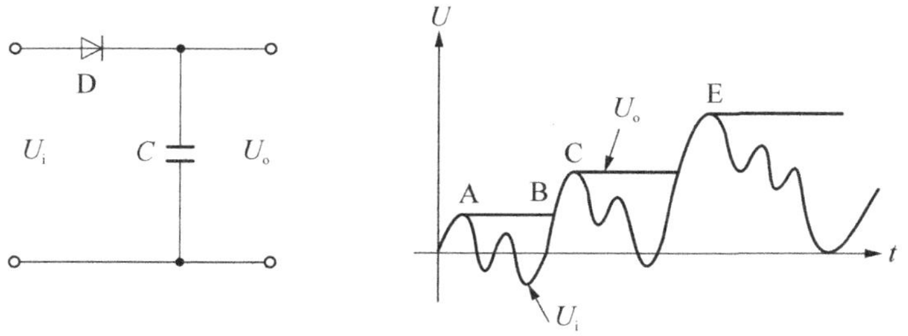

图 4-40 峰值保持电路原理图

初始时，二极管 D 导通，对电容 C 充电，到 U_i 的第一个峰值 A 点；过了 A 点，U_i 开始下降，二极管 D 反向截止，电容 C 由于无放电回路，输出 U_o 保持峰值电压 U_A；当 U_i 再次上升，到达 B 点时，二极管 D 导通，U_o 跟踪 U_i 到新的峰值并保持。

由于二极管 D 非线性、存在阈值电压，电容 C 也不是理想的储能元件，所以，在实际应用中，不能采用上述电路，实际中应用的峰值检测电路是在该电路原理的基础上改进完善的。

4.4 测量电路噪声与抑制

在传感器电路中，有用信号之外的所有信号均称为噪声。为了提高测量的精度，需要采取措施抑制噪声。

4.4.1 测量电路中的噪声

1. 噪声的种类及来源

测量电路的噪声可分为内部噪声和外部噪声两种，外部噪声也称为干扰。

内部噪声是设备内部带电微粒的无规则运动产生的噪声，如热噪声、散粒噪声以及接触不良引起的噪声等。

外部噪声是指与系统结构无关，由使用条件和外界环境因素所决定的干扰。主要是电磁辐射噪声，例如电机、开关、电焊及其他电子设备产生的电磁辐射，雷电、大气电离以及其他自然现象产生的电磁波干扰。图 4-41 为外部干扰和内部噪声电气干扰示意图。

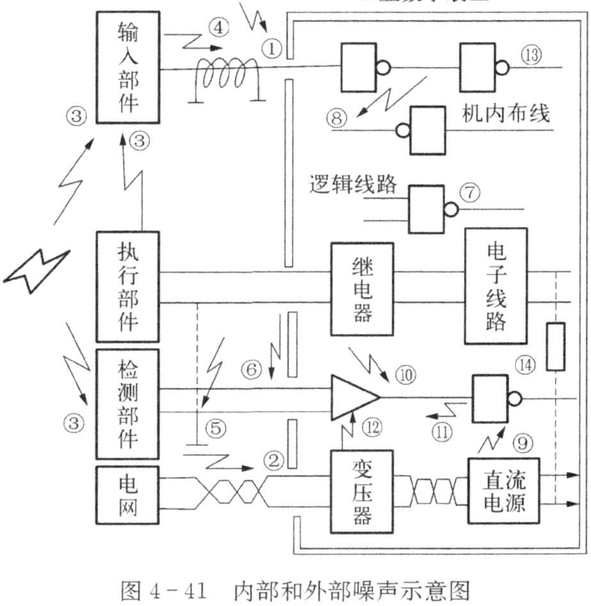

图 4-41 内部和外部噪声示意图

图中各代号所代表的噪声分别为：

① 装置开口或缝隙外进入的辐射（辐射）；

② 电网变化干扰（传输）；

③ 周围环境用电干扰（传输、感应、辐射）；

④ 传输线上的反射干扰（传输）；

⑤ 系统接地不妥引入的干扰（接地）；

⑥ 外部线间串扰(传输、感应);

⑦ 逻辑线路不妥造成的过渡干扰(传输);

⑧ 线间串扰(感应);

⑨ 电源干扰(传输);

⑩ 强电器引入的接触电弧干扰(辐射、传输、感应);

⑪ 内部接地不妥引入的干扰(接地);

⑫ 漏磁感应(感应);

⑬ 传输线反射干扰(传输);

⑭ 漏电干扰(传输)。

2. 噪声的传输途径

噪声对测量装置或测量系统形成干扰,需要同时具备三个要素:噪声源、对噪声敏感的接收电路、噪声源到接收电路间的传播途径。为了消除和抑制噪声的影响,除了消除和抑制噪声源,以及使接收电路对噪声不敏感外,抑制和切断噪声的传输途径也是重要的手段。

噪声的传播途径有:电场耦合、磁场耦合、漏电流耦合干扰、共阻抗耦合等。

电场耦合是指由于两个电路间存在寄生电容,使噪声的电荷通过寄生电容影响到另一条支路。干扰源的频率越高,电场耦合引起的干扰越严重,另外干扰电压与接收电路的输入阻抗成正比,所以通过合理布线和适当的防范措施,减少寄生电容,有利于减少电场耦合引起的干扰。

磁场耦合又称为互感耦合,当两个电路间有互感存在时,一个电路的电流发生变化,就会通过磁交链影响到另一个电路,从而形成干扰电压。在电气设备内部,变压器及线圈的漏磁就是一种常见的磁场耦合干扰源。另外,任意两根平行导线也会产生这种干扰。干扰电压正比于干扰源的电流、干扰源的角频率及互感系数。在直流测量装置中,具体布线时应使直流控制线与交流动力线处于垂直方向。

漏电流耦合干扰是指由于电子电路内部的元件支架、接线柱、印刷板等绝缘不良,流经绝缘电阻的漏电流引起的干扰。漏电流所引起的干扰正比于输入阻抗,与绝缘电阻成反比。对于高输入阻抗放大器,即使是微弱的电流干扰,也会造成严重后果,所以在实际使用中,必须加强与输入端有关的绝缘水平。

共阻抗耦合干扰是由于两个以上的电路有公共阻抗,当一个电路中的电流流经公共阻抗产生压降,就会形成其他电路的干扰源,它的大小与公共阻抗的阻值及干扰源的电流大小成正比。共阻抗耦合干扰在测量电路的内部电路结构中是常见的干扰,对多级放大器来说,也是一种寄生反馈,当满足反馈条件时,还会引起自激振荡。电路中最容易出现的共阻耦合干扰有:几个电子线路共用一个电源时,其中一个电路的电流经过电源内阻抗时,造成对其他电路的干扰;通过公共接地的共阻抗耦合干扰,即在测量电路的各单元电路上均有各自的地线,如果这些地线不是一点接地,各级电流就流经公共地线,从而在地线电阻上产生电压,该电压就成为其他电路的干扰电压。

4.4.2 噪声的抑制

消除和抑制噪声可以在以下三方面采取措施:消除或抑制噪声来源、阻截干扰噪声传播途径、削弱接收电路对噪声干扰的敏感性。必须指出,以上三方面措施均属于硬件措施,随着计算机技术的发展，还产生了软件措施，如数字滤波、选频和相关技术及数据处理等。

常用的噪声抑制方法主要有四种：屏蔽、接地、隔离和滤波。

1. 屏蔽

屏蔽是指用铜、铝等低电阻材料把元件、电路、组合件或传输线等包围起来，以隔离内、外电磁或静电的相互干扰。屏蔽可分为静电屏蔽（主要用于防止电场耦合干扰）、电磁屏蔽（主要用来防止电场和磁场耦合干扰，使用于高频）、磁屏蔽（主要防止电感耦合，适用于低频）。

（1）静电屏蔽：静电屏蔽是根据静电学原理，即处于静电平衡状态下导体内部各点等电位，故在导体内部无电力线。因此，采用导电性能良好的金属作为屏蔽，并将它接地，则屏蔽内的电力线不会影响外部，同时外部的电力线也不会穿透屏蔽进入内部，前者可抑制干扰源，后者可阻截干扰的传播途径，起电场隔离的作用。

（2）磁屏蔽：为了防止磁导率高的铁镍等磁性物质在磁场中被磁化，常采用高磁导系数的磁性材料把磁场屏蔽起来。如，用硅钢片、铁镍合金等对低磁通密度具有高磁导系数的材料作屏蔽层，可消除永磁体的恒定磁场和变压器产生的变化漏磁场对磁性物质的磁化。为了得到良好的屏蔽，屏蔽材料的厚度要适当，太薄磁通会穿过屏蔽层，减弱屏蔽效果；太厚会产生涡电流，高频时使线圈的 Q 值下降。因此，在屏蔽要求高的场合，最好采用多层屏蔽。

（3）电磁屏蔽：电磁屏蔽主要是用来防止高频电磁场的影响。它用低电阻金属材料（如铝、钢等）作屏蔽材料，利用电磁场在屏蔽金属内部产生涡电流而起屏蔽作用。如屏蔽层接地，就兼有静电屏蔽的作用，值得注意的是静电屏蔽的屏蔽导体必须接地，而电磁屏蔽的屏蔽体可以不接地。

2. 接地

接地技术起源于强电，强电接地的概念是将电网的零线及各种设备的外壳接大地，其目的是为了保障人身和设备的安全。而电路或传感器中的接地是指一个等电位点或等电位面，它是电路的基准电位点，与基准电位点相连就是接地。电路接地除了安全（如将仪器外壳、底盘等接到大地称为保护接地）的目的以外，还对信号电压提供了一个基准电位。把接地和屏蔽正确的结合起来使用，能够抑制大部分的噪声。电路接地，一是为了消除电流流经公共接地电阻时产生噪声电压；二是避免受到磁场和地电位差的影响，使其不形成环路。如接地的方式处理不好，反而会形成噪声耦合。

电子装置和计算机系统中，有以下几种“地”线：

（1）屏蔽接地线和机壳接地线。这类地线完成对电场及磁场的屏蔽，也能达到安全保护的目的，一般是接大地。

（2）信号接地线。它只是电子装置的输入和输出的零电位公共线（基准电位），它本身却可能和大地隔离。信号地线又可分为两种：模拟信号地线、数字信号地线。因模拟信号一般较弱，容易受到干扰，故对地线要求高，而数字信号一般较强，故对地线要求可降低些，为了避免两者间的相互干扰，两地线应分别设置。

（3）功率地线。这种地为大电流网络部件的零电位，如中间继电器的吸上电路等。这种电路的电流在地线中产生的干扰很大，因此，对功率地线有一定的要求，有时在电路上与信号地线之间是相互绝缘的。

（4）交流电源地线。即交流 50 Hz 地线，它是噪声源，必须与直流地线相互绝缘，在布线时也应使两种地线远离。

以上这些不同的地线，一般应分别设置，在电位需要连接时，必须选择合适的方式相连接。

信号接地的方式有一点接地和多点接地两种。接地时应注意，所有导线都有一定的阻抗，两个分开的地点很难做到等电位。交流电源的地线一般不能作为信号地线，因为在一段电源地线的两端有几百毫伏至几伏的电压，这对低电平信号电路来说是一种很强的干扰，所以接地的方式尤其重要。

图4-42(a)所示是一种串联接地方式，但它不利于噪声的抑制，因为导线的等效电阻串联，所以A点的电位和C点的电位分别是

$$U_A = (I_1 + I_2 + I_3) \cdot R_1 \tag{4-47}$$

$$U_C = (I_1 + I_2 + I_3)R_1 + (I_2 + I_3)R_2 + I_3R_3 \tag{4-48}$$

因此造成电路间的相互干扰。由于这种接地方式简单，当各电路的电平相差不大时可以使用。

如各电路间的电平相差大时，高电平会产生很大的地电流干扰低电平电路，此时应采用图4-42(b)所示的并联接地方式，此方式是并联一点接地，最适合于低频电路。由于各电路之间的电流不会耦合，各点电位只与本电路的地电流地线阻抗有关，而各电路之间不相关。

实际应用中，一般在低频时采用串并联接地，也就是分组接地，把低频、高频电路分组接地。应注意不要将功率相差悬殊、噪声相差很大的电路在同一点接地。

在高频电路中，一般采用多点接地，电路中所有地线分别接到最近的低阻抗地线排上。原则上10 MHz以上的电路要用多点接地；频率在1 MHz～10 MHz时，可以用一点接地，但地线长度不宜超过波长的1/20，若不满足，就采用多点接地。

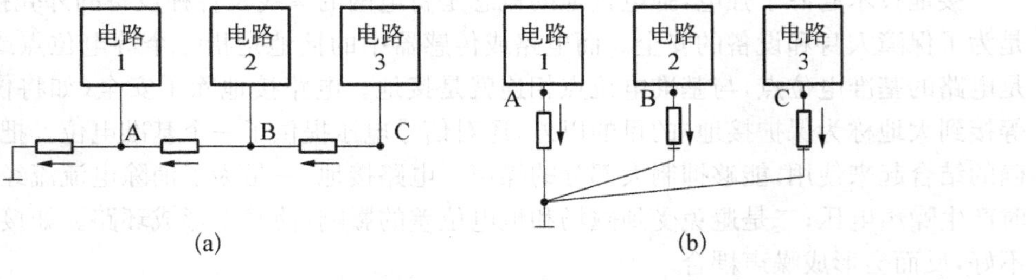

图4-42　信号地线的一点接地方式

(a) 串联接地　(b) 并联接地

3. 隔离

当信号电路在两端接地时，很容易形成环路电流，引起噪声干扰。这时，常采用隔离的方法，这种方法同时可以起到抑制漂移和安全保护的作用。隔离的基本思想是将系统和大地进行电的隔离，通过对所有可能形成地回路的途径进行隔离之后，测量系统就可以认为对地是悬空的，在完成系统的隔离后就在唯一的接地点接大地。所有与系统相连的线路应通过适当的隔离器件才能进入系统，例如与系统相连的输入信号、输出信号或控制信号、交流电源等都应采取适当的措施隔离。隔离的方法主要采用变压器和光电耦合。

在两个电路之间加入变压器以切断地环路，实现前后电路的隔离。信号经过变压器耦合到负载，两个电路的接地点之间就不会产生共模噪声，由于变压器不能直接用于直流(对于直流需进行调制和解调)，所以对直流或低频测量来说受到很大限制。

在直流或低频测量系统中，多采用光电耦合的方法来进行隔离。光电耦合器是由发光二极管和光敏晶体管组合而成，若光电二极管有信号输入，它就输出正比于电流的光通量，光敏晶体管把光通量变换成相应的电流。由于采用光学耦合，完全隔离了两个电路的地环路，即使两个地电位不同，也不会造成干扰。

目前，测量系统中多采用集成隔离放大器，又称隔离器，隔离放大器的技术指标除了与一般放大器类似外，还具有隔离指标。在使用过程中应注意隔离放大器的最大安全差分输入电压、输入对输出的共模电压、泄露电压和过载电阻等技术指标。

4. 滤波电路

尽管采用了不同的抗干扰措施，仍然会有不可忽视的噪声存在于有用信号中，因此在传感器接口电路中应设置滤波器，对各种外界干扰引入的噪声及干扰信号均加以滤除。对于不同测量系统的不同需要，应设计和选择不同响应的滤波器。

4.5 智能传感器

自从20世纪70年代微计算机问世以后，不久就被用到测试技术领域中，随着微计算机性能价格比的不断提高，并解决了很多传统测试装置难以解决的问题，使它成为测试技术中不可缺少的部分。

智能传感器是利用微计算机技术使传感器智能化，是一种带微处理器的兼有检测、判断、信息处理能力的传感器。它将传感器与微计算机做成一个整体，具有内存，可进行编程，具有一定的数据处理能力，可通过软件来判断和消除测量的异常值，修正传感器的非线性误差，可进行温度补偿，并可适当补偿随机误差，可自动更换量程，可进行自动调零、自检及自校，内含特定算法并可根据需要改变。目前，智能传感器在军用电子系统、家用电器、远程监智能控系统、机器人研究中广泛应用。智能传感器将朝着微型化、虚拟化、网络化和信息融合技术等方向发展，具有广阔的应用前景。

4.5.1 智能传感器的特点

从检测的角度来看，智能传感器的主要功能有：输入数据补偿、标度变换、平均积算、自动采样扫描、自诊断、自动校正等。由于智能传感器是建立在大规模集成电路的基础上的，因此它可以方便地组建高级的数据采集系统，可将检测转换技术和信息处理技术有机地结合起来。与传统传感器相比，智能传感器具有以下特点：

(1) 测量可靠性高，测量数据可存取；

(2) 测量范围大，能实现复合参数的测量；

(3) 测量精度高，能对测量值进行各种校正和补偿；

(4) 测量稳定性好，可排除外界干扰，进行选择性的测量；

(5) 测量灵敏度高，可进行微小信号的测量；

(6) 体积小，均匀性好；

(7) 具有自诊断功能，能确定故障位置，识别状态；

(8) 具有数字通信接口，能与计算机直接相连；

(9) 可实现多功能化。

4.5.2 智能传感器的功能

(1) 控制功能。智能传感器的测量过程可通过预先编制好的程序,在微计算机的控制下实现自动测量。其控制内容一般包括,键盘控制功能、量程自动切换功能、多路通道切换、极值判断与越界报警、自动校准、自动诊断测量结果显示及打印方式选择等。

(2) 数据处理功能。主要包括,标度变换技术、数字调零技术、非线性补偿技术、温度补偿技术、数字滤波技术等。

(3) 数据传输功能。智能传感器除了能独立完成一定的功能外,还可以实现各传感器之间,或与另外的微机系统进行信息交换和传输。

(4) 其他的常用功能。包括用于多敏性、记忆功能、数字和模拟输出功能、备用电源的断电保护功能等。

4.5.3 智能传感器的典型结构

智能传感器是一个或多个敏感元件、微处理器、外围控制及通讯电路、智能软件系统相结合的产物。它内嵌了标准的通信协议和标准的数字接口,使传感器之间或传感器与外围设备之间可轻而易举组网。它的典型结构有 3 种。

1. 非集成化

非集成化智能传感器是将传统的经典传感器敏感元件、信号调理电路、带通信接口的微处理器组合为一整体,并装在同一壳体内而构成的传感器系统。其组成如图 4-43 所示。

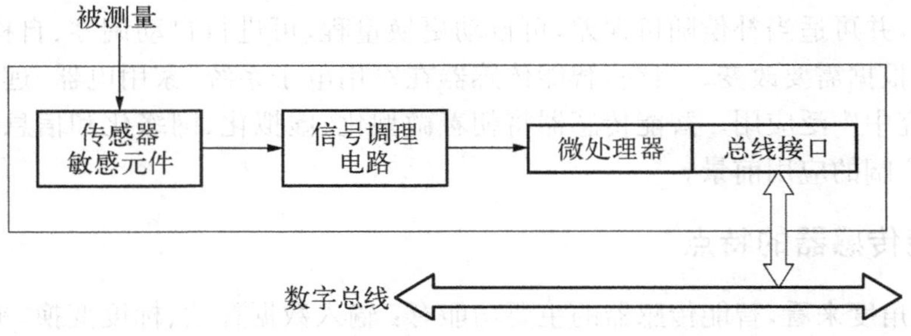

图 4-43 非集成化智能传感器

信号调理电路用来调理敏感元件的输出信号,将敏感元件的输出信号放大、滤波,并转换为数字信号后输入微处理器,由微处理器完成相应处理和控制,通过数字总线接口(或网络接口)接到现场数字总线(或工业以太网)上。微处理器配备可完成通信、控制、自校正、自补偿、自诊断等功能的软件。这是一种实现智能传感器系统的最快途径与方式。

2. 集成化

集成智能传感器(integrated smart/intelligent sensor)采用微机械加工技术和大规模集成电路工艺技术,利用硅作为基本材料来制作敏感元件、信号调理电路、微处理器单元,并把它们集成在一块芯片。这样类型的传感器可将敏感元件构成阵列,配合相应的微处理器和软件进行使用,如应用于数码照相领域的图像传感器。工业领域常见的集成智能传感器有温度传感器芯片、压力传感器芯片、加速度传感器芯片、角度传感器芯片等。智能传感器芯片发展迅速,由于大规模生产,成本不断下降。

3. 混合式

根据需要与可能，将系统各个集成化环节，如敏感单元、信号调理电路、微处理器单元、数字总线接口，以不同的组合方式集成在两块或三块芯片上，并装在一个外壳里。如图4-44所示，图中集成化敏感单元包括弹性敏感元件及变换器；信号调理电路包括多路开关、放大器、基准、模/数转换器(ADC)等；微处理器单元包括数字存储器(EEPROM、ROM、RAM)、I/O接口、微处理器、数模转换器(DAC)等。

在图4-44(a)中，三块集成化芯片封装在一个外壳里；在图4-44(b、c、d)中，两块集成化芯片封装在一个外壳里。在图4-44(a、c)中的智能信号调理电路，因带有零点校正电路和温度补偿电路，具有自校零、自动温度补偿等简单智能化功能。

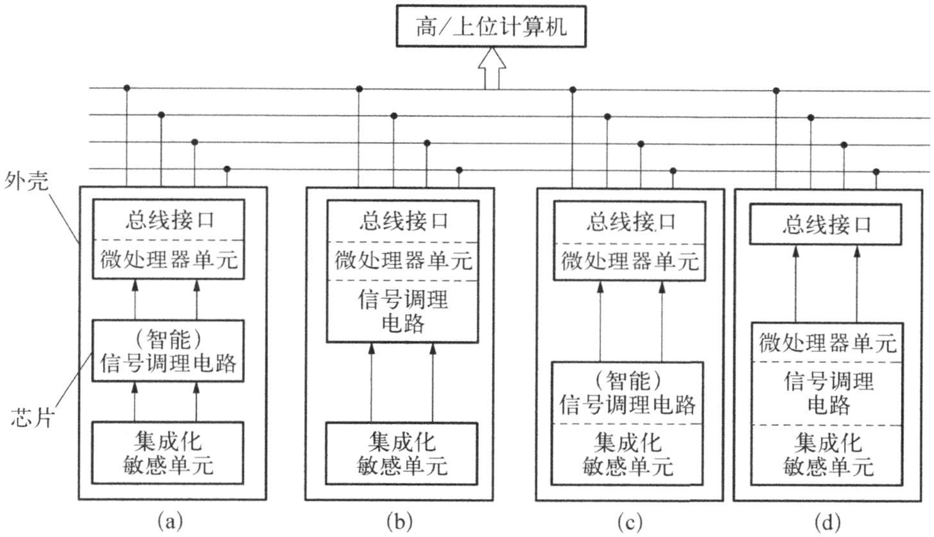

图4-44 混合式智能传感器的可能形式

第5章　温度测量

温度是表征物质性质的重要状态参数，是国际单位制七个基本量之一，在船舶动力装置领域需要经常研究与测量。

5.1　温度测量基本概念

5.1.1　温度和温标

温度是衡量物体冷热程度的物理量，物体温度的高低反映了物体内部分子运动平均动能的大小，其宏观概念建立在热平衡现象基础之上。

任何两个冷热程度不同的物体相互接触，必然会发生热交换现象，热能从受热程度高的物体向受热程度低的物体传递，直至两个物体的冷热程度完全一致，即达到热平衡。处于同一热平衡状态的两个物体，必定拥有一个共同的物理性质，该物理性质就是温度。

温标是“温度标尺”的简称，是温度的数值表示方法，用来衡量物体温度的高低。目前用得较多的温标有热力学温标和国际实用温标两种。

1. 热力学温标

过去曾较多地使用摄氏温标和华氏温标，它们都是根据液体（水银）在玻璃管内受热后体积膨胀这一性质建立起来的，如，摄氏温标的分度方法是，在标准大气压下，以水的冰点为零度（0℃），水的沸点为100度（100℃），在两者之间均匀地划分100格，每格定为摄氏一度。由于这两种温标所定出的温度数值将随液体的性质（如水银的纯度）和玻璃管材料的性质不同而异，因此，不能保证各国所用的基本测温单位一致。

热力学温标是建立在热力学基础上的理论温标。如果在温度为 T_1 的热源与温度为 T_2 的冷源之间实现卡诺循环，则存在下列关系式：

$$\frac{T_1}{T_2} = \frac{Q_1}{Q_2} \tag{5-1}$$

式中，Q_1 和 Q_2 分别是热源给予热机的传热量及热机传给冷源的传热量。

如果指定了一个定点 T_2 的数值，就可以由热量的比例求得未知量 T_1。1954年国际计量会议选定水的三相点为273.16 K（水的三相点即水的固、液、气三相共存的温度，0.01℃），并以它的 $\frac{1}{273.16}$ 为1 K，这样热力学温标就完全确定，即

$$T = 273.16 \cdot \frac{Q_1}{Q_2} \tag{5-2}$$

这样的温标单位叫开尔文（“开”或“K”）。

热力学温标与工质本身的种类和性质无关，避免了因选用测温物质的不同而引起温标的

差异，是理想的温标。不过，卡诺循环实际上是不存在的，因而热力学温标也无法直接实现。在热力学中已从理论上证明，热力学温标与理想气体温标是完全一致的。实际中，用近似理想气体的惰性气体做出定容式气体温度计，并根据热力学第二定律定出对这种气体温度计的修正值，从而可用气体温度计来实现热力学温标。然而气体温度计结构复杂，价格昂贵，通常仅限于在国家计量标准实验室中，作为复现热力学温标用。

2. 国际实用温标

为了克服气体温度计在使用上的不便，国际上建立了一种能用内插公式表示的、与热力学温标很接近、使用方便的协议温标，这就是国际实用温标(IPTS)，可用它来统一各国之间的温度计量。

国际温标从 1927 年拟定以来进行了多次修订，我国从 1991 年开始采用的是“1990 国际温标”(IPTS-90)，记作 T_{90}。

国际温标单位仍为 K，1 K 等于水的三相点时温度值的 $\frac{1}{273.16}$。国际温标把整个温标分成四个温区，其相应的标准仪器如下：

(1) 0.65～5.0 K，用 He^3 和 He^4 蒸汽压与温度关系式定义；

(2) 3.0～24.556 1 K(氖三相点)，用氦气体温度计定义，使用三个定义固定点及利用规定的内插方法分度；

(3) 13.803 K(平衡氢三相点)～961.78℃(银凝固点)，用铂电阻温度计定义，使用一组规定的定义固定点及内插方法分度；

(4) 961.78℃(银凝固点)以上，用一个固定点和普朗克辐射定律定义。

5.1.2 温度测量方法

温度测量的方法一般分成接触式、非接触式两大类。接触式测量是基于热平衡原理，测量元件直接与被测对象接触，进行充分的热接触，使两者处于同一热平衡状态，具有相同的温度。接触式测量方法比较简单直观、可靠性高、是应用最多的一类。非接触式测量目前应用较多的是根据被测物体的热辐射，按照其亮度或辐射能量的大小，间接推算出被测物体的温度，用该原理进行温度测量时，感温元件和被测物体不必接触。

常见的温度测量方法及仪表如表 5-1 所示。

表 5-1 温度测量方法及其仪表

测量方法	温度变化标志	测量原理	测温仪表
接触式	体积变化	固体热膨胀	片状、筒状双金属温度计
		液体热膨胀	水银、酒精温度计，充液压力式温度计
		气体热膨胀	气体温度计，充气压力式温度计
	电阻变化	金属导体电阻值随温度变化而变化	(铂、铜、镍、铑、铁、钴)热电阻
		半导体电阻值随温度变化而变化	热敏电阻
	噪声变化	热噪声	铂噪声温度计
	电压变化	PN 节电压随温度变化而改变	晶体管温度计

（续　表）

测量方法	温度变化标志	测量原理	测温仪表
接触式	热电势变化	热电效应	热电偶
	频率变化	晶体自振动频率随温度变化而改变	石英晶体温度计
	光学特性变化	物质光学特性随温度变化而改变	光纤温度计、液晶温度计
	其他		声学温度计、热量计式温度计
非接触式	热辐射变化	亮度随温度变化	光学高温计、光电亮度高温计
		辐射能量大小随温度变化	全辐射高温计、辐射计、光谱高温计等
		比色法	双色高温计、三色高温计
		红外法	红外高温计、火焰辐射温度计
	气流变化	射流法	气动式高温计、射流式温度计

5.2　热电偶测温

热电偶是科研和生产中应用最广泛的一种测温传感器，它将温度转换成电势输出，常用来测量 100～1 300℃范围内的温度。它具有以下特点：

(1) 具有比较好的复现性和稳定性，国际实用的温标 IPTS－68 曾将它规定为复现 630.755～1 064.43℃的标准仪表。

(2) 测量精度较高（仅次于热电阻）。

(3) 结构简单，制造方便，有标准化产品可购买。

(4) 测温范围广，使用不同的热电偶可满足－270～2 800℃范围的温度测量。

(5) 使用场合广泛，既可测量流体温度，又可测量固体表面温度；既可用于静态测量，又可用于动态测量。

(6) 由于热电偶输出为电势，便于实现远距离、多点测量。

5.2.1　热电偶测温原理

两种不同的导体或半导体 A、B 组成闭合回路，如图 5－1 所示，如果两接点的温度 T 和 T_0 不同，则回路中会产生电势，这种现象称为热电效应。热电效应于 1821 年首先为 Seeback 发现，故也称 Seeback 效应。由此效应产生的电势通常称为热电势，记为 $E_{AB}(T, T_0)$。

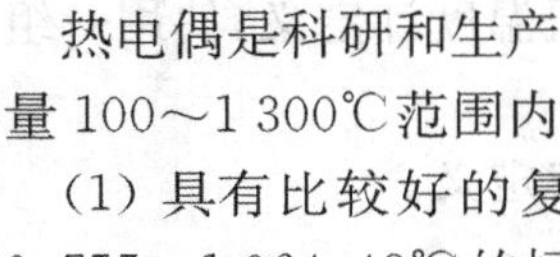

图 5－1　热电效应

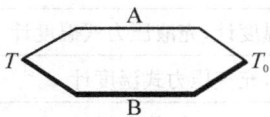

由两种不同材料构成的这种热电变换元件称为热电偶，导体（半导体）A、B 称为热电极。热电极的两个接点，一端为热端（T），又称测量端或工作端，在实际温度测量中放置在被测介质中，与被测介质进行充分的热接触；另一端为冷端（T_0），又称自由端或参考端，在实际温度测量中往往保持温度恒定不变。

热电势由接触电势和温差电势两部分组成。

1. 接触电势

如图5-2所示，当两种不同性质的导体或半导体A和B相接触时，由于内部电子的密度不同，假设材料A的电子密度n_A大于材料B的电子密度n_B，在接触处会发生自由电子扩散运动，使得A失去电子而带正电，B获得电子而带负电，在A和B接触面上形成一个静电场。静电场将阻止电子扩散作用的继续进行，同时加速电子向相反方向转移，当电场力和扩散力达到平衡时，材料A和B之间就形成一个稳定的电势，称为接触电势。接触电势的大小和方向主要取决于两种材料自由电子密度和接触面温度。则，A和B两种材料，接点温度为T时所产生的接触电势为

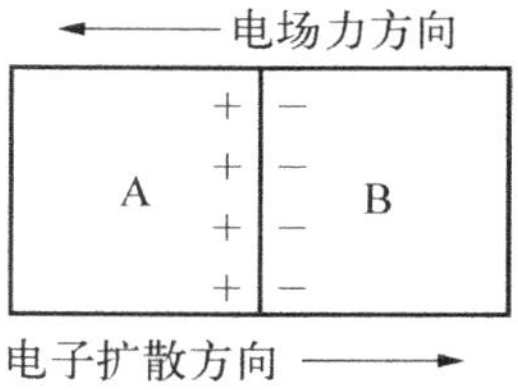

图5-2 接触电势

$$e_{AB}(T) = \frac{kT}{Q}\ln\frac{n_A}{n_B} \tag{5-3}$$

式中，k为玻尔兹曼常数，$k=1.38\times10^{-23}$ J/K；Q为电子电荷量，$Q=1.60\times10^{-19}$ C；T为接点的绝对温度/K。

2. 温差电势

在同一匀质导体上，如果存在温度梯度，如$T>T_0$，由于高温端的电子能量比低温端的电子能量大，因而电子从高温端向低温端扩散，在高低温端之间形成静电场。当静电场对电子的作用力与扩散力相平衡时，在导体两端产生一个相对稳定的电势，称为温差电势，如图5-3所示。温差电势的大小与材料的性质及两端的温度有关。因此，导体(半导体)A两端的温度分别是T、T_0时，所产生的温差电势为

$$e_A(T, T_0) = \int_{T}^{T_0}\delta_A\,dt \tag{5-4}$$

式中，δ_A为汤姆逊系数，表示温差为1 K时该种材料A产生的电势，与材料性质有关。

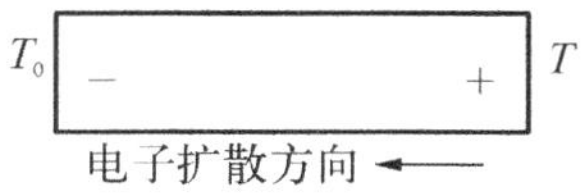

图5-3 温差电势

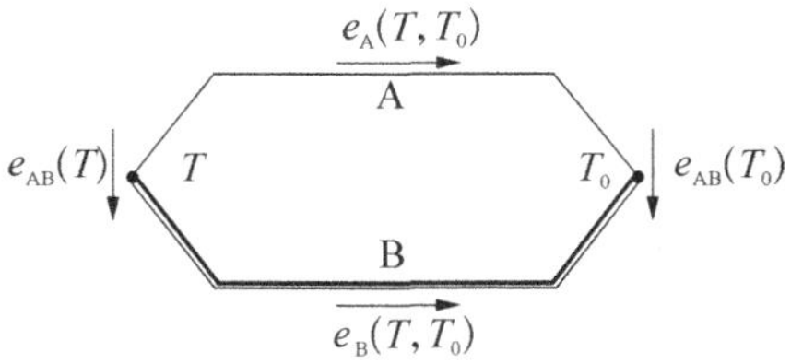

图5-4 热电偶回路热电势分布

由A和B两种材料组成的热电偶回路，设两端接点温度分别为T，T_0，且$T>T_0$，$n_A>n_B$；沿材料A和B由一端温度到另一端温度的中间各点温度t任意分布。显然，回路中存在两个接触电势$e_{AB}(T)$、$e_{AB}(T_0)$，两个温差电势$e_A(T, T_0)$、$e_B(T, T_0)$。各点情况如图5-4所示。因此回路中总的热电势为回路各电势的代数和：

$$\begin{aligned}E_{AB}(T, T_0) &= e_{AB}(T) - e_{AB}(T_0) + e_B(T, T_0) - e_A(T, T_0)\\ &= e_{AB}(T) - e_{AB}(T_0) - \int_{T_0}^{T}(\delta_A - \delta_B)\,dt\end{aligned}$$

$$= \left[e_{AB}(T) - \int_0^T (\delta_A - \delta_B) dt \right] - \left[e_{AB}(T_0) - \int_0^{T_0} (\delta_A - \delta_B) dt \right]$$
$$= E_{AB}(T) - E_{AB}(T_0) \tag{5-5}$$

式中，$E_{AB}(T)$为热端的分热电势；$E_{AB}(T_0)$为冷端的分热电势。

若材料 A，B已定，则式(5-5)可表示为

$$E_{AB}(T, T_0) = f(T) - f(T_0) \tag{5-6}$$

分析式(5-5)和(5-6)可以得到如下结论：

(1) 热电偶回路热电势的大小只与热电偶的材料和两端连接点所处的温度有关，与热电偶的直径、长度及沿程温度分布无关；

(2) 只有用两种不同性质的材料才能组成热电偶，相同材料组成的闭合回路不会产生热电势；

(3) 热电偶回路如果两个电极材料不同，只有两接点的温度不同，回路中才会产生热电势；

(4) 热电偶的两个热电极材料确定后，热电势的大小只与热电偶两接点的温度有关。当 T_0 保持恒定，即 $f(T_0)$为常数，则回路中的热电势 $E_{AB}(T, T_0)$只是热端温度 T 的单值函数，即

$$E_{AB}(T, T_0) = f(T) - C = \varphi(T) \tag{5-7}$$

当热电偶被用于测量温度时，总是把热端放置在被测温度为 T 的介质中，让冷端处于恒定温度 T_0 条件下，则一定的热电势与一定的被测温度 T 相对应，测量出热电势就可确定被测量的温度值。

在热电势符号 $E_{AB}(T, T_0)$中，规定 A 表示正极，B 表示负极，T 为热端温度，T_0 为冷端温度。热电势写成摄氏温度(℃)的形式，记作 $E_{AB}(t, t_0)$。如果 $t_0 = 0℃$，则为 $E_{AB}(t, 0)$，简写为 $E(t)$。基准和标准热电偶采用二次方程式来描述热电势 $E(t)$和温度 t 的函数关系，工程上则把各种类型的热电偶热电势 $E(t)$和温度 t 的关系制成易于查找的表格形式，这种表格称为热电偶的分度表。

5.2.2　热电偶基本定律

在实际测温时，热电偶回路中必然要引入测量热电势的显示仪表和连接导线，因此还需要掌握热电偶的一些基本规律，并能在实际测温中灵活地应用这些规律。

1. 匀质定律

由一种匀质材料组成的闭合回路，不论沿测量长度方向各处温度如何分布，无论两接点是否存在温度差，回路中均不产生热电势。反之，如果回路中有热电势存在，则材料必为非均质的。

应用此定律，可以检验电极的质量。由一种热电极组成的闭合回路中，当一端受热时，如果有热电势产生，则说明该电极材料变质或不均匀。

这条定律要求组成热电偶的两种材料 A 和 B 必须各自都是均质的，否则会产生附加电势，从而引入热电偶材料不均匀性误差。

2. 中间导体定律

应用热电偶测量温度时，回路中必须接入连接导线和测量仪表，即在回路中引入其他(中间)导体。第三种均质材料接入热电偶回路有两种可能的形式，如图 5-5 所示。在图 5-5(a)中，热电偶电极 A 和 B 的参考端接入第三种材料 C，回路的热电势为

$$E_{ABC}(T, T_n, T'_n) = E_{AB}(T) + E_{CA}(T_n) + E_{BC}(T'_n)$$

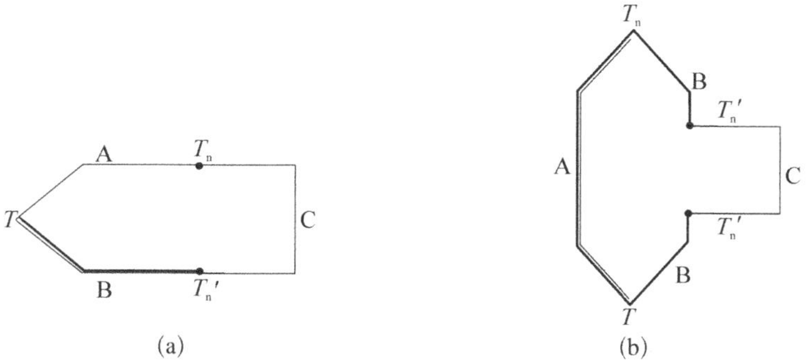

图 5-5 接入中间导体的热电偶回路

若 $T_n = T'_n$，即中间导体的两个接点温度相同，则上式可写成

$$E_{ABC}(T, T_n) = E_{AB}(T) + E_{CA}(T_n) + E_{BC}(T_n) \tag{5-8}$$

当热电偶的所有接点温度一样时，回路不产生热电势。则，当所有接点温度都为 T_n 时，有

$$E_{ABC}(T_n) = E_{AB}(T_n) + E_{BC}(T_n) + E_{CA}(T_n) = 0$$

可知

$$E_{BC}(T_n) + E_{CA}(T_n) = -E_{AB}(T_n)$$

代入式(5-8)，则

$$E_{ABC}(T, T_n) = E_{AB}(T) - E_{AB}(T_n) = E_{AB}(T, T_n) \tag{5-9}$$

式(5-9)和式(5-5)相同。由此可知，在热电偶回路中接入第三种均质材料，只要所接入的材料两端连接点温度相同，则所接入的第三种材料不影响原回路的热电势。这就是中间导体定律。

如图 5-5(b)所示的回路，也可以推导出相同的结论。中间导体定律可推广到热电偶回路中接入多种均质导体的情况，只要每一种导体两端温度相同，回路产生的热电势不变。

中间导体定律表明热电偶回路中可接入测量热电势的测量仪表，只要保证仪表与热电偶的两接点温度相同，则接入仪表不会影响原热电偶回路的热电势。

同时，该定律还表明热电偶的接点不仅可以焊接而成，也可以借用均质等温的导线加以连接。另外，以上推论还可利用开路热电偶(即热电偶热端勿须焊接在一起)来测量液态金属和金属壁面的温度，此时液态金属和金属壁面就相当于接入热电偶回路的第三种导体，如图 5-6 所示。

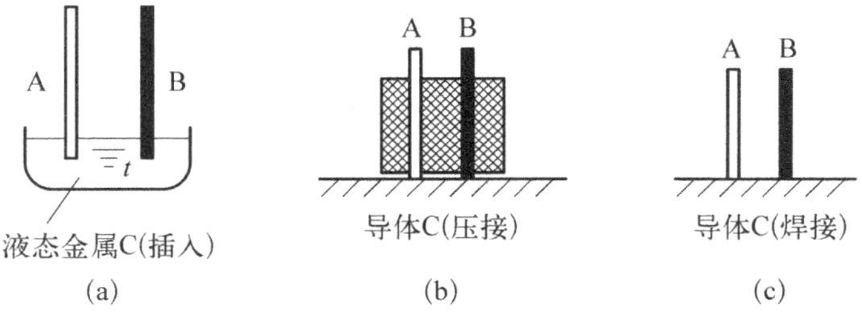

图 5-6 开路热电偶测液态金属及金属壁面温度

3. 中间温度定律

A和B两种不同材料组成的热电偶回路，其接点温度分别为T和T_0时的热电势$E_{AB}(T, T_0)$等于热电偶在接点温度为(T, T_n)和(T_n, T_0)时对应的热电势$E_{AB}(T, T_n)$和$E_{AB}(T, T_0)$的代数和，其中T_n为中间温度，即

$$E_{AB}(T, T_0) = E_{AB}(T, T_n) + E_{AB}(T_n, T_0) \quad (5-10)$$

如图5-7所示。

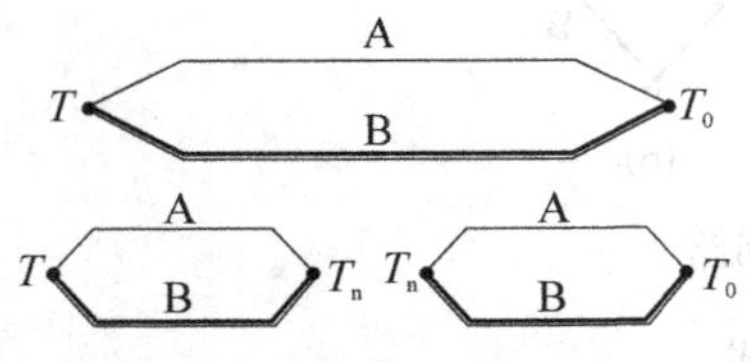

图5-7　热电偶中间温度定律示意图

中间温度定律证明很简单，只需将式(5-7)加上$-f(t_n)$和减去$-f(t_n)$即可证得。中间温度定律是制定热电偶分度表的理论依据。根据这一定律，当参考端温度$t_0 \neq 0$时，只要能测的热电势$E_{AB}(t, t_0)$及参考端温度t_0，就能用相应的热电偶分度表确定被测量的温度t。即

$$E_{AB}(t, 0) = E_{AB}(t, t_0) + E_{AB}(t_0, 0) \quad (5-11)$$

【例5-1】 用镍铬-镍硅热电偶测量燃气温度。已知参考端温度$t_0 = 30℃$，测量得到的热电势为$E_{EU}(t, t_0)$为33.29 mV，求燃气温度。

解： 查镍铬-镍硅热电偶分度表，得$E_{EU}(30, 0) = 1.20\ \text{mV}$，由式(5-11)得

$$E_{EU}(t, 0) = E_{EU}(t, 30) + E_{EU}(30, 0) = 33.29 + 1.20 = 34.49(\text{mV})$$

根据分度表可查得，$t = 829.5℃$。

4. 连接导线定律(叠加定律)

在热电偶回路中，热电极A和B分别与连接导线A′和B′相连(见图5-8)，各接点的温度分别为T，T_n和T_0，则回路中总的热电势为

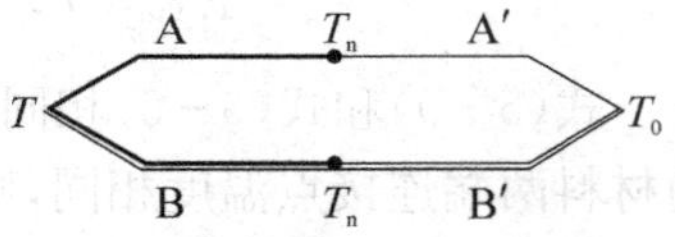

图5-8　热电偶连接导线定律示意图

$$E_{ABB'A'}(T, T_n, T_0) = E_{AB}(T) + E_{BB'}(T_n) + E_{B'A'}(T_0) + E_{A'A}(T_n) \quad (5-12)$$

当各接点温度均为T_n时，回路热电势为零，即

$$E_{AB}(T_n) + E_{BB'}(T_n) + E_{B'A'}(T_n) + E_{A'A}(T_n) = 0$$

可知
$$E_{BB'}(T_n) + E_{A'A}(T_n) = -[E_{AB}(T_n) + E_{B'A'}(T_n)]$$

代入式(5-12)，则

$$\begin{aligned} E_{ABB'A'}(T, T_n, T_0) &= E_{AB}(T) + E_{B'A'}(T_0) - [E_{AB}(T_n) + E_{B'A'}(T_n)] \\ &= [E_{AB}(T) - E_{AB}(T_n)] + [E_{B'A'}(T_0) - E_{B'A'}(T_n)] \\ &= [E_{AB}(T) - E_{AB}(T_n)] + [E_{A'B'}(T_n) - E_{A'B'}(T_0)] \\ &= E_{AB}(T, T_n) + E_{A'B'}(T_n, T_0) \end{aligned} \quad (5-13)$$

上式表明，在热电偶回路中接入连接导线后，回路中总的热电势等于热电偶的热电势$E_{AB}(T, T_n)$与连接导线的热电势$E_{A'B'}(T_n, T_0)$的代数和。

如果在一定的温度范围中，连接导线A′和B′产生的热电势与被连接的热电偶的产生的热

电势相同，即 $E_{A'B'}(T_n, T_0)=E_{AB}(T_n, T_0)$，则式(5-13)可写成

$$\begin{aligned}E_{ABB'A'}(T, T_n, T_0) &= E_{AB}(T, T_n)+E_{A'B'}(T_n, T_0)\\ &= E_{AB}(T, T_n)+E_{AB}(T_n, T_0)\\ &= E_{AB}(T, T_0)\end{aligned} \tag{5-14}$$

这种在一定温度范围中，其热电特性与被连接的热电偶的热电特性相近的连接导线称为该热电偶的补偿导线。式(5-14)表明，可采用价格低廉的补偿导线取代贵重金属导线，将热电偶参考端从温度波动的 T_n 点延伸到远处温度稳定的地方，这就是热电偶测温回路中应用补偿导线的理论依据。

5.2.3 热电偶的种类和结构型式

根据热电效应原理，任意两种不同导体或半导体都可以配对制成热电偶，但实际情况并非如此，作为实用的测温单元，热电偶的材料应满足以下条件：

(1) 两种材料组成的热电偶应输出较大的热电势，以得到较高的灵敏度，且要求热电势 $E(t)$ 和温度 t 之间尽可能呈线性的函数关系。

(2) 测温范围宽，有较稳定的物理化学性能与热电性能。

(3) 导电率高，电阻温度系数小。

(4) 有较好的复现性、工艺性及互换性，便于采用统一的分度表。

不论是纯金属、合金或半导体，都难以满足以上全部要求。纯金属容易复制，但热电势很小；合金的热电势不大，复制困难；半导体的热电势很大，但电阻的温度系数大，且复制也困难。常用的热电偶一般是纯金属与合金相配，或是合金与合金相配。目前，常见的标准化热电偶材料有下列几种。

1. 铂铑$_{10}$—铂热电偶(分度号为 S)

这是一种贵金属热电偶，正极是 90%铂和 10%铑制成合金丝，负极是纯铂丝。常用金属丝的直径为 0.35～0.5 mm。特殊使用条件下可以用更细直径。

铂铑$_{10}$—铂热电偶的特点是精度高，物理化学性能稳定，测温上限高，工业上一般用它测量 1 000℃以上的温度。它长期使用温度达 1 300℃，短期使用温度达 1 600℃。适于在氧化或中性气氛介质中使用。但在高温还原介质中容易被侵蚀和污染变质，需加保护管。另外，它的热电势较小，灵敏度较低，价格昂贵。它不仅可用于工业和实验室测温，更重要的是它可作为基准热电偶，并可用于各级标准热电偶的传递。

2. 铂铑$_{30}$—铂铑$_6$热电偶(分度号为 B)

贵金属热电偶，热电偶丝直径为 0.3～0.5 mm，其显著特点是测温上限短时可达 1 800℃，长期使用温度达 1 600℃。测量精度高，适于在氧化或中性气氛中使用。不宜在还原气氛中使用，热电势比 S 型热电偶更小，价格也比 S 型热电偶贵。

3. 镍铬—镍硅热电偶(分度号为 K)

是一种贱金属热电偶，金属丝直径范围较大，工业应用一般为 0.5～3 mm。实验研究使用时，可按需要拉延至更细直径。其优点是热电势率大(比 S 型大 4～5 倍)，价廉，热电特性成近似线性关系。500℃以下，在还原性、中性和氧化性气氛中均能可靠工作；500℃以上只能在氧化性和中性气氛中工作。长期使用温度达 1 000℃，短期使用可达 1 300℃。

4. 铜—康铜热电偶(分度号为 T)

是一种贱金属热电偶,常用热电偶丝直径为 0.2～1.6 mm。优点是热电势率大,热电特性好,易复制,价廉,可用来测－200℃的低温。在 1～100℃范围内可作为二等标准热电偶。但因铜易氧化,故在氧化性气氛中使用不宜超过 300℃。

5. 镍铬—康铜热电偶(分度号为 E)

属贱金属热电偶,工业用热电偶丝直径一般为 0.5～3 mm,如根据需要还可采用更细的直径。长期使用温度 600℃,短期使用最高温度为 800℃。

在常用的几种热电偶中,E 型热电偶的灵敏度最高,价格便宜。但它的抗氧化及抗硫化能力差,适于在中性或还原性气氛中使用。

上述 5 种热电偶正式列入我国国家标准。此外,还有铁-康铜热电偶(分度号为 J)和铂铑$_{13}$—铂热电偶(分度号为 R)也列入我国标准。而原来在我国已作为标准化热电偶的镍铬-考铜(分度号为 EA－2)目前已列入非标准化热电偶。

随着现代科学技术的发展,大量的非标准化热电偶也得到迅速发展,以满足某些特殊测温的要求。例如钨铼$_5$—钨铼$_{20}$热电偶可以测量 2 400～2 800℃的高温,在 2 000℃时的热电势接近 30 mV,精度达 1%t,但它在高温下易氧化,只能用于真空和惰性气氛中。铱铑$_{40}$—铱热电偶能在氧化气氛中测到 2 000℃,因此成为宇航火箭技术中重要的测温工具,它在 2 000℃时的热电势为 10.753 mV。镍铬-金铁热电偶是一种较为理想的低温热电偶,可在 2～273 K 范围内使用,热电势率为 13～22 μV/℃。世界各国使用的热电偶有 40～50 种,需要时可查阅有关资料。

工业上最常用的热电偶结构型式是普通插入式,如图 5－9 所示,它由热电极、绝缘套管、保护套管以及接线盒等部分组成。其中绝缘套管大多是氧化铝管或工业陶瓷管。保护套管则根据测温条件来确定,测量 1 000℃以下的温度一般用金属管,而测量 1 000℃以上的温度则多用工业陶瓷甚至氧化铝保护套管。科学研究中使用的热电偶多用细热电极丝自制而成,有时可以不加保护套管,以减小热惯性,提高测量精度。

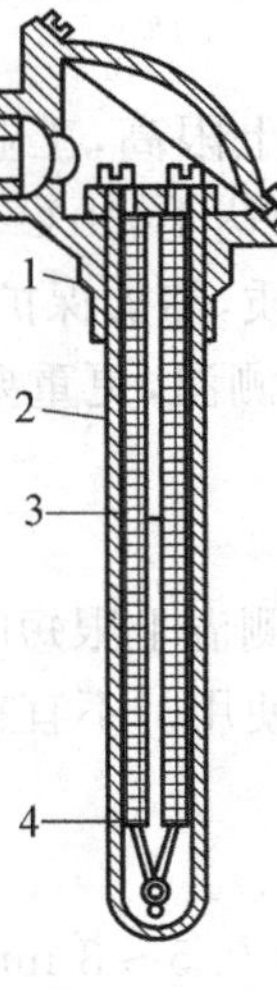

图 5－9 普通插入式热电偶

1—接线盒;2—保护套管;3—绝缘套管;4—热电偶丝

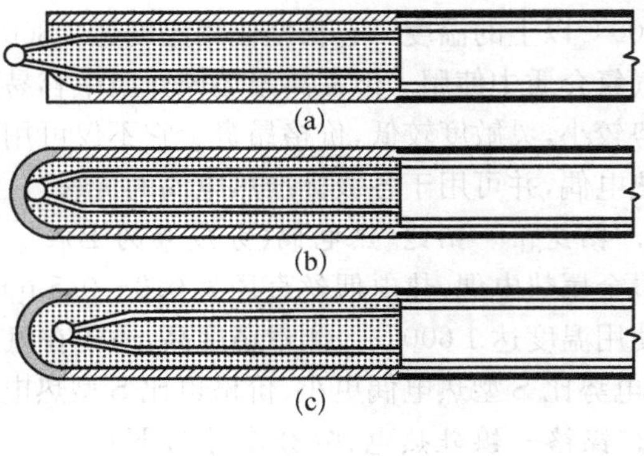

图 5－10 铠装热电偶结构图

(a) 露头型 (b) 碰底型 (c) 不碰底型

铠装式热电偶(套管式热电偶)是另外一种结构的热电偶,它由热电偶丝、耐高温的金属氧化物粉末(如 Al_2O_3)绝缘物以及不锈钢套管三者组合冷加工,由粗胚逐步拉细而组成一体。外径从 12 到 0.25 mm 不等,其长度可以根据需要自由截取。铠装热电偶的测量端有露头型和带帽型。带帽型又分成碰底和不碰底两种,如图 5-10 所示。目前生产的铠装热电偶有 S、B、K 和铱铑$_{40}$—铱等。铠装热电偶测量端热容量小,动态响应快,例如,普通插入式热电偶的时间常数最小的小于 20 s,稍大的在 20 s 到 4 min 之间,而直径为 0.25 mm 的露头型铠装热电偶的时间常数为 0.05 s,碰底型为 0.3 s,不碰底型为 1.5 s。很细的整体组合结构使铠装热电偶的柔性大,可以弯曲成各种形状,适用于结构复杂的对象。此外,铠装热电偶还具有机械性能好,结实牢靠,耐震动和耐冲击的优点。

除了上述两种常见的热电偶结构型式,还有薄膜式热电偶、快速消耗微型热电偶等用于特殊场合温度测量的热电偶型式。

5.2.4 热电偶冷端温度的补偿

热电偶材料选定后,热电势只与热端(测量端)和冷端(参考端)的温度有关,只有当保持冷端温度恒定时,热电偶的热电势与热端温度才有单值函数关系。此外,热电偶分度表中热电势和温度的对应值是以冷端温度 $t_0 = 0$℃ 为基础的,而实际测温中冷端温度往往不为 0℃,且可能不稳定,所以必须对冷端温度进行修正,消除冷端温度的影响。

1. 冷端温度保持恒定的方法

(1) 冰点法。这是一种实验室常用的方法,该方法使冷端温度恒定在 0℃。通常是将冷端置于装有冰水混合物的保温容器中,如图 5-11 所示。

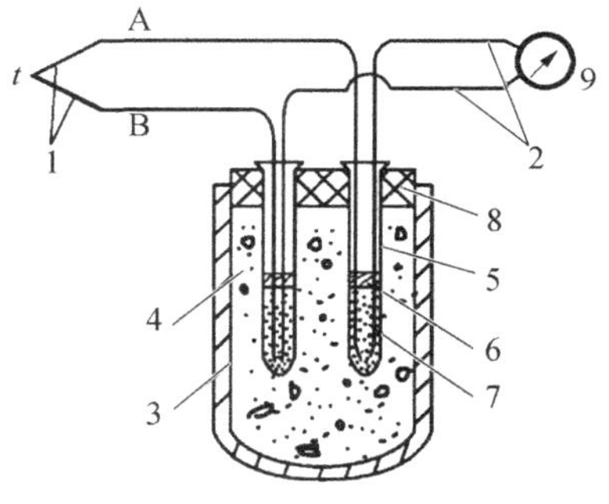

图 5-11 冰点槽冷端恒温法

1—热电偶;2—铜导线;3—保温瓶;4—冰水混合物;5—试管;6—变压器油;7—水银;8—盖;9—显示仪表

(2) 参考端温度恒定但不为 0℃时的修正。有以下两种修正方法:

① 热电势修正法。

在没有条件实现冰点法时,可以设法把冷端置于已知的恒温条件,得到稳定的 t_0,根据中间温度定律有

$$E_{AB}(t,\ 0) = E_{AB}(t,\ t_0) + E_{AB}(t_0,\ 0)$$

式中 $E_{AB}(t_0,\ 0)$是根据冷端所处的已知温度 t_0 查热电偶分度表得到的热电势。

再根据测得的热电势 $E_{AB}(t,\ t_0)$和查到的 $E_{AB}(t_0,\ 0)$二者之和去查热电偶分度表,即可得到被测温度 t 的值。

② 调整仪表起始点法。

采用直读仪表时,在 t_0 已知时,可先断开测量线路,把仪表起始点调到 t_0 处,这相当于给仪表先输入一个热电势 $E_{AB}(t_0,\ 0)$;然后闭合测量线路,这时仪表指示的温度就是被测温度 t。该法适用于冷端温度稳定及精度要求不高的场合。

2. 冷端温度波动时的补偿方法

1) 补偿导线法

工业生产过程中使用的热电偶一般都是直径和长度一定、结构固定。而在生产现场又往往需要将参考端移到远离被测介质且温度较稳定的地方，以免冷端温度受到被测介质的影响，可采用配套的补偿导线作为热电偶丝的延伸部分。在一定温度范围内，补偿导线的热电性能与所配套的热电偶基本一致，电阻率低，价格比主热电偶丝便宜。补偿导线有一般用和耐热用两类，一般用补偿导线的使用温度为0～100℃，耐热用补偿导线最高使用温度可达200℃。

采用补偿导线时，必须与相应的热电偶配套使用，极性不能接错，两个连接点的温度必须保持相同，并且补偿导线的使用温度不能超过规定的范围，否则将引起较大的测量误差。

2) 冷端补偿器法

在热电偶测量回路中串接一个不平衡直流电桥，利用不平衡电桥产生的电势自动补偿热电偶冷端温度波动所产生的热电势变化，这个直流电桥称为冷端补偿器，它常用于参考端温度难以长期保持恒定的场合。

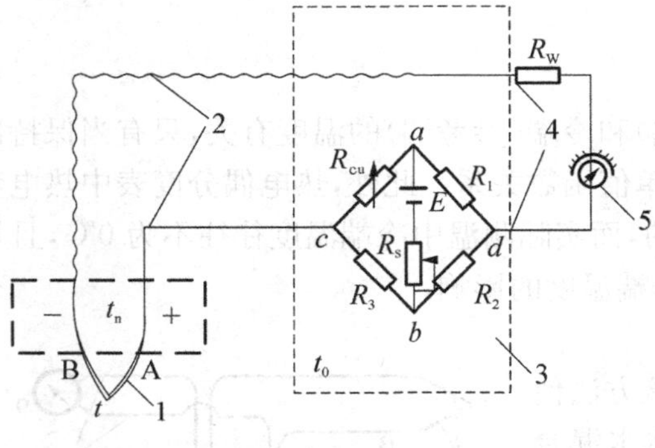

图5-12 具有补偿电桥的热电偶回路

1—热电偶；2—补偿导线；3—冷端补偿器；4—铜导线；5—指示仪表

图5-12是热电偶回路接入冷端温度补偿器的示意图。电桥的输出与热电偶测量线路串联，热电偶冷端与电桥放置在同一温度场。桥臂电阻R_{cu}由电阻温度系数大的铜丝绕成，随冷端温度t_0的变化而变化，其余电阻R_1、R_2、R_3由电阻温度系数很小的锰铜线绕成，可认为它们的电阻值不随温度变化。R_s为限流电阻，其值随所配的热电偶不同而不同。

设计电桥的时候，一般选择20℃为电桥平衡温度，此时电桥的输出电压$U_{cd}=0$。当冷端温度t_0波动偏离平衡温度时，电桥输出U_{cd}会随着R_{cu}的变化而变化。只要适当选取R_s的值，使电桥的输出U_{cd}刚好补偿由于冷端温度t_0偏离平衡温度时产生的热电势变化量，这时，指示仪表仍能正确地指示被测温度t。

使用冷端补偿器应注意必须与相应型号的热电偶相配，极性不能接反，并在规定的温度范围内使用(一般为0～40℃)。

5.2.5 热电偶实用测温线路示例

1. 单支热电偶典型测温线路

图5-13是一支热电偶配用一个指示仪表的热电偶测温连接回路，也是一般最常用的回路。它由热电偶A、B，补偿导线C、D，铜线、测量仪表等组成。通常用补偿导线将热电偶延伸到温度稳定的T_0处，这时热电偶的冷端温度为T_0。为满足不同测量要求，热电势的测量仪表也可选用不同类型的仪表。

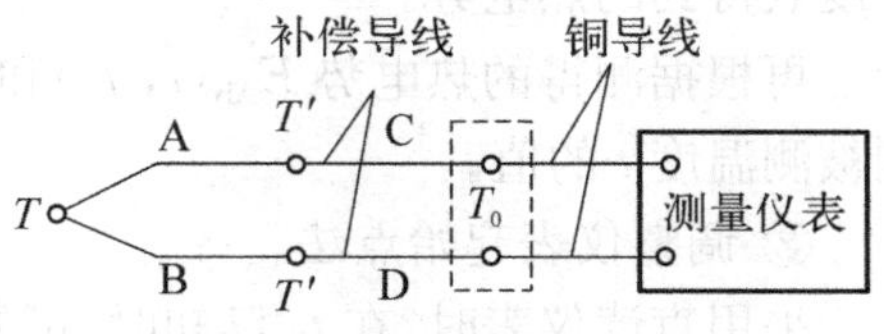

图5-13 热电偶测典型温线路

2. 热电偶测量温差线路

图5-14(a)所示是测量两处温差(T_1-T_2)的一种方法。该方法用两支同型号的热电偶配用相同的补偿导线，两支热电偶反相连接而成。输入到测量仪表的热电势为两个热电偶的热电势之差，即

$$\begin{aligned}\Delta E &= E(T_1, T_0) - E(T_2, T_0) \\ &= E(T_1, T_2) + E(T_2, T_0) - E(T_2, T_0) \\ &= E(T_1, T_2)\end{aligned} \tag{5-15}$$

由式(5-15)可以看出,该线路测量仪表感受的热电势为$E(T_1, T_2)$。

为了使$E(T_1, T_2)$能反映温差$(T_1 - T_2)$应注意两点:

(1) 两支热电偶的热电势E和温度T的关系必须呈线性,否则在不同的温度区域,虽然热电势相同,反映出来的温差却不同(如图5-14(b));

(2) 两支热电偶补偿导线延伸出来的新冷端T_0温度必须相同。

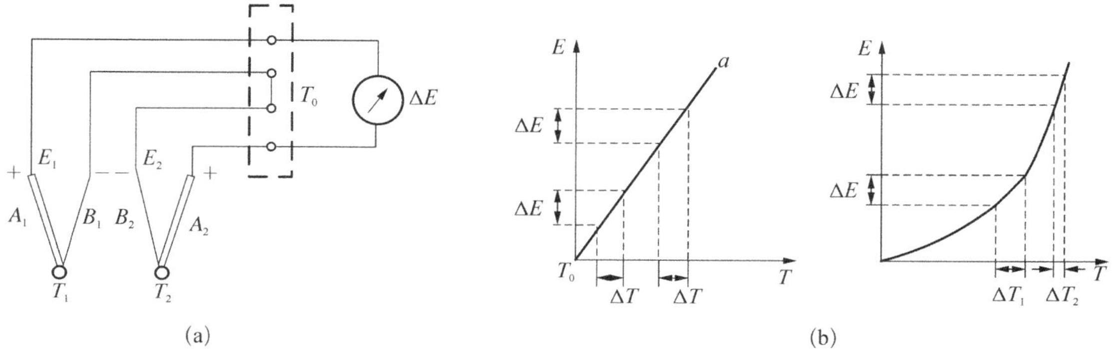

图5-14 热电偶反接测温差

3. 热电偶测量平均温度线路

1) 并联测量线路

图5-15是用三支同型号的热电偶并联测量线路,这种联接方式主要用于测量多点温度的平均温度值。该线路输入测量仪表的信号为三支热电偶输出热电势的平均值,即

$$E = \frac{1}{3}(E_1 + E_2 + E_3) \tag{5-16}$$

需要注意的是,测量仪表测量的热电势只有在这三支热电偶均工作在线性的"热电势—温度"区域才能与各点平均温度相对应。另外,当T_1, T_2, T_3不相等时,为了消除热电偶因温度不同造成的电阻差异带来的影响,在测量线路中应串联阻值较大的电阻R_1, R_2和R_3。

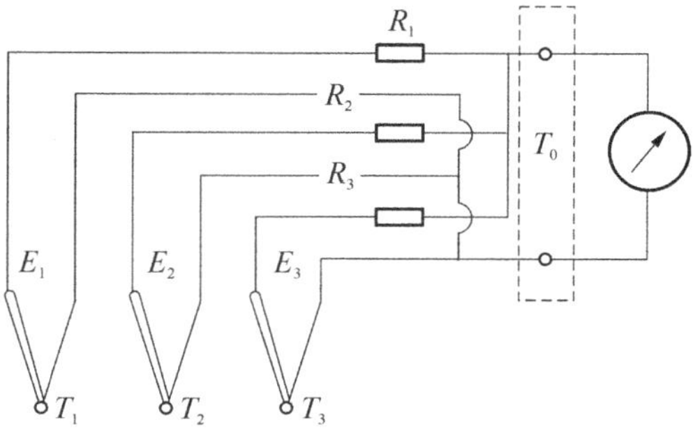

图5-15 热电偶并联测量线路

采用并联测量线路的优点是测量仪表的分度和配用单支热电偶时一样。缺点是当其中的某一支热电偶断开时测量仪表仍有电势输入,因而不易发现线路故障。

2) 串联测量线路(热电堆)

当测量低温或很小的温度变化时,为能获得较大的测量灵敏度,能够得到较大的热电势;或为了测量到几个点的平均温度时,常采用图5-16所示的热电偶串联线路。该测量线路将

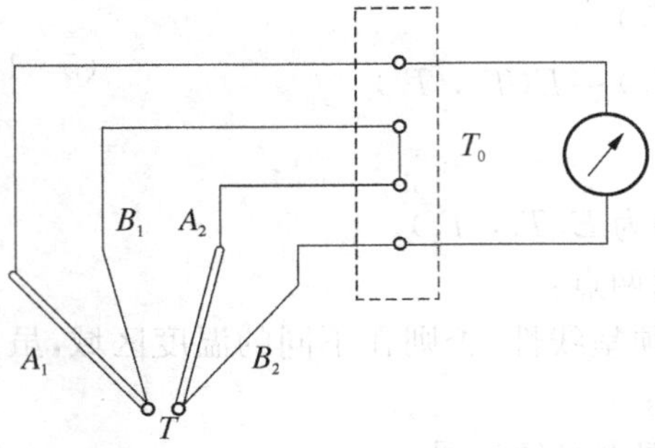

图 5-16 热电偶串联测量线路

几只同型号的热电偶串联相接，此时，输入测量仪表的电势为各支热电偶产生的热电势之和。

采用串联测量线路的优点，一是输入测量仪表的热电势较高，因而测量灵敏度较高。二是能立即发现线路故障。如，某支热电偶断开，测量仪表的输入变为零；某支热电偶短路，则测量仪表的输入将大幅减小。缺点是输入测量仪表的是热电势之和，故不能直接给出平均温度。当热电偶没有工作在“热电势—温度”线性区域时，只能以较低精度来实现测温。

5.2.6 热电势测量仪表

热电偶将被测温度转化成电势信号，因此可通过各种电测仪表来测量电势以显示温度。常用的测量仪表有直流毫伏表、电位差计、数字电压表等。它们多按温度分度，但也有按热电势分度的。若以温度分度，需标明配用热电偶的类型；如按电势分度则各类型热电偶通用。

1. *磁电式直流毫伏表*

磁电式直流毫伏表是一种动圈式仪表，输入信号是被测电势，输出信号是仪表指针相对于标尺的转动。在工业上通常用直流毫伏计作为热电偶的显示仪表，它的精度等级虽然不高，一般是 1.0 级，但结构简单、价格便宜，不需要复杂的维护工作。

直流毫伏表属于开环仪表，其工作原理如图 5-17(b)所示，可动线圈被垂直放置于磁场强度为 B 的永久磁场中，动圈上下有张丝支承，同时还起着导入信号的作用。当输入信号由张丝流经动圈时，动圈在电磁力矩作用下发生偏转，而张丝产生反力矩，动圈在电磁力矩与张丝反作用力矩的作用下最后平衡于某一位置，与动圈相连的指针便能指示被测电势。此时，动圈的偏转角度与输入信号成正比。

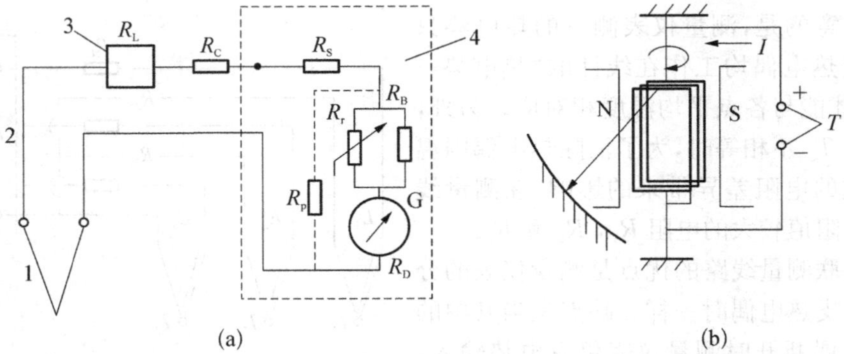

图 5-17 磁电式直流毫伏表原理图

1—热电偶；2—补偿导线；3—冷端补偿；4—动圈式仪表内部线路

动圈式仪表与热电偶配合使用时，除了应注意冷端温度补偿外，还应注意外接线路的电阻问题，动圈仪表外接线路的总电阻(即热电偶电阻、连接导线电阻、补偿电桥等效内阻及外接线路调整电阻之和)应在测量前调整到规定值,以避免附加误差。图 5-17(a)是较典型的与热电偶配用的直流毫伏表仪表的内、外线路。热电偶经过补偿导线、连接导线和外部调整电阻 R_C 直接与仪表相连,通过调整 R_C 来使直流毫伏表的输入电阻等于设计的规定值(通常是 5 Ω 或 15 Ω),这样仪表指针就能正确地指示被测温度值。

需要注意的是直流毫伏计在安装时要尽量远离强磁场(如大电机、大变压器、大电炉等),以防止外磁场对仪表的指示产生影响。

2. 直流电位差计

用直流毫伏表测量热电势虽然很方便,但其读数受环境温度和线路电阻的影响较大,测量精确度不高,不宜用于精密测量。采用比较法进行测量,将被测量与标准电势进行比较得出测量值,测量精度可以大幅提高。电位差计就是按比较法原理来测量热电偶的输出热电势。读数时,热电偶回路无电流通过,且对测量回路电阻无严格要求,因而被广泛应用于实验室等测量精度较高的场合作稳态值测量。

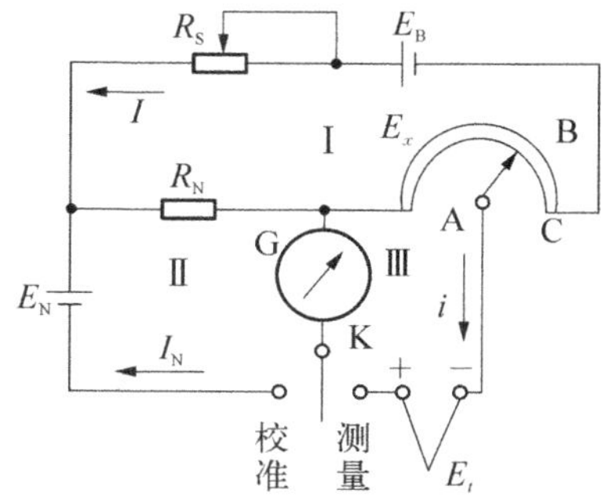

图 5-18 直流电位差计原理图

直流电位差计原理图见图 5-18 所示。它有三个回路:工作电流回路Ⅰ、校准回路Ⅱ和测量回路Ⅲ。

测量过程分成两步:

(1) 校准。把开关 K 拨向“校准”位置,此时由标准电池 E_N、标准电阻 R_N、检流计 G 组成校准回路工作。则,回路中电压应满足:

$$E_N - (I + I_N)R_N - I_N(R_G + R_{EN}) = 0$$

即

$$E_N - IR_N = I_N(R_G + R_N + R_{EN}) \tag{5-17}$$

式中,R_G 为检流计 G 的内阻;R_{EN}为标准电池 E_N 的内阻。

调整工作回路中的 R_S 改变工作回路电流 I,当 $E_N = IR_N$ 时,有 $I_N = 0$,检流计 G 指示为零。此时,I 为所要求的工作电流,满足:

$$I = \frac{E_N}{R_N}$$

由于 E_N 和 R_N 的值恒定不变,故有 $I =$ 常数,该过程称为工作电流标准化。

(2) 测量。完成(1)步骤后,将开关 K 键拨向“测量”位置,由 E_t,R_{AB}和检流计 G 组成测量回路。回路满足

$$E_t - (I + i)R_{AB} - i(R_G + R_E) = 0$$

即

$$E_t - IR_{AB} = i(R_G + R_E + R_{AB}) \tag{5-18}$$

式中,R_E 为热电偶及连接导线的等效电阻;i 为测量回路电流。

调整电阻盘 R_{ABC}的滑动点 B 以改变 R_{AB}的值,使检流计 G 指示为零,即 $i = 0$,$E_t = IR_{AB}$,则有

$$E_{AB}(T, T_0) = E_t = \frac{E_N}{R_N} R_{AB} \tag{5-19}$$

由于 E_N/R_N 为定值，故电阻盘可用毫伏进行刻度而直接读出热电势值。

直流电位差计的测量精度与标准电池 E_N 的等级、标准电阻 R_N 的精度及检流计 G 的灵敏度有关。目前高精度的直流电位差计最小位读数可达 0.01 μV。常见的国产直流电位差计的精度等级为 0.05 级和 0.01 级。

3. *自动电子电位差计*

自动电位差计既具有较高的精度，还很容易实现连续自动记录并自动显示被测温度、自动补偿热电偶参考端温度、参数超限自动报警和对被测参数进行自动控制等多种功能，因而在工业生产过程中被广泛应用。其工作原理如图 5-19 所示。它的工作电流回路、测量回路与直流电位差计类似，不同的是用电子放大器代替了检流计。图中 E_B 是稳压电源，恒值电流 I 通过滑动电阻，若 R_P 上的分压 $E_{AB} \neq E_t$，则放大器的输入电压 $\Delta E = E_t - U_{AB} \neq 0$，电压经放大后驱动可逆电机 SM，当 $\Delta E > 0$ 时电机正转，当 $\Delta E < 0$ 时电机反转。在机械传动系统的带动下，R_P 上的滑动端 B 向左或向右滑动，直到 $\Delta E = 0$。此时，U_{AB} 等于被测量的热电势 E_t。可在滑动电阻的标尺上直接以某分度号的热电偶的温度划分刻度。自动电位差计的国产型号大多数是 XW 系列，指示精度和记录精度分别为 0.5 级和1.0 级。

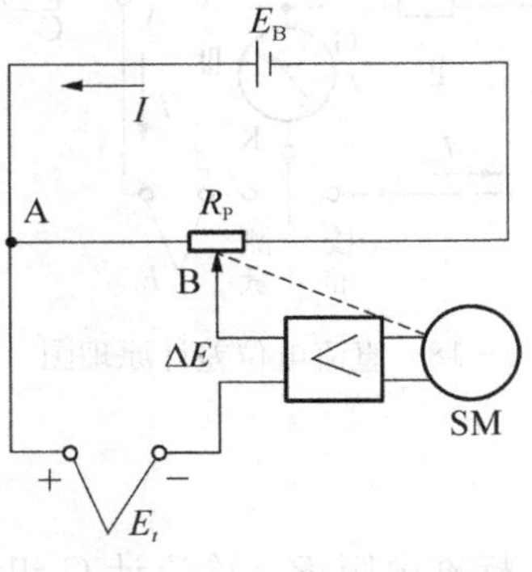

图 5-19　自动电位差计原理

5.2.7　热电偶测温系统的误差

热电偶测温系统的误差主要来源于下列各项。

1. *热电偶分度误差 Δ_1*

这是由于热电偶的材料成分不符合要求或均匀性差等原因使得热电偶的热电性能与统一的分度表之间存在差值。该项误差不能超过热电偶允许误差的范围，否则应重新校验分度。如，铂铑-铂热电偶在 600℃以上使用时，允许误差为±0.25%t；镍铬-镍硅热电偶在 400℃以上使用时，允许误差为±0.75%t。

2. *补偿导线误差 Δ_2*

补偿导线与热电偶的热电性质不同而带来的误差。对铂铑-铂热电偶在 100℃补偿范围内其补偿导线的允许误差为±0.023 mV(精密级)；对镍铬-镍硅热电偶补偿导线的允许误差为±0.105 mV(普通级)。

3. *冷端补偿器误差 Δ_3*

由于冷端补偿器只能在平衡点的温度值得到完全补偿，在其他温度不能完全补偿所造成的误差称为冷端补偿器误差。铂铑-铂热电偶的该项误差为±0.04 mV；镍铬-镍硅热电偶为±0.16 mV。

4. *测量仪表误差 Δ_4*

该误差由仪表的精确度等级决定。如 XCZ-101 直流毫伏计为±1%。

【例 5-2】　若采用镍铬-镍硅热电偶按图 5-13 组成测温系统，测量仪表选用 XCZ-

101 直流毫伏计，仪表量程为 1 000℃。若仪表上显示被测温度为 800℃。则上述各项测量误差为

$$\Delta_1 = \pm 0.75\% t = \pm 0.0075 \times 800 = \pm 6.00℃$$

$$\Delta_2 = \pm 0.105 \text{ mV} = \pm 2.65℃$$

$$\Delta_3 = \pm 0.16 \text{ mV} = \pm 4.01℃$$

$$\Delta_4 = \pm 1.0\% \times 1000 = \pm 10.00℃$$

测量系统的最大误差为

$$\Delta = \sqrt{\Delta_1^2 + \Delta_2^2 + \Delta_3^2 + \Delta_4^2} = \pm 12.6℃$$

5.3 电阻测温

电阻温度计是利用导体或半导体的电阻随温度变化而改变的感温电阻，是把温度的变化转换成电阻值的变化的传感器，通过测量电阻值大小来反映温度的高低。根据制成材料的不同，电阻温度计分成金属电阻温度计和半导体热敏电阻温度计两种。前者的材料为导体，它的电阻值随温度升高而增大；后者材料为半导体，它的电阻随温度升高而减小。

5.3.1 电阻温度计的特性

大多数金属导体的电阻值 R_t 与温度 t(℃)的关系可表示成

$$R_t = R_0(1 + At + Bt^2 + Ct^3) \tag{5-20}$$

式中，R_0 为 0℃时的电阻值；A、B、C 是与金属材料有关的常数。

用于测温的半导体材料大多数具有负温度系数，其温度值 R_T 与热力学温标 T(K)的关系为

$$R_T = A \cdot \exp(B/T) \tag{5-21}$$

式中，A、B 为与热敏电阻尺寸、形式以及其半导体物理性能有关的常数；A 具有电阻量纲，B 具有温度量纲。

虽然多数导体和半导体都具有一定的电阻与温度之间的关系，但用于实际测温的热电阻材料必须满足以下的要求：

(1) 电阻温度系数大，电阻温度系数与材料的性质有关，也与材料的纯度有关，纯度越高，电阻温度系数越大。

(2) 在测温范围内材料的化学与物理性能稳定。

(3) 复现性好。

(4) 电阻温度特性尽可能近于线性便于显示仪表分度。

(5) 电阻率大，这样可使电阻元件的体积小，从而保证使其热容量与热惯性小，能以较快的速度响应温度变化。

(6) 价格便宜。

比较符合上述要求的金属材料有铂、铜、铁与镍，但纯净的铁和镍很难得到，且化学稳定性差，电阻温度特性也不平滑，因此工业上很少采用，应用最多的是铂和铜为材料的金属电阻温度计。近年对于低温和超低温测量，开始采用一些新材料的热电阻，如铟电阻、锰电阻和碳电阻等。

已被采用的金属电阻和半导体热敏电阻具有如下特点：

(1) 测量精度高，尤其，铂电阻是630℃以下温度范围的基准温度计。

(2) 灵敏度高，同样在500℃以下的温度测量中，电阻温度计的输出信号比热电偶的强，容易测量准确。

(3) 无参考端处理问题，具有较好的线性度。

(4) 由于金属电阻温度计的感温部分比热电偶接点大很多，因此不宜测量动态温度和点温度。半导体热敏电阻的体积可做得很小，相对而言可用于进行动态温度的测量和点测量，但它的测温上限很低，且稳定性和复现性较差。

因此，电阻温度计通常用于－200℃～500℃范围内的温度测量。特殊情况下某些材料的电阻温度计可测量1～5 K的超低温及1 000～1 200℃的高温。

5.3.2 常用电阻温度计及其结构

1. 铂电阻

由于铂在氧化介质中，甚至在高温条件下化学、物理性质都非常稳定，因此，铂电阻具有精度高、稳定性好、性能可靠等优点，所以在－259.34℃～＋630.74℃的温度范围中被规定为基准温度计。但在还原性介质中，特别是在高温范围内，铂很容易被从氧化物中还原出来的蒸汽所玷污而变脆，并改变了它的“电阻-温度”之间的关系，因此，在这种情况下，必须用保护套管把电阻体与有害气体隔离开。另外，铂是贵金属，故价格高。工业用的铂电阻适用于－200℃～＋850℃全部或部分范围内测温。

在0～＋850℃的范围内，铂的电阻值与温度之间的关系为

$$R_t = R_0(1 + At + Bt^2) \tag{5-22}$$

在－200～0℃的范围中，其电阻与温度的关系为

$$R_t = R_0[1 + At + bt^2 + C(t-100)t^3] \tag{5-23}$$

式(5－22)和式(5－23)中，R_t，R_0 分别为 t 和 0℃时铂电阻的电阻值；A，B，C 为常数，$A = 3.908\,028 \times 10^{-3}(1/℃)$，$B = -5.802 \times 10^{-7}(1/℃^2)$，$C = -4.273 \times 10^{-12}(1/℃^3)$。

铂电阻的铂丝纯度是决定此温度计测量精度的关键。铂丝纯度越高其稳定性越好，复现性也越好，测量精度就越高。铂的纯度通常用100℃和0℃时的电阻值之比 R_{100}/R_0 来表示，此值越大，纯度越高。按照标准，基准铂电阻应满足 $R_{100}/R_0 > 1.392\,5$，工业用铂电阻应满足 $R_{100}/R_0 > 1.385\,0$。

工业上常用的铂电阻在0℃时的公称电阻值为10 Ω，100 Ω，500 Ω和1 000 Ω，记作 Pt_{10}，Pt_{100}，Pt_{500} 和 $Pt_{1\,000}$，其中 Pt_{100} 最为常用。

实际使用中，选择合适 R_0 值的依据一般原则是从减小引出线和连接导线电阻变化所引起的测量误差考虑，R_0 大，引出线和连接导线电阻可忽略。另一方面，R_0 小，铂电阻本身所产生的热量小，对减小热容量和热惯性、提高响应速度有利。因此实际选用时应综合

考虑。

2. 铜电阻

铜电阻线性好，电阻温度系数大，材料容易提纯，价格便宜，因此在－50～150℃范围内测温被普遍采用。但因其电阻率小，$\rho=0.017\ \Omega\cdot mm^2/m$（铂电阻率$\rho=0.0981\ \Omega\cdot mm^2/m$），故制成一定阻值的铜电阻体积比较大。另外，铜容易氧化，所以只能用于低温及没有水分和无侵蚀性介质中。

在－50～150℃的温度范围中，铜电阻的电阻-温度关系为

$$R_t = R_0(1+\alpha_0 t) \tag{5-24}$$

工业常用的铜电阻在0℃时的公称电阻R_0有50 Ω和100 Ω两种，记作Cu_{50}和Cu_{100}。

3. 热敏电阻

半导体热敏电阻由某些金属氧化物（主要是钴、锰、镍等氧化物），根据产品性能不同，采用不同比例配方，经高温烧结而成。

半导体热敏电阻相对于热电阻有以下优点：电阻温度系数比导体大（其绝对值可大4～5倍），故灵敏度高；电阻率很高，温度计本身电阻值可很高，可制成极小的敏感元件，热惯性小，导线电阻的影响很小，故特别适合于测量点温度及动态温度；根据不同的要求可制成各种不同形状的测温元件；寿命长，机械性能好。

普通型的热敏电阻的测量范围在－100～＋400℃，随着制作工艺的进展，测温上限正在逐步提高，互换性差的情况也在不断改善。专门的高温热敏电阻的测量范围为500～1 000℃。

对于大多数半导体热敏电阻而言，其电阻与温度的关系可近似地表示为

$$R_T = R_{T_0}\cdot\exp\left[B\left(\frac{1}{T}-\frac{1}{T_0}\right)\right] \tag{5-25}$$

式中，$B=\frac{T_0T}{T_0-T}\cdot\ln\frac{R_T}{R_{T_0}}$，通过实验得到；$R_T$、$R_{T_0}$分别为温度$T$(K)和$T_0$(K)时的电阻值。

4. 电阻温度计的结构

电阻温度计因用途、测量范围、热电阻材料的不同，其结构形式也很多。与热电偶一样，电阻温度计也有普通型、铠装型、薄膜型等多种结构型式。但其结构基本上由金属电阻丝、电阻丝的骨架、引出线及保护套管等四部分组成。图5-20所示为热敏电阻结构示例，图5-21所示为铂电阻和铜电阻的结构示例。

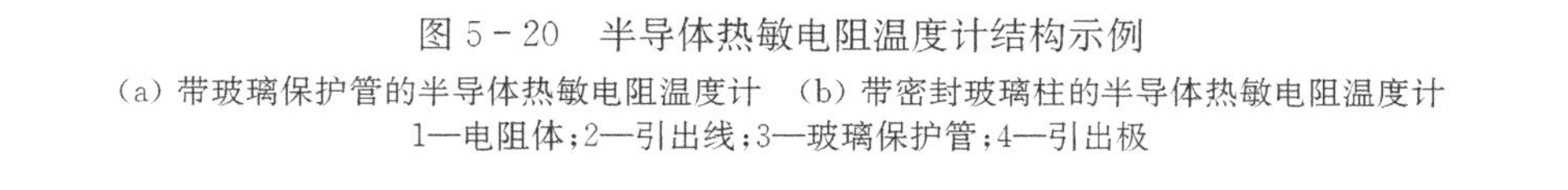

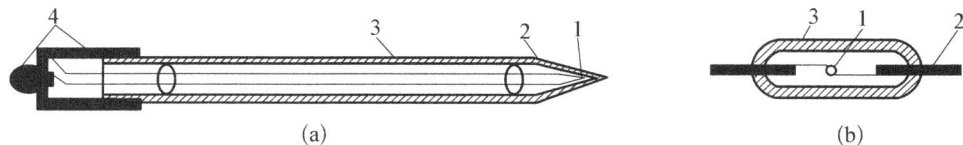

图5-20 半导体热敏电阻温度计结构示例

(a) 带玻璃保护管的半导体热敏电阻温度计 (b) 带密封玻璃柱的半导体热敏电阻温度计

1—电阻体；2—引出线；3—玻璃保护管；4—引出极

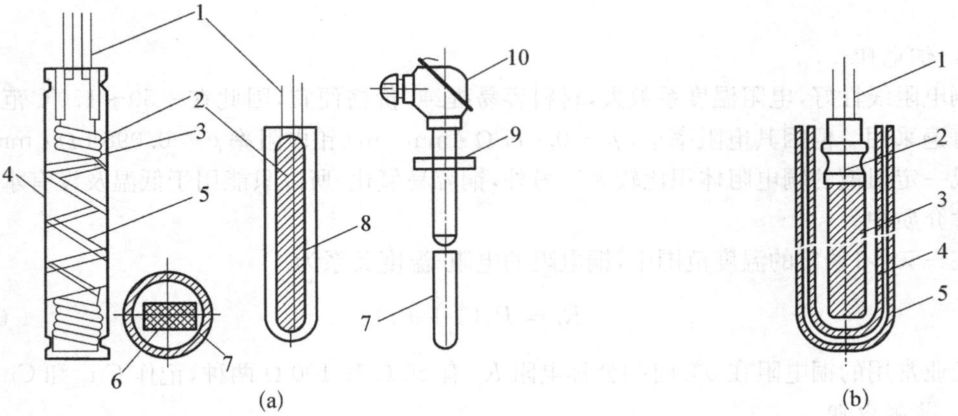

图 5-21　金属电阻温度计结构示例

(a) 铂热电阻的构造　(b) 铜热电阻的构造

(a)中：1—银引出线；2—铂丝；3—锯齿形云母骨架；4—保护用云母片；5—银绑带；6—铂电阻横断面；7—保护套管；8—石英骨架；9—连接法兰；10—接线盒。(b)中：1—引线；2—塑料骨架；3—铜线；4—内保护套管；5—外保护套管

5.3.3　电阻温度计测量线路

电阻温度计的测量电路通常采用电桥线路，常采用直流供电，有时也采用交流供电。温度计与电桥连接时，一般要求导线长度合适，因为连接导线本身因温度等原因引起的电阻值变化，均会被误认为电阻温度计探头温度变化所造成，从而引起测量误差。因此要求导线电阻小于探头电阻。另外，精密测量中还经常采取导线补偿措施。

电阻温度计引出导线根数有两线、三线和四线几种型式(见图 5-22)。

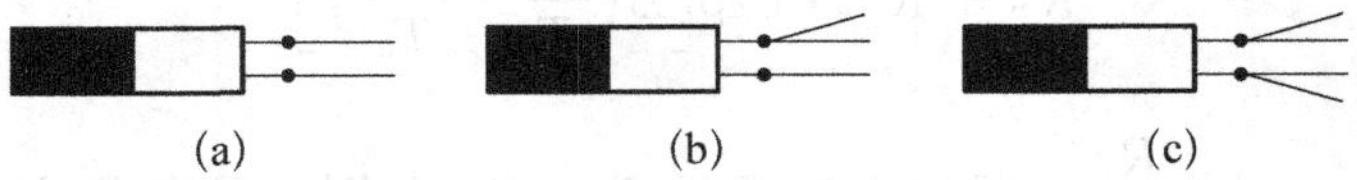

图 5-22　电阻温度计引出线型式

(a) 二线制　(b) 三线制　(c) 四线制

二线制电阻温度计的测量线路如图 5-23(a)所示。其中 R_1、R_2 为定值电阻，满足 $R_1 = R_2$；R_3 为可变电阻；R_t 为电阻温度计，r_a，r_b 为连接导线电阻。测量热电阻阻值时，调节 R_3 使电桥平衡，输出电压为 0，满足

$$R_x = R_t + r_a + r_b = \frac{R_2}{R_1}R_3 = R_3 \tag{5-26}$$

电桥输出电压为

$$U_o = U_{CD} = \left(\frac{R_3}{R_3 + R_1} - \frac{R_t + r_a + r_b}{R_t + r_a + r_b + R_2}\right) \cdot E' \tag{5-27}$$

式中，E' 为电桥的输入电压。可以看出，由于连接导线分布电阻 r_a，r_b 都加在同一桥臂，当环境温度改变引起 r_a，r_b 变化时，将影响电桥输出，即无法精确测量出 R_t 的电阻值，会给测量带来较大的误差。这种接法用于测量精度要求不高的场合，且导线长度不宜过长。

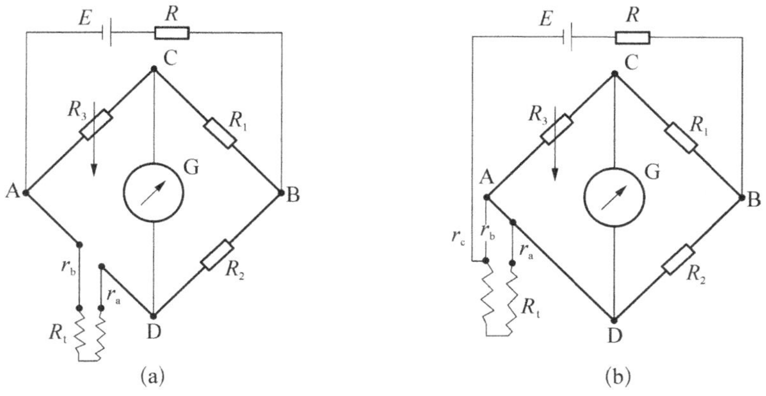

图 5-23 二线制、三线制电阻温度计测量电桥

三线制电阻温度计的测量电桥如图 5-23(b)所示。由于电阻温度计的三根引出线的材料、直径、长度均相同,有 $r_a = r_b = r_c$。测量时,调节 R_3 使电桥平衡,输出电压为零,满足公式

$$R_t + r_a = \frac{R_2}{R_1}(R_3 + r_b) = R_3 + r_b \tag{5-28}$$

电桥输出电压为

$$U_o = U_{CD} = \left(\frac{R_3 + r_b}{R_3 + r_b + R_1} - \frac{R_t + r_a}{R_t + r_a + R_2}\right) \cdot E' \tag{5-29}$$

式中,E'为电桥的输入电压。由于连接导线电阻 r_a, r_b 在相邻桥臂,当环境温度改变时,r_a, r_b 阻值的变化大小相等,符号一致,即环境温度变化不会影响电桥的输出,这样可以有效地消除连接导线电阻的影响,工业上一般都采用三线制接法。

在实验室中进行精密测量,可采用四线制电阻温度计,其测量线路如图 5-24 所示。由于采用了恒流源,无论导线或传感器温度计的电阻如何变化,电流源均会使 i 保持恒定。采用高输入阻抗的仪表读取输出电压 U_o,不会从输出导线中抽取电流,因而导线上也不会产生压降。这样输出电压与电阻温度计的阻值成正比 $U_o = iR_t$,可以消除导线电阻甚至插孔电阻对测量的影响,其测量精度取决于恒流源的精度。用该方法还便于与微机相连,实现快速、多点测量。不过,这种测量方法的实质是一个稳流电路,没有电桥电路对微小阻抗变化灵敏。

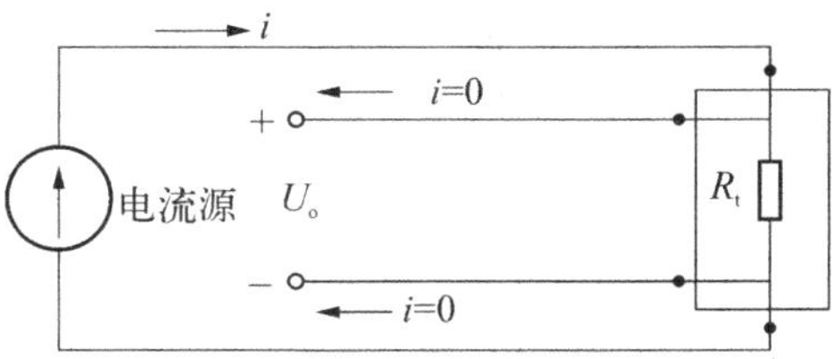

图 5-24 四线制电阻温度计测量线路

5.3.4 电阻温度计测温系统的误差

1. 分度误差 Δ_1

电阻温度计材料的纯度、工艺的差异而形成的与标准化电阻温度计分度表之间的差异。

2. 自热误差 Δ_2

测量过程中,有电流流经电阻温度计,使电阻产生相应的热量,如果散热量小于发热量,则电阻温度计的温度升高会产生附加测量误差。它与电流大小和传热介质有关。我国规定,流

经工业上使用的电阻温度计的最大电流为 6 mA。

3. 线路电阻变化引入的误差 Δ_3

连接导线电阻随环境温度变化而变化对测量带来的影响，通常在测量中采用三线制或四线制电阻温度计的连接方法减小或消除该项误差。

4. 测量仪表误差 Δ_4

该误差由仪表的精确度等级决定。

5.4 热膨胀式温度计

热膨胀式温度计是基于物体受热体积膨胀的性质而制成的接触式温度计。常用的有液体膨胀式温度计、气体膨胀式温度计和固体膨胀式温度计等。这类温度计大都很坚固、维护费用少、精度高，价格低廉。它们通常都在测量点直接显示测量值，也有适于在一定范围内作远距离传递测量信号的温度计。通常作为温度开关、温度传输器(其输入信号有气动的、液压的和电气的)或不带辅助能量的机械式温度调节器。

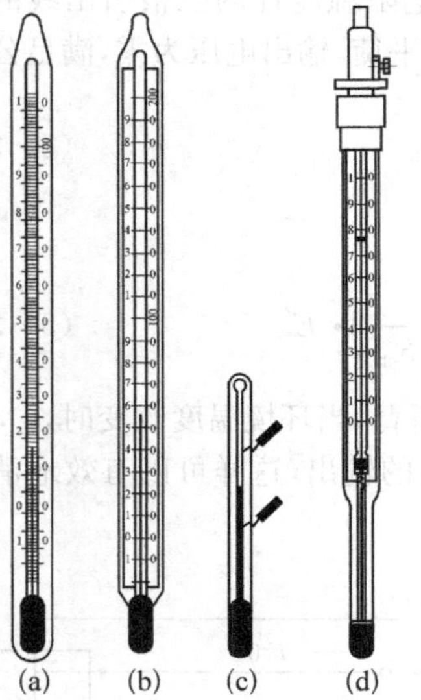

图 5-25 液体玻璃温度计类型

(a) 杆式温度计 (b) 包容式温度计 (c)，(d) 玻璃接触式温度计

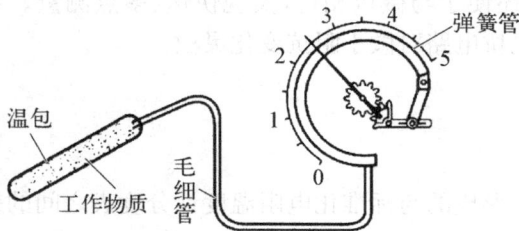

液体玻璃管温度计是大家熟悉的，工业上常见的类型如图5-25 所示。

压力表式温度计的指示部分实际上是一只压力表，如波登管压力表。它的感温元件为一温包，内装酒精或水银等工作物质，温包与指示部分连成封闭系统(见图 5-26)。温包置于被测介质中，随着温度上升，内部液体受热膨胀，使波登管中的压力增加而指示出温度值。

双金属温度计是一种固体膨胀式温度计，感温元件由两种热膨胀系数不同的金属箔片组合而成。一端固定，另一端自由。当温度变化时由于两种金属膨胀不一致发生变形，自由端产生位移。这就是双金属温度计的基本原理(见图 5-27)。双金属温度计结构紧凑，牢固可靠，成本很低，可做成多种型式。它的敏感元件还可以做成开关型的形式，即"温度开关"，当温度达到某一极限值时，开关闭合(或打开)，这种温度开关在自动调节装置中经常使用。

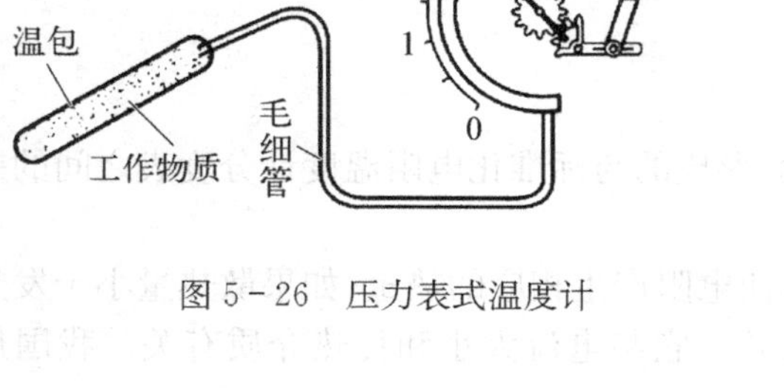

图 5-26 压力表式温度计

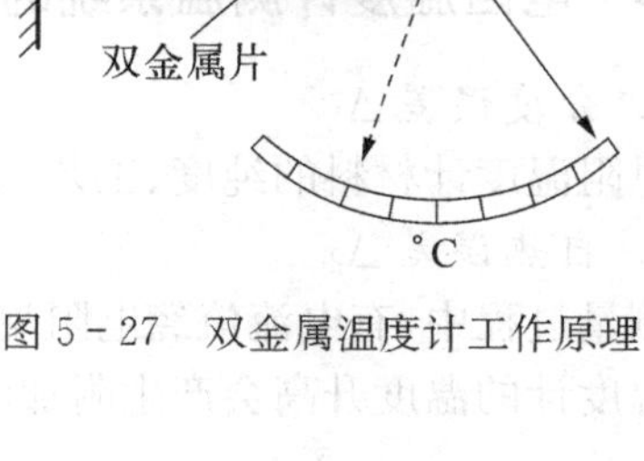

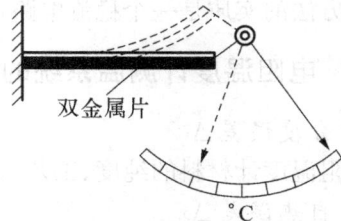

图 5-27 双金属温度计工作原理

5.5 辐射式温度计

任何物体的温度，当高于热力学温度零度时就有能量释放出来，其中以热能方式向外发射的那部分称为热辐射。非接触式温度测量就是利用测定物体的辐射能量的方式测定温度。由于它不与被测介质接触，不会破坏被测介质的温度场，动态响应好，因此可用于测量非稳态过程的温度值。此外，该方法的测量上限不受材料性质的影响，测量范围大，特别适用于高温测量。缺点是测量精度不如接触式测量仪表，结构复杂。目前工业上应用的辐射式温度计有光学高温计、辐射高温计、光电高温计、红外辐射测量仪等等。

5.5.1 光学高温计

光学高温计是发展最早、应用最广的非接触式温度计之一。它的结构简单，使用方便，测温范围广(700～3 200℃)，在一般情况下，可以满足工业测温的准确度要求。

光学高温计利用受热物体的单色辐射强度 E_λ 随温度升高而增加的原理制成。由于它采用单一波长进行亮度比较，也称为单色辐射温度计。由普朗克定律可知，黑体单色辐射强度 $E_{0\lambda}$ 为

$$E_{0\lambda} = \frac{C_1}{\lambda^5}\left[\exp\left(\frac{C_2}{\lambda T}\right) - 1\right]^{-1} \tag{5-30}$$

式中，λ 为波长；C_1 为普朗克第一辐射常数；C_2 为普朗克第二辐射常数；T 为黑体的绝对温度。

温度在 3 000 K 以下，普朗克公式可用较为简单的维恩公式代替，误差在 1%以内，即

$$E_{0\lambda} = \frac{C_1}{\lambda^5} \cdot \exp\left(\frac{C_2}{\lambda T}\right) \tag{5-31}$$

由式(5-30)和式(5-31)可知，当波长 λ 确定以后，只要能测定相应的辐射强度 $E_{0\lambda}$ 值，即可求出温度 T。如果物体是灰体，只要知道灰体的单色黑色系数 ε_λ，则灰色与黑体之间辐射强度的关系为

$$E_\lambda = \varepsilon_\lambda E_{0\lambda} \tag{5-32}$$

由于物体在高温状态下会发光，当温度高于 700℃时会明显地发出可见光。则，黑体的亮度 $B_{0\lambda}$ 与它的辐射强度 $E_{0\lambda}$ 成比例，满足以下关系

$$B_{0\lambda} = CE_{0\lambda} \tag{5-33}$$

式中，C 是常数。对灰体而言此关系式也成立，即

$$B_\lambda = CE_\lambda = \varepsilon_\lambda E_{0\lambda} \tag{5-34}$$

式中，B_λ 为灰体的单色亮度；E_λ 为灰体的单色辐射强度；ε_λ 为物体的单色黑色系数。

但是，直接测量亮度不容易。在光学高温计里采用了亮度比较的测量方法，用一个已知温度的高温灯丝的亮度与被测物体的亮度进行比较，当两者的亮度相等时，可按高温灯丝的已知温度来反映被测物体的温度数值。这就是光学高温计的一般原理。

由于实际物体的黑度 ε_λ 各不相同，光学高温计为了具有通用性只能按黑体温度进行分度。这样，在测量实际物体时，得到的只是物体的“亮度温度”，必须引入物体的单色黑色系数

ε_λ 加以修正,才能得到被测物体的温度数值。所谓"亮度温度"定义为:在波长为 λ 的单色辐射中,当物体在温度 T 时的亮度 B_λ 和黑体在温度 T_S 时的亮度 $B_{0\lambda}$ 相同时,则黑体的温度 T_S 就称为这个物体的亮度温度。按此定义可推导出被测物体的温度 T 和亮度温度 T_S 的关系

$$T=\frac{C_2T_S}{\lambda T_S\ln\varepsilon_\lambda+C_2} \tag{5-35}$$

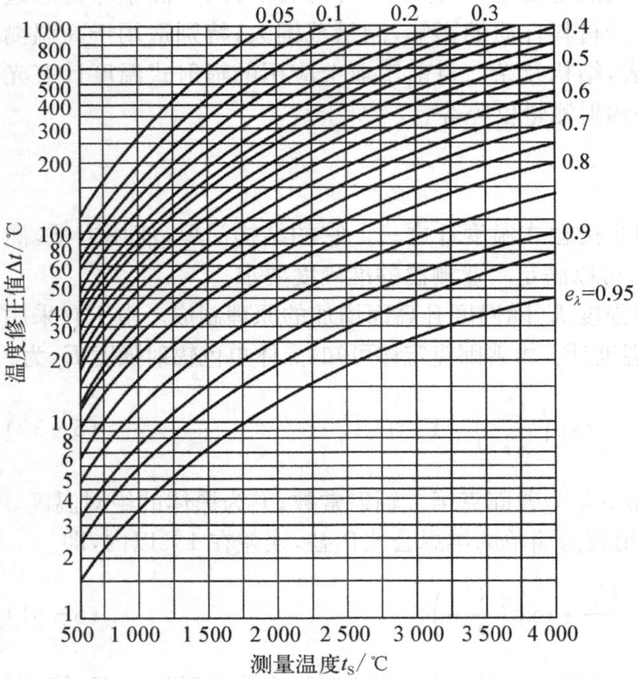

图 5-28　光学高温计修正曲线

由式(5-35)可知,用光学高温计读出实际物体的亮度温度 T_S 后,即可求出被测物体的温度 T。如物体为黑体,则 $\varepsilon_\lambda=1$, $\ln(\varepsilon_\lambda)=0$, 即得 $T=T_S$。

因为式(5-35)中的 $(\lambda T_S\ln\varepsilon_\lambda+C_2)<C_2$,说明用光学高温计读出的物体的亮度温度低于物体的实际温度。为了换算方便,工程上常将上式写成 $T=T_S+\Delta t$ 的形式,通过如图5-28所示的曲线查得 Δt 值。

隐丝式光学高温计是一种典型的光学高温计,它由两部分组成:光学系统和电测系统,如图5-29所示。其工作过程为:调整物镜,使被测物体成像在高温计灯泡的灯丝平面上,调整目镜,使被测物体和灯丝清晰成像,并确认二者在同一平面上。将红色滤光片移入视场。调节电测系统的可变电阻,改变灯泡的加热电流,灯丝亮度随之改变,直到灯丝隐没在物体的像中,即认为二者的亮度相同,如图5-30所示。由于灯丝电流与亮度的关系已知,在显示器上标出亮度温度值(或电流值)。系统采用红色滤光片来获得

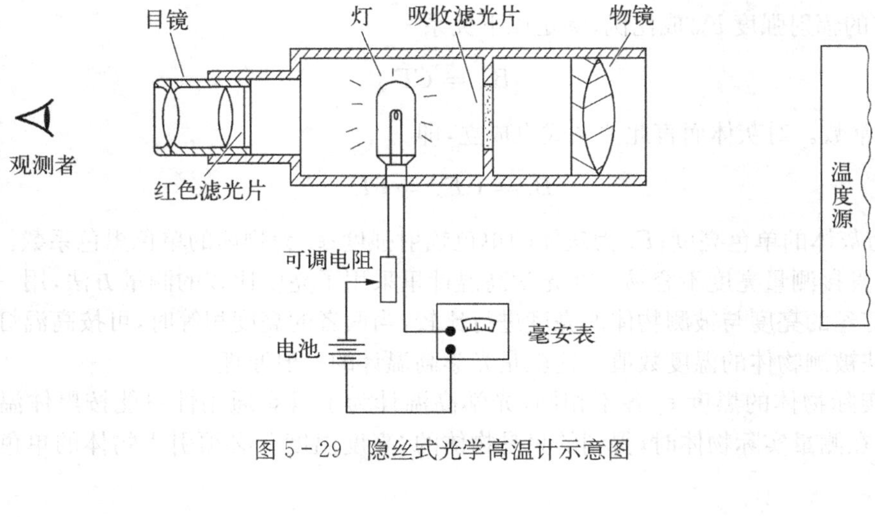

图 5-29　隐丝式光学高温计示意图

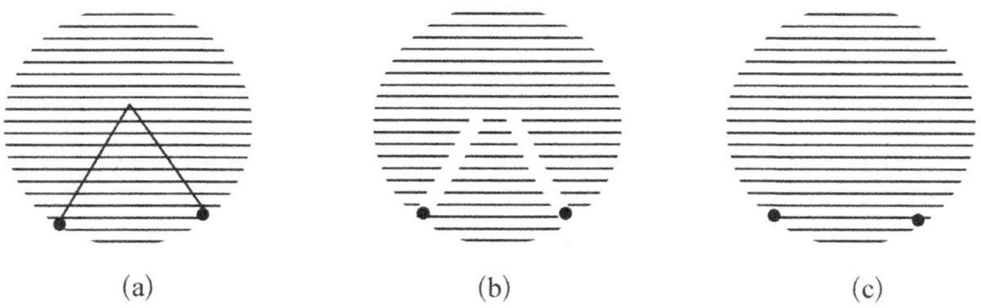

图 5-30 灯丝和物像亮度比较

(a) 灯丝亮度低(电流偏小) (b) 灯丝亮度偏高(电流过大) (c) 灯丝和物像亮度一致

近似单色光。热灯丝最高温度是有限制的(如钨丝为 1 500℃左右)。若要测定原辐射器的更高温度,可在辐射路径中插入具有已知透射率的衰减器或吸收滤光片(灰玻璃)。

光学高温计除由于黑度系数造成测量误差外,被测对象与高温计之间的介质对辐射的吸收也会给测量结果带来误差,距离远,中间介质的厚度大,造成的误差也大。一般在 1~2 m 之内进行测量,不要超过 3 m。

隐丝式的基准光学高温计在所有辐射式温度计中,精度最高,在 1 000~1 400℃约有不超过±1℃的误差,往往用来作为国家基准仪器,复现黄金凝固点温度。工业光学高温计测温范围在 800~1 400℃时,其允许误差为±14℃,在 1 200~2 000℃范围允许误差为±20℃。

光学高温计的缺点是以肉眼观察,并需要手动调节,因此,不能实现快速测量和自动记录,且只能利用可见光,使温度下限(一般 800℃)受到限制。随着光电探测器、干涉滤光片及单色器的发展,光学高温计逐渐被更灵敏、准确、能自动连续记录的光电高温计代替。

5.5.2 全辐射高温计

根据物体发射出的全辐射能来测量物体温度的仪表称为全辐射高温计。由全辐射定律可知,绝对黑体全辐射强度 E_{0T} 与温度的关系式为

$$E_{0T} = \sigma T^4 \tag{5-36}$$

式中,E_{0T} 为绝对黑体辐射强度;σ 为斯蒂芬-玻尔兹曼常数。可以看出,只要知道全辐射强度后,就能推出温度 T。

对于灰体则有

$$E_T = \varepsilon_T \sigma T^4 \tag{5-37}$$

式中,ε_T 为全辐射黑度系数,$\varepsilon_T = E_T / E_{0T}$。

全辐射高温计由辐射温度传感器和与其配套的显示仪表组成。图 5-31 为辐射传感器的结构示意图,它采用透镜式光学系统,物镜把被测物体的辐射能聚集在热电堆 4 上。图中的热电堆由四支镍铬-考铜热电偶串联,四支热电偶的热端被夹在十字形的铂箔内,铂箔涂成黑色以增加其吸收系数。四支热电偶的冷端夹在云母片中。辐射能被聚焦到铂箔上,热电堆输出的热电势输出到仪表上,指示或记录被测温度。为了使仪表在一定范围内具有统一分度值,可以在热电堆前放一补偿光栏 2,以调节照射到热电堆上的辐射能量。在调节聚焦的过程中,观察者可在目镜处观察,目镜前的灰色滤光镜可以削弱光的强度保护人眼。

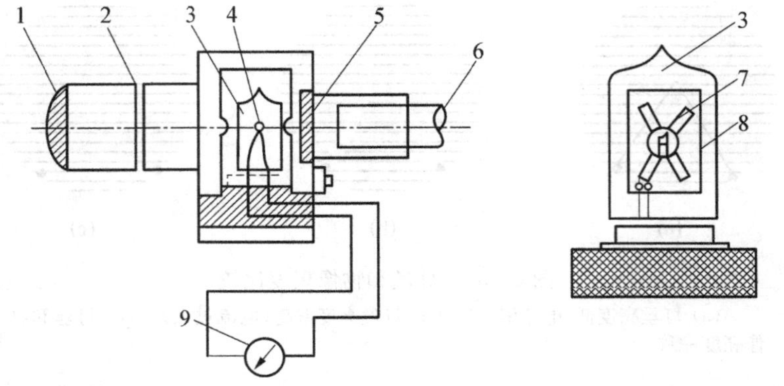

图 5-31 辐射高温计原理图

1—物镜；2—补偿光栏；3—玻璃泡；4—热电堆；5—灰色滤光镜；6—目镜；7—铂箔；8—云母片；9—仪表

由于全辐射高温计是按绝对黑体来进行刻度的，对于灰体而言被测出的温度就不是真实温度。当温度为 T 的被测物体（灰体）的全辐射能 E_T 等于温度为 T_P 黑体的全辐射能 E_{0TP} 时，则称温度 T_P 为被测物体的"全辐射温度"。物体的真实温度 T 与辐射温度 T_P 的关系为

$$T = T_P \cdot \sqrt[4]{1/\varepsilon_T} \tag{5-38}$$

由式(5-38)可见，只要已知被测物体的黑度 ε_T 和全辐射高温计所显示的辐射温度，即可求出被测物体的真实温度。由于 ε_T 在 0～1 之间变化，所以 $\sqrt[4]{1/\varepsilon_T} \geqslant 1$，有 $T_P \leqslant T$，即物体的辐射温度小于物体的真实温度。

与光学高温计相同，介质吸收将造成测量误差，因此要求传感器与被测物体的距离不宜太大，以不超过 1 m 为宜。为了减小物体黑度对测量造成的误差，在实际测量中常常加装一黑度系数较高的窥测管。

全辐射高温计不宜进行精确测量，该高温计的优点是结构简单，使用方便，价格低廉，时间常数约为 4～20 s。近年来，全辐射高温计的辐射温度传感器除了采用热电堆外，还采用热敏电阻、硅光电池等器件。

5.5.3 红外测温仪

由传热学可知，任何物体的温度只要高于绝对零度就会向外辐射，在温度较低时，物体向外辐射的能量大部都是红外辐射。红外辐射又称红外光，是太阳光谱中红光外面的不可见光，在电磁波谱中位于可见光与微波之间，波长在 0.76 μm～1 000 μm 范围中。红外测温仪是以测量物体红外辐射来确定物体温度的温度计。

由于被检测的对象、测量范围和使用场合不同，红外测温仪的外观设计和内部结构不尽相同，但基本结构大体相似，主要包括光学系统、光电探测器、信号放大器及信号处理、显示输出等部分组成。其中核心部件是红外探测器，它将入射辐射能转换成电信号。

按照工作原理，红外探测器可分成热敏探测器和光敏探测器两类。

热敏探测器利用半导体薄膜材料在受到红外辐射时产生的热效应。红外辐射使热敏元件的温度升高过程一般比较缓慢，因此热敏探测器的响应时间较长，约在 10～3 s 的量级。另一方面，不管是什么波长的红外辐射，只要功率相同，它们对物体的加热效果也相同。热敏探测

器对辐射的各种波长基本上有相同的响应,其光谱响应曲线平坦,在整个测量波长范围内灵敏度基本不变,且能在常温下工作,因此也称“无选择性红外探测器”。

光电探测器的核心是光敏元件。光子投射到光敏元件上时,促使电子-空穴对分离,产生电信号。由于光电效应产生很快,因此光电探测器对红外辐射的响应时间要比热敏探测器的响应时间快得多,最短可达纳秒。这种传感器的波长范围一般不变,对波长的响应率有个峰值λ_P,超过λ_P响应曲线迅速截止。由于光电探测器以光子为单元起作用,因此也称光子探测器。光电探测器必须在低温下才能工作。

图5-32为红外测温仪的工作原理。被测物体的热辐射线由光学系统聚焦,经光栅盘调制后,变为一定频率的光能,落在探测器上(图中所示为热敏电阻探测器),经交流电桥转换为交流电压信号,放大调理后,输出显示或记录。

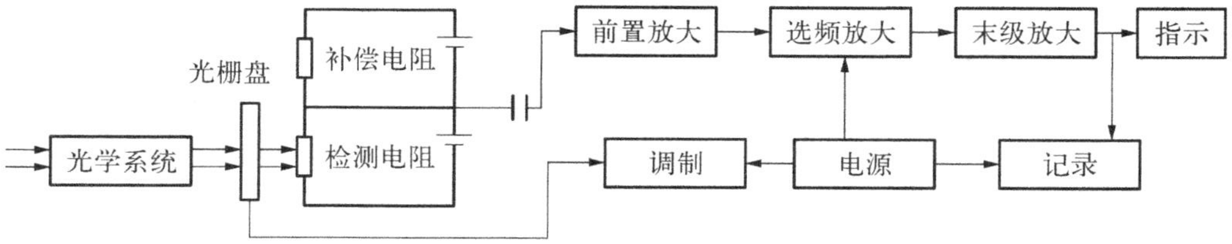

图5-32 红外测温仪的工作原理

光栅盘由两片扇形光栅板组成,一块固定,一块可动,可动板受光栅调制电路控制,按一定频率正、反向转动,实现开(透光)、关(不透光),使入射线变为一定频率的能量。光学系统可以是透射式的也可以是反射式的。通过光学系统可以得到一定波段的能量,作用在红外探测器上。这类型的红外测温仪可测0~700℃范围内的表面温度,其时间常数为4 ms~8 ms。

5.6 温度计的选择、安装

5.6.1 温度计的选择

前面介绍的一些温度计种类很多,有的用来测量常温、高温,有的用来测量低温;有接触式温度计,也有非接触式温度计。选择合适的温度计,必须根据被测对象的情况、测量的要求、被测介质的性质和周围的环境来选择。如,600℃以上的高温常选择热电偶温度计来测量,这个温度范围的热电偶都已经标准化。600℃以下的温度常采用电阻温度计或铜-铜镍热电偶来测量,最常用的有铂电阻和铜电阻。在测量液氮和液氦温区时,常用碳电阻、镍铬-金铁热电偶来测温。

5.6.2 常温及高温测量中温度计的安装

使用热电偶和热电阻进行温度测量时,其感温元件要与被测对象相接触,通过热交换才能达到测温的目的,如果安装不正确,则尽管感温元件和显示仪表的精度等级都很高,也得不到满意的测量结果。温度计的安装就是采取措施使温度计与被测物体有良好的热接触。

图5-33所示的是感温元件的几种安装方案。管道中流过压力为3 MPa、温度为386℃的过热蒸气,管道内径为100 mm,流速为30~35 m/s。图中热电阻1,安装在弯头处,插入深度够长,外露部分很短且有很厚的绝热层保温,测量结果$t_1=386$℃,测量误差接近于零;热电阻

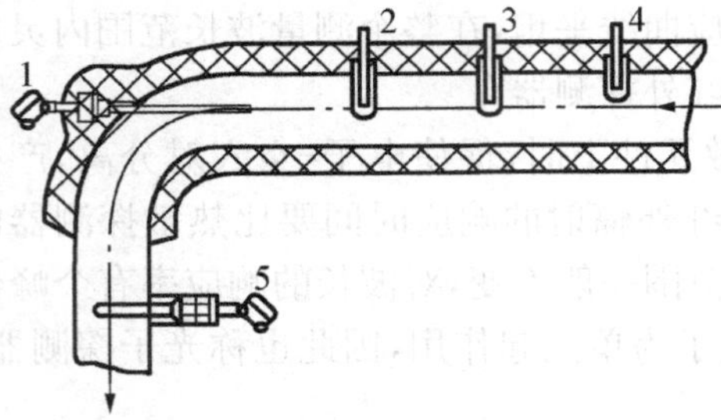

图 5-33 各种测温管装置方案的测量误差比较

5，管道外无保温，热电阻外露部分长且也无保温，测量结果 $t_5 = 341℃$，误差达 $-45℃$；水银温度计 2，采用了薄壁套管，测量端插到了管道中心线处，测量结果 $t_2 = 385℃$，误差为 $-1℃$；水银温度计 3 情况与 2 类似，只是 3 用了厚壁管，结果 $t_3 = 384℃$，误差 $-2℃$；水银温度计 4，采用了薄壁套管，但插入浅，没有插到管道中心，结果 $t_4 = 371℃$，误差为 $-15℃$。此例说明温度计安装不当带来的误差是很大的。

由于被测对象不同、环境条件不同、测量要求不同，温度计的安装方法与措施也不同。常温及高温测量中温度计的安装可根据以下情况来考虑。

1. *热电偶测量表面温度*

热电偶测点小、测温范围大、准确度较高、相对使用方便，因而常用来测量表面温度。若简单地把热电偶附着在固体表面，则不能测出真实的表面温度，须根据不同的对象采用不同的方法。

(1) 若被测表面为不良导体，则可加一个导热良好的集热垫片，如图 5-34 所示。

(2) 若被测表面与较高流速的流体换热，且二者温差较大，则测量时应设法不改变测点附近的换热情况，图 5-35 是测表面温度时热电偶的安装方法示例。

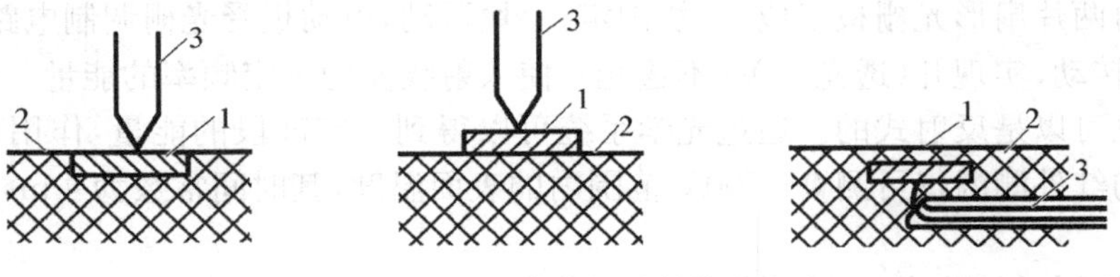

图 5-34 集热垫片的使用

1—集热垫片；2—被测表面；3—热电偶

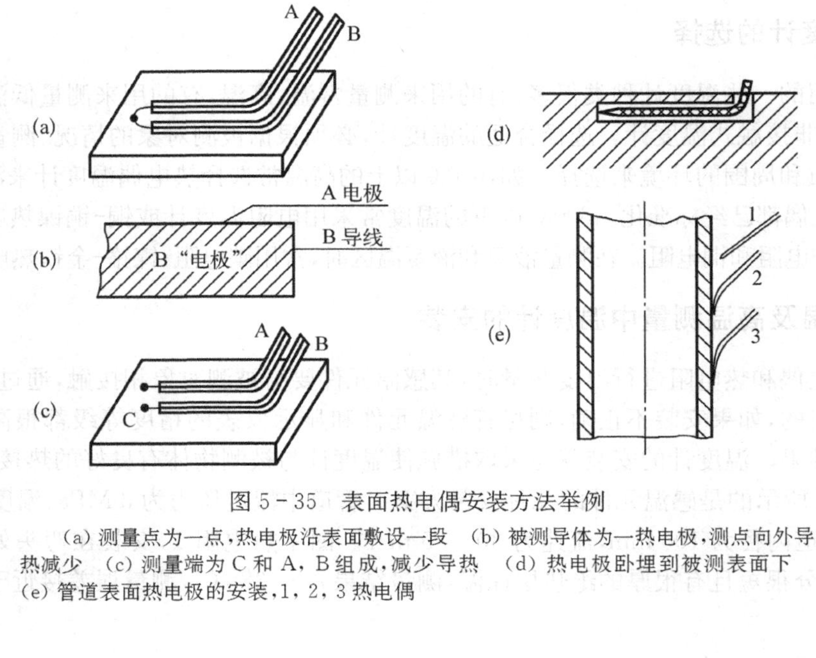

图 5-35 表面热电偶安装方法举例

(a) 测量点为一点，热电极沿表面敷设一段 (b) 被测导体为一热电极，测点向外导热减少 (c) 测量端为 C 和 A，B 组成，减少导热 (d) 热电极卧埋到被测表面下 (e) 管道表面热电极的安装，1，2，3 热电偶

(3) 对焊接有困难的表面测温时,应采用"埋"、"压"、"粘"的方法,以保证良好的热接触。

图5-35安装原则是:热电偶向被测表面导入的热量或从被测表面导出的热量应由远离测点的其他部分承担;热电偶测量端尽可能小,且呈片状平贴在表面上;热电偶卧埋到表面以下等。图5-35(b)是将被测导体作为一个电极,测量端安装在其表面上,这样可减小干扰。

2. 测量管内流体温度

测量管内流体温度时,测温元件应有一定的插入深度,并处于具有代表性的热区域,即管道中心轴线上,测温元件的外露部分应加装绝热层保温。安装形式如图5-36所示。在温度较高的场合,应尽量减小被测介质与管壁之间的温差,以减小热辐射误差。可在管壁表面包上绝热材料,以保护管壁温度,减小热量损失,必要时,可在测温元件与管壁之间加装防辐射罩(遮热罩)。这样可使辐射换热在测温元件与遮热罩之间进行,另外还要设法使遮热罩的温度接近测温元件的温度,减小辐射换热量,如图5-37所示。

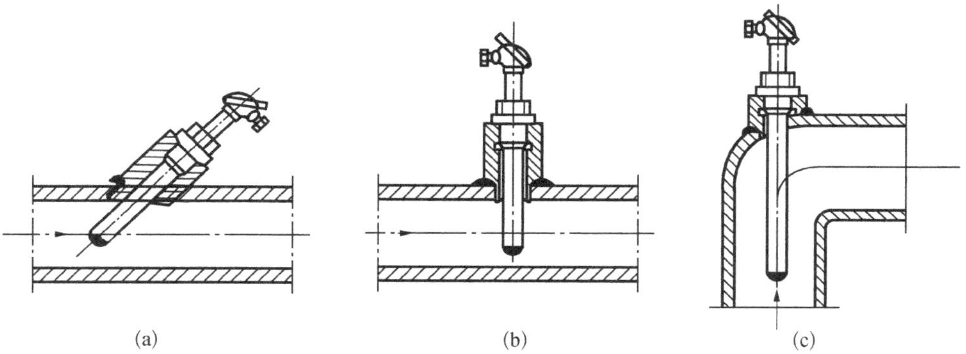

图5-36 测量管道流体温度感温元件的安装形式

(a) 倾斜安装 (b) 垂直安装 (c) 弯头处安装

3. 测量炉膛温度

测量炉膛温度时,应避免感温元件与火焰直接接触,否则会使测量值增加。感温元件安装于负压管道(如烟道)时,应保证其严密性,以免外界冷空气进入,降低测量值。

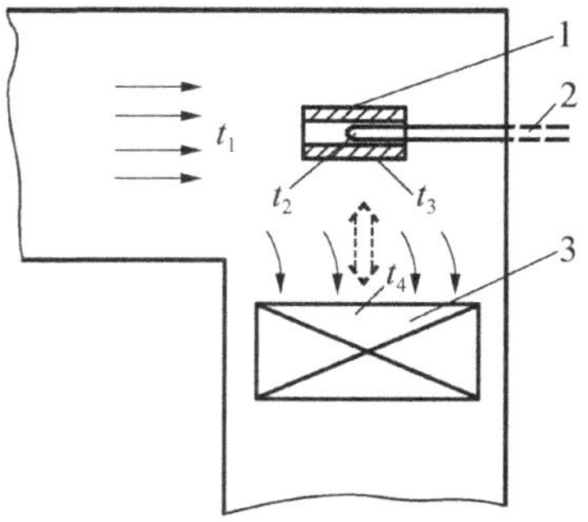

图5-37 单层遮热罩

1—遮热罩;2—测温元件;3—冷物体

5.6.3 低温测量中温度计的安装

一般来说,在常温和高温测量中对温度计的安装要求也适用于低温测量时的安装,只不过低温测量中的一些问题,如引线漏热、辐射热等问题显得更加突出。

(1) 测量壁面温度时,温度计的安装要求与常温及高温温度计的安装要求相同,也是需要保证温度计与测物体有良好的热接触。

(2) 用热电偶或热电阻测温时,通常在被测物体上钻出与温度计相适应的孔,将温度计的测量端埋入孔内,然后用低温胶密封好。

(3) 低温测量时，要考虑测量引线的传热会给测量带来误差，因此靠近温度计部分的引线，必须与被测物体达到同一温度。当测量引线自室温引入到被测低温测点时，可先把引线绕在比室温低的一个金属零件上，以减少室温的引线漏热；另外应选择细的、导热性能差的材料作引线。还要避免室温对低温温度计的热辐射，为此，对低温温度计需加装辐射屏，以减少测温误差。

第 6 章　压力与流速测量

流体参数的测量在船舶动力装置测试中有着重要作用。其中压力、流速是表征流体状态的重要物理参数。要确切地掌握热能机械的运动状况以及深入研究其内部工作过程，必须对其特定区域中流场的压力或速度分布进行试验测定。如，涡轮机械叶片各间隙或叶栅通道内的压力分布，燃气轮机燃烧室或锅炉炉膛内部空气动力场等。为此，需要掌握压力和流速的测量技术。

尽管技术发展日新月异，测量压力、流速的方法越来越多，但目前世界上应用于热力机械最常用的方法还是空气动力测压法，它的典型仪器是测压管。

在热力机械中，过渡过程与不定常过程是一个重要的研究课题，例如锅炉、汽轮机的启动过程，压气机的旋转失速、喘振等。此时气体参数的变化频率极高，常规的测压管难以适应动态过程的测量，因此出现了各种类型的压力传感器，尤其是近代技术的发展，传感器的尺寸越做越小。

6.1　压力的基本概念

6.1.1　压力的定义

1. 压力

压力是指垂直作用在物体单位表面上的力。工程技术上的压力对应着物理中的压强。作用在一个定点上的压力 p 可以写成

$$p = \lim_{A \to 0} \frac{\Delta F}{A} \tag{6-1}$$

式中，p 为压力；ΔF 为垂直作用力；A 为面积。

在连续介质中，任取一个平面将介质分成两部分，所分成的两部分介质相互推挤时产生的法向应力称为压力，整个作用在连续介质上的力称为全压力，其中包括固体内部的压力，固体间接触面的压力，以及流体内部的压力。本书所研究的压力是流体压力。

对于静止流体，任何一点的压力与在该点所取的平面的方向无关，在所有方向上压力大小均相等，这种具有各向同性的压力称为流体静压力。在重力场中，在同一水平面上各点的压力相等，形成等压面，但在垂直方向上存在压力梯度。

2. 运动流体内的压力

运动流体中，任何一点的压力是所取平面方向的函数，当所取平面的法向与流动方向一致时，所得到的压力最大，这个压力的最大值称为该点的总压力。作用在与流体流动方向平行的面上的压力称为流体静压力，总压力与静压力之差称为动压力，动压力是流速的函数。假定流体为无黏性的理想流体，并忽略流体的压缩性，则由流体能量守恒定律可知，沿着同一流线的

压力有如下关系：

$$p+\frac{1}{2}\rho v^2+\rho gh=\text{常数} \tag{6-2}$$

式中，p 为流体静压；v 为流体速度；$\frac{1}{2}\rho v^2$ 为流体动压；g 为重力加速度；h 为流体距离某标准平面的高度。当流体成水平方向稳定流动（即 $h=0$）时，有

$$p+\frac{1}{2}\rho v^2=\text{常数} \tag{6-3}$$

上式表明，当理想流体沿水平方向稳定流动时，其静压与动压之和沿着同一流线保持不变。对于实际流体，由于有黏滞阻力引起的能量损失，所以总压力不可能保持为常数，而是沿流动方向逐渐减小。

3. 压力的单位

在国际单位制中，压力的单位"Pa"（帕斯卡），即 1 N 的力垂直作用在 1 m^2 的面积上所形成的压力

$$1\ \text{Pa}=1\ \text{N/m}^2$$

工程上曾经使用的压力单位还有：毫米汞柱、毫米水柱、物理大气压、工程压力（kgf/cm^2）、巴（bar）等。各种压力单位可按照定义互相换算。

6.1.2 压力的分类

1. 按测量方法分

按测量方法及参考零点的不同，压力可分为如下 3 类：

1）绝对压力

以绝对真空为零标准的压力称为绝对压力。

2）表压力

以大气压作为零标准的压力称为表压力，通常所指的压力就是表压力。表压力为正时称为"压力"，表压力为负时称为"负压"或"真空"。工程测量中，多数情况下通入测量仪表的压力为绝对压力，而压力表显示的数值为表压力。

表压力与绝对压力之间的关系为

$$\text{绝对压力}=\text{表压力}+\text{大气压力}$$

3）差压力

以大气压以外的任意压力为零标准的压力称为差压力。

2. 从测量的角度分

从测量的角度看，流体压力大体可分为以下几种：

1）静定压

每秒钟压力变化量为压力计分度值的 1% 或每分钟变化量 5% 以下的压力称为静定压。

2）变动压

单位时间的压力变化量超过静定压限度的压力叫变动压力，其中非周期变化的压力称为波动压力；不连续且变化大的压力称为冲击压力。

3）脉动压

压力随时间做周期性的变化，且其变化的速度超过静定压力限度，这种变化的压力称为脉动压力。

6.2　稳态压力的测量

6.2.1　流体稳态压力测量的基本原理

由上节分析可知，理想流体沿水平方向稳定流动时，其静压与动压之和沿流线不变，这就是理想流体等熵流动的能量方程（伯努利方程）。

对于不可压流体来说，流体密度是常数，伯努利方程写成为

$$p^{*} = p + \frac{1}{2}\rho v^{2} \tag{6-4}$$

式中，p^{*} 为流体的滞止压力，或称总压；p 为未受扰动的流体的静压；$\frac{1}{2}\rho v^{2}$ 为未受扰动的流体的动压；ρ 为流体的密度。

对可压缩流体，流体密度是变化的，伯努利方程应修正为

$$p^{*} = p + \frac{1}{2}\rho v^{2}(1+\varepsilon) = p + \frac{1}{2}\rho v^{2}\left(1 + \frac{Ma^{2}}{4} + \frac{2-k}{24}Ma^{4} + \cdots\right) \tag{6-5}$$

式中，ε 为压缩性修正系数；Ma 是流体的马赫数。上式可以看出，Ma 越大，压缩性的影响也越大。表 6-1 是空气（$k = 1.4$）的压缩性修正系数 ε 与马赫数 Ma 的对应关系。

表 6-1　空气压缩性系数 ε 与马赫数 Ma 的关系

Ma	0.1	0.2	0.3	0.4	0.5	0.6	0.7	0.8	0.9	1.0
ε	0.002 5	0.010 0	0.022 5	0.040 0	0.062 0	0.090 0	0.128 0	0.173 0	0.216 0	0.275 0

某稳定理想流体的流速为 v_0、静压为 p_0。将一物体放置在流场中，势必造成对流场的干扰，流体将绕过该物体，在该物体附近，有些点由于流动速度下降而静压增加，有些点则由于流体加速而静压减小。任何被流体绕流的物体上，都存在一些流体速度为零的点，这些点称为驻点，驻点处的静压称为滞止压力，也就是流体的总压。设流体在物体表面某点的流速为 v_1、静压为 p_1，根据伯努利方程，有

$$p^{*} = p_0 + \frac{1}{2}\rho v_0^{2} = p_1 + \frac{1}{2}\rho v_1^{2} \tag{6-6}$$

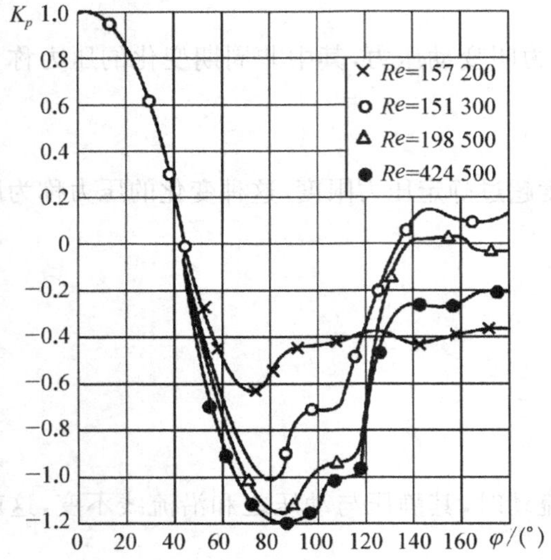

图 6－1　沿球形表面的压力分布

引入压力系数

$$K_p = \frac{p_1 - p_0}{\rho v_0{}^2/2} \tag{6-7}$$

将式(6－6)代入(6－7)，可以得出驻点的压力系数为 $K_p = 1$。

大量实验表明，当 $\varphi = 0°$ 时，$K_p = 1$，即光滑物体正对流体速度方向的是驻点。图 6－1、图 6－2 给出了流体绕过球形物体、圆柱形时，沿其表面压力系数的变化曲线。

稳态流场压力的测量系统如图 6－3 所示，其测压感受元件最常用的是测压管，按照测量压力的不同有总压管、静压管和动压管。测压管就是基于上述原理设计的。

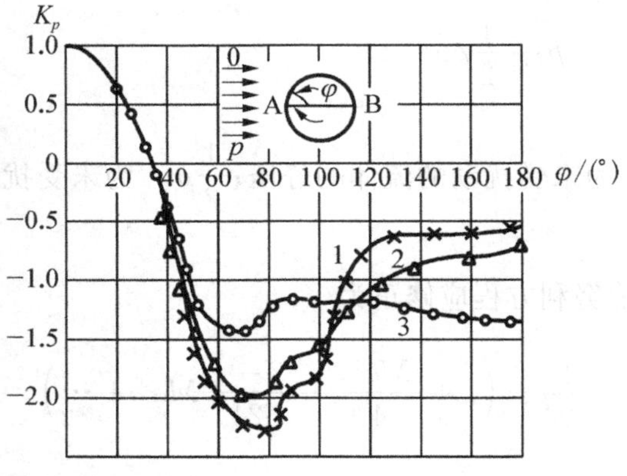

图 6－2　沿圆柱表面的压力分布

1—$Re = 2.12 \times 10^5$；2—$Re = 1.66 \times 10^5$；3—$Re = 1.06 \times 10^5$

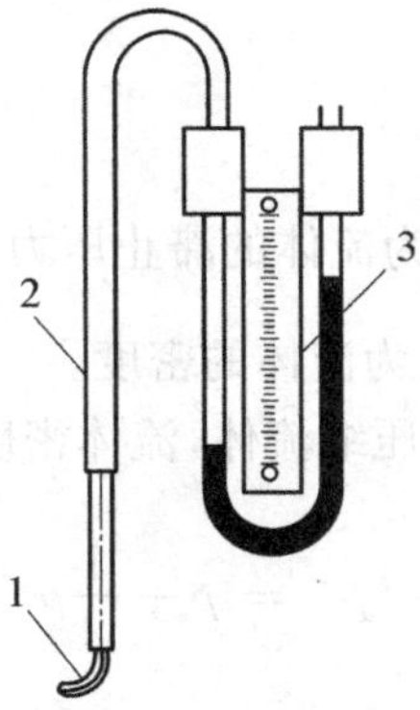

图 6－3　测压系统图

1—测压管；2—导压管；3—压力表

6.2.2　总压测量

1. *总压的测量方法*

如前所述，流体的总压是当速度按等熵流动滞止下来时的压力，此时流体的动能全部等熵地转变成为压力能。由流体力学可知，任何被流体绕流的物体上都有这样一些点，在这些点上流体完全滞止，即这些点上流速为零，通常称这些点为驻点，驻点上的压力就是总压。

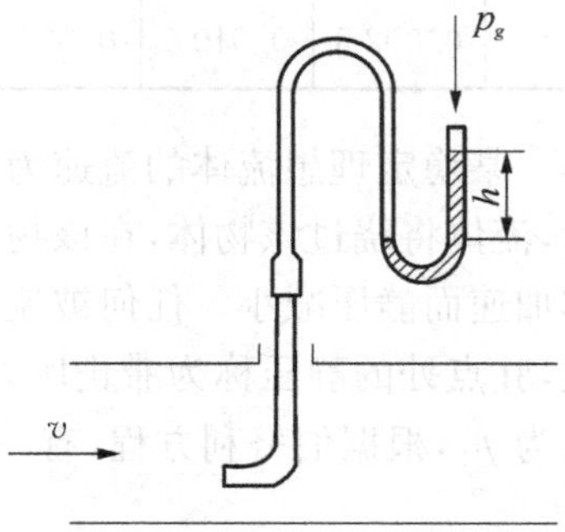

图 6－4　最简单的总压管

最常用的总压测量法是总压管(见图 6－4)。总压管的管口轴线对准流体方向，另一端管口与压力计连通，当流体进入管孔后被滞止下来，压力计指示的就是被测点的流体总压(表压力)。

在实际测量时，由于流场中流体的运动情况很复杂，流体方向往往不可能确切知道，且随着工况的变化流体方向变化较大。即使知道流体方向，要保证总压管轴线对准流体方向，安装要求通常难以实现。为此，实用上希望总压管对流体方向有一定的不敏感性，即当流体方向相对于总压管管口轴线有一定的偏角 α_p 时，总压管仍能正确地测出其压力数值。一般将压力误差占速度头 1%时的流体方向变化的角度范围，作为不敏感偏流角 α_p 的范围，当然 α_p 的范围越大越好。

试验表明，不同型式的总压管对流体偏斜的敏感性不同(见图 6-5)。从图中可知，半圆形感受头 α_p 角最小，带导流套的总压管不敏感偏流角 α_p 最大，在亚声速区达±40°～±45°。

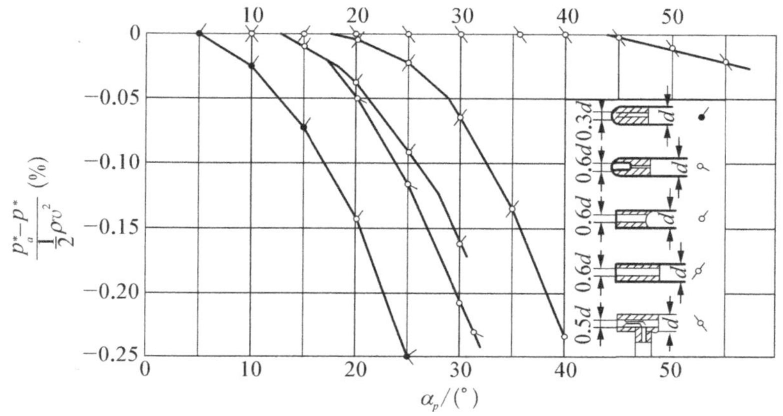

图 6-5　不同型式总压管对气流偏斜的敏感性

孔口直径对流体偏斜的敏感性如图 6-6 所示。

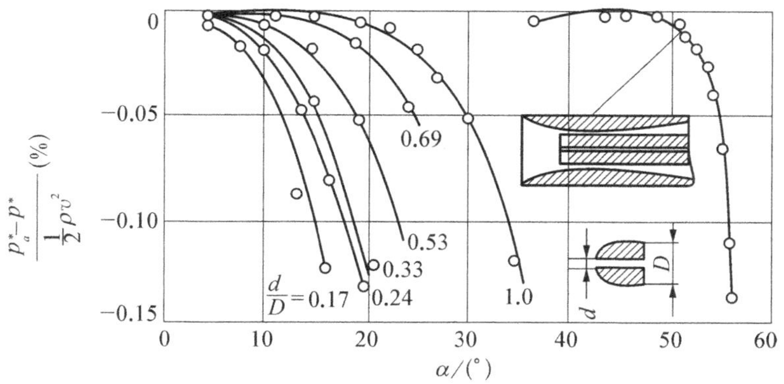

图 6-6　孔口直径与总压管形式对气流偏斜的敏感性

2. 总压管结构及其性能

1) 单点 L 形总压管

单点 L 形总压管是最常见的单点总压管，图 6-7 是其头部结构和角度特性，图中 λ 为材料的热导率。表 6-2 为常用的 L 形总压管几何尺寸。

L 形总压管的缺点是它的不敏感角度 α_p 比较小，一般为±10°～±15°，如果将孔口加一个扩张角，α_p 可加大到±25°～±30°。

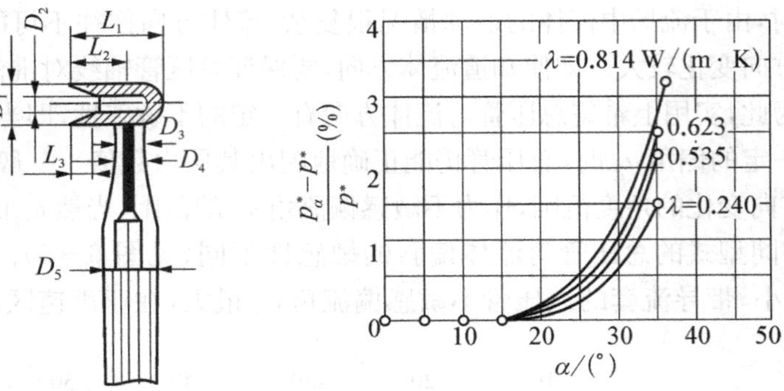

图 6-7　L 形总压管

2）带导流套的总压管

图 6-8 是带导流套的总压管结构图。由于在总压管外加了一个进口收敛的导流套，从而使其不敏感偏流角 α_p 明显增大。当出口面积与进口面积比达到 20%以上时，α_p 可保持稳定的高值（见图 6-9）。

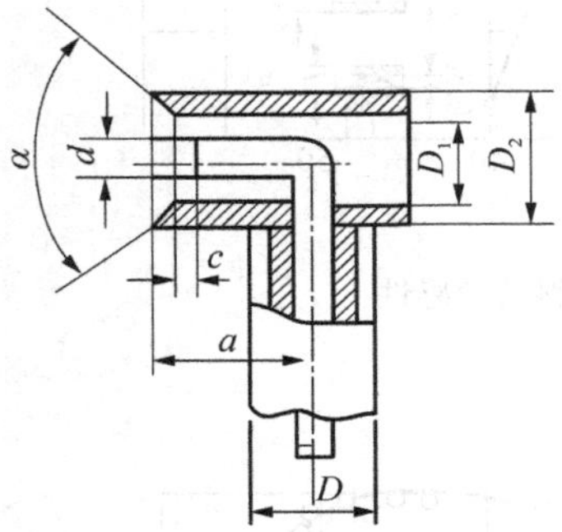

图 6-8　带导流套管的总压管

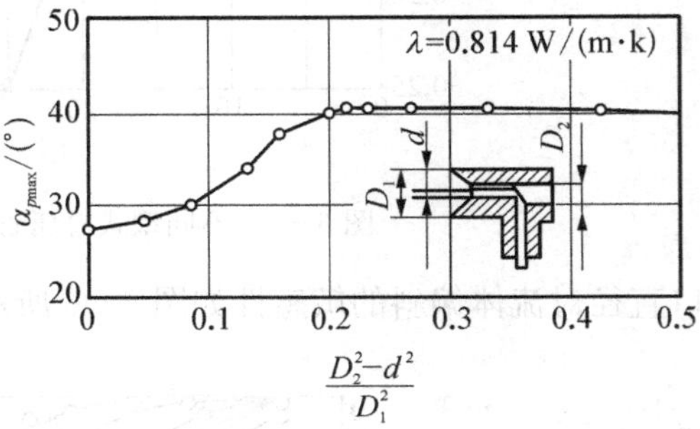

图 6-9　进出口面积比与不敏感角度的关系

表 6-2　L 形总压管的几何尺寸/mm

No.	D_1	D_2	D_3	D_4	D_5	L_1	L_2	L_3
1	2.0	1.0	1.0	1.5	2.5	5.0	3.2	1.2
2	1.5	0.7	0.7	1.5	2.5	4.8	3.0	1.0
3	1.0	0.5	0.5	1.0	2.0	4.5	3.0	0.7

导流套中感受压力的小管位置对流体偏斜的敏感性也有一定影响，故一般将小管放置在进口锥面后。

这种带导流套的总压管，由于导流套的作用，它的 α_p 可达到 ±40°～±45°。这种导流套的缺点是头部尺寸比较大，对流体流动有较大影响，因而使用时必须注意。

3）多点梳状总压管

多点梳状总压管是将若干单点 L 形总压管按需要组合成梳状总压管，如图 6-10 所示。梳状总压管按其形状与结构，可分为凸嘴型、凹窝型和带套型。凸嘴型梳状总压管凸出长度 a 与总压管外套直径 D 的比值一般可取 $a/D > 2.5$；凸嘴节距 s 和凸嘴直径 D 的比值一般可取 $s/D = 3 \sim 10$。

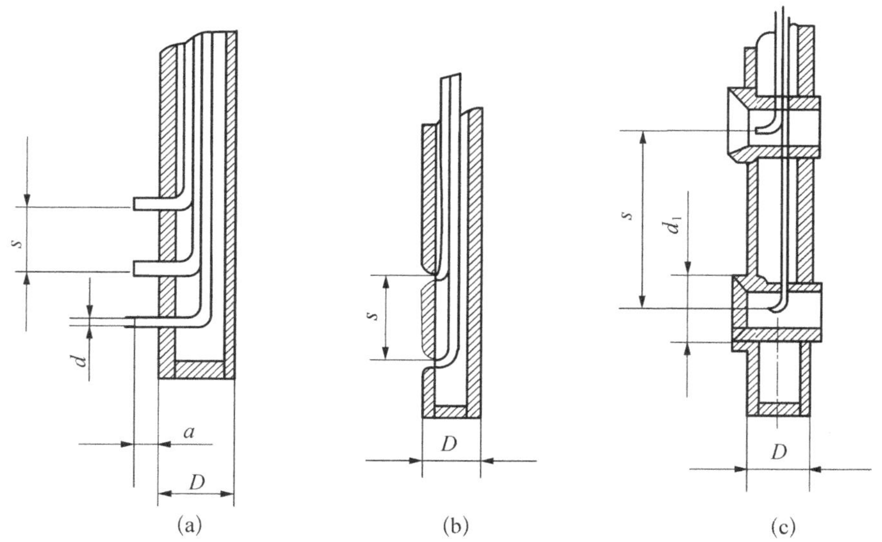

图 6－10　多点梳状总压管

(a) 凸嘴型　(b) 凹窝型　(c) 带套型

多点梳状总压管常在测量涡轮机械轴向间隙中的总压时使用，它能根据需要沿高度多点测量。

4）耙状总压管

图 6－11 为耙状总压管，常用于测量涡轮机械沿栅距流体总压的变化。其感受孔总宽度可取 $L=(1.2\sim1.3)t$，其中 t 是叶栅栅距。$s/d=0.5\sim5$，$a/d=5\sim10$，$a/\delta=2\sim4$，这样的总压管不敏感角 α_p 较小，一般是 5°～15°，因此在流体方向变化较大的流场中测量应注意。

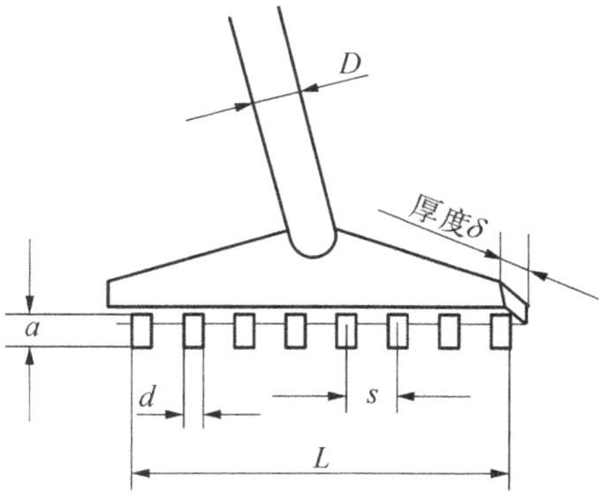

图 6－11　耙状总压管

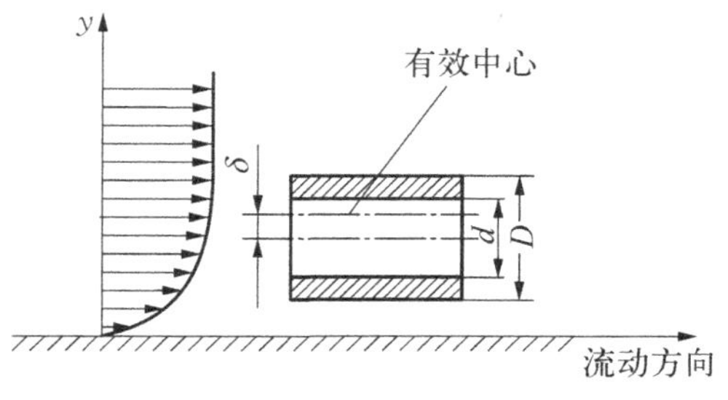

图 6－12　有速度梯度的总压管的有效中心

5）附面层总压管

在固体壁面附近的附面层内，总压比主流小得多，其附面层的速度梯度很大，所以测压管内感受的总压平均值总比测压孔几何中心处的总压高，如图 6－12 所示。有效中心与几何中心的差值 δ 与管子的内、外径比 d/D 有关，对于亚声速流体

$$\delta/D=0.131+0.082d/D \tag{6-8}$$

上式适用于速度梯度相对值 $n=\dfrac{1}{q}\dfrac{\mathrm{d}q}{\mathrm{d}y}=0.1\sim0.2$ 处，此处 $q=\dfrac{1}{2}\rho v^2$。

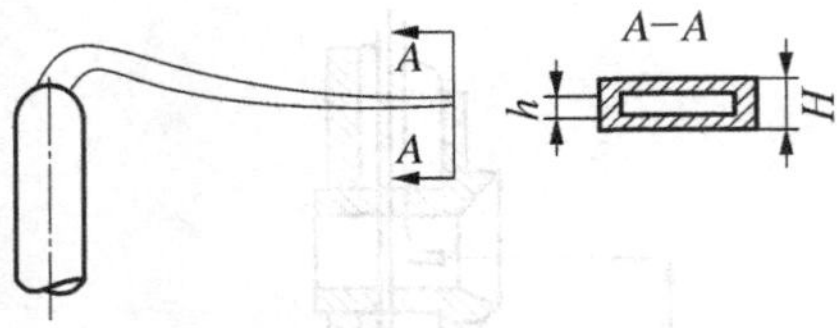

图 6-13 附面层总压管

由于附面层本身很薄，因此附面层总压管的感受头截面应做成鸭嘴形，孔口呈扁矩形，如图 6-13 所示。一般 $h=0.07\sim0.1\,\text{mm}$，$H=0.12\sim0.18\,\text{mm}$。由于感受孔尺寸极小，故使用时应十分注意测量值的滞后现象。

6.2.3 静压测量

与总压测量相比，静压测量相对要困难一些。按静压的概念，只有当测压管对流场无任何干扰，流体速度和流线未受任何影响的情况下，才有可能正确测出静压。这只有当测压管与流体以同一速度运动时才能办到，但实际测量无法办到。在实际中采用两种方法测量静压：壁面静压孔、静压管。

1. *壁面静压孔*

对于在平直管道内流动的流体，可认为在横断面上各点的静压大致相等。因此，常常采用在流体通道壁面开孔的方法测量流体静压。这种方法简单方便，对流场干扰小，在设计合理的条件下，具有较高的精度。

图 6-14 是壁面开孔结构示例，图中 d 为开孔直径；h 为孔深；w 为气流速度。

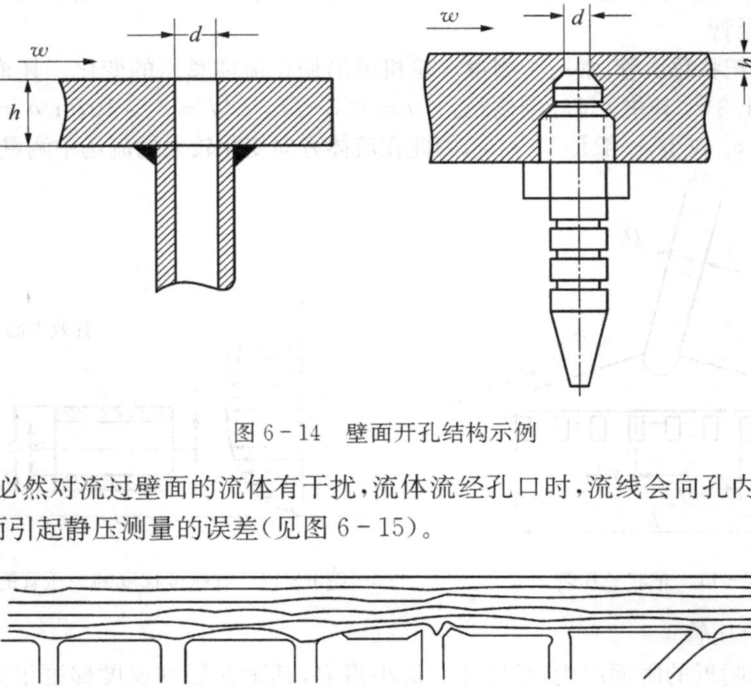

图 6-14 壁面开孔结构示例

壁面开孔必然对流过壁面的流体有干扰，流体流经孔口时，流线会向孔内弯曲，并在孔内引起漩涡，从而引起静压测量的误差(见图 6-15)。

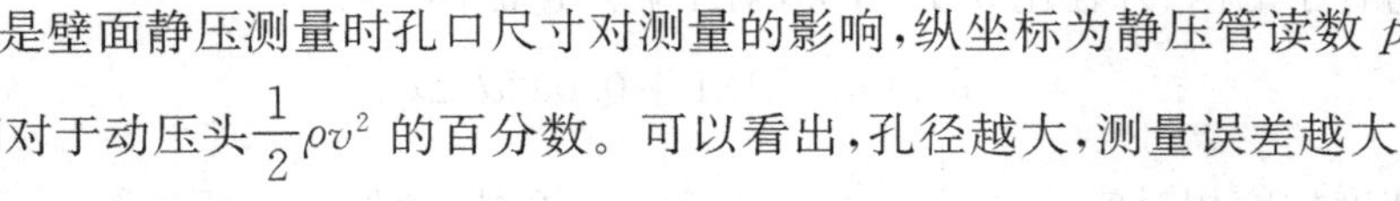

图 6-15 壁面静压孔附近的流线

图 6-16 是壁面静压测量时孔口尺寸对测量的影响，纵坐标为静压管读数 p' 与正确压力值 p 的差值相对于动压头 $\frac{1}{2}\rho v^2$ 的百分数。可以看出，孔径越大，测量误差越大，且随着马赫数的增大而增大。若孔径达到 1.0 mm，误差可达 1%左右，所以孔径应小一些。但是孔径太

小，不仅引起工艺上的困难，而且使用时也容易堵塞和产生滞后现象。因此，孔径一般在0.5～1.0 mm。由图 6-16 可以看出，用孔径 0.5 mm 的小孔测静压，在 $Ma=0.8$ 以下的亚声速范围内，测量误差为动压头 $\frac{1}{2}\rho v^2$ 的 0.1%～0.3%。

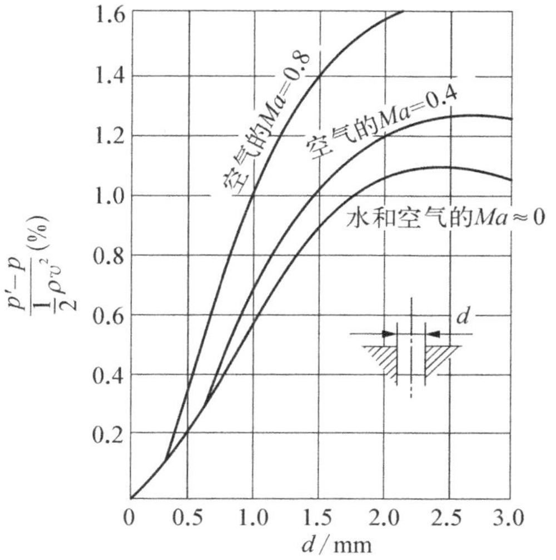

图 6-16　孔径及马赫数 Ma 对静压测量的影响

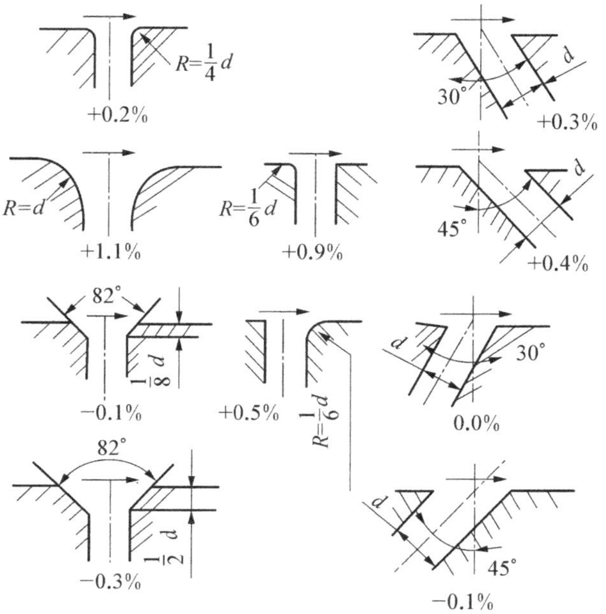

图 6-17　孔口倾斜及倒角对静压测量的影响

图 6-17 是孔口倾斜及倒角对静压测量的影响，图中的百分数表示 $(p'-p)/\frac{1}{2}\rho v^2$。由图可见，孔口圆角产生正误差，且误差随圆角半径增加而加大；孔口倒角引起负误差。因此，孔口应光滑无毛刺，轴线应与壁面垂直。开孔深度不能太小，太小可能增加流线弯曲的影响，一般取 $h/d\geqslant 3$，开孔处应选择在流道内壁局部光滑的直线段的壁面上。

壁面开孔的连接方式有焊接和螺纹连接两种(见图 6-14)。焊接方式容易使壁面产生变形而干扰流场。因此，当管壁有一定厚度时，尽可能采用螺纹连接。在实际使用时，要定期清洗静压孔，清除黏附在测压孔附近的尘粒与污垢，以减少测量误差。

2. 静压管

当必须测量流体中某一处的静压，或需要测量流场某截面的静压分布时可采用静压管。为减小由于静压管破坏原来的流动而对静压测量产生的影响，静压管设计时应考虑对流体的干扰尽可能小，同时也要求对流体方向的敏感性尽量小。

亚声速流动中的静压管的典型结构如图 6-18 所示。这时静压管对流体的干扰已不可避免。试验证明，在静压孔之外的流体要受到头部和后面支杆两方面的干扰。

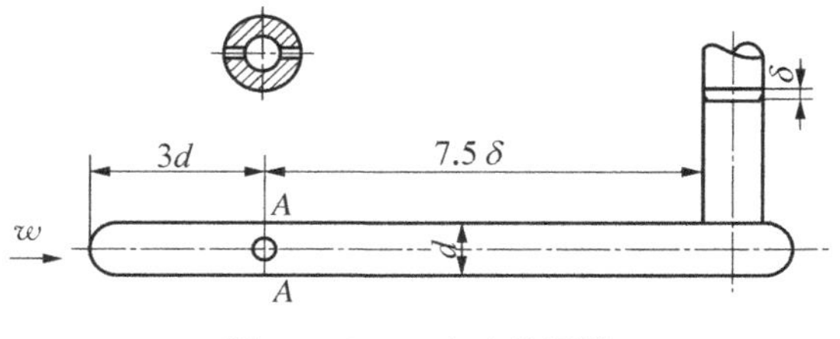

图 6-18　亚声速静压管

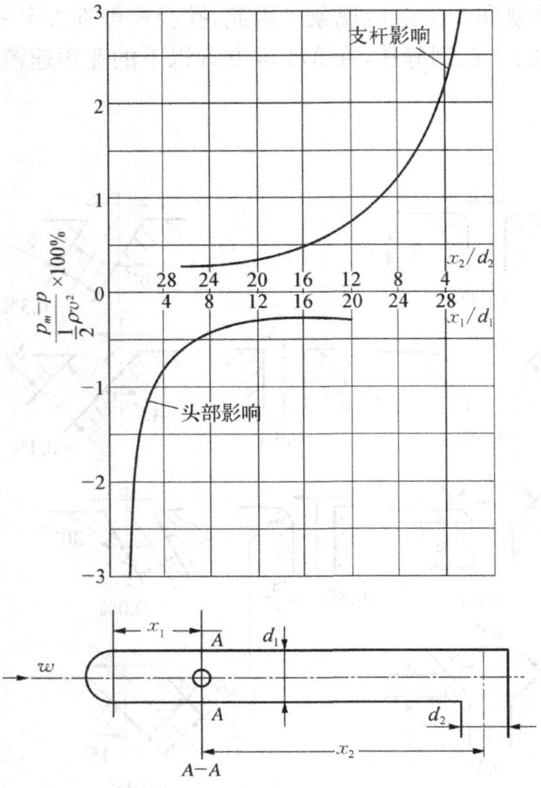

图 6-19 头部与支杆对静压的影响

流体受头部的影响流速加大，静压减小，造成负误差；而支杆对它前面的流体有减速作用，使静压增加，造成正误差。图 6-19 中两条试验曲线表示了这种相反的影响。图中纵坐标为静压管的测量误差对动压头的相对值，p_m 为静压孔口所测得的静压；p 为流体的真实静压；横坐标是相对距离。可以看出，随着 x_1/d_1 和 x_2/d_2 的增加，对流体干扰的影响将减少。若适当选择静压孔的位置，就可使这两种影响相互抵消。如果选择静压管的尺寸 $x_1 = 3d_1$，$x_2 = 8d_2$，此时，半球形头部对静压孔造成了 -1.1% 的负误差，而支杆在静压孔处造成了 $+1.1\%$ 的正误差，正好相互抵消，这样可使开孔处感受到的就是流体的静压。

根据试验数据，雷诺数 $Re = 500 \sim 3 \times 10^5$ 时，对静压管的测量值无影响，Re 更小则会改变测量值。

流体的偏角（流线与静压管线的夹角）会影响管壁上的压力分布。为了减少偏角的影响，可增加静压孔的数目，并使静压孔在开孔截面上均匀分布。一般至少开 2 个孔，多的可达 7～8 个孔。当流体压缩性影响不显著时（$Ma < 0.7$），对于如图 6-18 所示的结构型式，开孔数目为 2 个时，气流偏向的不敏感角在 $\pm 5^\circ \sim \pm 6^\circ$ 左右。

在高亚声速（$Ma > 0.7$）流场中，在静压管半球头部会出现局部超声速区。为了减小压缩性的影响，采用锥形头部，x_1/d_1 和 x_2/d_2 也加大，如图 6-20(a)所示。在超声速流场中，静压管头部会出现激波，为减少气流扰动的影响，静压管头部做成尖锥（锥角一般小于10°），其形状和尺寸如图 6-20(b)。

静压管上开孔的要求与壁面静压孔基本相同，一般常用静压管管径 $d_1 = 1 \sim 2$ mm。静压孔的孔径一般为 0.3～0.4 mm。

除了 L 形的静压管，圆柱形静压管、蝶形静压管、导管式静压管等也是经常会用到的静压管型式。为了获得静压场，可采用梳状或耙状静压管等多点静压管。

由于用静压管测量静压的方法从理论上就存在一定误差，同时其性能对加工质量很敏感。因此，制造出来的各根静压管均带有系统误差，必须先进行校准，然后才可使用。

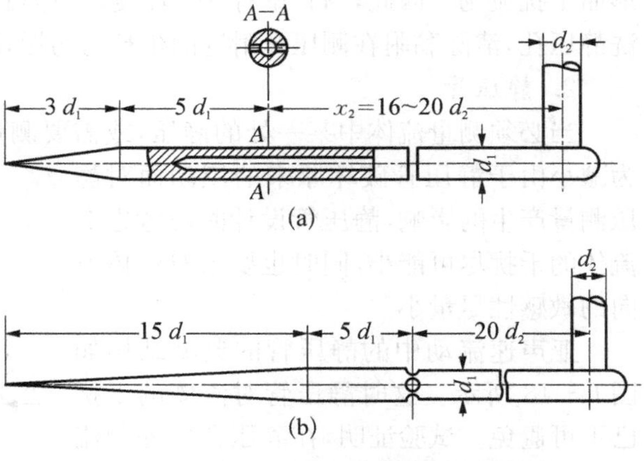

图 6-20 高亚声速及超声速静压管

6.2.4 压力探针的测量误差

1. 探针对流场的扰动

使用探针测量总压和静压时，探针必然会对原来的流动状态带来扰动，使探针附近的流线发生弯曲，从而改变了局部流体的压力。为了减小它对流体的扰动，应将探针的尺寸做得足够小。

2. 测压孔对测量值的影响

测压孔的不规则、孔的轴线与流线不垂直，以及孔径过大等都会导致静压测量误差。主要原因是流体经过测压孔时，流线要发生弯曲，流线沉到孔里产生离心力场，并增加了孔的压力使所测得的压力超过流体的静压力。

3. Ma 数对测量值的影响

在气流压力测量中，Ma 数的增大会引起气流密度的变化，当 $Ma \geqslant 1$ 时，探针上就产生了局部冲波，这个冲波是非等熵的，它改变了局部的气流压力，从而给静压和总压的测量带来误差。

4. Re 数对测量值的影响

式(6-4)所描述的总压、静压和动压之间的关系是在理想流体情况下得到的，当测量实际流体中的压力时，流体绕探针流动时，沿其表面的压力分布与 Re 数有关。当 $Re < 30$ 时，黏性的影响不能忽略，需要进行修正。

5. 速度梯度对测量值的影响

测量有梯度的流体时，在探针前缘滞止的流体会产生一个向高速区增加的滞止压力梯度。这种表面的压力梯度在前缘边界层内会引起流体流动，并在探针附近导致流体轻微的“下冲”。此外，沿探针表面的黏性在高速区较强，这也会增强向低速区的“下冲”。流体的这种“下冲”作用对静压测量会产生影响，类似于在均匀流体中探针稍微偏斜一个角度的影响。

探针支杆的前缘，也会产生一个滞止压力梯度，如图 6-21 所示，并沿探针的前缘向低速区下冲，这将使得测压孔附近的流线偏斜，产生误差。因此，为了消除其影响，测压孔的位置应远离支杆。

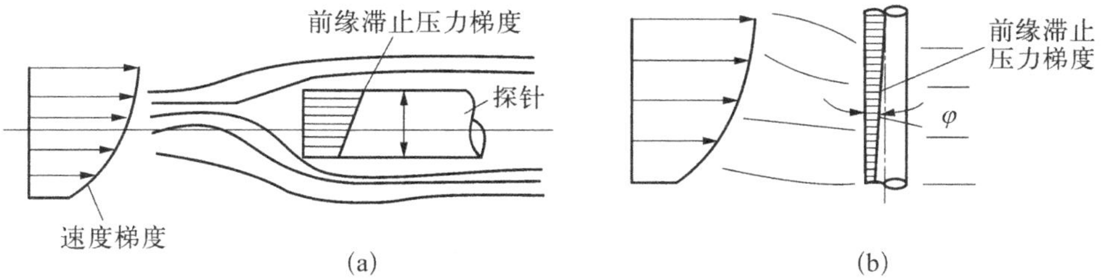

图 6-21　速度梯度的影响

(a) 对探针头部的影响　(b) 对探针支杆的影响

6.3 稳态压力指示仪表

压力测量值的准确度不仅与压力感受器件有关，而且与压力指示仪表的性能、安装及使用密切相关。目前使用的压力指示仪表主要有液柱式、弹性式、电气式、电子式等。由于被测压力的范围很广，小的只有几十帕，大的可达几十万帕，因此必须根据所需的量程范围正确选用指示仪表。

6.3.1 液柱式测压计

液柱式测压计是基于液体静力学作用原理，将被测压力与已知重度的液柱高相平衡，根据液柱的高度确定被测压力的大小。由于作用原理简单，使用和制造方便，价格低廉且测量准确度高，因此被广泛应用在实验室和各工业部门，用来测定较小的压力变化。其工作液通常有水、酒精、水银等。常用的液柱式压力计有U形管压力计、单管压力计、斜管微压计等(见图6-22)。

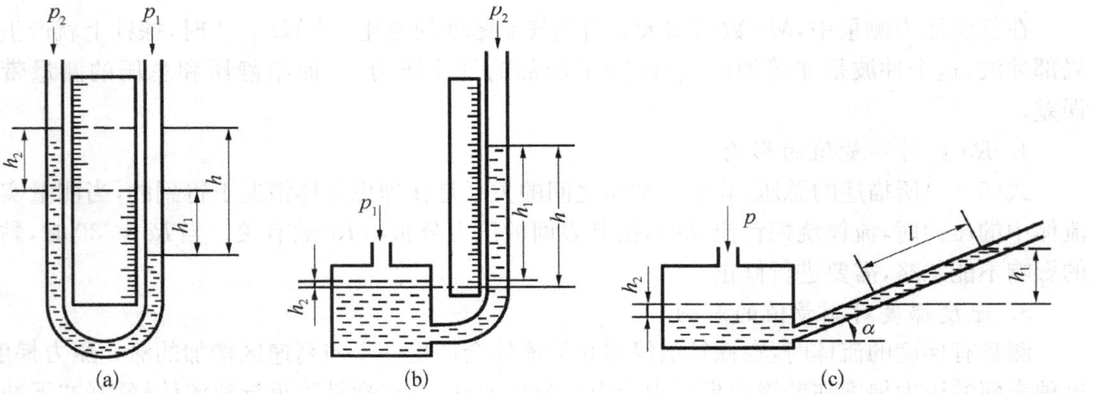

图6-22 液柱式压力计

(a) U形管压力计 (b) 单管压力计 (c) 倾斜管微压计

1. U形管压力计

U形管压力计是一根U形玻璃管装上一根长度标尺，玻璃管中充水或水银(或其他液体)。可用于测量液体和气体的表压力以及压力差。如图6-22(a)所示时，依图所示通入压力，则液面差为

$$p_1 = p_2 + hg\rho \tag{6-9}$$

即

$$p_1 - p_2 = \rho gh = \rho g(h_1 + h_2) \tag{6-10}$$

式中，ρ为工作液体的密度；h为封液液面高度差；g为重力加速度。

根据被测压力的大小及要求，其封液可采用水或水银，有时为了避免细玻璃管中的毛细作用，其封液也可选用酒精或苯。U形管压力计的测压范围最大不超过0.2 MPa。

2. 单管压力计

单管压力计的结构如图6-22(b)所示，它由一个容器和一根与之相连通的玻璃管组成。容器中注满工作液，玻璃管内的液面正好在零刻度。由于，$A_1 \gg A_2$ (A_1为容器的截面积；A_2为玻璃管截面积)，当被测压力接到容器上时，液柱高度为

$$p_1 - p_2 = \rho gh \approx \rho gh_1 \tag{6-11}$$

式中，h_1 为玻璃管液柱高度。

3. 斜管微压计

斜管微压计的结构如图 6-22(c)，它由一个容器和一根与之相连通的倾斜玻璃管组成。通常斜管微压计中的工作液是酒精，倾斜管上的刻度范围是 250 mm 长。斜管微压计用来测量小压力、负压力及不大的压力差。

使用时，大的压力通入大容器，小的压力通入倾斜管，这样倾斜玻璃管中就压入一段液柱，可以依据标尺进行读数。也就是说，若被测压力为正压(即大于大气压)，则被测压力通入大容器；若被测压力为负压(即小于大气压)，则被测压力通入倾斜管，而大容器通大气压；若测量压差，则将高压通入大容器，低压通入倾斜管。

由于容器截面积远远大于倾斜管截面积，斜管微压计测量的压力差为

$$\Delta p = p_1 - p_2 = g\rho l \sin\alpha = \rho g h_1 \tag{6-12}$$

式中，l 为液柱长度；α 为斜管的倾斜角度；h_1 为倾斜管液柱高度。

从上式可知，斜管微压计的刻度比 U 形压力计的刻度放大了 $1/\sin\alpha$ 倍，灵敏度提高。采用酒精作为封液，更便于测量微压，一般，这种斜管压力计适于测量 2～2 000 Pa 范围的压力。

4. 影响液柱式压力计测量精度的因素

在实际使用中，很多因素都影响液柱式压力计的测量精度。对某一具体测量，有些影响可以忽略，有些必须加以修正。

1) 环境温度变化的影响

当环境温度偏离规定温度时，封液密度或标尺长度将发生变化。由于封液的体积膨胀系数比标尺的线膨胀系数大 1～2 个数量级，对于一般的工业测量，主要考虑温度变化引起的封液密度变化对压力测量的影响。精密测量时还需要对标尺长度变化的影响进行修正。环境温度偏离 20℃后，封液密度改变对压力计读数影响的修正公式为

$$h_{20} = h[1 - \beta(t - 20)] \tag{6-13}$$

式中，h_{20} 为 20℃时封液液柱高度；h 为 t℃时封液液柱的高度；β 为封液的体积膨胀系数；t 为测量时的实际温度。

2) 重力加速度变化的影响

当测量地点的重力加速度与标准重力加速度相差太大时，应予以修正，修正公式如下：

$$g_\varphi = g_n \cdot \frac{1 - 0.00265 \cdot \cos 2\varphi}{\left(1 + \dfrac{2H}{R}\right)} \tag{6-14}$$

式中，φ 为测量地点的纬度/(°)；H 为测量地点的海拔高度/m；g_n 为标准重力加速度；R 为地球的公称半径。

3) 毛细管现象的影响

由于毛细管现象使封液表面呈现弯月面，不仅会引起读数误差，还会引起液柱产生附加的升高或降低。液柱变化值取决于封液的种类、温度、管径及管内壁的清洁度等。因此，在实际应用中要求液柱管的内径不能太细。封液为酒精时，管子内径 $d \geqslant 3$ mm；封液为水或水银时，

管子内径 $d \geqslant 8$ mm。

6.3.2 弹性测压仪表

弹性测压仪表是基于弹性变形来确定压力值的压力计。弹性元件在弹性范围内，受压后产生弹性变形，由于变形的大小是被测压力的函数，故将变形的位移传递到仪表的指针或记录器上，即可读出压力的数值。利用这一原理制成的弹性机械式测压元件有弹簧管、膜片和波纹管，相应的压力计有弹簧管式压力计、膜式压力计和波纹管式压力计等。

1. 弹簧管式压力计

弹簧管式压力计如图 6－23 所示，由弹簧管、齿轮传动机构、指针、刻度盘组成。

弹簧管是弹簧管压力计的主要元件，图 6－24 给出了各种形式的弹簧管。弹簧管的横截面呈椭圆形或扁圆形，是一根空心的金属管，管子弯成约270°角的圆弧状，其一端是封闭的自由端，另一端固定在仪表的外壳上，且与管接头连接，管接头和被测介质相通。当被测压力被接入弹簧管内腔时，在压力的作用下，弹簧管发生变形。由于椭圆形短轴方向的内表面积比长轴方向大，因此受力也大，管子截面趋于变圆，产生弹性变形，使弯成圆弧状的弹簧管向外伸张，在自由端产生位移，此位移经杆系和齿轮机构带动指针，指出相应的压力值。

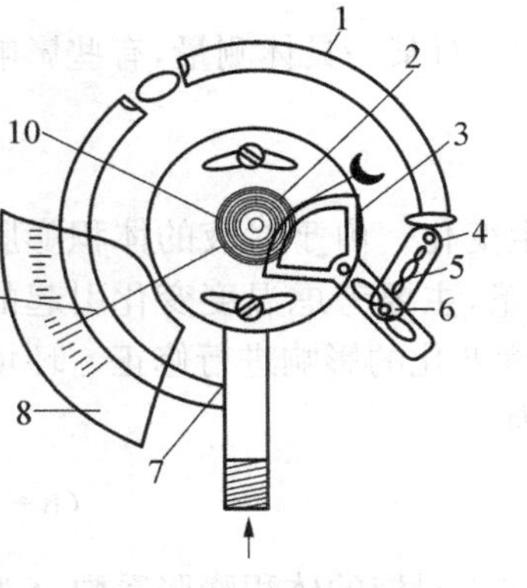

图 6－23 单弹簧管压力计

1—弹簧管；2—小齿轮；3—扇形齿轮；4—拉杆；5—连杆调节螺钉；6—放大调节螺钉；7—接头；8—刻度盘；9—指针；10—游丝

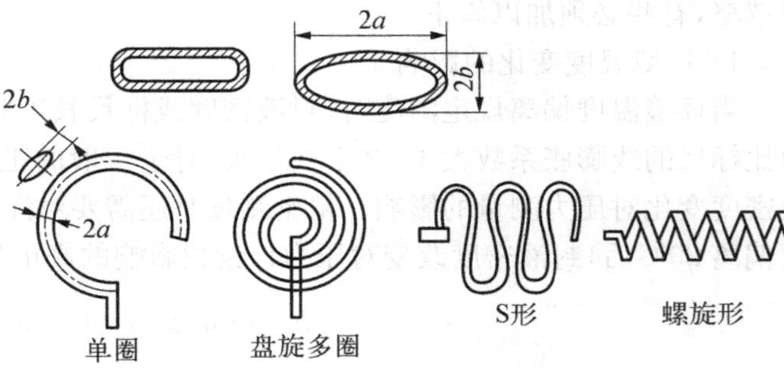

图 6－24 弹簧管及其横截面

单圈弹簧管式压力计的自由端位移量不能太大，一般不超过 2～5 mm，测压范围为 0.03～1 000 MPa，也可用来测真空度。为了提高弹簧管的灵敏度，增加自由端的位移量，可采用盘旋形弹簧管或螺旋形弹簧管。为了保证弹簧管压力表的指示正确和长期使用，应使仪表在允许的压力范围内工作。当被测压力波动较大时，仪表的示值应控制在量程的 1/2 附近；被测压力波动小时，仪表示值可在量程的 2/3 左右，但被测压力值一般不应低于量程的 1/3。另外还要注意仪表的防振、防爆、防腐等问题，并要定期校验。

2. 膜式压力计

膜式压力计分膜片式和膜盒式两种。它们的敏感元件分别是膜片和膜盒。膜片和膜盒的形状如图 6－25 所示。膜式压力计的精度等级一般是 2.5 级。

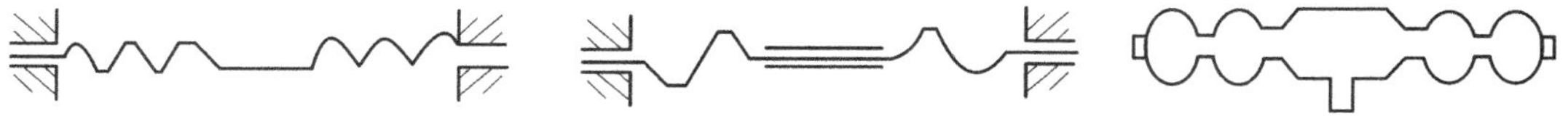

图 6-25　膜片和膜盒

(a) 弹性膜片　(b) 挠性膜片　(c) 膜盒

1) 膜片压力计

膜片压力计的膜片有弹性膜片和挠性膜片两种[见图 6-25(a)和(b)]。膜片呈圆形，一般由金属制成。常用的弹性膜片是弹性波纹膜片，它是一种压有环状同心波状的圆形薄片，它的四周被固定起来。测压时，膜片向压力低的一面弯曲，其中心产生的位移量可反映出压力的大小，位移通过传动机构带动指针转动，指示出被测压力值。挠性膜片一般只起隔离被测介质的作用，它本身几乎没有弹性，是由固定在膜片上的弹簧来平衡被测压力。

膜片压力计常用于测量腐蚀性介质或非凝固、非结晶的黏性介质的压力，适用于真空或 0～6 MPa 的压力测量。

2) 膜盒压力计

为了增大膜片中心的位移量、提高灵敏度，把两片金属膜片的周边焊接在一起，成为膜盒，如图 6-25(c)所示，有时还可以把多个膜盒串接在一起，形成膜盒组。图 6-26 为膜盒压力计结构示例。其工作原理与弹簧管压力计基本相同。膜盒压力计的测量范围为 0～±40 kPa。

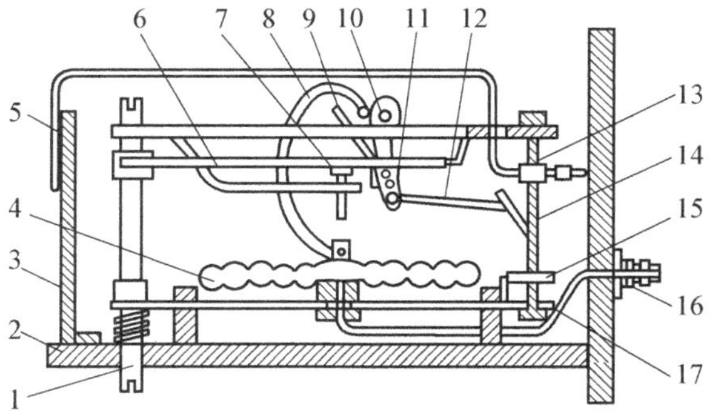

图 6-26　YK-800 型膜盒式压力计

1—调零螺杆；2—机座；3—刻度板；4—膜盒；5—指针；6—调零板；7—限位螺丝；8—弧形连杆；9—双金属片；10—轴；11—杠杆架；12—连杆；13—指针轴；14—杠杆；15—游丝；16—管接头；17—导压管

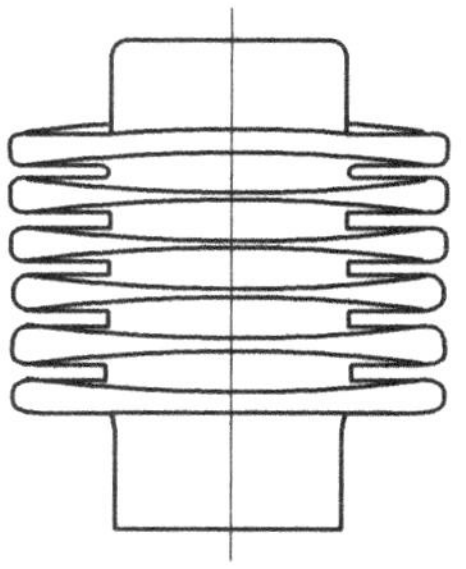

图 6-27　波纹管

3) 波纹管式压力计

波纹管的薄壁管外周沿轴向有深槽形波纹状皱褶，可沿轴向伸缩，外形如图 6-27 所示。波纹管受压时的线性输出范围比受拉时大，因而常在压缩状态下使用。

波纹管式压力计以波纹管为感压元件来测量压差信号，有单波纹管和双波纹管两种。图 6-28 为双波纹管压力计的结构示意图。

波纹管 B_1、B_2 分别固定在中心基座 8 上，B_1、B_2 的另外两刚性端盖用连接轴 1 刚性连接，连接轴两端分别装有单向受压的保护阀 2、阻尼环 11 以及推板 3。当 $p_1 > p_2$ 时，波纹管 B_1 被压缩，使填充液 12 流经连接轴 1 上的阻尼环 11 与中心基座 8 之间的间隙和阻尼旁路 10 流向 B_2，

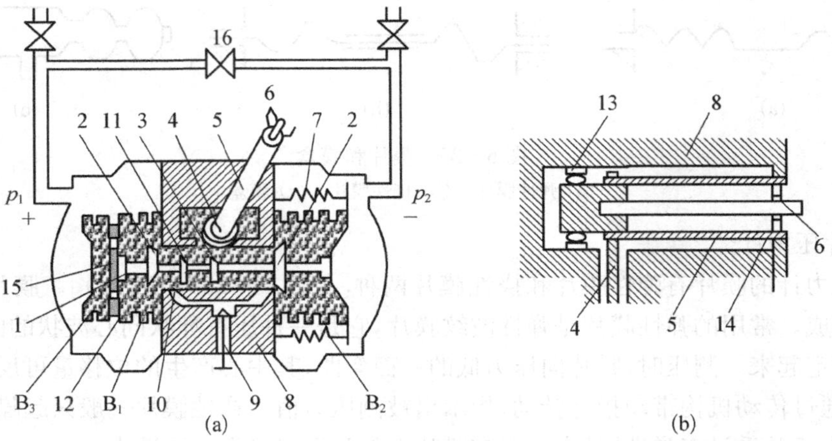

图 6-28　双波纹管压差计结构示意图

(a) 内部结构　(b) 扭力管细部

使波纹管 B_2 拉伸。由于推板 3 的移动，通过摆杆 4 使指针心轴 6 转动，指示出被测压差。

波纹管 B_3 有小孔与 B_1 相通，当温度变化引起 B_1、B_2 内填充液的体积变化时，B_1、B_2 的体积基本不变，因为多余或不足部分的填充液通过小孔流进或流出 B_3，起到温度补偿作用。

阻尼阀 9 的作用是控制填充液在阻尼旁路 10 中的流动阻力，以防止仪表迟延过大或由于压差变化频繁而引起的系统振荡。单向受压的保护阀 2 作用为保护仪表在压差过大或单向受压时不被损坏。

3. 弹性压力计的误差

环境的影响，仪表的结构、加工和弹性材料性能的不完善等因素均会给弹性压力计的测量带来各种误差：

1) 迟滞误差

同一弹性元件在相同压力下，正反行程的弹性变形量不一样，同时元件的变形往往滞后于被测压力的变化。这种迟滞误差是造成弹性压力计误差的主要原因。当然，弹性元件使用时间长了也会发生弹性衰退。

2) 温度误差

仪表精度的定标是在标准温度下进行的，当使用环境的温度偏离标准温度很多时，弹性元件的弹性变形量会发生变化，因而造成较大的测量误差。

3) 间隙和摩擦误差

弹性压力计中的传动系统机构间的间隙和摩擦阻力会引起附加误差。此外，这种误差的产生还与仪表的安装不当有关。

由于这些误差的存在，一般弹性压力计要达到 0.1 级的精度是极其困难的。

6.4 动态压力的测量

6.4.1 测压传感器

测量动态压力时，通常采用压力传感器把压力转换成电信号进行测量，常见的压力传感器有应变式、压阻式、电感式和霍尔压力式等。传感器工作原理和测量电路可参考本书第 4 章。下面用压力传感器实例介绍不同类型的传感器是怎样进行压力测量的。

应变式压力传感器，它把应变片贴在弹性元件上，把被测压力的变化转换成电阻的变化。感压弹性元件根据被测压力的不同可有不同形式，通常有悬臂梁、圆形薄片、膜盒、弹簧管、圆桶等(见图 6-29，图中标注为 R)。

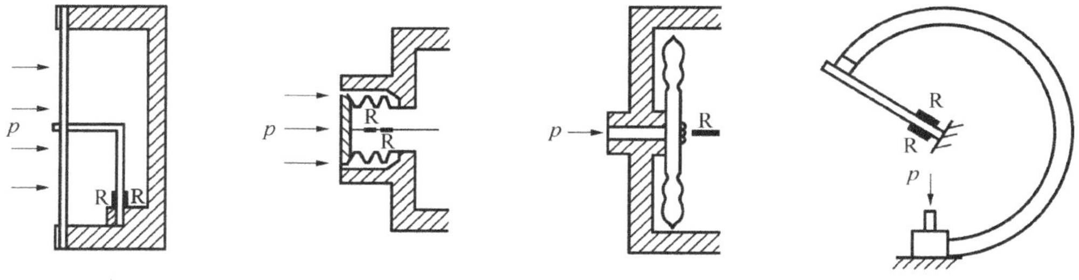

(a)　(b)　(c)　(d)

图 6-29　感压弹性元件示例

图 6-30 所示是压电式压力传感器的结构，由弹性膜片、支持片、压电晶体及引出线、绝缘套管等组成。被测压力通过弹性膜片、支持片加到压电晶体上，压电晶体产生电荷积聚，电荷由压在压电晶体间的金属箔导出。支持片的作用是保护上部两片压电晶片(石英片)，防止在被测压力的作用下产生破裂。传感器的头部具有螺纹，以便旋入被测压力腔内。

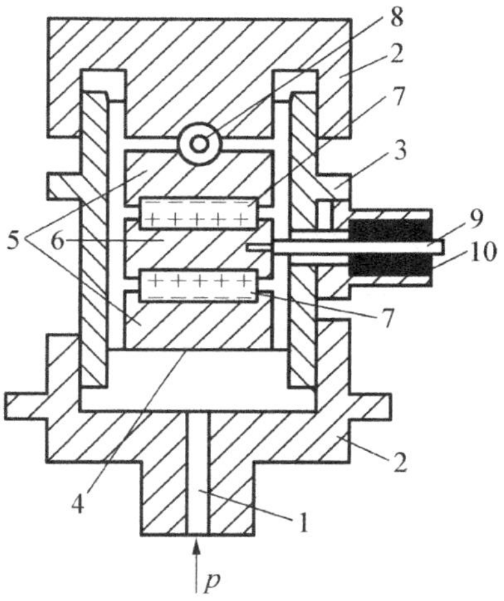

图 6-30　压电式压力传感器结构示意图

1—压力接头；2—压盖；3—钢筒；4—膜片；5—钢垫块；6—铜垫块；7—压电晶体；8—压紧珠；9—引出线；10—绝缘体

图 6-31 是 BYM 型差动电感式压力传感器的原理图。它的感压元件是弹簧管。弹簧管的自由端通过传动元件与电感传感器的衔铁相连。被测压力引起弹簧管自由端移动，带动衔铁位移，电感值发生变化。传感器测量电路是交流电桥电路。

图 6-32 为电容式压力传感器的结构示意图，它以感压元件(金属膜片)作为电容器的可动极板，与固定在传感器壳体上的另一极板组成电容器。当感受被测压力

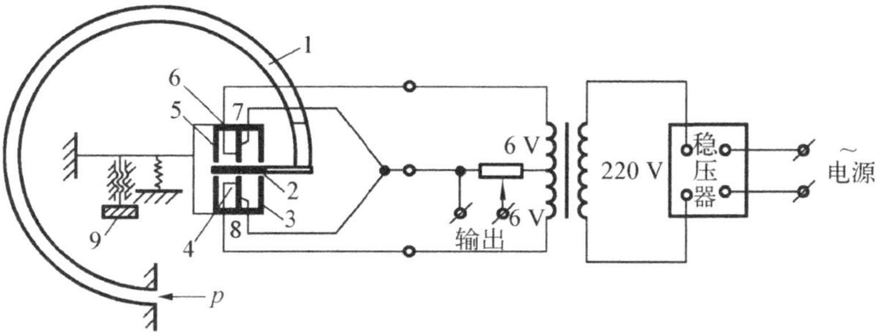

图 6-31　BYM 型差动电感式压力传感器原理图

1—弹簧管；2—衔铁；3、5—铁芯；4、6—铁芯中央部分；7、8—线圈；9—调节螺钉

时，弹性膜片变形导致极板间距变化，从而电容 C 发生变化，通过测量电容 C 的变化就可得到压力 p 的变化。

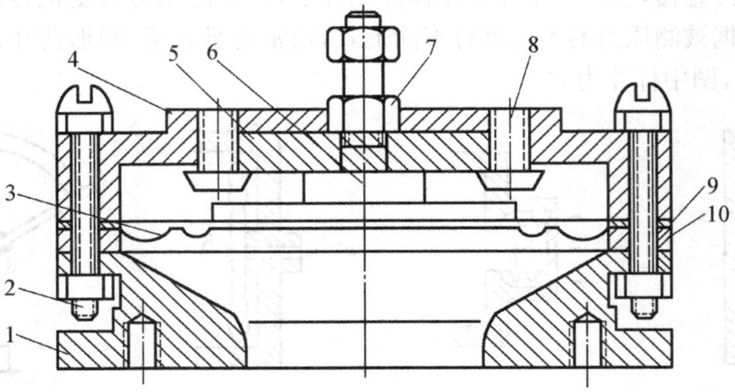

图 6-32　电容式压力传感器结构示意图

1—支座；2—固定螺钉；3—膜片；4—定极片支座；5—定极片陶瓷支架；6—定极片；7—定极片固定螺母；8—陶瓷支架的固定螺钉；9—标准垫片；10—垫片

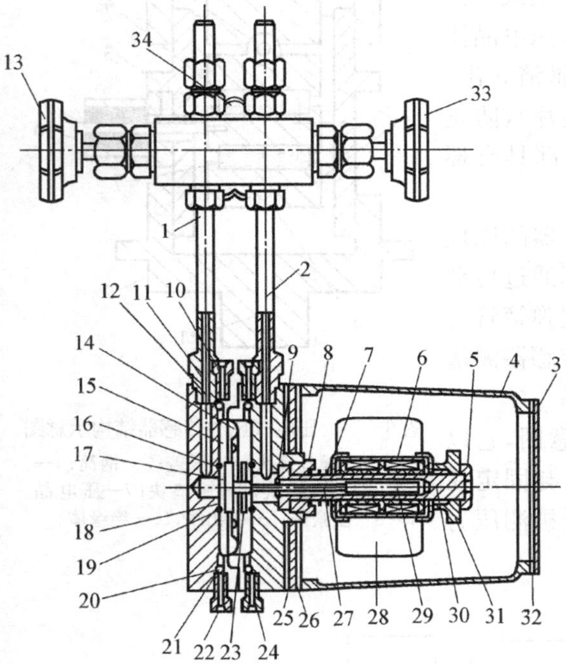

图 6-33　CPC 型差动变压器式压力传感器结构示意图

1—高压导管；2—低压导管；3，28—盖板；4—罩壳；5—紧固螺母；6—线圈；7—弹簧；8—导管螺母；9，12，18，19，21，26，32—密封垫圈；10—放气螺钉；11—滚珠；13—高压阀；14—膜片；15—高压室；16—保护环；17—正压保护挡板；20—滚珠；22—排液螺钉；23—负压保护挡板；24—低压室；25—安装板；27—连杆；29—铁芯；30—导管；31—调节螺母；33—低压阀；34—平衡阀

差动变压器式压力传感器，由弹性元件、差动变压器以及传动机构等组成。被测压力使弹性元件变形，通过传动机构带动差动变压器中的铁芯位移，传感器产生与压力成比例的输出信号。图 6-33 是 CPC 型差动变压器式压力传感器，它的感压弹性元件是弹性膜片，膜片的两边分别为高压室和低压室。被测压力由高压导管和低压导管分别导入高压室和低压室。在压差推动下膜片向低压侧变形，膜片通过无磁不锈钢连杆与差动变压器的铁芯相连，膜片的变形使铁芯产生位移，从而使差动变压器的次级线圈有电压信号输出。膜片的最大行程约为 1 mm，膜片能承受的单向静压由仪表的上限值决定，通常为 49～147 kPa。为了在导入压差过大的情况下保护膜片，在高压室和低压室分别装有保护挡板和橡皮保护环。当一侧压力过高时，另一侧的挡板就与橡皮环压紧，使另一侧容器室被密封起来。由于膜片两侧充满液体，被密封的液体产生了抵抗力，使膜片不致被过高的单向压力所损坏。值得注意的是，若用它来测量气体压差，则事先应在传感器的高、低压腔内灌满液体（水或变压器油），排净气泡。为此，在高、低压腔的两侧分别装有排气和排液阀。

6.4.2 最高压力表

最高压力表是用来测量内燃机气缸燃烧压力的一种压力表，常用的有机械式和气电式两种。

1. 机械式最高压力表

机械式最高压力表如图 6-34 所示，由弹簧管式压力表、放气阀和止回阀组成。测量时，气缸压力通过止回阀进入压力表直接指示压力。当气缸压力下降时，止回阀关闭，最高压力得以保持。虽然气缸压力断续通过止回阀进入压力表，但却保持运转中气缸内的最高压力。为减少气缸内气体对压力表的冲击和保持压力表指针平稳，有时还在止回阀和压力表之间用蛇形盘管连接，蛇形盘管同时还起散热作用。

理论上，这种压力表可以测出气缸最高爆燃压力，但实际上由于止回阀的惯性作用及上下作用面面积不同等原因，指示的压力值往往低于实际值。为此，通常这种仪表只能作为监测或比较测量用。

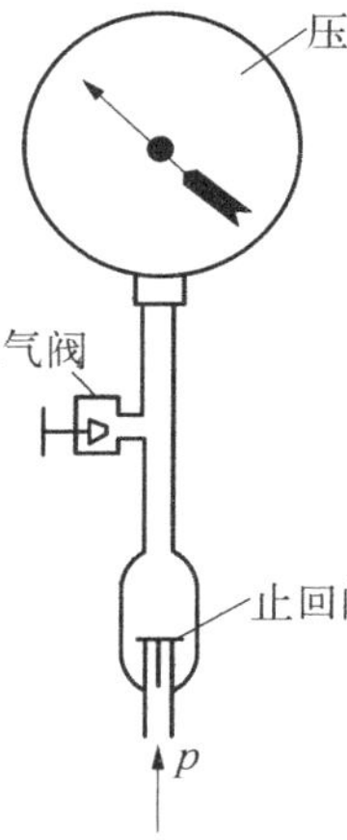

图 6-34　机械式最高压力表

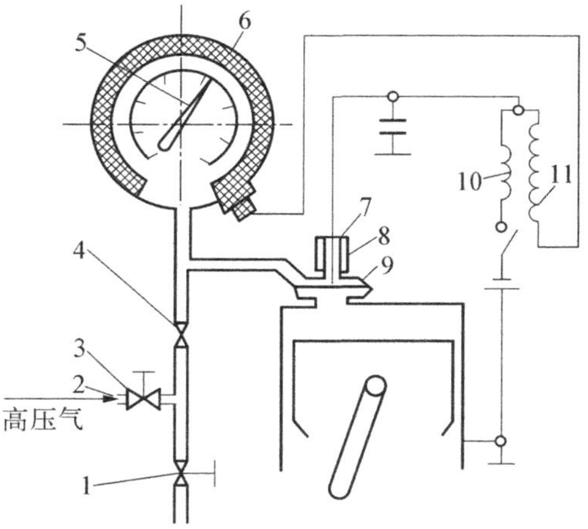

图 6-35　气电式最高压力表原理图

2. 气电式最高压力表

图 6-35 是气电式最高压力表原理图。其压力信号由膜片式传感器 8 产生，膜片式传感器中的膜片 9 将传感器内腔分隔成两室，其中一室与气缸相通，另一室有一电极并与外加高压气(一般采用氮气)相通。此传感器电极 7 与膜片 9 之间，在不工作时保持一定间隙。当测量气缸压力时，膜片 9 随气缸压力上升而向上变形与传感器电极 7 接触，由于一次侧线圈 10 导通，使二次侧线圈 11(高压线圈)产生高电压 ($>10^4$ V)，在指针 5 与绝缘的弧形电极 6 之间发生跳火。同样，气缸压力下降时，膜片 9 也随之恢复向下，与传感器电极 7 脱离，此时又能引起指针 5 与绝缘的弧形电极 6 之间一次跳火。如果此刻高压气经阀门 3，4 逐渐进入，在高压气低于气缸最高压力时，膜片 9 仍产生变形，随气缸压力的变化，膜片 9 不断与电极 7 接触和脱离，指针 5 和弧形电极 6 之间不断跳火；当高压气压力提高到与气缸压力平衡时，膜片 9 不再变形，此时指针 5 不再有跳火产生，这时的高压气压力即为气缸工作的最高压力。

若高压气已超过气缸工作最高压力，则可慢慢打开放气阀 1，使压力降低，直至指针上重新出现电火花，仍指示出气缸工作的最高压力。

测量时，常采用使高压气压力升高或降低两种方法来校核气缸压力。相对而言，气电式最高压力表比机械式最高压力表的精度要高。

6.5　流体速度的测量

在动力机械工程中，常常需要测量工作介质在某些特定区域的流速，以研究其流动状态对工作过程和性能的影响。如研究进、排气管道的流动特性和燃烧室内的气流运动对燃烧速度和燃烧质量的影响等。因此，流速测量具有重要的意义。

气流的速度是一个矢量，它具有大小和方向，所以测量流体的速度，也应包括其大小和方向两个方面。

随着现代技术日新月异的发展，流速的测量方法和相应的测量仪器也越来越多。稳定流场的流速可以用动压法测速，变动流场的流速常用热线流速仪测速、激光多普勒流速仪测速等。

6.5.1　一维流场中动压法测速

理想不可压缩流体沿水平方向稳定流动时总压保持不变，根据伯努利方程，有

$$p^{*}-p=\frac{1}{2}\rho v^{2}$$

式中，p^{*} 为流体总压；p 为流体静压；ρ 为流体密度；v 为流体速度；$\frac{1}{2}\rho v^{2}$ 为流体动压。

可以看出，只要测出流体总压和静压的压差（$p^{*}-p$），即流体动压，就可利用上式求得流速 v。

$$v=\sqrt{\frac{2(p^{*}-p)}{\rho}} \tag{6-15}$$

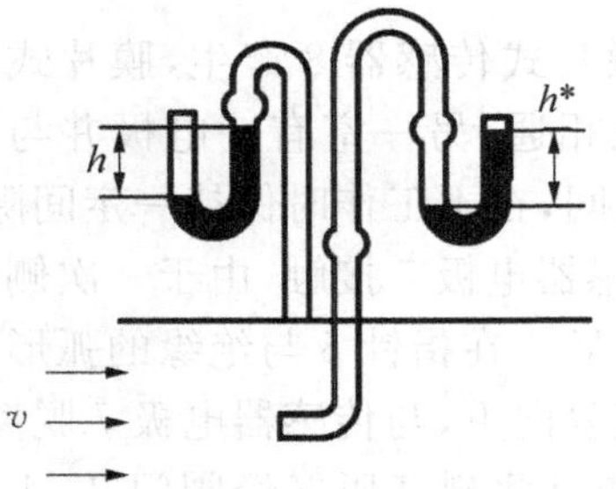

图 6-36　动压测量方法一

上式是测量不可压缩理想流体速度的基础方程。

要测量出流体动压（$p^{*}-p$）可以采用下列 3 种方法：

（1）利用壁面静压孔感受静压，用总压管感受总压（见图 6-36），将两者通入 U 形管压力计测得动压头（$p^{*}-p$）。

（2）利用静压管感受静压，用总压管感受总压，将两者通入 U 形管压力计测得动压头（$p^{*}-p$）。

（3）利用总静压复合管（皮托管）测量。

皮托管是以其发明者法国工程师 H. Pitot 的名字命名的，它由总压探头和静压探头组成，利用流体总压与静压之差，即动压来测量流速，故也称动压管。由于其主要测量对象为气体，因此又称为风速管。

皮托管结构简单，制造使用方便，价格低廉，而且只要精心制造并经过严格标定和适当修正，可在一定的速度范围内达到较高的测量精度。所以，虽然皮托管出现已有两个多世纪，但至今仍是发动机试验中最常用的流速测量手段。

皮托管测取的是流场某点的平均流速，由于是接触式测量，因而探头的头部尺寸决定了皮托管测速的空间分辨率。受工艺、刚度、强度和仪器惯性等因素的限制，目前最小的皮托管头部直径约为 0.1～0.2 mm。

图 6 - 37 是 L 形皮托管的结构简图。

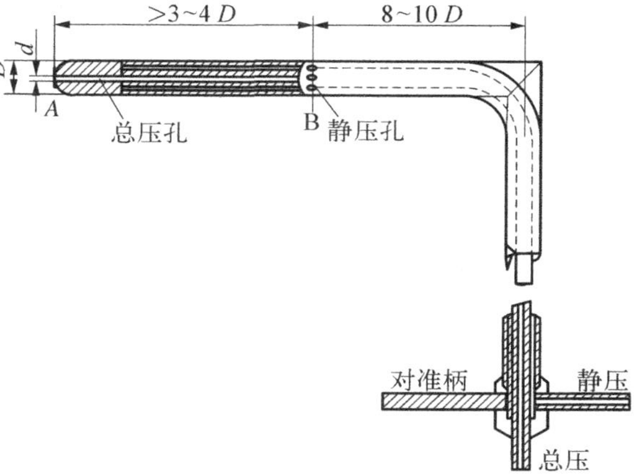

图 6 - 37　L 形皮托管

考虑到总压和静压的测量误差，利用它们的测量读数进行流速计算时，应作适当的修正。为此，引入皮托管的校准系数 ξ，将式(6 - 15)改写为

$$v = \xi\sqrt{\frac{2(p^* - p)}{\rho}} \tag{6-16}$$

合理地调整皮托管各部分的几何尺寸，可以使得总压、静压的测量误差接近于零。例如，标准皮托管是迄今为止最为完善的一种，其校准系数为 1.01～1.02，且在较大的流动马赫数 Ma 和雷诺数 Re 范围内保持为定值。

当气体流动的马赫数 $Ma > 0.3$ 时，还应考虑气体的压缩性效应，此时可用下式进行流速计算

$$v = \xi\sqrt{\frac{2(p^* - p)}{\rho(1+\varepsilon)}} \tag{6-17}$$

式中，ε 为气体的压缩性修正系数，可由表 6 - 1 查取。

对于可压缩气体，其绝对流速还与温度有关。为了避免测温的麻烦，一般用 Ma 表示气流的速度，即

$$Ma = \xi\sqrt{\frac{2(p^* - p)}{k\rho(1+\varepsilon)}} \tag{6-18}$$

式中，k 为气体的等熵压缩(或膨胀)指数，对于空气，$k = 1.40$。

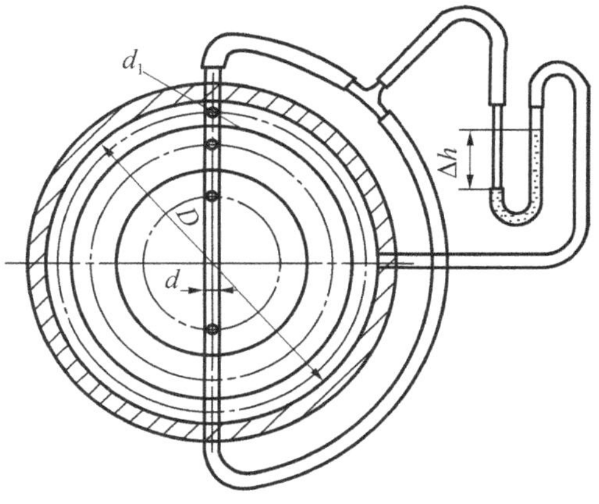

图 6 - 38　笛形皮托管

由于总压测量比较容易，而静压测量要求较高。所以设计皮托管时，应满足静压管的各种要求。静压管的不敏感角由静压管决定。

用普通皮托管测速时，要求来流的 Ma 小于流动的临界马赫数 Ma_c。对于高 Ma(Ma 接近 1)下的流动，为避免皮托管的头部附近发生脱体激波，可采用细长的锥形探头，这类管子适用于 Ma 达 0.8～0.85 范围的流速测量。

除了使用最广泛的标准皮托管外，在一些特殊的场合还经常用到其他形式的皮托管。如，为了测量尺寸较大的管道内的平均流速，常常采用笛形皮托管(见图 6 - 38)；而对于锅炉等设备管

道中含尘浓度较高的气流，可以采用吸气式、遮板式和靠背式皮托管。

皮托管所测量的总压和静压不在同一点上，也不在同一截面，对于流动方向的速度变化急剧的地方，不能用它来测量速度。

皮托管使用前都必须经过标定。需要特别指出的是，测量超声速气流的流速时，还会碰到测压管引发波阻损失等特殊问题，需要选用特定型式的总压和静压探头，标定需要特别仔细。

6.5.2 二维流场中流速的测量

在发动机的部件试验、进排气道的流场试验、燃烧室回流气试验研究中，不但要测出气流速度的大小，还要测出气流的方向。为了准确测出气流的方向，要求感受器对气流方向的变化特别敏感，这与总压、静压感受器的要求正好相反。

根据流体力学原理，在二维流场中，如果在规则形状的物体表面开对称的两个小孔，气流如果正对对称轴流来，则两个小孔所感受的压力必然相等；如果气流相对于对称轴有一偏角，则两孔感受到的压力必然不等。根据这一事实，可设计出各种类型的"方向管"来测量气流中的方向。如果在两个方向孔的对称轴上开一测孔，当对称轴正对气流方向，则此孔感受压力为气流的总压 p^*，而方向孔上感受的压力是气流总压和静压间的某一压力值。所以，只要事先在校准风洞中进行过标定，开有三个测孔的测压管可以一次测量出平面气流中的总压、静压、气流速度的大小和方向，这样的测压管称为二元（或平面）复合测压管。常用的方向管和复合测压管如图 6－39 所示。

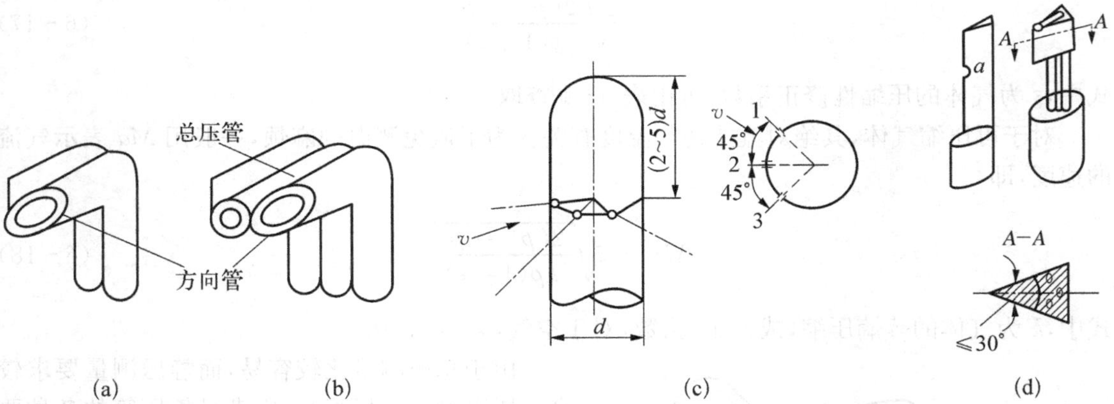

图 6－39　二元测压管

(a) 二管型　(b) 三管型　(c) 三孔圆柱型　(d) 锲型

三孔圆柱型测压管是在二维流场中测量 p^*，p 和气流方向的感受器，其典型结构如图 6－39(c)所示。其构造为在一根圆管上钻三个小孔各焊三根小针管，以引出三个压力值 p_1，p_2，p_3，针管内径一般为 0.5 mm。它们在同一垂直圆管轴的平面圆周上。中间孔 2 与两侧孔 1，3 的夹角各为 45°。它结构简单，制造容易，得到广泛的应用。

用圆柱型三孔测压管测量气流的总压、静压和方向的方法有两种。

1. 转动法

转动法就是转动圆柱型三孔管以对准气流的方向。测量时将圆柱型三孔管垂直插入气流所在坐标平面内，此时其方向位置是任意的，因而气流方向不一定处于 1，3 两孔的对称位置。若

$p_1 \neq p_3$，则将三孔管绕自己的轴线慢慢转动，当 $p_1 = p_3$ 时停止转动。此时，1，3 两孔对称于气流方向，孔 2 对准气流方向，于是 $p^* = p_2$。气流方向角度可以从转动机构上直接读出。

至于静压，根据气流绕流圆柱体时的压力分布（图 6-2）可知，如果边缘两孔 1，3 相对中间孔 2 开在 ±30°之处，则当中间孔 2 对准气流时，边缘两孔 p_1，p_3 就是静压。

理论分析和试验都表明，当夹角取 45°时，测压管对气流方向最敏感。为了灵敏地测量出气流方向，实际的三孔圆柱型测压管对称孔与对称轴间的夹角为 $\varphi = 45°$。

中间孔 2 与两侧孔 1，3 的夹角各为 45°时，虽然 p_1，p_3 不等于静压，但与静压仍有内在的规律联系，仍可测出静压。实验证明，在 $\lambda \leqslant 0.6$ 的范围内，当孔 2 对准气流时，$(p_2 - p_1)$ 与动压头 $\frac{1}{2}\rho v^2$ 成正比。

当 $\lambda \leqslant 0.3$ 时，实验表明，对圆柱型三孔管可以不考虑气流的压缩性，取

$$\frac{\rho v^2/2}{p_2 - p_1} = \frac{p^* - p}{p_2 - p_1} = \xi \tag{6-19}$$

式中，ξ 是三孔管校准系数，事先通过校验得到。按照式(6-19)可计算出静压 p，后可进一步计算出气流速率 $v = \xi\sqrt{\frac{2(p^* - p)}{\rho}}$。

2. 不转动法

转动三孔管对准气流方向费时较长，为了节省试验时间，可采用不转动法。用不转动法时，先将三孔管按定位基准装在试验段上，确定好角度的初始位置（0 点）。当然，事先应初步估计气流方向的大致范围，使安装三孔管时能基本对准气流方向，不致偏差太大。

试验中，三孔管固定不动。由于安装时不能保证孔 2 对准气流方向，所以，一般情况下 $p_1 \neq p_3$。但 p_1，p_2，p_3 与气流的偏角、总压、静压之间仍有一定的规律性联系。三孔管的校准曲线有方向特性、总压特性和速度特性三条，这三条曲线就表示出它们之间的关系。在图 6-40(a)中，k_β 为方向系数；k_0 为总压系数。

$$k_\beta = \frac{p_3 - p_1}{(p_2 - p_1) + (p_2 - p_3)} \tag{6-20}$$

$$k_0 = \frac{p^* - p_2}{(p_2 - p_1) + (p_2 - p_3)} \tag{6-21}$$

在图 6-40(b)中，ξ_β 为速度系数。当 $\lambda \leqslant 0.3$ 时，可忽略气流的压缩性

$$\xi_\beta = \frac{p^* - p}{(p_2 - p_1) + (p_2 - p_3)} \tag{6-22}$$

当 $\lambda \geqslant 0.3$ 时，需考虑气流的压缩性

$$\xi_\beta = \frac{\frac{k}{k-1}p^* \cdot \lambda^2 \cdot \varepsilon(\lambda)}{(p_2 - p_1) + (p_2 - p_3)} \tag{6-23}$$

每根制好的三孔管必须在校准风洞中进行校准，得出 k_β，k_0，ξ_β 关系曲线后，才能用不转

动法进行测量。

用不转动法测量时，只需要记录 p_1，p_2 和 p_3 值。根据数据，按式(6-20)计算出 k_β 值，然后按 k_β 值从图 6-40(a)中的 k_β 曲线查出与其相应角度 β，即获得了气流的方向。再根据此 β 值，从图 6-40(a)的 k_0 曲线查出对应的 k_0 值，然后按照式(6-21)计算出总压 p^*。再按此 β 从图 6-40(b)曲线中查到对应的 ξ_β 值，按式(6-22)或式(6-23)计算出静压 p。这样就获得了气流的方向、总压、静压。

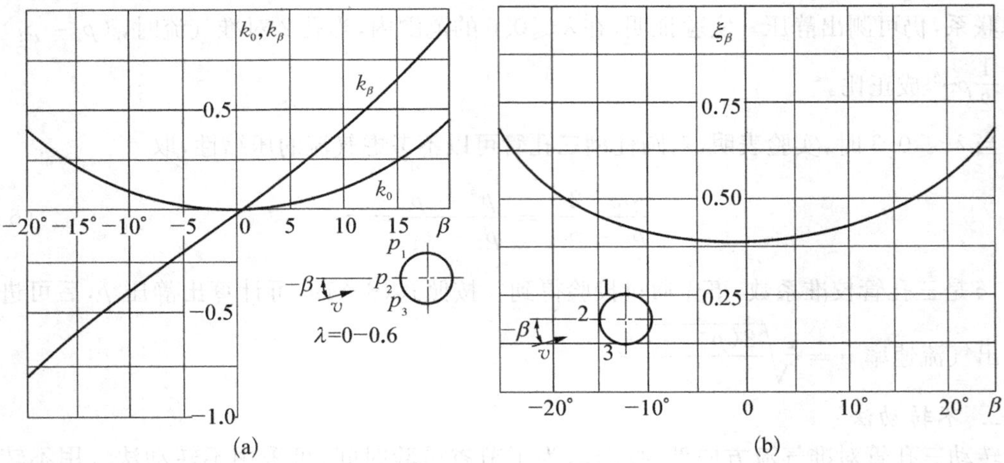

图 6-40 圆柱型三孔针校准曲线

类似于三孔管测量流速的大小和方向的工作原理，三维空间的流速测量探测器可用四孔圆柱探针、五孔球形探针。当气流方向变化较大时，还可采用七孔测速管。

6.6 热线测速技术

用气动探针测量气流速度时，由于滞后大，不适用于测量不稳定流动中的气流速度。即使在脉动频率只有几赫的不稳定气流中测量流速，也不能获得满意的测量结果。

热线风速仪是一种多用途的测量仪器，它与热线或热膜探头一起，用于测量流体的平均流速、脉动速度和流动方向。由于探头的几何尺寸较小，对流干扰小，它经常用于一般探针难以安置的地方(如附面层)。另外，由于它惯性小、响应速度快、频率响应宽，特别适合脉动流体(如旋转叶栅后的流体尾迹)测量。特别是，当热线风速仪与微机联用时，它能把繁琐的数据整理工作大大简化，已成为实验室不可缺少的测量设备。

6.6.1 探头及其型式

热线探头分热丝探头和热膜探头两种。

热丝是很细的金属丝，通常直径只有 4～5 μm，焊在两支杆上，通过绝缘座引出。热丝材料多用钨或铂。热线的长径比约为 300 左右，热线两端涂覆 12 μm 厚的铜金合金，敏感部分只在中间的一小段。这样，敏感部分远离支杆，支杆对气流的干扰不会传给热线。图 6-41 所示是几种典型的热线探头。

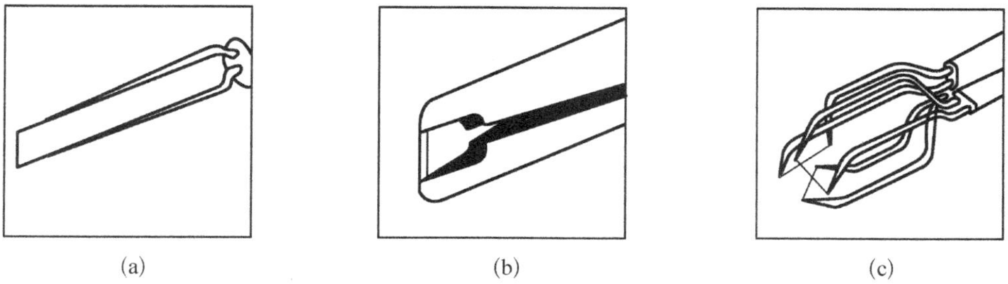

图 6-41　典型的热探头管

(a) 一元热线探头　(b) 热膜探头　(c) 三元热线探头

由于热线强度低，能承受的最大电流小，不适于在液体或带有颗粒的气流中工作，应使用热膜探头。热膜是用铂或铬制成的金属薄膜，用熔焊的方法固定在石英楔形骨架的前缘。热膜能承受较大电流，且不易被气流中的颗粒撞坏，但长期在含有微粒的气流中工作时要特别注意其表面状态，防止由于表面损伤引发的电阻值改变所造成的测量失效。

热线探头有一元探头、二元探头和三元探头几种，分别用于一元流动、二维流动和空间流动的流速测量。

6.6.2　工作原理

对热线通电后热线被加热，流体的流动可带走热线的热量，流体冷却能力随流速的增大而加强。热线与流动方向正交时，流体对热线的冷却能力最大，随着两者交角不断减小，流体对热线的冷却能力将不断减小。

若对热线施加的电流为恒定值，可根据热线的温度值(即热线电阻值的大小)来测量流体的速度，这就是“恒流法”测量流速的原理。在某恒定电流下，流体流速和热线电阻的关系，可事先在校准风洞上标定出来。

若保持热线的温度恒定(即热线电阻恒定)，通过实现建立的热线电流和流体速度的关系，可测量流速，这也就是“恒温法”。

热线简图见图 4-42 所示，热线以垂直于流体的方向安置，两端固定在相对粗大的支架上，金属丝由电流加热，温度高于周围介质温度。由于热线的长径比 l/d 较大，可忽略热线对支杆的导热损失。又由于热线加热温度与周围介质温度相差不大，可忽略热辐射损失。在热平衡原理下，热线产生的热量与热线散失的热量平衡，即

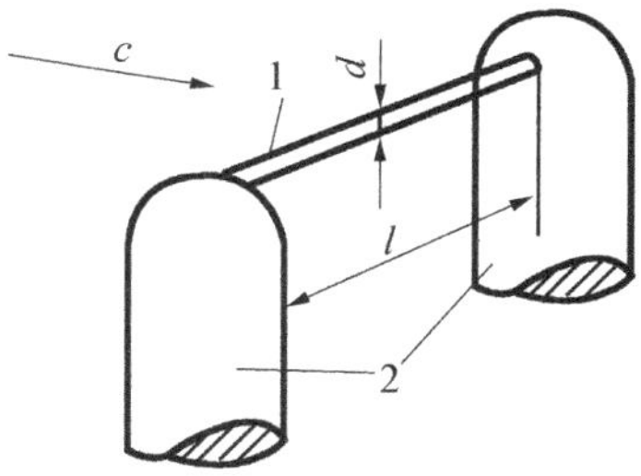

图 6-42　热线风速仪

1—热线；2—支架

$$I^2R = \alpha \cdot F \cdot (t - t_f) \qquad (6-24)$$

式中，I 为流经热线的电流；R 为热线电阻，当热线材料和几何尺寸已定的条件下，它是热线温度的函数；α 为热线对流换热系数；F 为热线的换热面积；t 为热线温度；t_f 为流体温度。

由传热学可知，

$$\alpha = \frac{Nu \cdot \lambda}{d} \qquad (6-25)$$

式中，Nu 为努谢尔数；λ 为流体导热系数；d 为热线直径。

由于热线直径极小，即使流速很高也可认为是层流换热，则

$$Nu = a + b \cdot Re^n \tag{6-26}$$

式中，a, b 为与流体物性有关的常数；n 为与流速有关的常数。

雷诺数为

$$Re = \frac{v \cdot d}{\upsilon} \tag{6-27}$$

式中，v 为流体流速；ν 为流体运动黏性系数。

将式(6-27)、式(6-26)、式(6-25)代入式(6-24)，得

$$I^2R = \left(aF\frac{\lambda}{d} + bF\frac{\lambda d^{n-1}}{\nu^n}\right)v^n(t - t_f) \tag{6-28}$$

当热线已经确定，流体 λ、ν 已知时，上式可简化为

$$I^2R = (a' + b'v^n)(t - t_f) \tag{6-29}$$

式中的 a', b' 为与流体参数和探头结构有关的常数，分别是

$$a' = aF\frac{\lambda}{d}$$

$$b' = bF\frac{\lambda d^{n-1}}{\nu^n} \tag{6-30}$$

式(6-29)为热线的基本方程。

热线电阻的变化规律为

$$R = R_0[1 + \beta(t - t_0)] \tag{6-31}$$

式中，β 为热线的电阻温度系数；R_0 热线在温度 t_0 时的电阻值；t_0 为校验热线风速仪是流体的温度。式(6-31)代入式(6-29)，得

$$I^2R_0[1 + \beta(t - t_0)] = (a' + b'v^n)(t - t_f) \tag{6-32}$$

可以看出，流体的流速只是流经热线的电流 I 和热线电阻 R（热线温度 t）的函数，固定其中一个，就可获得流体流速和另一参数的单值函数关系。

以上介绍的工作原理解决了稳定流动时平均流速的测量问题。在非稳定流动试验中，除了测量平均流速外，还要测量脉动流速或随时间变化的流速，以及这些量的关联量。当流速的脉动分量频率很高时，还要考虑热线的热惯性的影响。热惯性会导致输出信号的相位滞后和幅值衰减，给测量造成很大误差。为了改进热线风速仪的动态性能，除了采用尽可能细和短的热线外，还需要在电子线路上进行补偿。

6.6.3 热线测速的方法

1. 恒温型热线风速仪

这是目前应用较广的一种型式，它可以测量非常快的脉动速度，而不用复杂的补偿电路。图 6-43 为等温型热线风速仪工作原理。

等温热线测速系统的实质是一个有负反馈的电桥电路，热线电阻作为电桥的一个桥臂。测量时，电桥供电，将热线加热到某一温度，经过调节使电桥平衡。热线探针置于流体后，由于对流换热，热线温度下降，电阻 R_H 减小，电桥失去平衡。电桥输出电压经放大后，反馈至电桥输入端。由于电桥供电电压上升，使流经热线的电流增加，热线温度上升，直到电桥重新恢复平衡。即，热线温度始终保持恒定，从而可建立出测量电路输出电压 V_o 与流速间的关系。

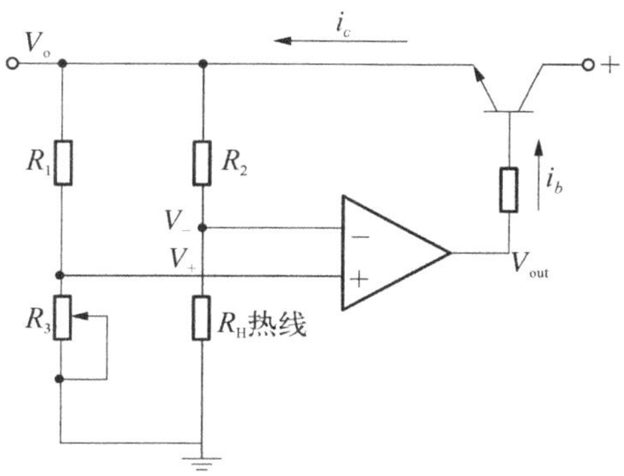

图 6-43　等温型热线风速仪工作原理图

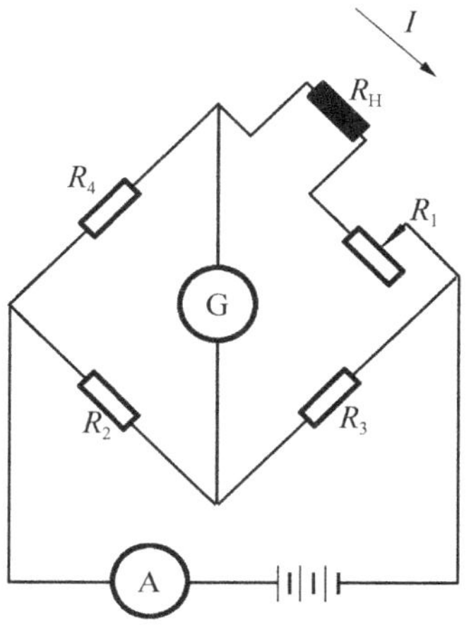

图 6-44　恒流型热线风速仪工作原理图

2. 恒流型热线风速仪

等电流型热线风速仪原理如图 6-44 所示，当流体流速增加时，热线的温度下降，热线电阻 R_H 减小，电桥将失去平衡，流经热线的电流变化。调节电阻 R_1，电桥恢复平衡，即流经 R_H 的电流恢复成原来的值。这样就建立了电桥控制电阻 R_1 上的压降与流体流速的关系。

上述两种热线风速仪中，恒流式热线风速仪在变温状态下工作的，测头容易老化，使性能不稳定，且热惯性影响测量灵敏度，产生相位滞后。因此，现在的热线风速仪大多采用恒温式。

第7章 流量测量

7.1 流量测量概述

7.1.1 流量

在发动机试验中，经常需要测量流量。如内燃机进气流量、燃油消耗量、冷却水流量、涡轮机的进气流量等。

流量通常是指单位时间内通过管道某有效流通截面或某一容器的气体或液体数量的大小，称瞬时流量。按质量计算的流量叫做质量流量，用 Q_m 表示，国际单位用(kg/s)；按体积计算的流量叫体积流量(也称容积流量)，用 Q_V，国际单位是(m^3/s)。质量流量和体积流量的换算关系为

$$Q_m = Q_V \cdot \rho \tag{7-1}$$

式中，ρ 为流体密度(kg/m^3)。

在工程实际中，有时还需要知道某一段时间间隔内通过某流通截面的流体总量，这就是所谓的累计流量。累计流量除以相应的时间间隔，则为该段时间内的平均流量。

在表示和比较流量大小时，必须注意单位和量纲的统一，同时必须考虑压力和温度等状态参数对流体体积的影响。也就是说，对于体积流量，应该标明相应的流体压力和温度。为了便于比较流量的大小，还常常将体积流量换算成某统一约定状态下的值，如标准状态(20℃，$1.013\,25\times10^5$ Pa)下的标准体积流量。

7.1.2 流量测量的方法

流量测量方法有直接测量法和间接测量法两种。

直接测量法测量的是平均流量，其测量原理是准确地测量出某一间隔时间内流过的流体总量，然后算出平均流量。船舶动力装置测试中通常用该方法来测量内燃机的燃油消耗量。

图 7-1 为流量直接测量法装置原理图。图 7-1(a)为容积法测量燃油消耗量的装置原理图，主容器(例如燃油箱)中装满燃油，用连通管将它与玻璃量瓶连通，中间装三通阀。已知量瓶刻度线 A 和下刻度线 B 之间的容积。测量出燃油液面从 A 下降到 B 所需的时间，就可求出动力设备单位时间的燃油消耗量。量瓶的容积随发动机功率大小和运转工况有所不同。实际使用中，多用带有油泡的量瓶。如果在刻线 A，B 两处各装一组光电系统，可达到自动测量的目的。图 7-1(b)为质量法测量燃油消耗量的装置原理图，装置测出消耗一定质量燃油所需时间，然后求出发动机单位时间燃油的消耗量，可用高精度的压力传感器将质量变化转变为电信号，实现动态地连续测量燃油消耗量的目的。

流量间接测量是指测量与流量(或流速)有关的物理量的变化，再利用相应的关系式求得

流量。目前工程上和科学实验中多数采用这种方法。流体流动的动力学参数,如流速、动量等都直接与流量有关,因此这些参数造成的各种物理效应,均可作为流量测量的物理基础。目前,已投入使用的流量计有一百多种。根据测量方法的基本特点,一般可将目前所使用的流量测量方法归纳为下述三大类型。

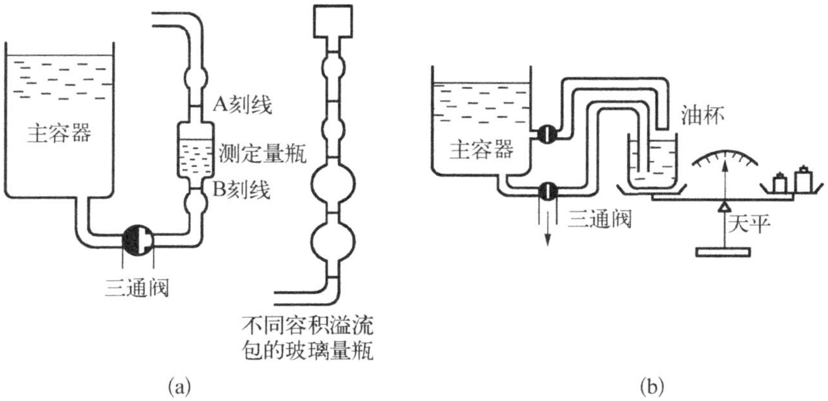

图7-1 流量直接测量法装置原理图

(a) 容积法 (b) 质量法

1. 容积法

利用容积法制成的流量计相当于一个具有标准容积的容器,它连续不断地对流体进行度量。单位时间内,被测流体充满(或排出)这个标准容器的次数越多,流量越大。

容积型流量计的工作原理比较简单,适合于测量高黏度、低雷诺数的流体。其特点是流体流动状态对测量结果的影响较小,精确度较高,但不宜用于高温、高压和脏污介质的流量测量,其流量测量上限较小。

属于这种类型的流量计有:椭圆齿轮流量计、腰轮(罗茨)流量计、刮板式流量计、伺服式容积流量计、皮膜式流量计和转筒流量计等。

2. 速度法

速度型流量计以流体一元流动的连续方程为理论依据,即当流通截面确定时,流体的体积流量与截面上的平均流速成正比。因此,通过测量流通截面上的流体流速或与流速有关的各种物理量,就可以计算出流量。这类流量计有着良好的使用性能,可用于高温、高压流体测量,且精确度较高。但是,由于它们以平均流速为测量依据,因此测量结果受流动条件(如雷诺数、涡流以及截面上流速的分布等)的影响很大,这给精确测量带来困难。

在速度型流量计中,节流式流量计历史悠久,技术最成熟,是目前工业生产和科学实验中应用最广泛的一种流量计。此外属于速度型流量计的还有转子流量计、涡轮流量计、电磁流量计和超声流量计等。

3. 质量流量法

这类流量计以测量与流体质量有关的物理效应为基础,分为直接式、推导式和温度压力补偿式三种。

直接式质量流量计利用与质量流量直接有关的原理(如牛顿第二定律)进行测量,目前常用的有量热式质量流量计、角动量式质量流量计、振动陀螺式质量流量计、马格努斯(Magnus)

效应式质量流量计和科里奥利(Coriolis)质量流量计等。

推导式质量流量计是同时测取流体的密度和体积流量，通过运算而推导出质量流量的。一般，它由速度型流量计和密度计组合而成。

温度压力补偿式质量流量计也可看成是一种推导式质量流量计，只是它不配用密度计，而是利用温度、压力与密度之间的关系，将温度、压力的测量值转换为密度，再与体积流量进行运算而得到质量流量。由于连续测量温度、压力比连续测量密度容易，因此，目前工业上所用的推导式质量流量计大多属于温度压力补偿式。

7.1.3 流量计的选用原则

无论哪一种流量计，都有一定的适用范围，对流体的特性以及管道条件都有特定的要求。目前生产的各种容积法和速度法流量计，都应满足下列条件：

(1) 流体必须充满管道内部，并连续流动。

(2) 流体在物理上和热力学上是单相的，流经测量元件时不发生相变。

(3) 流体的速度一般在声速以下。

表 7-1 列出了常用流量计的基本特征。

表 7-1 常用流量计基本特征

类型	名称		输出信号类型	适用流体及其参数界限				主要技术特征		
				流体种类	压力/MPa	温度/℃	雷诺数	精度(%)满量程	适用管径/mm	压力损失
容积式	椭圆齿轮流量计 腰轮流量计 刮板流量计		转速	液、气	6.4	360	不限	±(0.2~0.5)	10~500	中
速度型	节流式	标准孔板	差压	液、气蒸汽	32	600	5 000~8 000	±1.5	50~100	大
		标准喷嘴					>20 000	±(1.0~2.0)	50~600	中
		标准文丘里管					>30 000	±(1.5~4.0)	150~400	小
	动压式	皮托管	差压	液、气	32	600	>2 000	±(1.5~4.0)	100~1 600	很小
	转子式	玻璃转子流量计	转子位置	液、气	1.6	120	>10 000	±2.5	4~150	中
		金属转子流量计			25	400				
	靶式流量计		力	液、气	6.4	400	<2 000	±5.0	15~250	大
	涡轮流量计		转速	液、气	32	150		±(0.1~0.5)	4~600	中
	涡街流量计		频率	液、气	32	400	10^4~10^6	±1.5	16~1 600	较小
	电磁流量计		电动势	导电液	1.6	60		±1.5	25~400	无
	超声流量计		电压	液	6.4	120	流速>0.02 m/s	±1	>10	无

在流量测量中，正确选用流量计对于保证流量测量精度十分重要，下面介绍流量计选型的一般性准则。

1. 根据被测介质的性质选择

各种流量计对被测介质的适应性不同。因此，在选择流量计时必须首先明确被测流体的物态及其特性。

一般而言，测量水蒸气可选用节流式流量计或转子流量计；测量各种洁净液体时，可选用节流式流量计、转子流量计、腰轮流量计、椭圆齿轮流量计、靶式流量计和电磁流量计；测量各种洁净气体时，可选用节流式流量计、转子流量计、腰轮流量计、椭圆齿轮流量计、靶式流量计和漩涡（涡街）流量计；测量浆液时，可选用靶式流量计和电磁流量计；测量黏性液体时，可选用腰轮流量计、椭圆齿轮流量计和旋转活塞流量计；测量腐蚀性介质时，可选用转子流量计；测量脏污的液体或气体时，可选用电磁流量计和靶式流量计。

2. 根据用途选择

各种流量计的功能、测量精度和价格不同，而不同的使用场合对流量计这些性能的要求也有所侧重。通常，作为计算使用，要求测量精度较高时，可选用腰轮流量计、椭圆齿轮流量计、旋转活塞流量计和涡轮流量计；工业生产过程中要求有指示记录，并能进行流量自动控制时，可选用节流式流量计、转子流量计、靶式流量计和电磁流量计；要求流体测量的压力损失较小时，可选用转子流量计和涡街流量计等。

3. 根据工况条件选择

工况条件包括被测流体的流量变化范围、温度和压力的高低等。这里要作特别说明的是关于流量计流量上限的刻度问题，通常，液体流量计的流量上限采用20℃的水作为介质来刻度，而气体流量计的流量上限则以20℃、$1.013\,25\times10^5$ Pa的空气作为介质进行刻度。因此，在实际流量测量中，当被测流体的密度、温度、压力和其他特性与流量计刻度时所用介质的参数值不同时，必须先将实际状态下被测流体的流量变化范围换算成流量计刻度状态下相应介质（如水或空气）的流量大小，并以此作为选择流量计量程的依据。

4. 其他

除上述问题外，选择流量计时还应该考虑流量计的安装条件，包括安装位置、安装尺寸以及流通管路的振动情况等，有时还要考虑测量过程产生的永久压力损失带来额外耗能费用的大小。例如，对于泵送费用昂贵的大口径输送管道的流量计量，应该选用永久压力损失系数较小或无阻挡式的流量计，虽然这种流量计的价格较贵，但能够减省附加的泵送费用，因而从长远看来是合算的。

总之，没有一种流量计能够适用于所有的流体和各种流动状况。因此，在选用流量计时，应该对各类测量方法和仪表特性有所了解，在全面比较的基础上选择符合实际测量要求的最佳型式。

7.2　测速法测流量

当已知管道面积A，流体密度ρ，只要测出流体通过管道截面积的平均流速$\overline{v}$，则流量可按下式进行计算：

$$Q_V = A \cdot \overline{v}$$

$$Q_m = A \cdot \overline{v} \cdot \rho$$

可以看出，测速法测流量的关键是怎样得到管道截面积上的平均流速$\overline{v}$。

7.2.1　管道流体速度的分布

由于流体具有黏性，所以当流体在管道内流动时，由于管壁与流体的黏滞作用，靠近管壁流速较低，管中心流速较快。而且，流体的流动状态不同，也将呈现不同的速度分布。图7－2为圆管中湍流和层流时的速度分布。这是流体稳定流过一定长度直管段以后才形成的稳定流速分布，其特点是速度分布对称于管道中心。通过测量平均流速来求得流量的测量方法，稳定的速度分布是获得准确测量值的必要条件。所以，安装测量感受器时，应在其上下游保证一定长度的直管段，目的就是为了保证在测量流量时管道内有稳定的流速分布。如电磁流量计，无论管内是层流还是湍流状态，只要保证流速分布与管道中心对称且稳定，均能感应出与平均流速成正比的电动势。

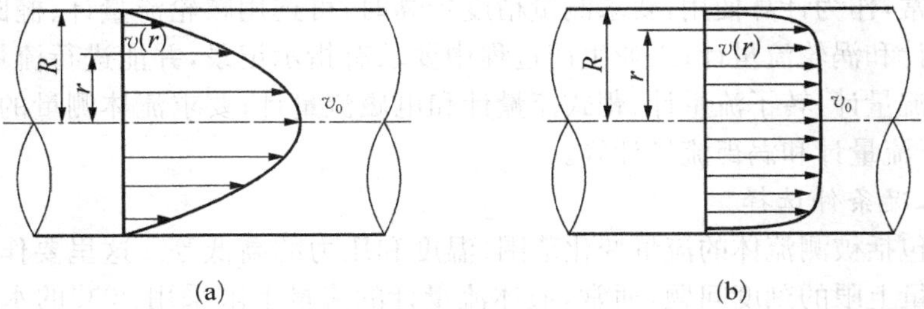

图7－2　流速沿径向分布

(a) 层流时　(b) 湍流时

7.2.2　理论平均流速的测量

在本书第6章介绍过流速的测量方法，可以知道一支皮托管或一支热线风速仪只能测量一点的流速。假如流体流速对称分布且稳定，那么设法测出管道截面上的最大流速v_{max}，就可根据速度分布从理论上推出平均流速，其关系为

层流　$$\overline{v} = \frac{1}{2} v_{max}$$

湍流　$$\overline{v} = \frac{2n^2}{(n+1)(n+2)} v_{max} \tag{7-2}$$

式中，n为随流体雷诺数Re不同而变化的系数(见表7－2)。

表7－2　湍流时圆管内的平均流速

$Re \times 10^{-4}$	2.56	20.56	70.00
n	7	8	9
v	$\frac{98}{120} v_{max}$	$\frac{128}{153} v_{max}$	$\frac{162}{190} v_{max}$

同样，可以根据速度分布求出平均流速相应测点位置

层流
$$R_W = 0.707R$$

湍流
$$R_W = \left\{1 - \left[\frac{2n^2}{(n+1)(2n+1)}\right]^n\right\}R \tag{7-3}$$

式中，R 为管道半径。

即，如果流体流动是层流，只要将测点取在离管壁 0.293R 处，此处测得的流速即为管道截面的平均流速。

7.2.3 多点平均流速的测量

实际使用中，由于管道中流体黏度等种种因素，也有很多时候管道内流速分布不对称或不稳定。如，发动机进气道前后就没有很长的直管段，其流动分布是不均匀的。因此，通常的做法是将管道截面分成面积相等的几个部分，然后测出每部分特征点的流速，并将该流速乘以每一部分面积，得到通过该小面积的流量。再把每个小面积的流量累加起来，就是通过整个管道的流量，即

$$Q_V = \frac{A}{n}\sum_{i=1}^{n} v_i \tag{7-4}$$

式中，n 为管道截面等分数；v_i 为第 i 个特征点处的流速。

所以，确定流速分布的关键在于正确地选择特征点的位置，使所测量的各特征点的流速分布更能接近于实际的流速分布。目前常用的选点方法有等环面法、切比雪夫积分法和对数线性法等。

图 7-3 为等环面法选点。将截面半径为 R 的圆管分成 n 个同心圆环(最中间为圆)，每个圆环面积相等，半径分别为 R_1，R_2，…，R_n。在每一个同心圆环的面积等分处设置测点，以测点处测得的速度值代表整个圆环的平均速度。从圆管中心开始，各特征点离圆心的距离为 r_1，r_2，…，r_n，可按下式计算：

$$\begin{cases} r_1 = R\sqrt{\dfrac{1}{2n}} \\ r_2 = R\sqrt{\dfrac{3}{2n}} \\ \vdots \\ r_i = R\sqrt{\dfrac{2i-1}{2n}} \\ \vdots \\ r_n = R\sqrt{\dfrac{2n-1}{2n}} \end{cases} \tag{7-5}$$

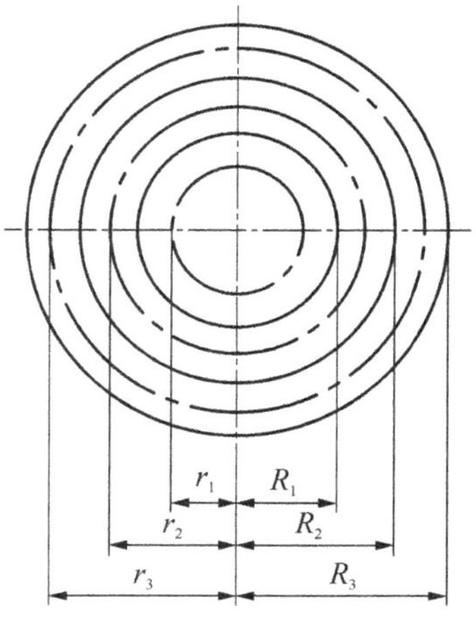

图 7-3 圆形通道等环面布测点

式中，n 为管道截面积的等分数；R 为管道半径；r_i 为第 i 个圆环特征点所在圆的半径。

管道等分数目 n 与管道的直径有关，管道直径越大，n 也应取较大值。如果流速分布是对

称稳定的，只需要在半径方向以 r_1，r_2，…，r_n 布置测点；如果是流速分布不对称的小管径，则在直径上布置测量点，即每个圆环上布置两个测量点，整个管道截面布置 $2n$ 个测点；如果是流速分布不对称的大管径，应在管道截面上相互垂直的直径上布置特征点，即每个圆环布置 4 个测量点，整个管道截面布置 $4n$ 个测点。

切比雪夫数值积分式是积分的一种近似计算。

用切比雪夫积分法布置测量点求流量时，同样将圆环通道等面积分割成 n 等分，特征点不是取在圆环中点，而是查表 7-3 得出切比雪夫插值点 t_i 值。

表 7-3 切比雪夫插值点 t_i 值

n	t_1	t_2	t_3	t_4	t_5	t_6	t_7
2	0.577 350	−0.577 350					
3	0.707 107	0	−0.707 107				
4	0.794 654	0.187 592	−0.187 592	−0.794 654			
5	0.832 497	0.374 541	0	−0.374 541	−0.832 497		
6	0.866 247	0.422 519	0.266 635	−0.266 635	−0.422 519	−0.866 247	
7	0.886 862	0.529 657	0.323 919	0	−0.323 919	−0.529 657	−0.883 862

将 t_i 代入特征点半径公式

$$r_i = \sqrt{\frac{R_1^2 + R_2^2}{2} + \frac{R_2^2 - R_1^2}{2} t_i} \tag{7-6}$$

式中，R_1 为圆环管道内径；R_2 为圆环管道外径。

流量公式：

$$Q_V = \frac{A}{n} \sum_{i=1}^{n} v(r_i) \tag{7-7}$$

对数线性法也是将管道截面分成 n 个等面积环（中间为圆）。选择特征点的原则是把各个环面上的平均速度看作是该环面上各特征点处测得速度的算术平均值。而整个截面上的平均速度就等于各环面平均速度的算术平均值。在半径方向的特征点位置是以对数间距分布，近管壁处有附面层，速度梯度大，所以近壁面测量间距小，近管道中心间距大。这种测点布置较为合理。

以上特征点选取方法是场测量的概念，不仅用来测流量，还可以用来测量截面上其他平均参数，如温度、压力等。

7.3 压差法测流量

压差法测量流量是流量测量中使用历史最久、应用最广泛的一种方法。这类流量计有进口流量管、节流式流量计等。它们都是将流量信号通过节流的方法转变成压差信号，然后或通过直接测量差压，或测量由于压差引起的某些物理量的变化来计算得到流量，压差法测流量在流量测量的各种方法中占有重要地位。

7.3.1 进口流量管

进口流量管最大的特点是结构简单、压力损失小，适用于动力机械进气流量的测量。如果试验时，直接从大气中吸入空气，就可以用进口流量管测量空气流量。

1. 进口流量管的工作原理

进口流量管由一段双纽线曲面形成的喇叭口和一段直管段组成，其结构如图 7-4 所示。双纽线极坐标方程为

$$r = a\sqrt{\cos 2\theta}$$

设计时通常取 $a = (0.6 \sim 0.8)D$（根据被测流量及所希望的压差通过计算决定），$\theta = 0 \sim 45°$。这段曲线为流量管型线。型线的轴向长度 $L = (0.7 \sim 0.9)D$，型线的最大外径 $D' = (1.85 \sim 2.13)D$，测量静压的静压孔应置于距双纽线型面段出口 0.25D 处，总压就等于大气压。

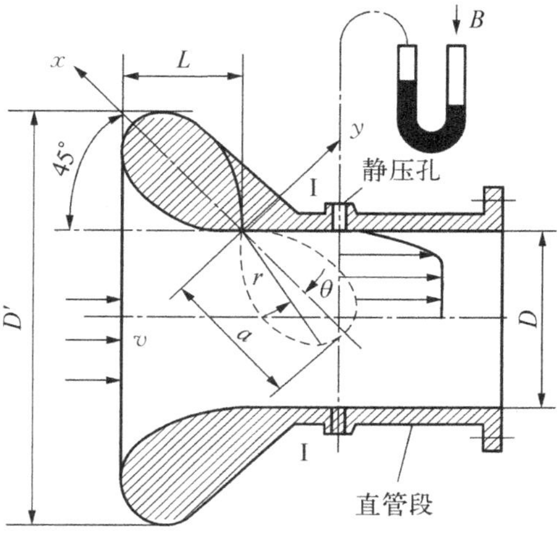

图 7-4　双纽线进口流量管

进行试验时，空气从大气被吸向进口流量管，这相当于从无穷大的截面积收敛至直管段，因而空气加速。由于流体黏性，靠近壁面处不可避免地存在有附面层，因此在型面段出口处就形成了如图 7-4 所示的速度分布，即在圆截面的中心有一个足够大的核心区，在此核心区中气流的速度均匀分布。而在靠近壁面的附面层中，则气流的速度急剧降低，直到在壁面处等于零。

如果不考虑附面层，那流量很容易求得，因为气流的总压 p^* 就是大气压，气流的总温就是大气温度，截面积为已知，再在直管段 I—I 截面开孔测出静压 p。从式 $\frac{1}{2}\rho\bar{v}^2 = p^* - p$ 中可求出平均流速$\bar{v}$，则流量为

$$Q_V = A \cdot \bar{v}$$

但由于附面层的存在，附面层中气流速度是降低的，因此按照这样算出的流量偏高了，为此要对计算的流量进行修正。

2. 流量计算的修正

由于要考虑附面层的影响，可以人为地给直管段半径作修正，相当于管径因黏性影响被缩小了一部分，由 D 减小为$(D-2\delta^*)$，δ^* 即为附面层厚度，所以修正后的直管段截面积为

$$A_C = \frac{\pi}{4}(D-2\delta^*)^2 = \frac{\pi}{4}D^2\left(1-\frac{2\delta^*}{D}\right)^2$$

令流量系数为

$$\alpha = \left(1-\frac{2\delta^*}{D}\right)^2$$

则用进口流量管计算流量公式就成为：

$$Q_m = \alpha A \rho \overline{v} \tag{7-8}$$

从式中可知，附面层厚度 δ^* 越薄，管径修正量 $2\delta^*$ 越小，流量系数 α 也就越接近于 1。附面层厚度 δ^* 可以通过理论计算，也可通过试验实测得到。

7.3.2 节流式流量计

节流式流量计是一种常用的流量测量装置。其特点是结构简单、安装方便、工作可靠，又具有一定的准确度，能满足工程测量的需要。节流流量计有很长的使用历史，具有丰富的、可靠的试验数据，设计加工已经标准化，只要按标准设计加工的节流式流量计，不需要进行实际标定，也能在已知的不确定度范围内进行流量测量。

节流式流量计通常由节流装置及压差计组成。其中，节流装置产生与流量有关的差压信号，压差计用于测量差压并显示流量。

使用标准节流装置时，流体的性质和状态必须满足以下条件：流体必须充满管道和节流装置，并连续地流经管道；流体流经节流件时不发生相变，流体流量不随时间变化或变化缓慢；流体在流经节流件以前，流束为平行于管道轴线的无旋流。节流件前后要有足够长的直管段。

1. 节流装置

节流装置包括改变流束截面的节流元件，取压装置和前后一定距离的管道。其作用是当流体流经节流元件时，在节流件前后产生一压力差，并通过取压装置将差压信号传送到压差计检出，从而确定其流量大小。

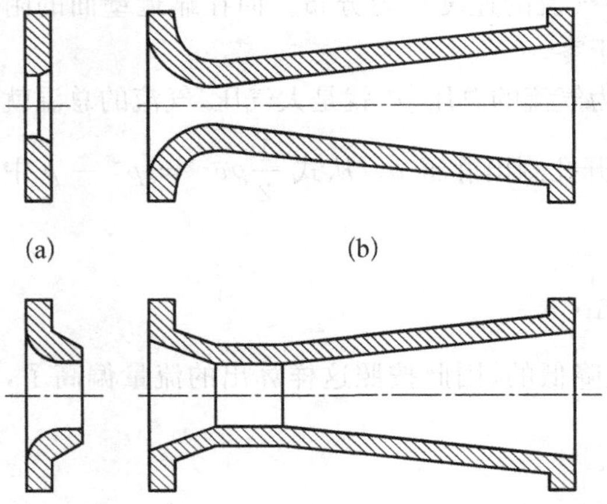

图 7-5 节流件基本形式

(a) 标准孔板 (b) 文丘里喷嘴 (c) 标准喷嘴 (d) 文丘里管

节流装置中所用的节流元件形式很多。其中标准孔板、标准喷嘴、文丘里喷嘴、文丘里管是最常见的几种形式，见图 7-5 所示。

标准孔板是一块具有圆形开孔、与管道同心、直角入口边缘非常锐利的薄圆板。用于不同管道内径的标准孔板，结构形式基本相同。标准喷嘴由两个圆弧曲面构成的入口收缩部分和与之相接的圆筒形喉部组成。它是一个以管道喉部开孔轴线为中心线的旋转对称体。用于不同管道内径的标准喷嘴，其结构形式是几何相似的。文丘里喷嘴由廓形修圆的收敛部分、喉部及扩散段组成。文丘里管一般由圆锥收敛段、喉部及扩散段组成。

这四种节流件各有特点：孔板构造最简单，安装容易，但压力损失大，精度稍差；标准喷嘴流量系数较大，压力损失比孔板小，精度比孔板高，可测量温度和压力较高的蒸汽、气体的流量，但价格较孔板高，制造较复杂，仅限于中等口径；文丘里管流体阻力最小，但结构、加工和安装都较复杂，研究还不如孔板深入；文丘里喷嘴是介于喷嘴和文丘里管之间的节流元件，压力损失比喷嘴低。

节流元件各部分尺寸有严格的要求，在设计和加工中，如果尺寸误差大，将对流量测量产生较大的误差。

标准节流件不适用于脉动流和临界流的测量。

2. 取压装置

标准取压装置是国家标准中规定的两种取压装置：角接取压装置和法兰取压装置。其中角接取压适用于孔板和喷嘴，而法兰取压仅用于孔板。

角接取压装置可以采用环室或夹紧环（单独钻孔）取得节流件前后的压差，如图 7-6 所示。

环室取压的环室结构如图 7-6 中上半部分。环室由前、后环室两部分组成。孔板上游侧静压力由前环室取出，孔板下游侧静压力由后环室取出。环室通常是沿圆周连续的，也可以是断续并均匀分布不少于四个断续缝隙与管道相通，每个断续环隙面积不小于 12 mm^2。

单独钻孔取压的夹紧环如图 7-6 中下半部分。它有厚度为 S 的前夹紧环和厚度为 S' 的后夹紧环两部分组成。节流件上游侧静压力由前夹紧环取出，节流件下游侧静压力由后夹紧环取出。

以上两种取压方式对部分尺寸有严格要求。

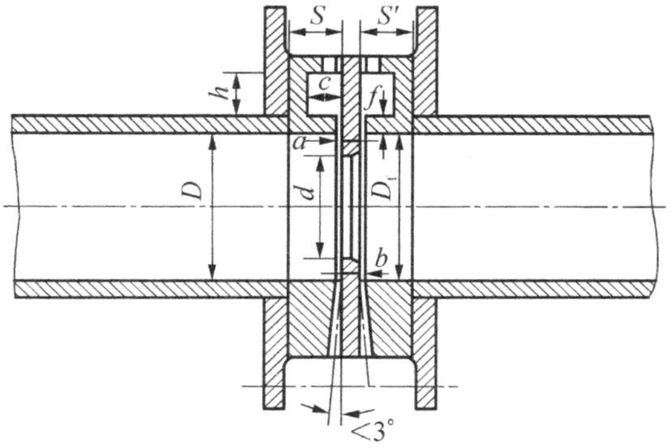

图 7-6　环室和夹紧环结构

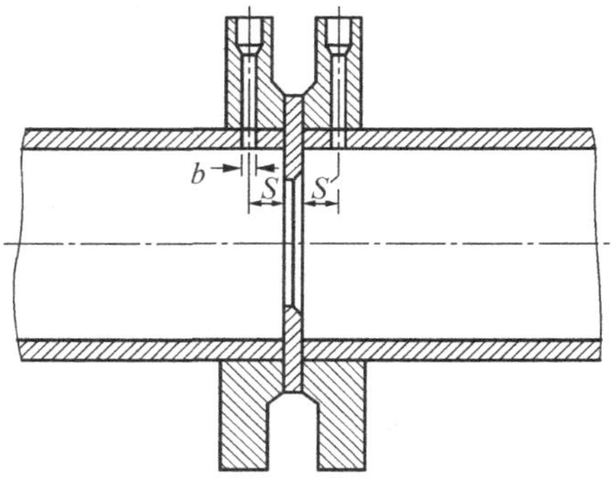

图 7-7　法兰取压装置结构

法兰取压装置由两个带取压孔的取压法兰组成，如图 7-7 所示。两个取压孔垂直于管道轴线，而且 $S = S' = (25.4 \pm 0.8)$mm。上下游取压孔直径 b 相同，且 $b \leqslant 0.08D$，实际尺寸应为 6～12 mm。

3. 节流原理

试验证明，被测介质流经各种节流装置时，其流速和压力分布特性是类似的。流体通过节流元件过程中流体面积和压力变化关系称节流原理。图 7-8 为装有孔板的水平管道的压力和流束分布情况，图中Ⅰ—Ⅰ截面是流束收缩前的截面，Ⅱ—Ⅱ截面是流束收缩至最小截面，Ⅲ—Ⅲ截面是流束充分恢复后的截面。在Ⅰ—Ⅰ、Ⅱ—Ⅱ、Ⅲ—Ⅲ截面处的压力为 p_1'，p_2'，p_3'，平均流速为 v_1，v_2，v_3，孔板入口侧和出口侧的压力为 p_1，p_2。

当连续流动的流体流经Ⅰ—Ⅰ截面时，流体的压力为 p_1'、流速为 v_1。流体沿管道轴向继续流动，遇到流通截面积比管道截面积小的节流元件阻挡时，近管壁处的流体由于受到节流装置的阻挡最大，促使流体的一部分动压头转换为静压头，出现了节流元件入口端面近管壁的流体静压力升高到 p_1'（即图中 $p_1 > p_1'$），并且比管道中心处的静压力要大，即节流元件入口端面

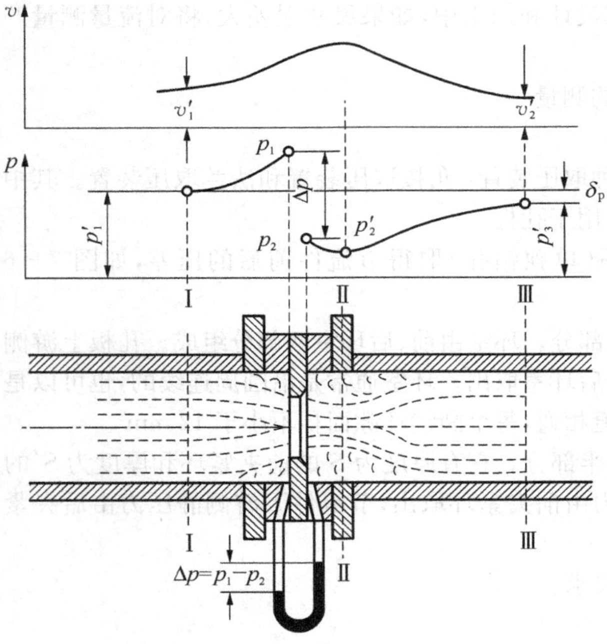

图 7-8 孔板附近流束及压力分布情况

处产生径向压差。这一径向压差使流体产生径向附加速度 v_r，改变了流体原来的流向，在 v_r 的作用下，近管壁处的流体质点的流向就与管中心轴线相倾斜，形成流束的收缩运动，流体加速，从而在孔板出口端面处静压降低为 p_2，这样在孔板前后端面产生静压差 $\Delta p = p_1 - p_2$，并且 $p_1 > p_2$。流量越大，Δp 越大，流量与 Δp 有对应的数值关系，因此可以通过测量压差来衡量流量的大小。

同时由于流体运动的惯性，使得流束收缩最厉害（即流束最小截面）的位置不在节流孔中，而是位于节流孔之后的Ⅱ—Ⅱ截面，这个截面的位置随流体的性质及流量的大小变化而变化，由于流体是保持连续流动状态，因此在流束最小截面处，流体流速最大，而静压力 p_2' 最低。

流体流过Ⅱ—Ⅱ截面后，流束开始扩散，流速逐渐降低，压力逐渐增加。由于克服摩擦阻力和消耗于节流件后形成的旋涡等能量损失，压力不能恢复到原来的压力值 p_1'，在Ⅲ—Ⅲ截面压力为 p_3'，存在压力损失 $\delta_p = p_1' - p_3'$。δ_p 与流束的节流程度有关，随 $\beta = d/D$ 减小而增大。此外 δ_p 还与节流件的形式有关，流体流过孔板的 δ_p 大于流过喷嘴的 δ_p，更大于文丘里管的 δ_p。

δ_p，可由实验方法求得，也可按下面经验公式近似计算：

$$\delta_p = \frac{1-\alpha\beta^2}{1+\alpha\beta^2}(p_1 - p_2) \tag{7-9}$$

4. 流量基本方程

为了建立流量与压差之间关系的流量方程，简化对问题的讨论，首先假定所研究的是理想流动和理想的流体（即不可压缩的，无黏性的），求出理想流体的流量基本方程式，然后再考虑到实际流体与理想流体之间的差别，加以适当的修正。对于不可压缩流体在截面Ⅰ和截面Ⅱ密度 ρ 可认为是一常数，即 $\rho = \rho_1 = \rho_2$，则理想流体的伯努利方程为

$$\frac{p_1'}{\rho} + \frac{v_1^2}{2} = \frac{p_2'}{\rho} + \frac{v_2^2}{2} \tag{7-10}$$

流体连续流动方程为

$$A_1 v_1 = A_2 v_2$$

即

$$\rho\frac{\pi}{4}D^2 v_1 = \rho\frac{\pi}{4}d_2^2 v_2 \tag{7-11}$$

式中的截面Ⅰ参数：压力 p_1'，流速 v_1，管径 D；截面Ⅱ参数：压力 p_2'，流速 v_2，最小流束直径 d_2。两式联立解得截面Ⅱ流速

$$v_2 = \frac{1}{\sqrt{1-\left(\frac{d_2}{D}\right)^4}}\sqrt{\frac{2}{\rho}(p_1'-p_2')} \tag{7-12}$$

流量为

$$Q_m = A_2 v_2 \rho = \frac{\pi}{4}d_2^2 \frac{1}{\sqrt{1-\left(\frac{d_2}{D}\right)^4}}\sqrt{2\rho(p_1'-p_2')} \tag{7-13}$$

上式是理想流体流动中流量与静压差的关系，但实际流体流动中流量和压差关系还应考虑以下两个因素：

（1）流体黏性的影响。由于流体有黏性，在孔板前后产生摩擦和涡流而损失一部分动能，因而实际 v_2 低于理想值。

（2）取压位置的影响。由于最小流束截面Ⅱ的位置是不固定的，随流体性质及 $\beta = d/D$ 变化而变化，因此不可能取出最小截面压力 p_2'。而只能取出固定取压位置处的压力差 $\Delta p = p_1 - p_2$。

基于以上原因，必须对上式加以修正。由于 A_2，d_2 无法测量，所以用节流元件开孔面积 A_0 和直径 d 代替。令收缩系数为

$$\mu = \frac{A_2}{A_0} = \frac{d_2^2}{d^2}$$

有

$$d_2^2 = \mu d^2$$

代入式(7-13)可得

$$Q_m = A_2 v_2 \rho = \frac{\pi}{4}\mu d^2 \frac{1}{\sqrt{1-\mu^2\left(\frac{d}{D}\right)^4}}\sqrt{2\rho(p_1'-p_2')} \tag{7-14}$$

令 $\beta = d/D$ 为节流孔与管道的直径比，再引入一个修正压力的系数

$$\xi(p_1 - p_2) = p_1' - p_2'$$

代入式(7-14)，得

$$Q_m = A_0 \frac{\mu\sqrt{\xi}}{\sqrt{1-\mu^2\beta^4}}\sqrt{2\rho(p_1 - p_2)} \tag{7-15}$$

令式中 $\frac{\mu\sqrt{\xi}}{\sqrt{1-\mu^2\beta^4}} = \alpha$（称为流量系数），则上式为

$$Q_m = \alpha \cdot A_0 \sqrt{2\rho(p_1 - p_2)} \tag{7-16}$$

对可压缩流体来说通过节流件前后密度不同，即 $\rho_1 \neq \rho_2$，因此引入一个流束的膨胀系数 ε，则流量公式为

$$Q_m = \alpha \cdot \varepsilon \cdot A_0 \sqrt{2\rho(p_1 - p_2)} \tag{7-17}$$

膨胀系数 ε 一般也用实验方法测定，对不可压缩流体 $\varepsilon = 1$。

5. *流量方程中 α, ε 的确定*

在流量方程中，测得节流件前后压差，一旦确定了流量系数 α、膨胀系数 ε 后，即可计算得出流量。

从流量系数 α 的表达式中可见，α 与节流件的形式、取压方式、节流装置开孔直径和管道直径以及流体的流动状态等因素有关。对于这样一个与诸多因素有关的参量是无法用理论公式计算的，只能通过试验求得。孔板和喷嘴节流装置结构已标准化，α、ε 已由试验确定，试验采用流量公式反推法。如，用密度为 ρ 的不可压缩流体流过开孔直径为 d 的节流件，并实测流量 Q_m 和 Δp 后可求得流量系数 α

$$\alpha = \frac{Q_m}{\frac{\pi}{4} d^2 \sqrt{2\rho\Delta p}}$$

对于一定类型的节流件和一定的取压方式，试验是用光滑管道，因此国家标准将 α 分解成光滑管道流量系数 α_0 和管道粗糙度修正系数 γ_{Ra} 的乘积(法兰取压外)，即

$$\alpha = \gamma_{Ra} \alpha_0$$

这样，α_0 就可以不考虑管道粗糙度的影响，所以对于一定的节流装置，α_0 只是孔径比 β 和雷诺数 Re 的函数，即

$$\alpha_0 = f(\beta, Re)$$

在手册中列出了这个函数式在不同取压方式下的数据表格。因此，实际计算流量的过程是：首先根据节流装置的结构尺寸、安装条件等已知条件作辅助运算求出 β, Re 和 γ_{Ra}，查表得 α_0，再乘上粗糙度系数 γ_{Ra} 即可得 α，从而计算出实际流量，并可确定节流装置的误差范围。

可压缩流体流束膨胀系数 $\varepsilon = f\left(\frac{\Delta p}{p}, \beta, k\right)$。$k$ 是绝热指数，同 α 一样可查表。

另外为了便于利用计算机进行节流装置的计算，手册中把大量的试验数据表格制成经验公式，可以利用这些公式计算 α 等参数。

7.3.3　转子流量计

转子流量计又称浮子流量计。其本体结构如图 7-9 所示，由一个自下向上扩大垂直锥管和一个置于锥管中、并可沿锥管的轴向自由移动的浮子组成。转子流量计结构简单，使用维护方便，可以直接从刻度上读出被测流量值，测量范围大，可测气体和液体的流量，测量准确度 2%左右，准确度受流体黏度、密度及安装垂直度等因素影响。

按锥管制造材料的不同，转子流量计可分为玻璃管转子流量计和金属管转子流量计两

大类。

1. 测量原理

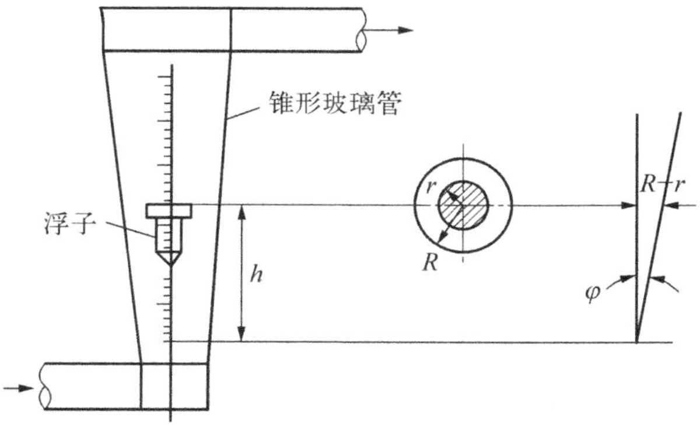

图 7-9　转子流量计示意

当被测流体自下而上地流过流量计，由于节流的作用，浮子上下产生压力差，该压差为浮子提供上升力，当压差值大于浸在流体中浮子的重力时，浮子开始上升。随着浮子的上升，浮子最大外径与锥管之间的环形面积（流通面积）逐渐增大，作用在浮子上的上升力逐渐减小，直至上升力等于浸在流体中的浮子重力，浮子便平衡在某一高度上。流量越大，浮子的平衡位置越高，浮子在锥管内平衡位置的高低与被测介质流量大小对应。所以浮子流量计就可以利用浮子平衡位置的高低直接在锥形管上刻度流量值。

转子流量计与节流式流量计的差异：

(1) 当浮子处于任何平衡位置，作用在浮子上的压力差 $\Delta p = p_1 - p_2$ 总是恒定不变的，等于浮子在被测介质中的重力。而节流件前后的压差随流量大小而变化；

(2) 浮子与锥管之间环形缝隙的面积 A_0 随平衡位置高低而变化。所以浮子流量计是等压差，变截面的流量计。相反，孔板节流装置是变压差，等截面流量计。

2. 流量方程

当浮子在某一位置平衡时，作用在浮子上的两个力 F_1，F_2 平衡，流体作用在浮子上的力 F_1 等于压差 Δp 与浮子最大截面积 A_f 乘积，即

$$F_1 = \Delta p \cdot A_f = \frac{\rho v^2}{2} A_f \tag{7-18}$$

浮子本身重力作用产生的向下的力 F_2 等于浮子重力与被测流体对浮子的浮力之差

$$F_2 = \rho_f g V_f - \rho g V_f = V_f g(\rho_f - \rho) \tag{7-19}$$

上两式中，V_f 为浮子体积；ρ_f 为浮子材料密度；ρ 为被测流体密度；g 为当地重力加速度。则浮子在某一位置的平衡方程式为

$$\frac{\rho v^2}{2} A_f = V_f g(\rho_f - \rho)$$

可推出

$$v = \sqrt{\frac{2V_f g(\rho_f - \rho)}{\rho A_f}} \tag{7-20}$$

从上式可见不论浮子停留在什么位置，流体流过 A_0 的平均速度 v 是一常数。由 $Q_V = A_0 v$ 可知，在 v 为常数的情况下，体积流量与流通环形面积 A_0 成正比。

$$\begin{aligned} A_0 &= \pi(R^2 - r^2) = \pi(R + r)(R - r) = \pi(2r + h\tan\varphi)h\tan\varphi \\ &= \pi(dh\tan\varphi + h^2\tan^2\varphi) \approx \pi dh\tan\varphi \end{aligned} \tag{7-21}$$

式中，R 为锥形管半径；r 为浮子最大半径；d 为浮子最大直径；φ 为锥管锥角；h 为浮子上升的

位置高度。则流量方程：

$$Q_V = A_0 v = \alpha \pi d h \tan\varphi \sqrt{\frac{2gV_f(\rho_f - \rho)}{\rho A_f}} \tag{7-22}$$

只要转子流量计确定，测量的流体一定，则 V_f，ρ_f，A_0 等均为常数。α 是流量系数，它与浮子的形状以被测介质的黏度有关。可见，Q_V 与 h 之间成一一对应的近似线性关系，可以在锥管上直接刻度以显示流量。

显然，对于不同的流体，由于密度 ρ 发生变化，流量 Q_V 与高度 h 间的对应关系也将发生变化，原来的刻度将不再适用，所以原则上浮子流量计应该用实际介质进行标定。在实际使用时，流量计时所测量的介质密度与标定时的介质密度应相近。否则将进行标度变换才能使用。如发动机废气分析仪使用的浮子流量计一般只用来测量发动机排气。

3. 金属管转子流量计

金属管转子流量计与玻璃管浮子流量计具有相同的测量原理，不同的是其锥形管由金属制成，这样不仅能耐高温、高压，而且能选择适当材料以适应各种腐蚀性介质的测量。

由于金属管不透明，不能直观地看到浮子的位置，因此必须把浮子的位置信号传递出去。一般主要靠磁耦合方式来实现，实际应用中，一般采用双面磁钢耦合方式。

金属管转子流量计可分成就地指示、电远传和气远传 3 种形式。

就地指示型浮子流量计由检出器和指示器组成，检出器由金属锥管和浮子组成。在浮子内封有磁钢，以便使浮子的位置信号耦合并传给一平衡杆，再由四连杆机构带动指示器指针偏转，指针可以直接指示出流过浮子流量计的流量。电远传转子流量计通常采用差动变压器结构，把浮子的位移转换为衔铁的位移，与差动仪配套进行流量显示；或转换成相应的电信号，与电动单元组合仪表配套，实现流量的指示与控制；也可以将信号传送给计算机，经处理以显示瞬时流量和累积流量。气远传转子流量计是用$(0.2\sim1.0)\times10^6$ Pa 的气压信号作为远传信号。由于输出为标准气压信号，所以适用于易爆的工艺流程，并可与气动单元组合仪表配套进行流量控制和测量。

7.4 涡轮流量计

涡轮流量计由磁电式涡轮流量传感器和接收电脉冲信号的流量积算仪组成，可实现瞬时流量和累积流量的计量。涡轮流量计用于测量封闭式管道中清洁、有润滑性的，不含固体颗粒的低黏度流体（液体、气体）的体积流量或总量，准确度可达$(0.2\sim1)\%$。由于磁电式传感器输出信号较弱，为了使用方便和避免信号传输过程中信号失真，把前置放大器和传感器组件装在一起成为一体式结构，实现信号的可靠远传，并易于送入计算机系统。带插入杆能安装在大管道中测量流体流量的结构为插入式涡轮流量计，主要用在大型管道。

7.4.1 涡轮流量计的工作原理

涡轮流量计是一种速度式流量计，其结构如图 7-10 所示。壳体中装有由导磁不锈钢制成的涡轮，涡轮轴用滚动轴承支承。在涡轮外壳上装有绕线圈的永久磁钢组成的磁电传感器，在磁电传感器上方装有前置放大器，把磁电传感器输出的信号整形放大运算处理后再输出到

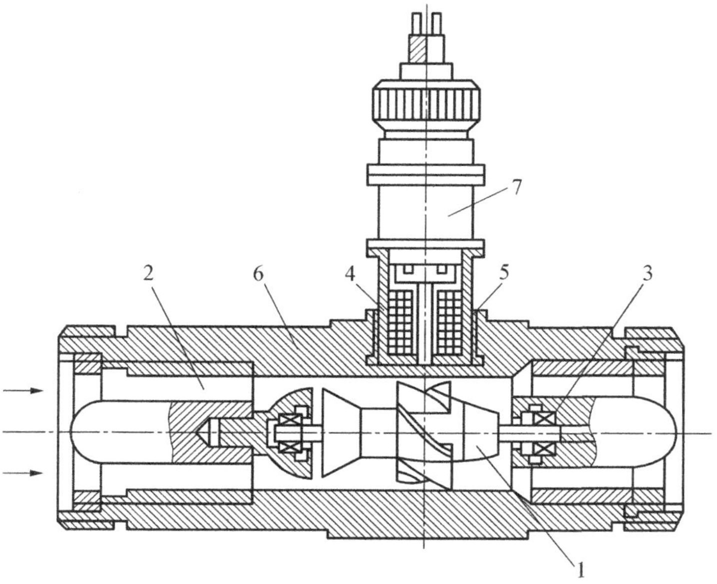

图 7-10　涡轮流量计结构图

1—涡轮；2—导流器；3—轴承；4—感应线圈；5—永久磁钢；6—壳体；
7—前置放大器

显示仪表。

当被测流体进入流量计后，先经过导流器，予以导直后流经涡轮，涡轮受流体推动而旋转。当涡轮叶片处在磁钢下方时，磁路的磁阻最小，因而线圈的磁通量最大；当两个叶片之间的间隙处在磁钢的正下方时，磁路的磁阻最大，磁通量最小。因此，当涡轮转动时，线圈的磁通量发生周期性的变化，感应出与涡轮转过的叶片数相对应的交变电动势，电动势的频率与涡轮转速成正比，涡轮的转速与流过流体的流量成正比。因此，由感应电势的瞬时频率或一段时间的总脉冲数可获得瞬时流量或积算流量。

7.4.2　流量关系式

推动涡轮转动的主动力矩 M_d 来自流动的被测介质，而作用于涡轮的阻力矩有轴承中机械摩擦力矩 M_f、磁电感应传感器的电磁阻力矩 M_g 以及流体黏性对叶片的摩擦力矩 M_j。则涡轮旋转动力的方程式为：

$$J\frac{d\omega}{dt} = M_d - M_f - M_g - M_j \tag{7-23}$$

式中，J 为叶轮的惯性矩；ω 为叶轮的转动角速度。

当叶轮达到匀速转动时，即流量达到稳定时 $\frac{d\omega}{dt}=0$，则上式变为

$$M_d = M_f + M_g + M_j \tag{7-24}$$

即主动力矩与阻力矩达到平衡，此时流过涡轮的流量

$$Q_V = Av$$

式中，v 为流体平均流速；A 为涡轮通道的流通面积。

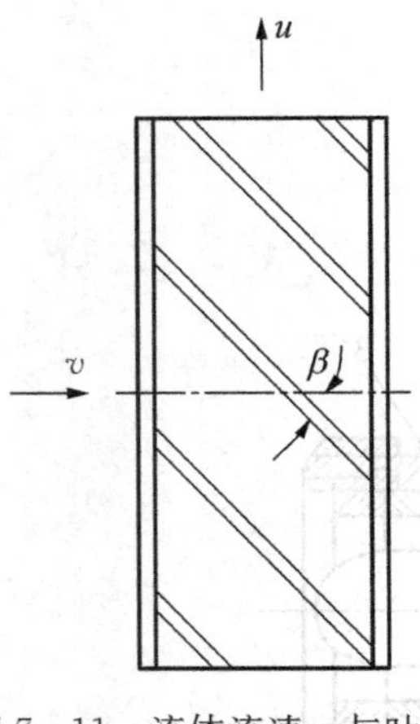

图 7-11 流体流速 v 与叶轮速度 u 的关系

叶轮的圆周速度 u 与流体流速 v 的关系由图 7-11 可知

$$v=\frac{u}{\tan\beta}$$

式中，β 为叶轮平均半径处叶片与叶轮轴线的夹角；u 为叶轮旋转的圆周速度。

叶轮的圆周速度和转速间的关系为

$$u=\omega r=2\pi nr$$

式中，n 为涡轮转速；r 为叶轮的平均半径。

而感应电势频率 f 和涡轮转速 n 有如下关系为

$$f=n\cdot z$$

式中，z 为涡轮叶片数。经换算，得

$$Q_V=Av=\frac{2\pi rA}{\tan\beta\cdot z}f \tag{7-25}$$

令

$$\frac{1}{\xi}=\frac{2\pi rA}{\tan\beta\cdot z}$$

则流经涡轮流量计的体积流量为

$$Q_V=\frac{f}{\xi} \tag{7-26}$$

式中，ξ 是仪表系数，它表示流体流经涡轮传感器单位体积流量所对应的脉冲数，单位是次/m^3，该系数是仪表出厂时生产厂家给出的。

7.4.3 涡轮流量计的特性

涡轮流量计的特性主要有线性特性，频率特性和压力损失特性。

1. 线性特性

线性特性表示仪表系数 ξ 与体积流量 Q_V 之间的关系。ξ-Q_V 特性曲线如图 7-12 所示。理想的线性特性曲线是水平直线，即在量程范围内 ξ 是常数。但由于流体流动状态变化的影响和叶轮上所受阻力矩作用的结果，实际的特性曲线具有峰值。产生峰值的原因是：当流量减小到某一数值(通常为 20%～30%上限流量)时，作用于涡轮上的旋转力矩和黏滞阻力矩都相应地减小，且黏滞阻力矩减小更显著，所以涡轮转速反而提高，特性曲线出现峰值。随着流量的进一步减小，作用在涡轮上阻力矩的影响相对突出，涡轮转速下降得快，特性曲线明显下降。相反，当流量增大到超过某一值时，作用在涡轮上的旋转力矩增大，当与阻力矩达到平衡时，特性

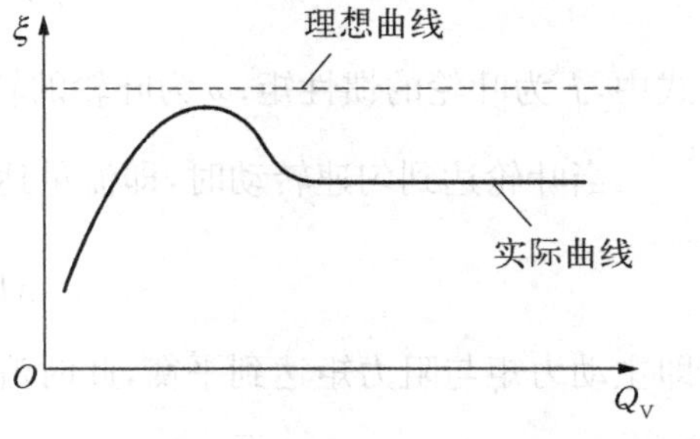

图 7-12 涡轮流量计 ξ-Q_V 特性曲线

曲线就显得较平坦。在这个平坦的区间，仪表系数为常数，这个区域就是该流量计的测量范围。在这个范围内ξ值稍有变化，通常将ξ的变化幅度作为流量计的测量准确度。

需要注意的是，仪器出厂前用水作工作介质进行标定，测定仪表系数ξ。当被测流体的运动黏滞度小于$5\times10^{-6}\ m^2/s$时，在规定的流量测量范围内，可直接使用厂家给出的仪表常数ξ。但在液压系统的流量测量中，由于被测液体黏滞度大，因而，在厂家所提供的流量测量范围内可能不能保持一定的线性关系，此时应对流量计重新标定，据此对测量结果作修正。

2. 频率特性

频率特性表示输出信号频率f与体积流量Q_V之间的关系。图7－13是涡轮流量计测量(线性)范围内的$f-Q_V$线。

理想的$f-Q_V$曲线应是通过坐标原点的一条直线。但前面的分析可知，在实际的流量测量中，仪表系数ξ随流量大小的变化而有所变化，故由实测得到$f-Q_V$关系偏离理想的$f-Q_V$线。在小流量时，作用在涡轮上的阻力矩突出，如轴承摩擦阻力矩，电磁阻力矩等，因而不成线性。随着流体黏性增加，图7－12中峰值右移，从而$f-Q_V$曲线线性段减少。

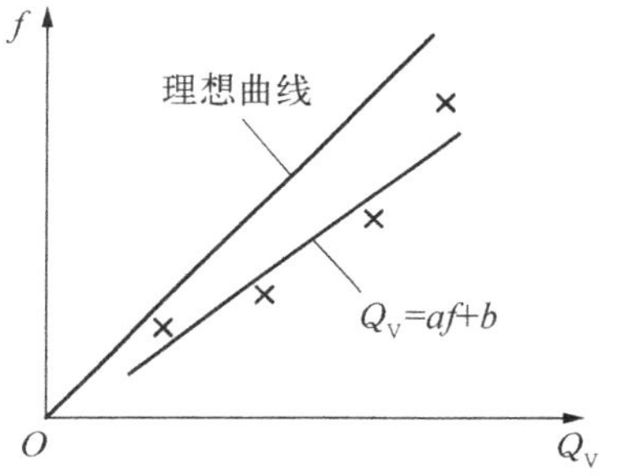

图7－13　涡轮流量计$f-Q_V$特性曲线

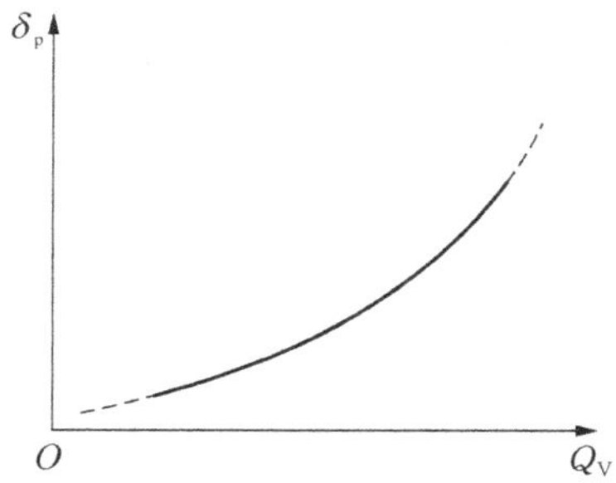

图7－14　涡轮流量计δ_p-Q_V特性曲线

3. 压力损失特性

涡轮流量计压力损失产生的原因有两个，一是涡轮本体对流体动能产生的机械阻力所引起的压力损失。流量越大，涡轮的转速就越高，产生的机械阻力也就越大，引起的压力损失就越大，这是涡轮流量计产生压力损失的主要因素。二是流体的黏滞阻力引起的压力损失。流体的黏度越大，产生的黏滞阻力越大。另外压力损失还与仪表的公称口径有关，孔径大，压力损失小。图7－14是压力损失δ_p与流量Q_V之间的试验曲线。

7.5　其他流量计

7.5.1　电磁流量计

电磁流量计是20世纪60年代发展起来的一种流量计。它由变送器和转换器组成，和相应的显示和积算仪表配套后，可用来测量导电液体的流量。它的标称测量精度为0.5%～1%。由于其独特的优点，广泛应用于各种导电流体如酸、碱、盐等腐蚀液体、工业污水、纸浆、泥浆等流量测量。

1. 测量原理

根据法拉第电磁感应定律，运动导体在磁场中切割磁力线时，导体两端会产生感应电动

势。如果磁通密度 B、导体在磁场中的长度 L、导体运动速度 u 三者相互垂直，则感应电势 e 为

$$e = BLu$$

图 7－15 所示为电磁流量计的工作原理。在均匀磁场中，垂直于磁场方向放置一个内径 D 的不导磁管道，导电液体在管道中以流速 v 流动时，切割磁力线。如果在管道一截面垂直于磁场的直径 D 两端安装一对电极，只要管道内流速分布为轴对称分布，则两个电极间产生的感应电势为

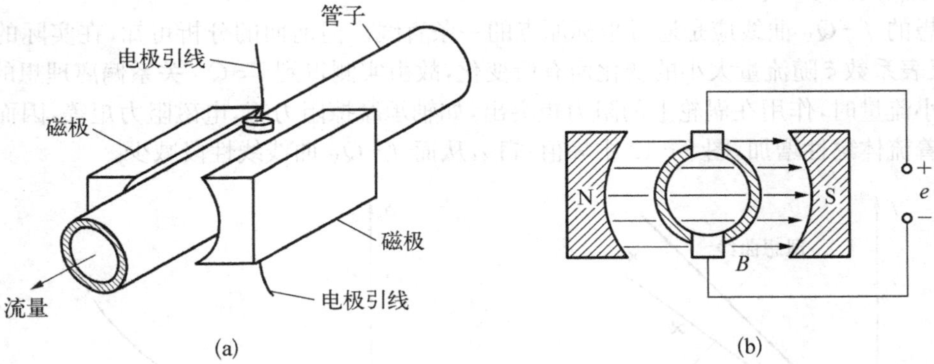

图 7－15　电磁流量计工作原理

$$e = BD\bar{v} \tag{7-27}$$

式中，$\bar{v}$为管道上液体的平均流速。则流经管道的液体体积流量为

$$Q_V = \frac{\pi D^2}{4}\bar{v} = \frac{\pi D}{4}\frac{e}{B} \tag{7-28}$$

可见，被测流体的体积流量 Q_V 与感应电势 e 成线性关系。这就是电磁流量计的测量原理。

需要说明的是，要使式(7－28)严格成立，测量条件应满足：

(1) 磁场是分布均匀的恒定磁场。

(2) 被测流体的流速轴对称分布。

(3) 被测流体非磁性。

(4) 被测流体的导电率均匀且各方向同性。

电磁流量计中均匀恒定的磁场产生的方式有 3 种：直流励磁、交流励磁、低频方波励磁。其中，直流励磁受电磁场干扰小，自感影响可忽略；交流励磁便于信号后续放大转换；低频方波励磁在半个周期内，磁场是恒稳磁场，受电磁干扰少，本身又是交变信号，因此同时具备了交流直流励磁的优点，是一种较好的励磁方式。

2. 特点

(1) 压力损失小，使用寿命长。管内没有任何阻碍流体流动的节流部件，因此压力损耗小，且避免了压差、转子、涡轮等流量计由于压力损失和可动部件磨损而影响寿命。

(2) 不需要修正。电磁流量计是一种体积流量测量仪表，不受介质温度、黏度、密度等参数的影响，因此，电磁流量计经注水标定后，就可测量其他导电液体，不需要进行修正。

（3）量程范围宽，线性好，无机械惯性，反应灵敏。可转换成标准信号，可就地指示，也可远传。

电磁流量计的缺点是不能测量气体、蒸汽和导电率低的液体介质，另外，受衬里材料影响，不能测量高温高压流体的流量。

7.5.2　超声流量计

超声流量计是一种非接触式流量计，其工作是基于超声波在流体中的传播速度会受到流体速度的影响，通过测量超声波在流体中的传播速度来推算出流量。它具有测量精度高、量程宽、无压力损失、对管径适应性强、使用方便、易于数字化管理等优点，随着电子技术和材料技术的发展，超声流量计成本大大下降，因此得以普及和推广。

1. 测量原理

超声流量计常用的测量方法有传播速度差法、多普勒法等。传播速度差法又可分成时差法、相差法和频差法3种，基本原理都是测量超声波顺流和逆流的速度之差来反映流体的流速，从而推算出流量。多普勒法应用声波中的多普勒效应，通过测量多普勒频差来反映流体的流速，从而算出流量。

超声波换能器核心元件是压电片。超声波发生器利用逆向压电效应，在压电片上施加交变电压时，压电片会产生交变的变形，即产生振动，该振动产生的声波垂直于压电片表面向前传播。而超声波接收器利用了顺向压电效应，超声波传递到接收器，压电片受到交变的压力作用，会产生交变电压（电荷）信号。实际应用中常将同一零件交替用作超声波发生器和接收器。超声波转换器的原理结构简图见图7-16。

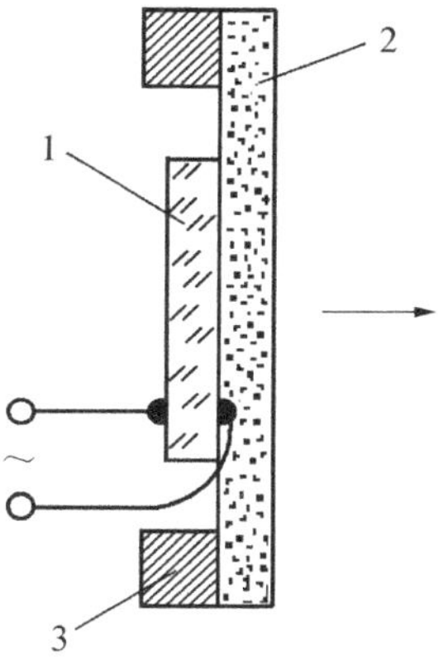

图7-16　超声波转换器原理结构图

1—压电片；2—声匹配材料；3—环形架

1）时差法超声流量计

时差法测量流体流量的原理如图7-17所示。图7-17(a)为斜向配置式超声波转换装置，其中转换器1和2既可作为发生器(S1，S2)，也可作为接收器(E1，E2)。两超声波转换器斜向相隔距离L被分开配置在管道的两侧上。管道中流体流速为v。假设声波在该介质的传播速度为c_0，t_1为声波从发生器1到接收器2的时间，t_2为从发生器2到接收器1的时间，有

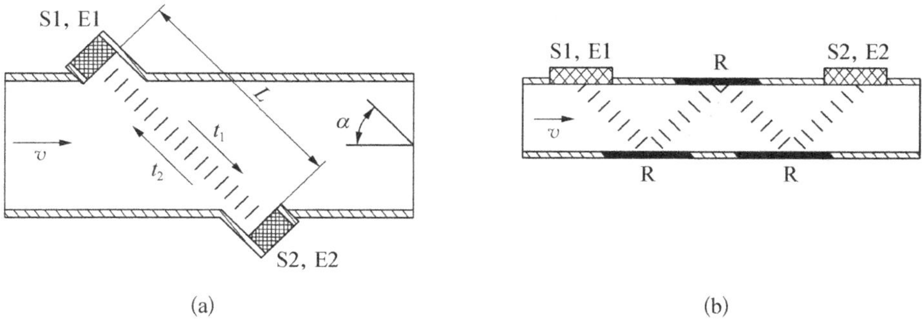

图7-17　超声波流量测量装置原理

(a) 斜向配置式超声波转换装置，其声波的传播方向垂直于转换器表面　(b) 固定斜向发射式超声波转换装置，采用反射器R来增大测量距离L

$$t_1 = \frac{L}{c_0 + v\cos\alpha},\ t_2 = \frac{L}{c_0 - v\cos\alpha} \tag{7-29}$$

运行时间差为

$$\Delta t = t_2 - t_1 = \frac{2Lv\cos\alpha}{c_0^2 - v^2\cos^2\alpha} \tag{7-30}$$

因为 $v\cos\alpha \ll c_0$，上式简化为

$$\Delta t = t_2 - t_1 \approx \frac{2Lv\cos\alpha}{c_0^2}$$

有

$$v = \frac{\Delta t \cdot c_0^2}{2L\cos\alpha} \tag{7-31}$$

由式(7-31)可知，待测量的流速 v 取决于声波传播速度 c_0 的稳定性。为了消除 c_0 的影响，可对 t_1 和 t_2 分开测量，并相乘，得到

$$t_1 t_2 = \frac{L^2}{c_0^2 - v^2\cos^2\alpha}$$

代入式(7-30)，有

$$\Delta t = t_2 - t_1 = \frac{2Lv\cos\alpha}{L^2} t_1 t_2 \tag{7-32}$$

由此可消除声速项。则，平均流速为

$$v = \frac{L}{2\cos\alpha} \cdot \frac{t_2 - t_1}{t_1 t_2} \tag{7-33}$$

流量为

$$Q_V = Av = A\left(\frac{L}{2\cos\alpha} \cdot \frac{t_2 - t_1}{t_1 t_2}\right)$$

式中，A 为管道截面积。

单声道测试系统只适用于小型管道的测量。大型管道流速径向变化大，需采用多声道超声波测流才能获得准确的流量值。图 7-18 所示为 6 声道(12 个声换能器)超声流量计，共使用了 3 个平行平面的 6 个声道进行测量，每个平面上，有 2 个声道相互交叉，声道可依据高斯-切比雪夫理论进行排列。多声道的布置，可在不对称、涡流的情况下也能保证对流速的最佳测量。

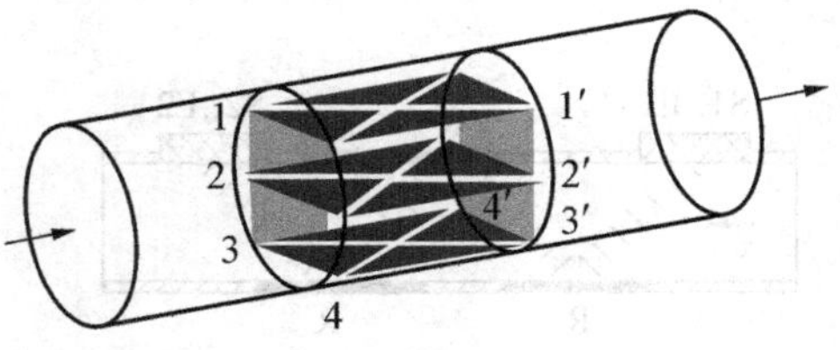

图 7-18 6 声道超声流量计结构示意图

多声道流量计的流量可依照下式进行计算

流速

$$v_i = \frac{L_i}{2\cos\alpha_i} \cdot \frac{t_{2i} - t_{1i}}{t_{1i} t_{2i}} \tag{7-34}$$

流量
$$Q_V = \sum_{i=1}^{n} A_i v_i \tag{7-35}$$

式中，n 为声道数；A_i 为两声道间截面积。

2）多普勒法超声流量计

超声波在传播路径上如遇到微小固体颗粒或气泡会被散射，因此，时差法测流量只能用于测量较洁净的流体。多普勒法正是利用了超声波遇到小微粒被散射进行工作的，因此适合测量悬浊液、乳浊液的流量。

多普勒法依据声波的多普勒效应，检测多普勒频率差而计算出流量。如果在流动介质中包含与流体密度不同的小微粒，且小微粒的分布均匀，就可采用多普勒法测量。

超声波发生器为一固定声源，随流体以同速度运动的微粒相对声源有运动。超声波发生器向液体发射一束频率为 f_1 的超声波，小微粒把入射的超声波反射回接收器。入射声波与反射声波之间有频率差，产生频率差的原因就是流体中小微粒的运动引起的声波多普勒频移。根据多普勒定律，发生的频移为

$$f_1 - f_2 = 2f_1 \frac{\cos\beta}{c_0} v \tag{7-36}$$

式中，f_1 为超声波发射频率；f_2 为反射波频率；c_0 为声传播速度；v 为流速；β 为流体运动方向和超声波传播方向的夹角。

对于已定的流量计和被测流体，$f_1\cos\beta$ 和 c_0 是定值，则有

$$f_1 - f_2 = K \cdot v \tag{7-37}$$

可以看出，多普勒频移与流速成正比，通过测量频移可求得被测流体的流量。

2. 超声波流量计的分类

根据超声波声道结构类型，超声流量计可分为单声道和多声道超声波流量计。

单声道超声波流量计是在被测管道上安装一对换能器构成一个超声波通道，应用比较多的换能器是外夹式和插入式。单声道超声波流量计结构简单、使用方便，但这种流量计对流态分布变化适应性差，测量精度不易控制，一般用于中小口径管道。

多声道超声波是在被测管道上安装多对超声波换能器构成多个超声波通道，综合各声道测量结果求出流量。与单声道超声波流量计相比，多声道流量计对流态分布变化适应能力强，测量精度高，可用于大口径管道和流态分布复杂的管道。

一般来说，超声波测量方法能达到±0.5%的测量精度。但要在整个测量范围内始终达到这样的精度，并能测量小的流速(0.1～0.5 m/s)时，应选取与声速无关的测量方式，或采用精确的温度补偿方式。

第 8 章　转速和扭矩的测量

在动力机械的试验研究中，转速和扭矩都是最基本的性能参数之一。试验时所测量的转速大多是指一段时间内的平均转速，以(r/min)或(r/s)表示。转速测量精度要求则须根据具体使用场合而定。转速测量的仪表种类较多，测量的方法也不少，根据测量的原理，一般可分为频率计数法测转速、模拟法测转速两种。

扭矩测量的仪器习惯上称为测功器，根据测量原理，可分为如下两种类型：测功器借助水、磁电等介质吸收动力机械输出轴的能量并指示扭矩的被称为测功器；扭矩仪则是通过测定传动轴的扭转变形而测定扭矩，但是不能吸收被测机械输出的能量，而将能量传递给其他的耗能装置。

8.1　转速的测量——频率计数法测量转速的基本原理

频率计数法是目前转速测量中应用较多的一种方法，它是将待测转速通过转速传感器转化成与转速成正比的电脉冲信号，再由电子计数器测出该电脉冲信号的频率或周期，从而求得待测转速，这就是通常所说的测频法测量转速和测周法测量转速。

8.1.1　测频法测量转速的原理

用测频法测量转速的实质是：测定在预定的标准时基内进入计数器的待测信号脉冲的个数，从而求得待测转速。图 8-1 为用测频法测量转速的原理框图。其工作原理如下：

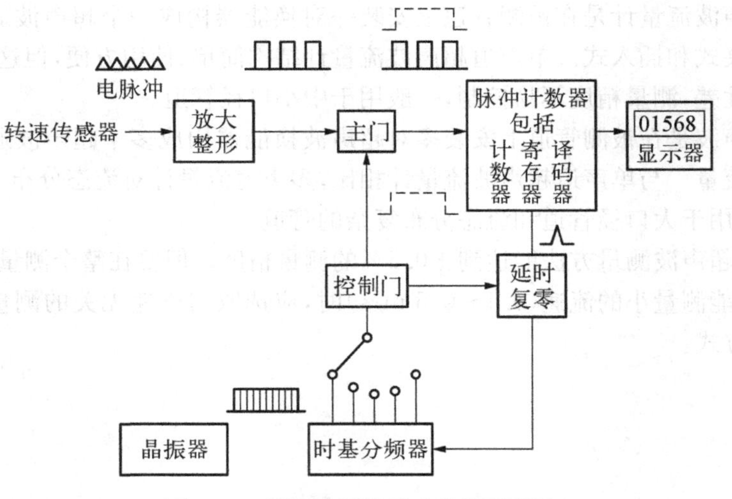

图 8-1　测频法测量转速的原理框图

(1) 由转速传感器输出的与转速成正比的电脉冲信号(频率为 f_x)，经过放大整形后，被传输到主门的输入端。

(2) 由晶振器产生的标准频率(f_0)信号,经过时基分频器,产生可调波宽的低频方波信号,即标准时基 t,变成为每秒 1 次或每 10 秒 1 次等低频脉冲信号,也称秒信号。则两个秒信号之间的间隔即为 1 秒、10 秒等的标准时基 t。当选定一个标准时基 t 秒后,设第一个秒信号进入控制门后,使门内的双稳态触发器翻转,从而使主门开启,允许经过整形的被测信号 f_x 通过,计数器即随之计数。经 t 秒后,当第二个秒信号进入控制门,使门内的双稳态触发器再次翻转,使主门关闭,不允许待测信号 f_x 通过,计数器即停止计数,它所累计的待测信号脉冲数 N_x 被显示在显示屏上,$N_x = f_x \cdot t$(个),待测转速 n 为

$$n = \frac{60N_x}{zt}(\mathrm{r/min}) \tag{8-1}$$

式中,t 为选定的标准时基(s);z 为被测轴每一转所产生的电脉冲信号个数。

(3) 脉冲计数器由计数器、寄存器和译码器等组成。计数器以二进制数计数,通过寄存器将一定标准时基内的脉冲数寄存起来,再由译码器编译成十进制数。

(4) 显示器由 LED 数码管等组成,以显示十进制数,目前的转速数字显示仪一般可显示 4～6位数。也可以把信号输入计算机,由计算机显示器显示。

(5) 延时复零电路的作用是:每次计数结束后,产生一定的时间延迟,使显示器保持一段时间的显示以便读数。在延时结束后使分频器和计数器复零,以便重新计数。

8.1.2　测周法测量转速的原理

当被测量转速较低时,应用测频法测量转速会带来较大的误差,此时可用测周法。测周法测量转速的实质是:使计数器累计一个待测脉冲信号周期 T_x 内的标准时钟脉冲数 N_0,从而求得待测转速 n。图 8-2 为用测周法测量转速的原理图,其工作原理如下:

(1) 经过放大整形后的晶振脉冲信号(频率为 f_0、周期为 T_0)被传输到主门的输入端。

(2) 使从转速传感器输出的待测脉冲信号(频率为 f_x、周期为 T_x)进入控制门,设第一个待测脉冲信号进入控制门时,使门内的双稳态触发器翻转,从而使主门开启,允许晶振脉冲通过。当第二个待测脉冲进入控制门时,使门内的双稳态触发器再次翻转,使主门关闭,不允许晶振脉冲通过。两个待测脉冲信号之间的间隔,即为待测脉冲信号的周期 T_x。所以计数器所累计的并在显示器上显示的即为在 T_x 内的晶振脉冲数 N_0,晶振脉冲的周期 T_0 可以通过时标旋钮调节为 10 μs, 0.1 ms, 1 ms,可供选择,则待测周期 $T_x = N_0 \times T_0$(μs 或 ms),所以待测转速 n 为

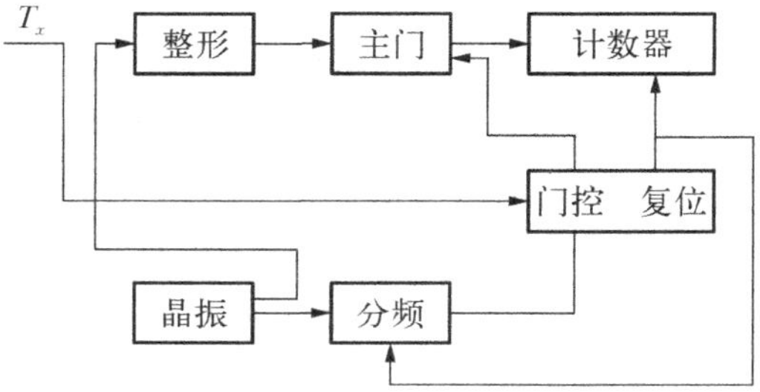

图 8-2　用测周法测量转速的原理框图

$$n = \frac{60}{z \cdot T'_x}(\mathrm{r/min}) \tag{8-2}$$

式中,T'_x 为以秒为单位的 T_x 值(s);z 为被测轴每一转所产生的脉冲信号个数。

为了提高测量精度,一般将待测脉冲信号先通过一个周期倍乘器,从而增加测量的周期数,即主门开启时间为 $K \cdot T_x$,此时,显示器所显示的是 K 个待测周期内的晶振脉冲总数 N'_0,

则 K 个周期的平均值为

$$\overline{T}_x = \frac{N'_0 \times T_0}{K}(\mu\text{s 或 ms})$$

此时待测转速为

$$n = \frac{60}{z \cdot \overline{T'}_x}(\text{r/min}) \qquad (8-3)$$

式中，$\overline{T'}_x$ 是以秒为单位的 $\overline{T}_x$ 值(s)。

(3) 脉冲计数器和延时复零电路作用与测频法相同。

8.1.3 测频法测转速的传感器

目前常用的转速传感器有磁电式和光电式两种。

1. 磁电式转速传感器

其功能是将被测轴的转速信号通过磁电感应的方法转换成电脉冲信号。它的工作原理在第 4 章传感器中已介绍过。这种传感器的优点是，结构简单，若使用得当可获得较高的精度。缺点是脉冲波形受转速高低和齿顶与传感器端部间隙大小的影响，所以一般应使转速不低于 50 r/min，间隙保持 0.5～2 mm。此外，还容易受振动等因素的干扰，当干扰信号的强度大于显示仪表的工作电平时，会形成误差。

2. 光电式转速传感器

光电转速传感器的功能是将被测转速(或圆频率)通过光电转换的原理，转换成为电脉冲信号，供转速数字显示仪显示。它有透光式和反射式两种：

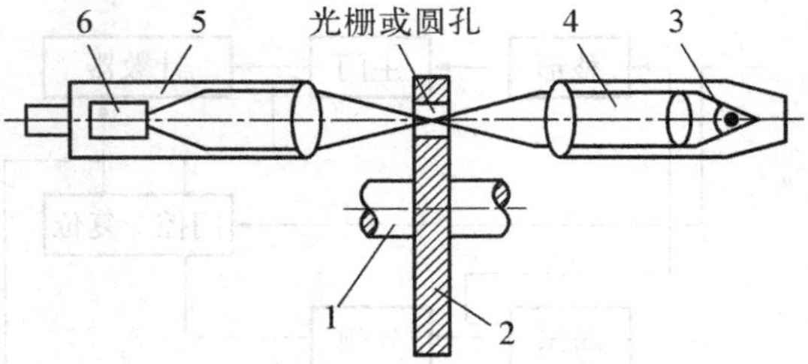

图 8-3 透光式光电转速传感器原理图

1—被测轴；2—旋转轮；3—光源；4—投光器；5—受光器；6—光敏元件

(1) 透光式光电转速传感器。图 8-3 为透光式光电转速传感器原理图，它由投光器 4、旋转轮 2 和受光器 5 等组成。带光栅(或圆孔)的旋转轮 2 与旋转轴 1 安装在一起并随着旋转。投光器 4 中有光源 3，光线经凸透镜聚焦后透过旋转轮上的光栅。受光器 5 将光线再次聚焦到光敏元件 6 上。旋转轮旋转时，当每一条光栅经过投光器的光线聚焦点时，光线便透过光栅照射到光敏元件上，因而产生一个电脉冲信号 f_x，以供后接的转速数字显示仪处理。显然，当旋转轮上有 z 个光栅或圆孔时，则转轴每旋转一转便产生 z 个电脉冲信号。

透光式光电转速传感器也有做成一体的，如国产 SZGB-3 型光电转速传感器，测量的最高转速可达 10 000 r/min。

(2) 反射式光电转速传感器。反射式光电转速传感器原理如图 8-4 所示。光源发出的光束经半透膜后，被凸透镜 1 聚焦在旋转轮上。旋转轮转动时，由于黑白条纹对光的反射能力不同，当每一组黑白条纹经过聚焦点时便反射一次光脉冲，这个光脉冲经过半透膜并再次聚焦到光敏管上，光敏管即输出一个电脉冲信号。

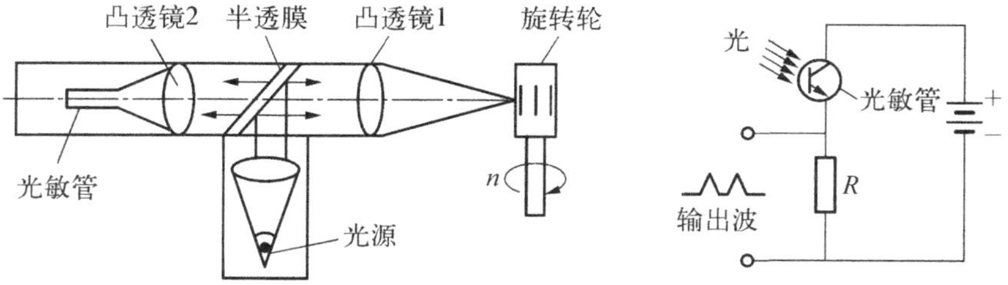

图 8-4 反射式光电转速传感器原理

光电转速传感器可以在与被测轴无扭矩损失的情况下测定转速；测量精度高，可达 ±0.05%，测量范围宽，可从 30 r/min～48×10^4 r/min。但在测量时必须使光束与黑白条纹保持垂直，否则会因信号失落而造成测量误差。

8.1.4 测频法测转速的误差分析

测频法测转速的测量误差基本上由 3 部分组成，即转速传感器的误差、晶体振荡器的频率稳定度误差、由于被测脉冲信号的相位与控制门输出信号 t 的起始时刻 t_0 不同步而造成的采样误差。

通常认为转速传感器在正常工作状态下的误差是很小的，可以不予考虑。如果有时因电源波动、光敏元件老化、光源不足、间隙不当或测量转速过低等原因造成的，均不能作为正常的测量误差。石英晶体振荡器频率不稳定，也会造成标准时间信号 t 的误差，但它的数量级很小，约为每日 10^{-5}～10^{-9} 次，所以也可以忽略不计。因此造成测频法测转速测量误差的主要原因，是由于控制门输出的时基信号 t 的起始时刻 t_0 落到被测脉冲波上相位的随机性所引起的，如图 8-5 所示，同样在时间 t 内，进入的脉冲波数可能多一个，也可能少一个，所以这种误差就叫做“±1 个数字误差”。

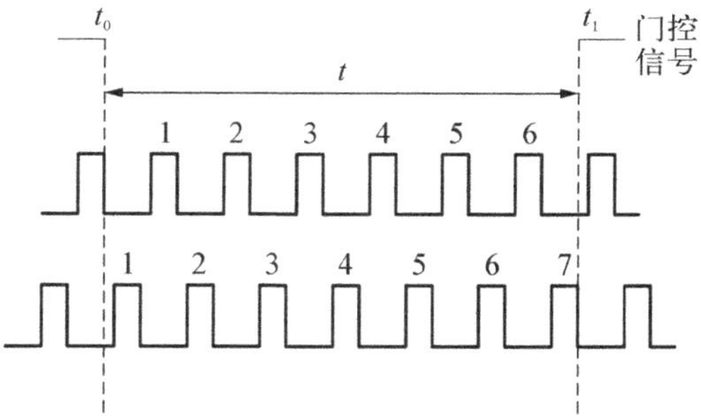

图 8-5 ±1 个数字误差产生的原因

根据定义，被测脉冲的频率为

$$f_x = \frac{N_x}{t}$$

式中 N_x 为在 t 时间内进入计数器的脉冲数，±1 个脉冲数所引起的频率误差为

$$\Delta f_x = 1/t$$

相对误差为

$$\delta_f = \frac{\Delta f_x}{f_x} = \frac{1}{f_x \cdot t}$$

由于

$$f_x = \frac{nz}{60}$$

式中，n 为转速(r/min)；z 为被测轴每一转所产生的脉冲信号数，即旋转圆盘上的光栅数或齿数。

所以

$$\delta_t = \frac{60}{nzt} \tag{8-4}$$

上式表明，所测的转速 n 越高，光栅或齿数 z 越多，门控时间 t 越长，则频率测量的相对误差 δ_t 越小。反之，当被测转速 n 很低时，用测频法测量转速，由于±1 个脉冲数字误差的影响，将会带来大的相对误差，这就是为什么当被测转速较低时，需用测周法测量转速的道理。至于用测周法测量转速的误差分析，其基本原理也基于“±1 个数字的误差”，读者可以自己进行推导。

8.1.5 频率计数法测转速目前常用的几种数字式转速表

图 8-6 是按透光式光电传感器原理制造的接触式手持数字转速表简图。国内产品有 SZG-20 和 DT-820 型等。

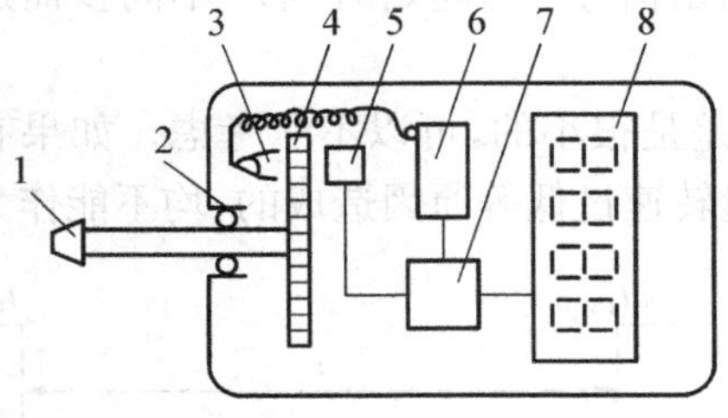

图 8-6 接触式手持数字转速表简图

1—测速接头；2—轴承；3—光源；4—光栅盘；5—光敏元件；6—电源；7—计数器；8—显示器

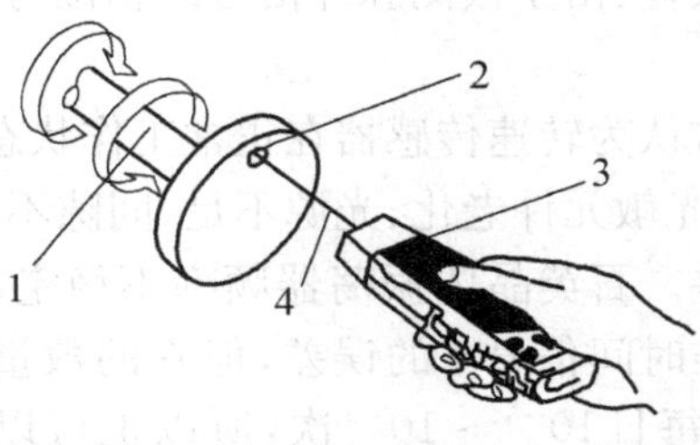

图 8-7 非接触式手持数字转速表简图

1—转轴；2—反射标记；3—转速表；4—光线

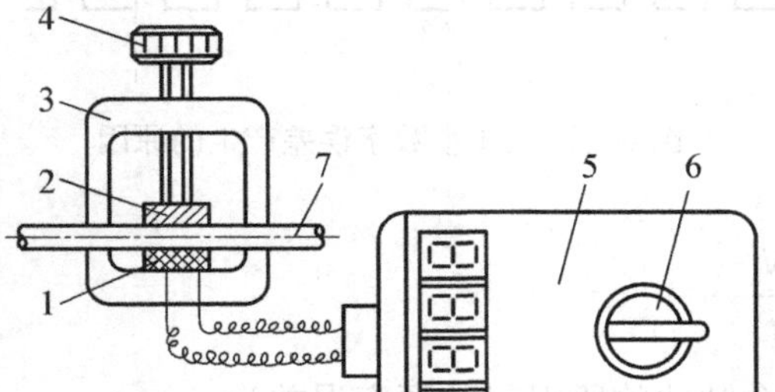

图 8-8 柴油机数字转速表

1—压电晶体；2—压板；3—传感器体；4—压紧螺丝；5—显示器；6—选择旋钮；7—柴油机高压油管

图 8-7 为按反射式光电传感器原理制造的非接触式手持数字转速表简图。产品有 HT-441，HT-446 等。

图 8-8 为用于柴油机的手持式数字转速表简图。它是按压电传感器原理制成的，测量时将传感器 3 夹紧在柴油机高压油管 7 上，用压紧螺栓 4 根据高压油管直径的大小将压板 2 压紧。高压油管在每次喷油时所引起的管壁压力变化，通过压电传感器转换成电脉冲信号，由连接导线传输到转速表内并显示出柴油机转速。产品有 CSY-16，GE-450 型等。

8.2 模拟方法测量的转速表

模拟方法测量的转速表是利用被测轴旋转时引起的某种物理量的变化，例如离心力、发电机输出电压等,以转速为单位连续指示在刻度盘上的一种测转速仪表。它的精度一般要比测频法测转速低,大多数用作监察仪表。这种方法易受温度等因素的影响。但由于使用方便、价格低,在目前仍有广泛应用。

8.2.1　离心式转速表

离心式转速表的工作原理是测量质量 m 旋转时所产生的离心力,如图 8-9 所示。离心力的大小可由下式确定:

$$F = mr\omega^2 = mr\left(\frac{\pi \cdot n}{30}\right)^2 \tag{8-5}$$

式中,F 为离心力(N);m 为重块的质量(kg);r 为重块质量中心至旋转轴心的距离(m);ω 为旋转角速度(rad/s);n 为转速(r/min)。

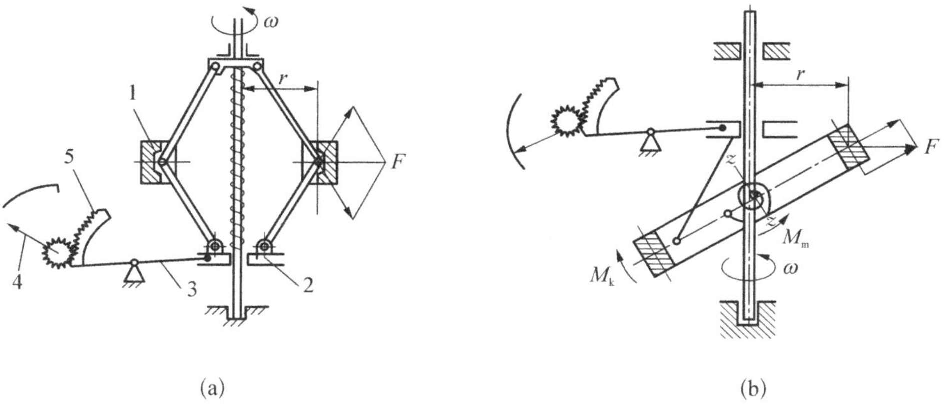

图 8-9　离心式转速表

1—重块;2—滑块;3—杠杆;4—指针;5—齿条

(a) 重块式　(b) 圆环式

由上式可见,离心力与转速的平方成正比。

根据结构的不同,离心式转速表又有重块式和圆环式两种。图 8-9(a)为重块式离心转速表,当轴旋转时,重块 1 在离心力的作用下向外移动,导致滑块 2 上升,直到与弹簧反力相平衡,并通过杠杆、齿轮机构使指针偏转,根据指针转过的角度即可确定转速的大小。

图 8-9(b)为圆环式离心转速表原理图。

国产 LZ 型离心式手持转速表转速的测量范围由 30～24 000 r/min,精度为 1%～2%。

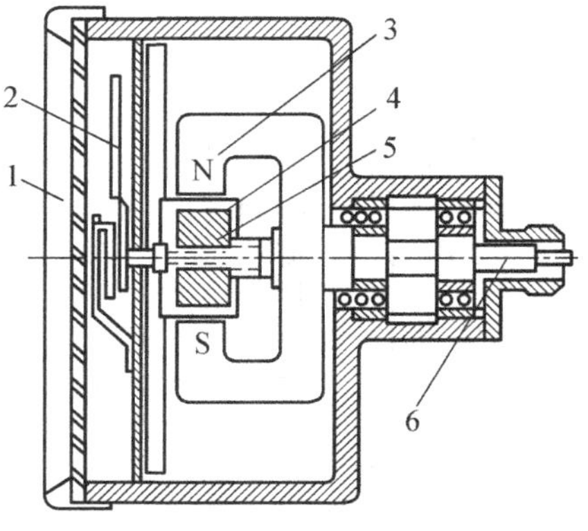

图 8-10　磁性转速表

1—游丝;2—指针;3—永久磁铁;4—金属圆盘;5—铁芯;6—表轴

8.2.2　磁性转速表

磁性转速表的结构如图 8-10 所示。当永久磁铁 3 和铁芯 5 随表轴 6 一起转动时,处在它们之间的金属圆盘4便因切割磁力线而在圆盘体内产生感应电流，它在永久磁铁3的磁场作用下，使圆盘受到一旋转力矩，并沿表轴6旋转的方向偏转，偏转角的大小与表轴的转速成正比。当旋转力矩与游丝1的反作用力矩相平衡时，与金属圆盘在同一轴上的指针2即指示出相应的转速。

磁性转速表的优点是结构简单，刻度均匀分布。如国产CZ-636型磁性转速表，可用来测量顺时针方向或逆时针方向旋转的转速，在20±5℃的情况下，精度为±2%，最高转速达12 000 r/min。

8.3 扭矩的测量

发动机在台架试验项目中，扭矩参数是一个衡量其性能的重要指标。台架试验中测量发动机输出扭矩的主要设备是各种测功器。测功器是根据作用力矩与反作用力矩大小相等方向相反的平衡原理测量扭矩的。由于传递力矩的介质不同，测功器有水力测功器、电涡流测功器等几种。

此外，在很多其他场合可用扭矩仪来测量发动机的扭矩值，它的基本原理是基于弹性材料的扭转变形。当扭矩仪弹性轴在传递扭矩时，弹性轴两端的横截面发生相对变形，同时在轴的外表面上也因承受应力产生应变，在材料的弹性极限范围内，扭转角 θ 和表面应变量 ε 的大小与外加的扭矩 M 成正比。所以通过测量 θ 或 ε 也可以测定扭矩 M。目前，测定应变量 ε 有电阻应变式扭矩仪，测量扭转角 θ 的有相位差式扭矩仪等。这种扭矩仪本身只能传递被测扭矩而不吸收功率。所以，扭矩仪只能安装在发动机与负载之间，传动系统必须断轴，负载可以是各种测功器、发电机或其他类型的负载。

8.3.1 水力测功器

1. 水力测功器工作原理

水力测功器原理如图8-11所示。由轴3和圆盘1组成的测功器转子与发动机的输出轴连接并一起转动，冷却水经进水阀4流入测功器的内腔2中。测功器工作时，圆盘高速旋转，在摩擦力和离心力的作用下，在内腔形成一个旋转的水环，在这个过程中转子将输出轴的扭矩传递给水。水环的转动受到外壳内壁摩擦力的阻碍，使它的旋转速度降低下来，这就是外壳对水环的制动力矩。此时外壳本身也受到一个与制动力矩大小相等方向相反的反力矩，实际上就是水环将扭矩传递给了外壳。当测功器工作平衡时，转子传递给水的扭矩与外壳所受的反力矩的方向相同，大小相等，在这个反力矩的作用下，使外壳沿转动轴转动的方向旋转，在转过一定角度之后，为测力机构所平衡。测力机构指针所指示的扭矩数即等于输出轴的扭矩。而水在工作过程中，不断地从转子获得速度又受内腔壁的阻力影响，动能转换为热能，水温逐渐升高。水温过高会在水腔内产生气泡，使工作不稳定。因此必须换水，热水由出水阀5排出。冷水由进水管补充。

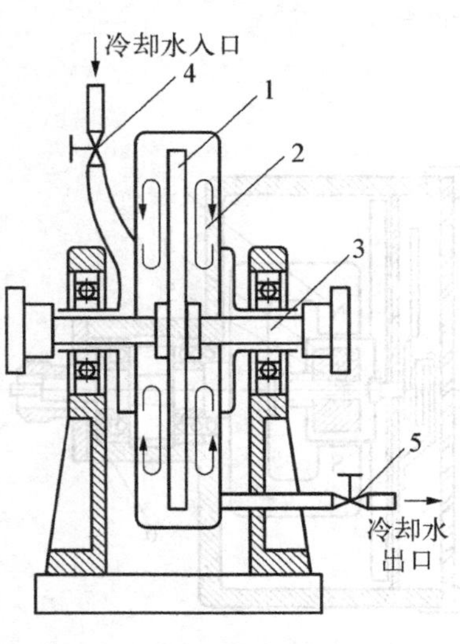

图8-11 水力测功器结构原理

1—圆盘；2—测功器外壳；3—轴；4—进水阀；5—出水阀

总之，水力测功器中的水在工作时，将转子的转矩传输给外壳，并通过测力机构指示出来，同时吸收发动机输出轴的功率并转化成为热能而排出，这就是水力测功器的基本工作原理。

2. 水力测功器的种类

1）圆盘式水力测功器

这种测功器与前面介绍的测功器的区别，在于旋转圆盘和定子圆盘上钻有很多小孔，其作用是增加对水的扰动。为了增加测功器的使用范围，圆盘式水力测功器通常做成多盘式，如C－150型圆盘式测功器，旋转圆盘有五个，定子圆盘有四个。圆盘式水力测功器可以正反方向旋转，工作稳定，结构简单，但尺寸较大，是比较早期的一种型式。

2）搅棒式水力测功器

为了增加对水的扰动，用菱形截面的搅棒代替以上圆盘。图8－12为搅棒式水力测功器。

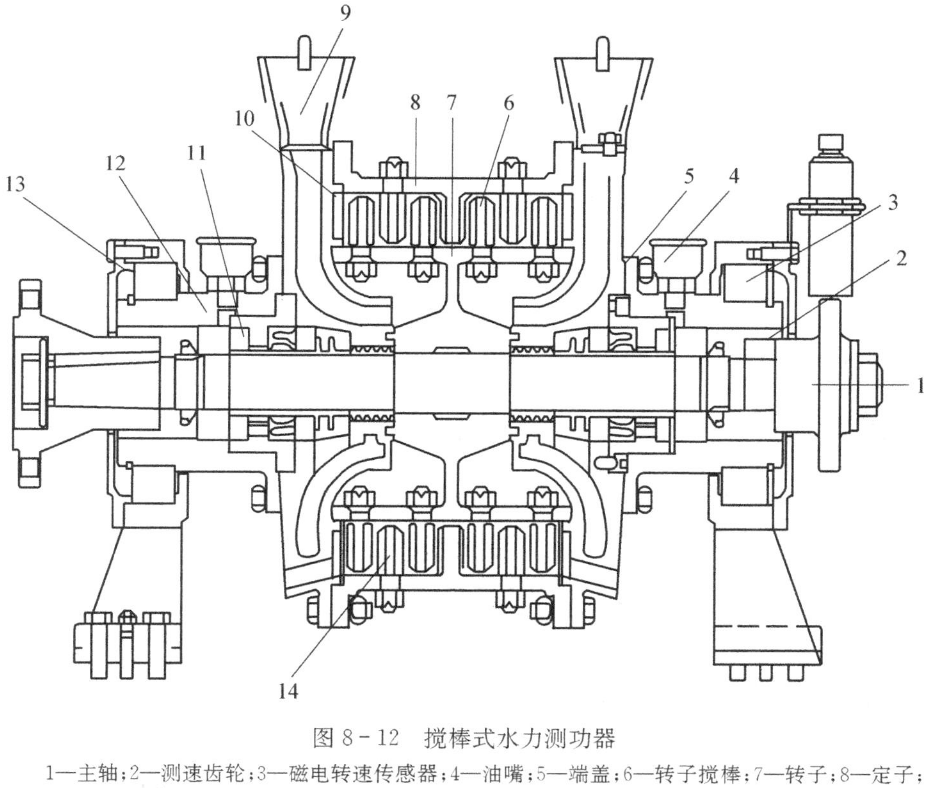

图8－12　搅棒式水力测功器

1—主轴；2—测速齿轮；3—磁电转速传感器；4—油嘴；5—端盖；6—转子搅棒；7—转子；8—定子；9—水斗；10—侧壳；11—主轴承；12—摆动轴承；13—轴承盖；14—定子搅棒

在这种测功器的定子和转子上，分别安装有若干列搅棒。搅棒式水力测功器结构简单、尺寸不大而制动力矩较大，并可以正反方向旋转。缺点是容易受进水量波动的影响使工作不稳定，为此需建立专用的高位置水箱以保持恒定的进水压力。我国目前生产的水力测功器多数属这一类型。

3）漩涡式水力测功器

图8－13是漩涡式水力测功器的原理图。这种测功器的转子及外壳内部均加工成半椭圆

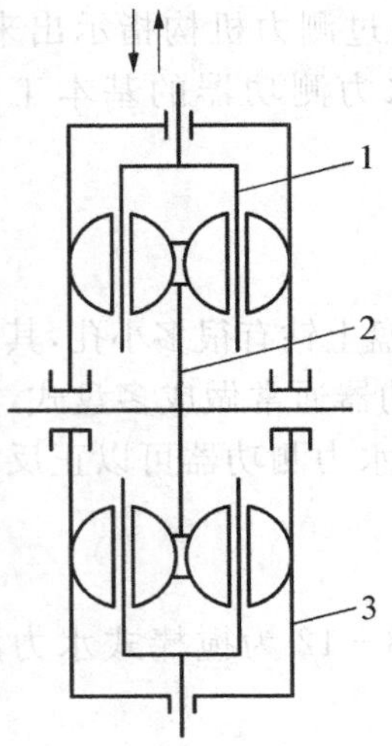

图 8-13 漩涡式水力测功器原理图

1—挡板；2—转子；3—外壳

形的流道，工作时，水在转子的推动下，一方面随着转子一起旋转；另一方面在离心力的作用下，又沿着转子中心向外运动，被投入到外壳上的流道中。由于受到外壳流道的阻力，水的旋转速度减小，因而沿着外壳流道重新回到转子中心，在转子流道和外壳流道之间形成与旋转方向垂直的漩涡，所以叫做漩涡式水力测功器。其转子、外壳与工质之间的扭矩转换情况与搅棒式基本相同。这种测功器工作时，内腔始终充满着水，其制动扭矩的大小可由介于转子流道和外壳流道之间的挡板 1 调节，挡板的开度大，由转子流道 2 投向外壳流道 3 的水量就多，所吸收的扭矩也大；反之，则减小；如将挡板关闭，即转子流道和外壳流道完全被挡板隔开，转子流道内的水投不进外壳流道，此时吸收的扭矩最小，仅有微小的液体摩擦和机械摩擦损失。

图 8-14 为漩涡式水力测功器的结构简图。这种测功器结构比较复杂，但工作稳定性较好，在低负荷工作时，此优点更为突出，尤其适用于低速大功率发动机的扭矩测量。

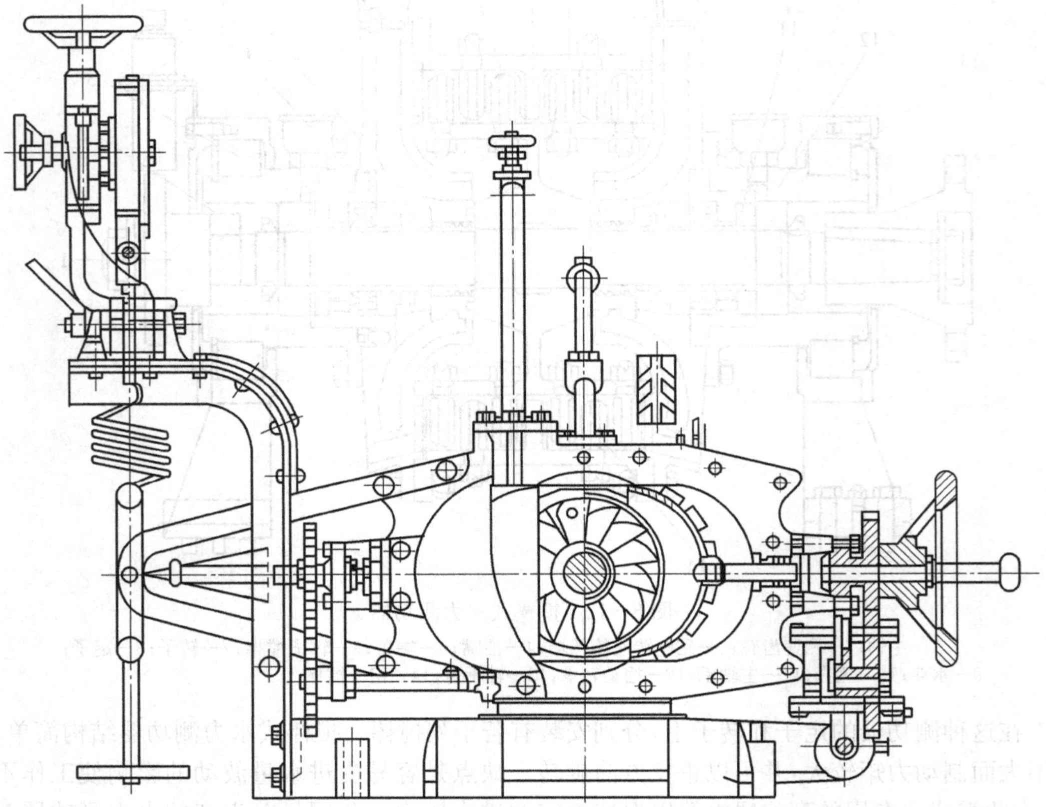

图 8-14 漩涡式水力测功器结构图

4）新型漩涡式水力测功器

上述三种水力测功器中，圆盘式水力测功器年代长久，基本已趋于淘汰之列，漩涡式水力测功器属于国外引进产品，加工复杂，成本较高。搅棒式水力测功器虽是 20 世纪我国新生产的产品，但吸收扭矩受体积的局限，也跟不上发动机向大功率、高转速发展的趋向之要求，目前已由新研制的水力测功器取代，其机构如图 8－15 所示。测功器转子安装于主轴中部，左右外壳、左右定子、中壳装配在一起为测功器定子。并将转子封闭在中间。转子与左右定子相对面上有凹坑，形成水腔。为防止水渗漏，主轴上装有封水套。

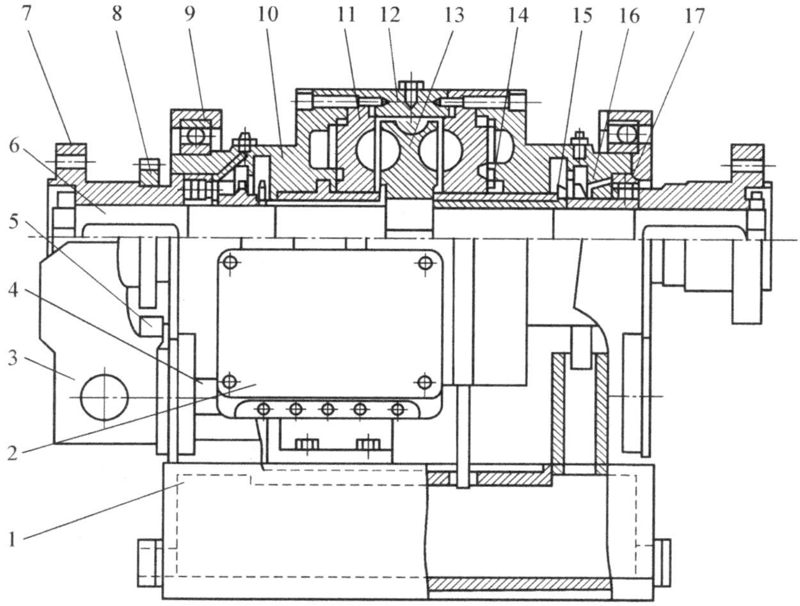

图 8－15　新型漩涡式测功器结构示意图

1—机座；2—扭矩传感器和接线座组件；3—电控蝶阀；4—进排水组件；5—转速传感器；6—主轴；7—联轴器；8—测速齿轮；9—轴承座组件；10—左右外壳；11—左右定子；12—中壳；13—转子；14—封水套；15—甩水套；16—骨架油封；17—高速轴承

进水管道与高位水箱相接。来自控制仪的制动扭矩调节信号驱动力矩电机运转，并通过减速齿轮组调节装在测功器排水口的电动蝶阀开度。从而改变蜗壳内进出水口的压力，使沿壳内水的涡流强度随之发生变化，达到调节吸收功率大小的目的。阀片的轴端装有阀片位置传感器，以便控制仪控制和显示蝶阀开度位置。

测力机构由力臂、拉压传感器、接线座等组成。当发动机扭矩传递到测功器定子时，定子、力臂、拉压传感器之间没有位移，力矩的大小与拉压传感器的信号大小成正比。

这种水力测功器有以下一些特征：

(1) 体积小，制动力矩大。在结构设计方面，集中传统测功器中的一些优良结构，改进一些不足之处，例如涡流型半圆蜗壳有结构紧凑、单位体积吸收功率大的优点；直棒式测功器的水环厚度调节方式反应灵敏，故均予以采纳。而把闸套式调节方式和直棒式转子结构予以扬弃。

(2) 测试精度高，性能稳定、可靠，操作方便。扭矩稳定性达到测功器最大扭矩的±(0.2～0.5)%。为了提高稳定性，关键是解决水力测功器的“泵水效应”问题。因为水力测功器实质上是一个低效率的水泵，出水压力随转速上升而迅速上升，当进水量不变时转速上升。由于排水压的增加而使排水量增加，结果腔体水量减少而导致扭矩摆动。这种测功器的改革措施是采用高精度随动电控蝶阀对排水压力进行控制。在进水压力恒定的情况下，蝶阀开度对蜗壳内压力产生变化，使水环厚度随之变化。由于压力波在水中传递速度相当快，因而改变工况所需的响应时间几乎只取决于蝶阀的响应时间，蝶阀全程响应时间为 400 ms；

(3) 扭矩测量显示采用电测法。测功器采用高精度拉压传感器取代磅秤测力机构，采用电磁传感器测量转速，从而大大提高了测量精度和控制精度。因此这种测功器很容易实现扭矩和转速的数字显示以及闭环自动控制，另外再配备内燃机油门自动控制及其他参数的测量，如油耗、压力、温度、示功图等，再配上系统控制软件，最后构成由计算机控制的内燃机自动化试验台。

3. 水力测功器的测力机构

水力测功器的测力机构目前多采用简单摆锤式，图 8-16 为水力测功器的测力机构。

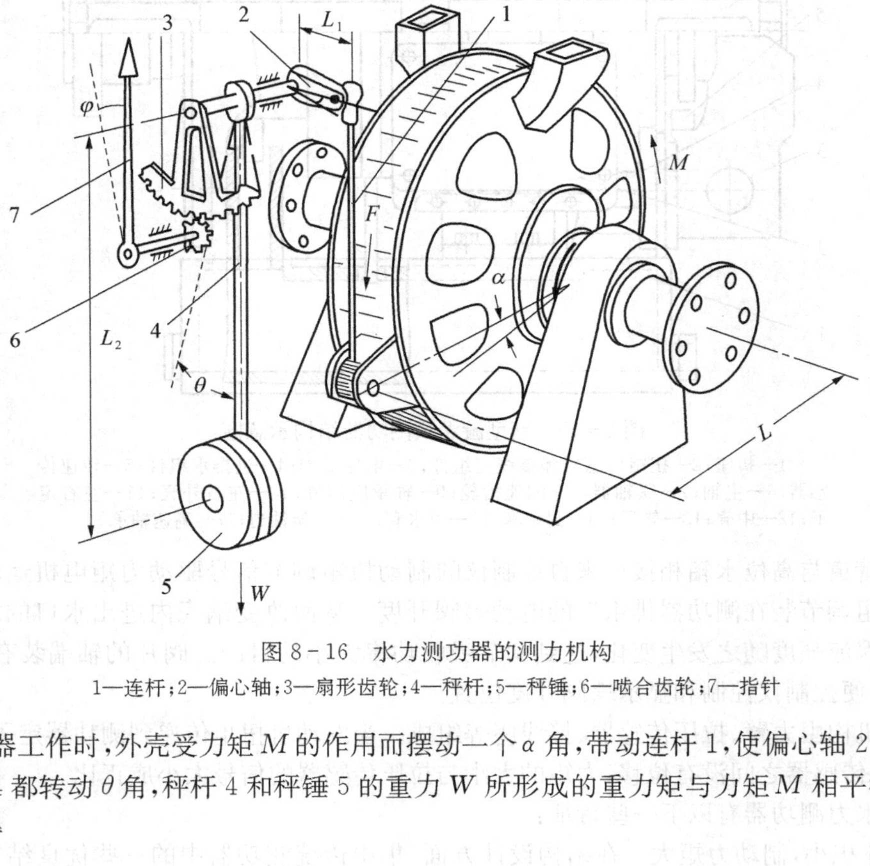

图 8-16 水力测功器的测力机构

1—连杆；2—偏心轴；3—扇形齿轮；4—秤杆；5—秤锤；6—啮合齿轮；7—指针

测功器工作时，外壳受力矩 M 的作用而摆动一个 α 角，带动连杆 1，使偏心轴 2、扇形齿轮 3 和秤杆 4 都转动 θ 角，秤杆 4 和秤锤 5 的重力 W 所形成的重力矩与力矩 M 相平衡，由力平衡方程，得

$$FL_1\cos\theta = WL_2\sin\theta \tag{8-6}$$

所以

$$F = \frac{L_2}{L_1}W\cdot\tan\theta \tag{8-7}$$

由于扇形齿轮 3 的转动使啮合齿轮 6 和指针 7 都转过 φ，又 φ 角可标出 F 值。测功器的扭矩 M 为

$$M = FL \tag{8-8}$$

相应的功率为

$$P_e = 7.35 \times 10^{-4} F \cdot n(\text{kW}) \tag{8-9}$$

式中，L_1 为偏心轴 2 的偏心距(m)；L_2 秤杆 4 的长度(m)；L 为制动臂的长度(m)；n 为测功器的转速(r/min)。

应当说明，测力机构的形式有多种，简单摆锤式测力机构构造简单，应用比较广泛，有些测功器采用精密摆锤式，它以刀口支承代替一般的轴承支承，以钢带传动代替一般的齿轮传动，其目的都是为了提高测力机构的精度和灵敏度。

4. 水力测功器的特性线

水力测功器所能吸收的功率 P_e，扭矩 M 或制动力 F 与其转速 n 之间的关系称为水力测功器的特性。功率特性曲线是一组三次方曲线，

$$P_e = cn^3(\text{kW}) \tag{8-10}$$

其相应的扭矩特性曲线则是一组二次方曲线，

$$M = \frac{30}{\pi} cn^2(\text{kN} \cdot \text{m}) \tag{8-11}$$

式中，系数 c 取决于测功器的结构参数及其中水量充满的程度。对一台既定的测功器来说，则主要取决于充水的程度。水量越大，系数 c 越大，特性线越陡，在同一转速下所能吸收的功率也越大。图 8-17(a)表示三条不同充水量的等水环功率特性。系数 $c_1 > c_2 > c_3$。

水力测功器所允许使用的最大转速及可能测试的最大功率和最小功率构成了测功器的工作范围，如图 8-17(b)所示。

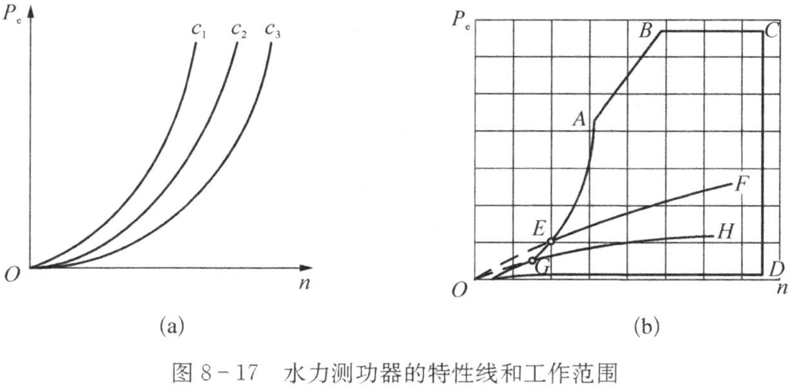

图 8-17　水力测功器的特性线和工作范围
(a) 特性线(等水量)　(b) 工作范围

OA 段——测功器中最大充水量时所能吸收的功率随转速变化的曲线；

AB 段——测功器承受其转子强度所允许的最大扭矩时，所能吸收的功率随转速变化的关系；

BC 段——测功器所能测试的最大功率线。它受冷却水温度的限制，一般出水温度不宜高于 65～70℃，如果功率过大，水温过高，水腔内将产生气泡，导致工作不稳定；

CD 段——测功器允许使用的最高转速线，受转子离心力负荷的限制；

DO 段——测功器中没有充水时所吸收的功率随转速的变化曲线，它由空气阻力矩和转子轴承摩擦力矩所形成。

曲线 OABCDO 所包围的区域即为水力测功器的工作范围，凡是被测试发动机的特性线能落在测功器工作范围内的，均可采用该型测功器进行试验。所以在为发动机试验选择测功器时，应注意它们之间的匹配。

8.3.2　电涡流测功器

电涡流测功器是一种利用涡电流起制动作用的功率测量仪。也是由转子、定子、支架和测力机构等部分组成。其结构如图 8-18 所示。

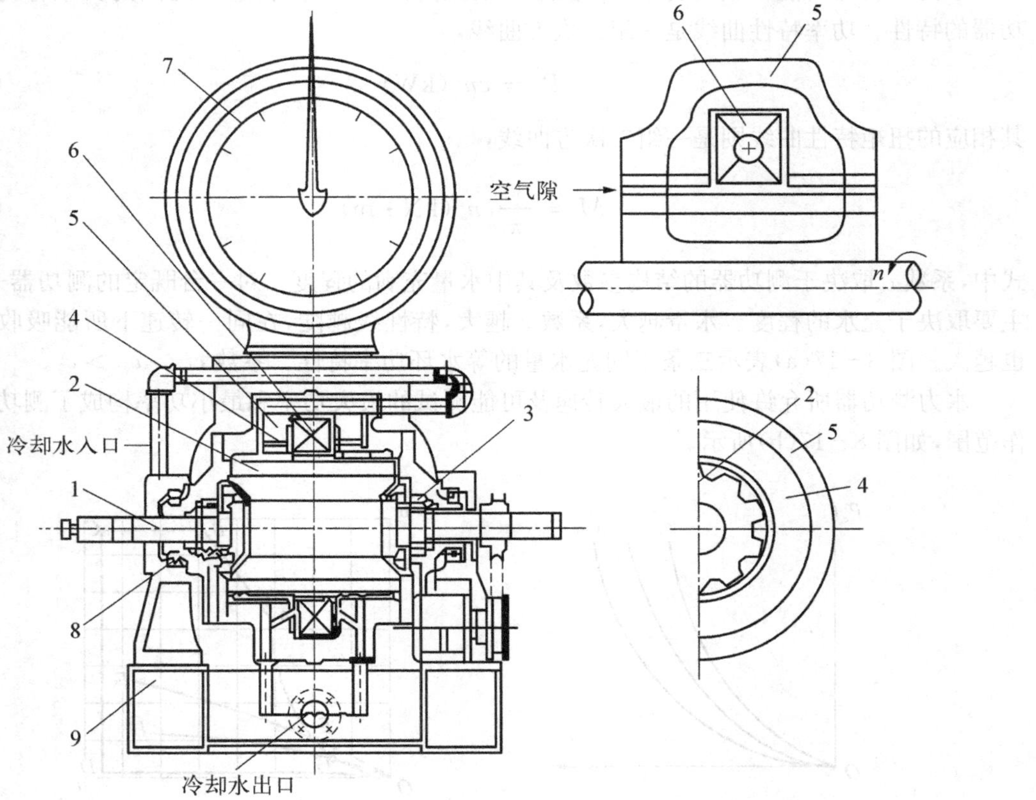

图 8-18　电涡流测功器简图

1—转子；2—感应子；3—轴承；4—激流环；5—励磁体；6—激励线圈；7—测力机构；8—支架轴承；9—支架

定子中装的有励磁线圈 6。励磁体 5 及涡流环 4。转子由转轴 1 和齿状转鼓——感应子 2 组成，通过轴承 3 安装在定子之中，并可沿着轴承 3 旋转。定子则由轴承 8 支承在支架 9 上，可以在支架上来回摆动。定子通过杠杆与测力机构 7 相连，其测力机构一般采用精密摆锤式。

当在激磁线圈中通过直流电流时，在它的周围，即在励磁体、涡流环、空气隙及感应子的局部区域形成一闭合的磁力线回路，电涡流测功器的工作原理如图 8-19 所示。

当转子转动时，在涡流环的 A 截面处，磁力线密度由于齿槽与涡流环之间空气隙增厚磁阻增加而趋向减小。由电磁感应原理可知，在 A 截面处，将产生一感应电流，以阻止磁能量的减少。在 B 截面处则相反。感应电流的方向可以用右手定则判定。感应电流与产生它的磁力线 Φ 相互作用，使定子承受一电磁力，它的方向用左手定则确定。由于在齿顶处的磁通密度较两侧的大，使齿顶所对应的涡流环处的电磁力 F 大于两侧的电磁力 F'，所以总的受力方向与 F 的方向相同，因此在整个定子上受到一方向与转子的旋转方向相同的扭矩 M，由测力机构指示出读数。

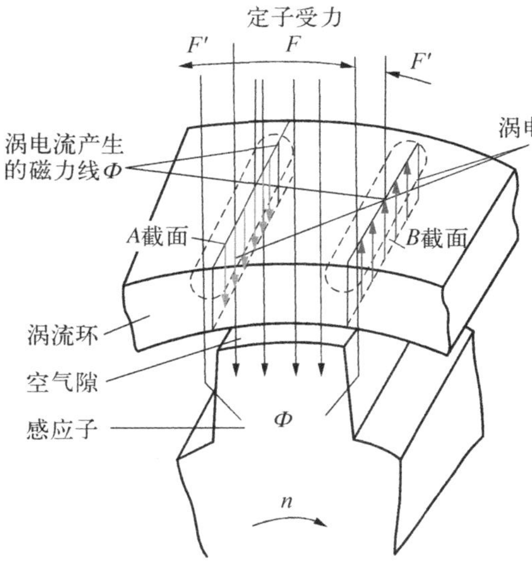

图 8-19　电涡流测功器原理图

电涡流测功器的制动力矩是通过改变激磁电流来调节的，激磁电流则由专用的电流控制柜提供。测功器所吸收的机械能，通过电涡流转化为热能，再通过冷却水进行散热。冷却水的流量一般为 0.5～0.7 L/(kW · min)，出水温度不宜超过 65～70℃。应使用软水，否则会在测功器水道内形成水垢，影响散热，温度过高会使测功器的绝缘遭到破坏。

图 8-20(a)为电涡流测功器在不同激磁电流下的扭矩特性；图 8-20(b)表示了它的功率特性及其工作范围。

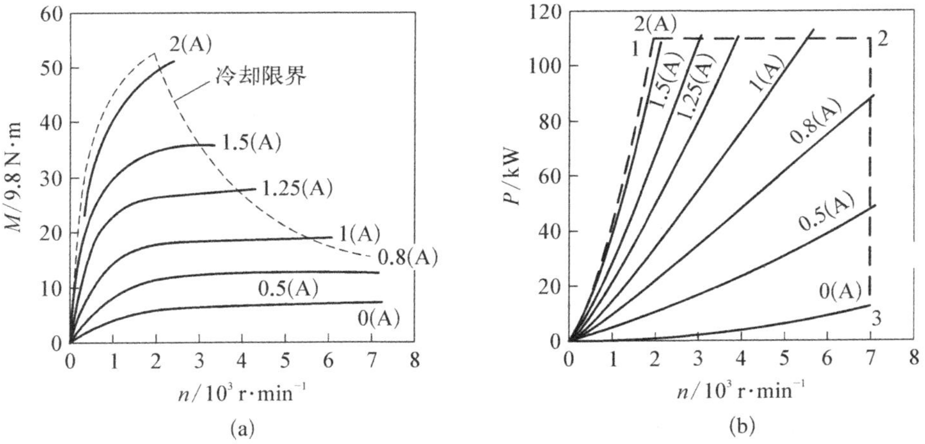

图 8-20　电涡流测功器的特性线和工作范围
(a) 扭矩特性　(b) 功率特性

01 段——激磁电流最大时所能吸收的功率随转速变化的曲线；

12 段——测功器所能测量的最大功率线，其值受测功器所允许的最高工作温度的限制；

23 段——允许使用的最大转速线，受转子离心力负荷的限制；

30 段——无激磁电流通过时的制动功率随转速变化的曲线，由空气阻力和摩擦阻力所形成。

8.3.3 扭矩仪

在材料的弹性极限范围内，扭转角 θ 和表面应变 ε 的大小，都与外加的扭矩 M 成正比。所以通过测量 θ 或 ε 就可以测定扭矩 M。目前测量应变量 ε 的有电阻应变式扭矩仪，测量扭转角 θ 的有相位差式扭矩仪和钢弦测功器等。

1. 电阻应变式扭矩仪

弹性轴在承受扭矩时，在其外圆表面上有应力，两个主应力的方向与轴线成45°及135°夹角，在这两个方向上粘贴上电阻应变片，并连接成电桥，再由应变仪测出应变值，即可由下式确定扭矩值

$$M = \frac{E\pi D^2}{64(1+\mu)} \cdot \varepsilon(\mathrm{N \cdot m}) \tag{8-12}$$

式中，E 为轴材料的弹性模量（$\mathrm{N/m^2}$）；D 为轴的直径（m）；μ 为轴材料的泊松比；ε 为测得的应变值。

由式（8－12）可知，对已确定的弹性轴，E、D、μ 都为已知常数，所以只要测得应变值 ε，即可计算扭矩值 M。

电阻应变式扭矩仪测量信号输出的方式，常用的有两种：

1）滑环式输出

电阻应变信号通过引出线，经铜环和炭刷传递给二次仪表。图 8－21(a)为滑环式输出示意图，这是一种接触式传递，在滑环与碳刷接触处电阻较大，尤其在高转速时，影响测量精度。

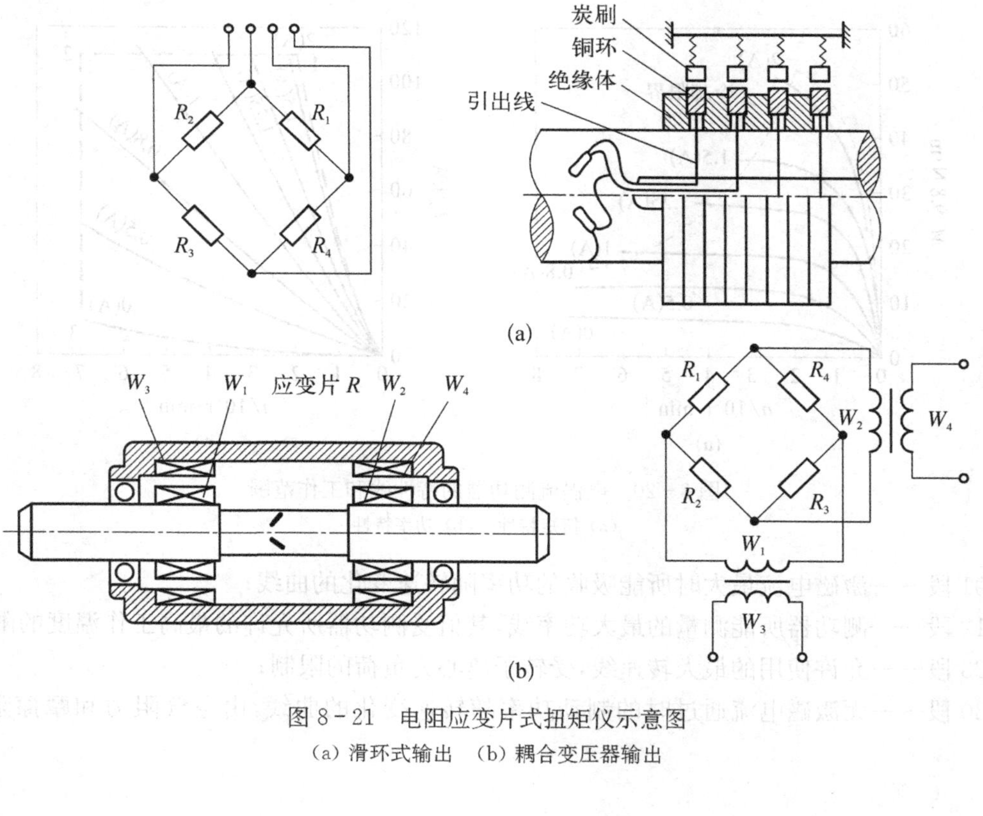

图 8－21　电阻应变片式扭矩仪示意图

(a) 滑环式输出　(b) 耦合变压器输出

2）耦合变压器输出

如图 8-21(b)所示，W_1，W_2 为固定在轴上的两个变压器线圈，随轴旋转。W_3，W_4 为固定在传感器壳体上的两个不动的变压器线圈。W_1，W_3 组成电桥输入变压器。W_2，W_4 组成信号输出变压器。测量扭矩时，在线圈 W_4 的两端有电信号输出。这是一种非接触扭矩信号传递，测量精度较接触式的高。

2. 磁电相位差式扭矩仪

相位差扭矩仪是一种通过测量弹性轴的扭转角 θ 来测定扭矩的仪器。由材料力学得知：如图 8-22 所示，当一段弹性轴在扭矩 M 的作用下产生弹性变形时，其扭转角 θ 与扭矩 M 有下列关系：

$$M = \frac{GJ_p}{L}\theta(\mathrm{N \cdot m}) \tag{8-13}$$

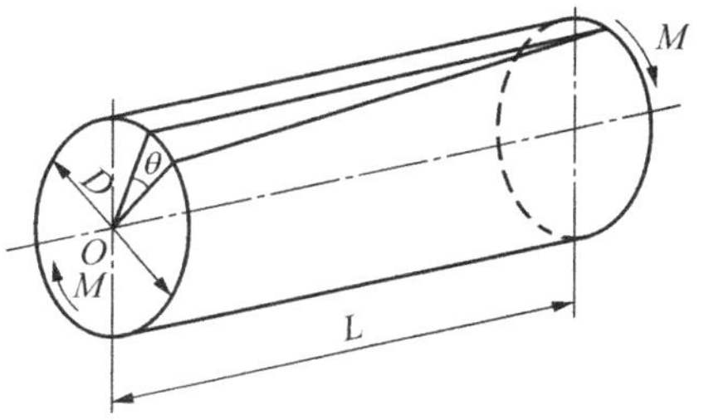

图 8-22　弹性轴扭转变形图

式中，G 为材料的剪切弹性模量$(\mathrm{N/m^2})$；J_p 为轴极惯矩，$J_p = 1/32\pi D^4(\mathrm{m^4})$；$L$ 为轴段长度(m)。

对于一段已知的弹性轴，G，J_p，L 均为已知量，所以只要测出 θ 角，就可以计算出扭矩值 M。

按照测量 θ 角的方法不同，相位差扭矩仪有磁电式和光电式两种。目前国内生产和使用的多是磁电式。它由传感器和二次仪表组成，并且一般都带有转速测量装置。

图 8-23 为 ZJ 型转矩转速传感器简图，在弹性轴 1 的两端 A，B 处各有一只外齿轮 2。在中间套筒 8 的两端各有一副永久磁钢 3 和内齿轮 6。内齿轮与外齿轮的齿数相等，一般为 120 齿或 180 齿，两者在同一垂直面内，但并不啮合，中间存在气隙。在两端的端盖 9 上，各有一组感应线圈 7。在两端的内、外齿轮，永久磁钢和感应线圈之间各有一组闭合磁路。

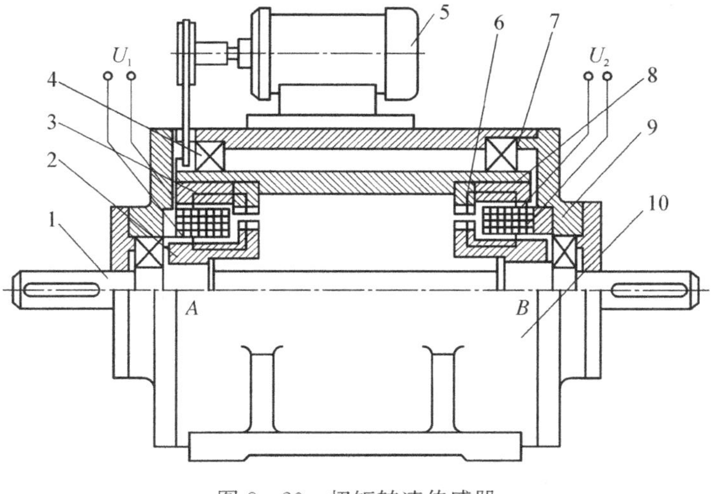

图 8-23　扭矩转速传感器

1—弹性轴；2—外齿轮；3 永久磁钢；4—套筒轴承；5—驱动电机；6—内齿轮；7—感应线圈；8—中间套筒；9—端盖；10—外壳

当弹性轴旋转时，由于内外齿轮之间的气隙厚度不断改变，使两组磁路中的磁通量呈周期性变化，因而在这两个感应线圈中各产生一个近似正弦波的电信号 v_1，v_2。当弹性轴不受外加扭矩作用时，两只外齿轮之间存在着一个初扭角 θ_0，因此相应在两个电信号 v_1，v_2 之间也有一个初相位差 φ_0，θ_0 和 φ_0 对既定的传感器来说一般为常值。当弹性轴受扭矩 M 作用时，两只外齿轮之间的扭转角从 θ_0 变化到 θ_1，v_1 和 v_2 间的相位差也相应变化到 φ_1。θ_1 与 φ_1 之间有一定的函数关系，当 $\varphi_1 < 360°$ 时 $\varphi_1 = Z\theta_1$（Z 为齿轮的齿数），此时 v_1，v_2 可由下式表示

$$v_1 = E_1 \sin \omega\tau \tag{8-14}$$

$$v_2 = E_2 \sin(\omega\tau + \phi_1) \tag{8-15}$$

式中，E_1，E_2 分别为 v_1，v_2 的幅值，由于两端的永久磁钢、感应线圈和内、外齿轮的参数均分别相同，所以 $E_1 = E_2 = E$；ω 为角频率，$\omega = \dfrac{\pi \cdot n \cdot Z}{30}$，其中 n 为弹性轴的转速。

转矩传感器所产生的电信号 v_1，v_2 被输送到二次仪表处理。磁电相位差式扭矩仪的二次仪表通常称为转矩转速仪。v_1，v_2 经它处理后，最后以数字量或模拟量的形式输出扭矩 M、转速 n、功率 P_e 的值。近年来，我国在转矩转速仪的研制方面有了新的发展，已经生产出带微机的转矩转速仪，如 ZJYW1 微机型转矩转速仪和 GW－1 型功率仪等。其最大的特点是具有一定的智能化功能。如 ZJYW1 微机型转矩转速仪能将采集到的电信号贮存和复现，具有处理动态信号的功能。图 8－24 为由 ZJ 型转矩转速传感器和 ZJYW1 微机型转矩转速仪组成的磁电相位差式转矩仪的工作原理图，图 8－25 为 v_1，v_2 的鉴相时序波形图。

正弦波 v_1，v_2 经放大整形以后，分别成为矩形波 v_1'，v_2'，它通过鉴相器并经调零处理（即减去初相位差 φ_0），得到 $\Delta\phi = \phi_1 - \phi_0$。再经过电路转换使几何量的相位差值 φ_1，φ_0 和 $\Delta\varphi$ 分别转化为时间量的相位差值 T_1，T_0 和 ΔT，显然 $\Delta T = T_1 - T_0$，然后 v_1'，v_2' 又合成一连串宽度为 ΔT 的脉冲波。两个 ΔT 脉冲波之间的周期为 T_2。

在图 8－24 中，扭矩计数器的功能是采集由鉴相器传输的脉冲波，输出相位差 ΔT 和周期 T_2 的信号，再通过微处理器计算出所测定的 M 值。

$$M = M_0\left(5F\frac{\Delta T}{T_2}\right)(1 + 0.000\,3\Delta t)(\mathrm{N \cdot m}) \tag{8-16}$$

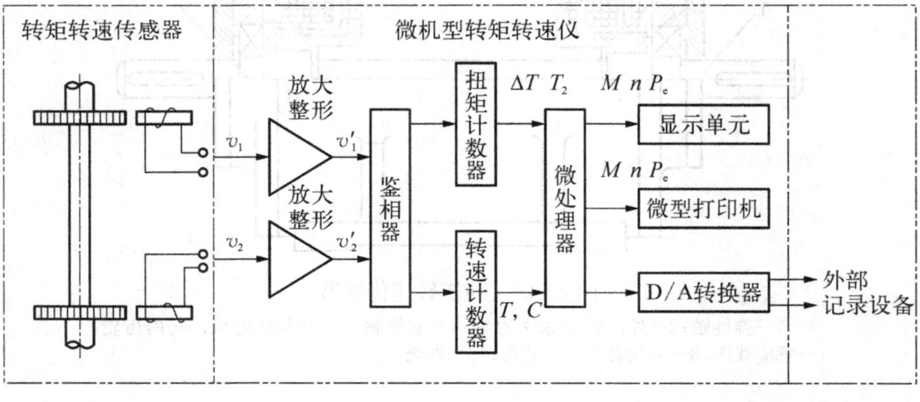

图 8－24　磁电相位差式扭矩仪工作原理图

转速计数器的功能是采集由鉴相器输出的脉冲波，并输出采样时间 T 及其中的脉冲波数 C，然后通过微处理器计算转速 n 的值

$$n = \frac{60C}{TZ}(\mathrm{r/min}) \quad (8-17)$$

求得 M 和 n 后，微处理器又计算出功率 P_e 值

$$P_e = \frac{M \cdot n}{9.549 \times 10^3}(\mathrm{kW}) \quad (8-18)$$

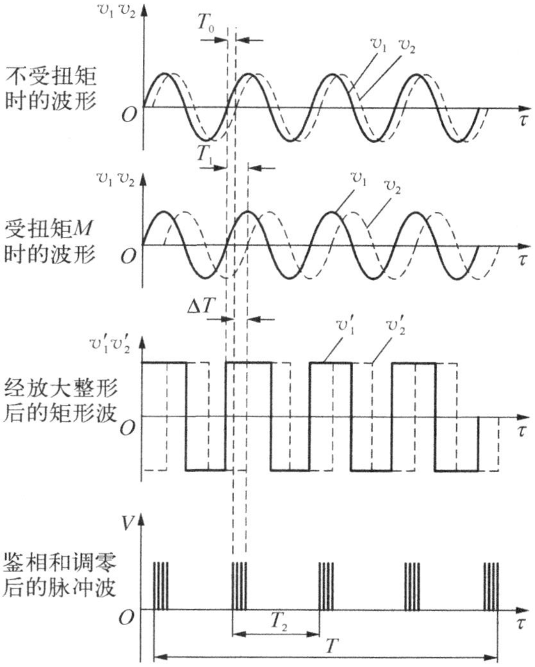

图 8-25 v_1，v_2 的鉴相时序波形

式(8-16)中，M_0 为转矩转速传感器的额定扭矩(N·m)。设计规定：弹性轴在受到扭矩 M 作用时，当两端外齿轮的扭转角 θ 达到 1/4 个齿时(即 $\varphi_1 = 360°$，或 $\frac{\Delta T}{T_2} = \frac{1}{4}$)，则称此扭矩值为传感器的额定扭矩 M_0；F 为传感器系数，在 ZJYW1 转矩转速仪中：$F = 8\,000$；Δt 为传感器的标定温度和实际温度的温差(℃)；$5F\frac{\Delta T}{T_2}$ 为在台架上调试 ZJYW1 转矩转速仪时，使温差 $\Delta t = 0$，若选定 $\frac{\Delta T}{T_2} = 0$，即相当于弹性轴不受外加扭矩作用时，在显示单元上应显示出

0	0	0	0	0

若选定 $\frac{\Delta T}{T_2} = \frac{1}{4}$，即相当于弹性轴受额定扭矩作用 M_0 时，在显示单元上应显示出

1	0	0	0	0

也就是

$$5F\frac{\Delta T}{T_2} = 5 \times 8\,000 \times \frac{1}{4} = 10\,000$$

在实际使用中，ZJYW1 转矩转速仪与任何一种 ZJ 系列的转矩传感器相联用，因而有一个稳定的 M_0 值；同时在具体的环境温度下工作，有一个确定的 Δt(℃)值。并且当外加扭矩 $M \leqslant$ 额定扭矩 M_0。即 $\frac{\Delta T}{T_2} \leqslant \frac{1}{4}$ 时，显示单元所显示的数，即为所测扭矩 M 的值。

用这种方式处理的优点是：一种 ZJYW1 型转矩转速仪可以与不同量程 M_0 的转矩转速传感器相联用，目前 ZJ 系列转矩转速传感器有 11 种额定扭矩，M_0 从 1.96～19 600 N·m，可以按需要选用。

8.4 测功系统的评定

测功器必须和发动机联结在一起才能成为测功系统。

对任何一种测功器，其调节方式可以是手动调节，也可以是自动调节。手动测功系统较简单，发动机油门和测功器分别由人工调节到要求的工况，这种调节方式调节麻烦、时间长、不稳定。而自动调节方式则采用模拟调节器或数字调节器进行 PID 闭环控制，即发动机和测功器的扭矩、转速的实测值与可调的扭矩、转速设定值进行比较，比较后的差值经 PID 运算后按选定的控制方式自动调节发动机油门或水力测功器的进水阀门或电涡流测功器的励磁电流，以改变实际转速或扭矩值。经反复调节使实际值等于设定值，达到所要求的控制特性。因此，自动调节方式具有调节时间短、控制精度高等优点。目前的测功系统都采用自动调节方式。

发动机油门和测功器的自动控制方式分别有恒位置、恒扭矩、恒转速三种，从而测功系统有六种不同的组合控制方式，以适合发动机试验的各种要求。例如，发动机恒油门位置控制，测功器恒转速控制这一对组合可以做发动机速度特性试验。

所有的控制操作和参数设置均在显示面板上进行，当配置了上位计算机时，则可在上位计算机上进行。另外，采用上位计算机，不仅可以自动采集、计算、打印所有的试验数据，而且还可以自动把发动机台架试验的整个运行过程编成程序，由计算机自动执行，最后打印数据表格、绘制曲线。

测功器作为一种扭矩测量的设备，为了保证测功器的测量精度，测功器安装以后要进行标定，在使用过程中也必须定期进行标定。

由式(8-18)求得发动机的有效功率

$$P_e = \frac{Mn}{9\,550}(\mathrm{kW})$$

M、n 分别为发动机的扭矩、转速。若测功器旋转中心至测力端的力臂为 L，则测力端测得的力 F 与 L 的乘积为扭矩 M，则上式为

$$P_e = \frac{F \cdot L \cdot n}{9\,550} = \frac{F \cdot n}{9\,550/L} = \frac{1}{K}Fn \tag{8-19}$$

式中，F 为测力机构读数；K 为测功器常数。为计算方便取 $L = 0.955\,0\ \mathrm{m}$，从而 $K = 10\,000$，则 $P_e = 0.000\,1F \cdot n$。上式为磅秤机构测功器平衡力与功率的关系。

现在生产的测功器都是以高精度拉压传感器取代原来的测力机构，拉压传感器的电信号经预处理并运算后，从数字显示仪表上直接显示扭矩值。如果测功臂(旋转中心至拉压传感器中心)与校准臂(旋转中心至砝码盘中心)取 $L = 1.019\,72\ \mathrm{m}$，则根据 $M = 9.806WL(\mathrm{N \cdot m})$，砝码重量 $W = 1\ \mathrm{kg}$。当 $W = 5\ \mathrm{kg}$ 时，$M = 50\ \mathrm{N \cdot m}$。

一般扭矩标定在静态下进行，满量程范围的校准点不少于 5 个，校准按加砝码和减砝码两个方向进行，并作校准记录，给出校准曲线。当显示扭矩值与砝码重量值误差超标时，需调整电位器来校准，使扭矩测量达到要求的精度。

在进行扭矩标定时，一定要保证轴承处于良好的润滑状态，最好将测功器与发动机连轴节脱开使测功器外壳能灵活摆动，以减小标定误差。标定后，卸去校准力臂，对扭矩读数调零操

作后测功系统即可正常使用。

各种测功设备均有其各自的特点和优缺点，正确选用测功设备并注意被测发动机与测功设备之间的性能匹配，是获得良好测量结果的重要前提。

水力测功器的结构简单，尺寸较小，制动扭矩大，具有足够的精度，误差一般不大于 1%，价格相对较低，除漩涡式测功器外，均可正反旋转。目前，国内已经生产有配套的水力测功器产品系列，对大、中、小功率及低、中、高转速的发动机，一般均能适用。经过适当改装也能实现遥控或自控。但低速时的制动力矩较小，在低负荷时的工作不够稳定。对冷却水的进水压力要求稳定，否则会影响工作。它是目前应用最广的一种测功设备。

电涡流测功器精度高，由于它是通过改变激磁电流来调节测功器负荷的大小，所以操作方便，便于实现遥控或自控，运转平稳，且低速时的扭矩特性较水力测功器好。价格适中。对冷却水的清洁度和软化有一定要求。是一种使用日益广泛的测功设备，但目前产品系列还仅限于中、小功率。

电阻应变式扭矩仪的特点是便于现场测试，它的传感器结构简单、体积小、价格较低。其二次仪表的精度也较高。

磁电相位差扭矩仪的特点是精度较高，静校精度一般优于 0.1%；工作特性好，从低转速到高转速的较宽范围内，均可进行扭矩测量；工作稳定，受干扰较少。近年来我国已生产出带微处理器的磁电相位差式扭矩仪，并采用了集成电路，因而增加了仪器的智能化功能，提高了使用的可靠性；测量结果可以由显示表或上位计算机显示和记录。

钢弦测功仪作为一种测功设备，具有一定精度，但与相位差扭矩仪等相比较，其安装调试均较为复杂，在一般的动力机械实验室中应用较少，大多数用于实船轴功率的测量。

各种扭矩仪有一个共同的特点，即使用时都需要接一套耗能装置。(在实验室条件下，通常是后接一个水力测功器。)不但使整个测功设备的轴向长度增加，而且使整个测功系统的工作特性变化，它是由扭矩仪工作特性和耗能装置工作特性两者组合而成的综合特性，因此在使用时应特别注意动力机械与测功设备之间的性能匹配问题。

应变遥测功率仪及钢弦测功仪在第 12 章航行试验与轴功率测量中有较详细的介绍。

第9章 船舶液位测量

每艘船上都设有很多舱柜，大多数舱柜都是用来储藏各类液体，如燃油、滑油、淡水、压载水(海水)、舱底水、污水等，以及液货船上的很多液货舱。通常船上有几种牌号的滑油和几种不同黏度的燃油，均需要用不同舱柜来储藏。为了舰船的安全运行，必须即时了解掌握各舱柜的液体储藏量。液体储量一般通过测量液位计算得到。

早期，船舶液位测量均由现场读取。可从设置在油舱(柜)、水舱(柜)顶部的测深管位置，用测深尺伸入而探测液位，从而计算出液体数量。也可在舱柜的侧壁面附近设置液位计，直接读取液位。船上常用的液位计有平板式、管子式、浮子式、压力式等。

船上舱柜众多且布置分散，几乎遍及船艏至船艉、上层建筑到船底舱室。因此，液位测量的工作量很大，液货船上的工作量更大。由于船舶在航行过程中各种油、水在不断消耗，航行海况也在不断变化；对舱柜液位也频繁操作，如各种液体液位的调整、压载水的调驳、舱底水的不断排出等。所以，船上各类液位每天都做多次定时测量记录。随着技术进步，自动化程度大大提高，从20世纪80年代开始，船上液位测量普遍采用了遥测技术，表9-1列出了船舶常用液位测量装置。

表9-1 船舶常用液位测量装置

型式	浮子式	吹气式	电容式	电磁式	气电式	雷达式	压力式
原理	浮子随液位升降	在测量管端吹气，冒泡后，根据压力测出液位	液位的升降使电容值改变	浮子在导板上升降，浮子的磁性使舌簧继电器动作	原理同吹气式，压力感受器采用传感器	雷达发射器与接收器信号时间差与发射器与液面的距离成正比	液柱静压差与液柱高度成正比
优缺点	密度、温度影响小；活动部件多，结构复杂	构造简单；密度、温度、空气中的水分含量均会影响测量精度	寄生电容影响大	有活动部分，有时接触不良	需要纯净压缩空气，可远距离遥测，较可靠	安装方便，寿命长，不介入液体；成本较高	安装方便，可靠；可能有迁移
传递方式	可用多种形式	气压	直流电	直流电	直流电	直流电	直流电
指示表方式	模拟式、数字式	液位、气压表	模拟式	模拟式、数字式	模拟式、数字式	数字式	数字式、模拟式
可测量范围	0.1 m～30 m	20 mm～50 m	120 mm～30 m	1 m～30 m		0～35 m	1～100 m
精度	±(5～40)mm	±50 mm	量程的±(1.5%～2%)	±(5～30)mm	量程的±1%	±(0.1～10)mm	
应用	液体	液体	液体、粉末、小颗粒	液体	液体	液体、粉末、小颗粒	液体

就其功能而言，舰船液位测量分成两种：极限液位测量（即液位开关）、连续液位测量。极限液位测量大多是限制最高或最低液位，当液位到达极限液位时，发出报警信号，而在极限范围内的其他液位数值不作测量。极限液位测量装置比较简单，使用较多的有浮子式或电极式等。极限液位传感器有时也可操控相关设备，实现自动控制。连续液位测量则是对液位、液位差、相界面的连续监测。根据测量对象及工作场所的不同，连续液位测量目前使用较多的是吹气式、压力传感器式、微波式等。

9.1　压载水舱的液位测量

船舶压载水舱液位测量的目的是为了按照船舶运行状况及时调驳压载水。

在船舶动力装置管路系统中，除了为主机正常航行所必需的动力系统管路外，以确保船舶安全运营的压载水系统、舱底水系统和水消防系统的管路也是重要组成部分。这三种系统均以海水为介质，共用一根海水总管，必要时，海水主供泵与舱底泵、消防泵或总用泵可以相互兼顾或共用。

船舶压载水系统由压载水泵、压载水管路、压载水舱及有关阀件阀箱组成。系统应及时有效地注入、排出或调驳各压载舱内的压载水完成以下作用：

（1）使船舶保持恰当的排水量、吃水深度，维持船体纵、横向平衡；

（2）使船体保持一定的稳性高度；

（3）减少船体变形，使船体免受过大的弯曲力矩，免受过大的剪切力；

（4）降低船体振动；

（5）改善船舶空舱适航性。

船舶的艏尖舱、艉尖舱、双层底舱、边舱、顶边舱、深舱等均可作为压载水舱。海水从海底闸由自吸式串并联离心泵直接将海水经海水总管注入各压载水舱，每一压载水舱各有一根注入管与排水管直接与设在机舱内的压载水阀箱连接。船舶在正常航行中，由于海况的变化及船舶载重量的改变，往往会产生船舶的纵向或横向倾斜与摇摆。压载水系统测量各压载水舱的液位，对各压载水舱的压载水实施排出、注入或者调驳，以维持船舶恰当的稳性高度、减轻船舶摇摆。不同类型的船舶，其压载水的总量不同，一般约占船舶总排水量的 15%。

压载水舱液位测量属于连续液位测量，常见的方法如下。

1. 吹气式液位测量

吹气式是一种静压式液位测量，它将液面高度的测量转化为压差测量。其测量原理如图 9-1 所示。

在液舱（柜）中插入一根金属细管，管口位置固定。向细管内吹入稳定的空气流，在空气压力的作用下，细管中的液面向下推压，随着液面的下降管内空气压力也不断升高。当细管中的液面降到管底时，空气开始溢出细管，此时，管内空气压力稳定，管内空气压力可由压力计测量。由所测量的压力可推测出细管插入深度，由于细管底端管口离舱（柜）底的距离已知，可推算出液位高度、液体数量。

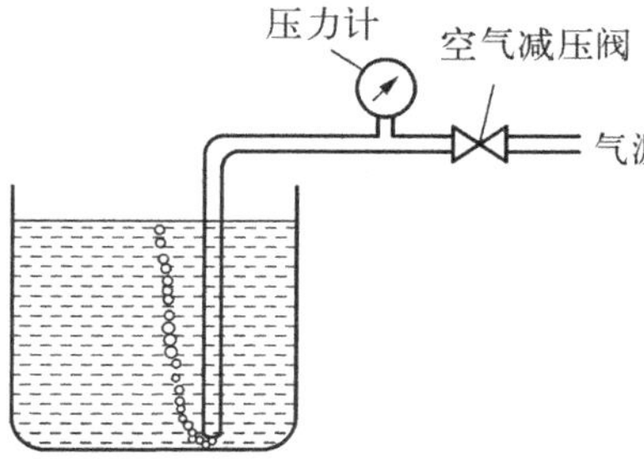

图 9-1　吹气式测量液位原理

由于结构简单、价格便宜，吹气式液位测量装置被广泛应用于压载水、海水舱和闪点大于60℃的油类液舱。

2. 压力式液位测量

压力式液位遥测系统，也称为压差式液位遥测系统，采用高性能压差传感器作为敏感元件。通过压差传感器可把液体静压差准确测量出来，一般用4～20 mA的标准电流信号作为输出。由于液体静压差与液柱高度成线性对应关系，该方法可实现对液位的精确测量。图9-2为压力式液位测量的原理示意图。

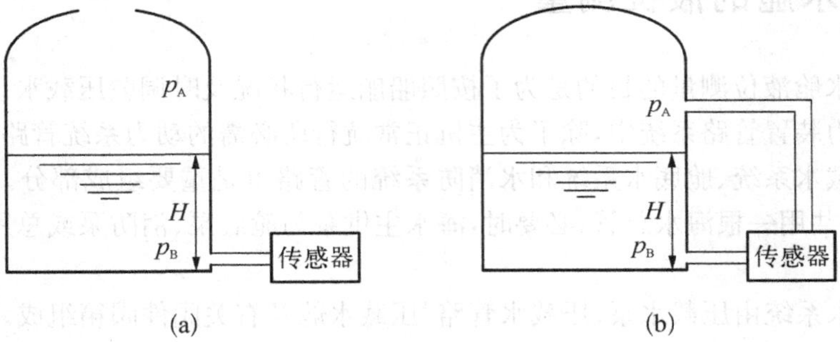

图9-2 压力式液位测量原理图
(a) 敞口容器 (b) 密闭容器

容器内静压满足关系 $p_B - p_A = \Delta p = \rho g H$，由于被测介质的密度已知，就把测量液位高度的问题转换为测量压力差的问题。

敞口容器的液位测量采用图9-2(a)原理测量，由于容器开口，p_A 等于大气压力，传感器感受的是 B 点的静压与大气压力的压力差。密闭容器的液位测量采用图(b)原理测量，传感器感受液位上下的静压差。

压力式液位测量常用的传感器类型有压阻式、压电式等。

这类测量系统尺寸小，安装方便，适用于各种水位和油位的测量和控制，如淡水舱和成品油船等。

3. 微波式(雷达)液位测量

微波(雷达)式液位测量装置主要用在不适合空气吹入，要求舱柜封闭的液位测量场合。其基本原理是在被测量舱舱顶装一微波发射器和接收器，发射器向舱底发出微波，微波碰到液面后被发射回来，由接收器接收。通过微波发射和接收间的时间差推算出液面到发射器的距离，进而得到液面高度。

由于没有介入液体，属于非接触式测量，易保持舱柜密闭，微波式液位测量装置广泛用于液货船及化学品船的液货舱，但成本较高。

9.2 淡水舱的液位测量

船舶的淡水消耗量包括两部分：船舶动力装置用淡水(主机冷却水、辅机给水等)和生活洗涤及杂用外，还供饮用。

1. 全船淡水消耗量与淡水舱容积的确定

在船舶设计中，为减小非运营的淡水舱容积，应对全船淡水消耗量进行估算。

旅客与船员日均淡水消耗量约为 150～300 L，此值与航区、航员习惯等因素有关，设计时可与用船部门协商。舰艇为增加燃油和武备贮存，淡水消耗量为每人每天 35 L 左右。为改善生活设施有文件提到按每人每天 150 L 计算。

船舶动力装置耗用淡水，以主机功率 7 400 kW 计算，柴油机船约为 0.15～0.23 t/d，汽轮机船约为 0.4～1.0 t/d。

淡水舱容积计算公式为：

$$V = Z \cdot n \cdot g \cdot K \cdot C(\mathrm{t}) \tag{9-1}$$

式中，Z 为续航时间(d)；n 为船员、旅客人数；g 为平均每天耗水量；K 为贮备系数，一般取 1.2；C 为容积系数，一般为 1.1。

2. 淡水压力柜容量计算

设高峰时段每分钟淡水耗量 x 升，可由经验数据列表计算。

压力水柜(见图 9-3)有效容积的持续使用时间为 2 min，则 $V_4 = 2x(\mathrm{L})$。压缩空气的最小容积为

$$V_2 = \frac{p_1 \cdot V_4}{p_2 - p_1}(\mathrm{L})$$

式中，V_2 为在 p_2 时的压缩空气容积；p_1 为压力柜最低工作压力，取 1.5 kg/cm^2，绝对压力约为 2.5 kg/cm^2；p_2 为压力柜最高工作压力，取 3.5 kg/cm^2，绝对压力约为 4.5 kg/cm^2。

可以推算出，压力水柜的无效容积为

$$V_3 = \frac{(V_2 + V_4)p}{p_1 - p}$$

式中，p 为柜内大气压，1 kg/cm^2。

压力水柜总容积为：

$$V = V_2 + V_3 + V_4(\mathrm{L}) \tag{9-2}$$

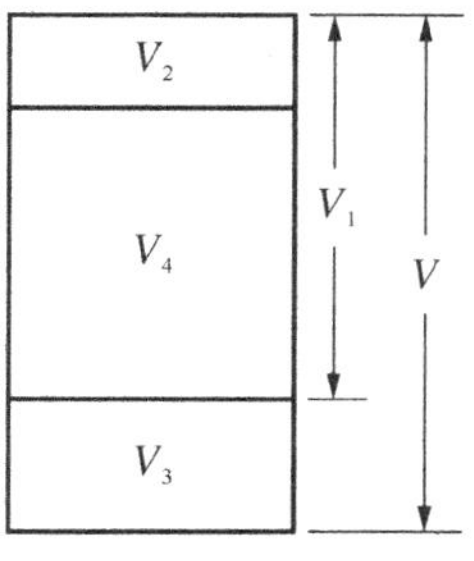

图 9-3　压力水柜

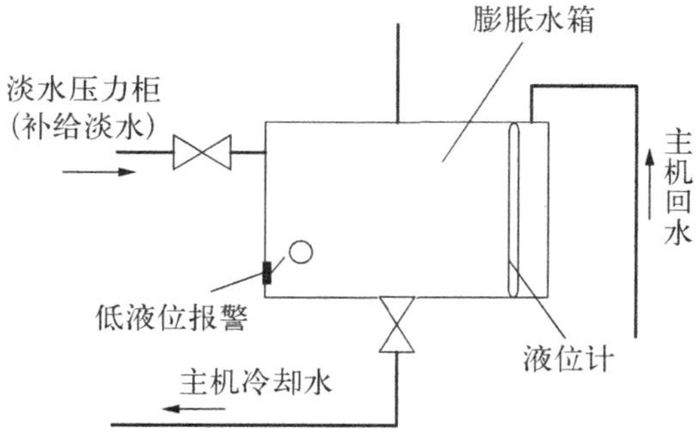

图 9-4　膨胀水箱

3. 膨胀水箱

膨胀水箱(见图 9-4)是淡水冷却管系中主机气缸盖、缸套冷却水供给必须设置的重要环节，放置在主机上方一定高度。在水箱顶部设有蒸汽泄放管，面板设有液位计，还设置了低液

位报警装置。近年来，膨胀水箱的容量均由主机厂提供详细资料，可参照执行。

4. 淡水压力柜与膨胀水箱的液位测量方法

淡水压力柜与膨胀水箱的液位测量都属于极限液位开关式测量，可用压电式液位传感器。浮子式、电极式等方法测量也有些应用。

淡水压力柜中充有压缩空气，然后充以淡水，此时控制电路导通，淡水泵工作，从淡水舱向水柜供水。当水位达到设定的有效容积 V_4 最高层面时，液位开关断开，淡水泵停止工作。水柜淡水向外供水，随着淡水不断消耗，当水位降低到柜内淡水无效容积层面 V_3 时，液位开关接通，淡水泵开始工作，从淡水舱向水柜供水。随着船型、吨位不同，压缩空气在柜内的最高压力在 0.3～0.45 MPa 范围内设置，最低压力在 0.1～0.25 MPa 范围内设置。一般适用于小型船舶。最高与最低工作压力范围主要取决于船舶吨位大小及供水用户的需求。

淡水舱的液位测量为连续测量，主要用作计量。根据船舶吨位、续航力及船上用水量的变化，确定停泊靠岸、适时补充淡水的时间周期。测量方法与压载水舱相同。

9.3 燃油的液位测量

燃油系统的作用是为船舶推进系统、电力系统、热源系统提供足够数量和符合质量要求的燃油。该系统通常由燃油的注入、贮存、驳运、净化处理和燃油供给五个基本环节组成。

燃油系统中的日用油柜用来贮存主、副机或锅炉的日用油，船规规定主机日用油柜的容量至少应能供应主机 8 小时用油(指使用同一油品)，国军标规定为不小于 4 小时。为保持分油机连续运转，日用柜顶部均有溢油孔直达沉淀柜，因此不用频繁起停分油机，日用油柜一般设低位极限液位开关，用于报警。

9.3.1 日用油柜容量计算

按 SOLAS 要求，当设备使用不同油品时，日用油柜计算公式如下：

1) 主机、柴油发电机和锅炉用同一种重油

$$V_1 = \frac{\sum Q \times t \times K}{\rho} = \frac{(Q_M + Q_G + Q_B) \times t \times K}{\rho} \tag{9-3}$$

式中，V_1 为燃油日用油柜容积/m^3；Q_G 为航行状态下柴油发电机每小时最大耗油量/(t/h)；Q_M 为主机最大持续功率(SMCR)的每小时最大耗油量/(t/h)；Q_B 为航行状态下锅炉每小时最大耗油量/(t/h)；t 为时间，最小取 8 小时；ρ 为燃油密度，约取 0.95 t/m^3；K 为容积系数，取 1.15。

$$V_2 = \sim \frac{1}{2} V_1 \tag{9-4}$$

式中，V_2 为柴油日用油柜容积/m^3，主机、锅炉和柴油发电机冷态起动和特殊需要时使用。

2) 主机和锅炉用重油，柴油发电机用柴油

$$V_4 = \frac{\sum Q \times t \times K}{\rho} = \frac{(Q_{M1} + Q_B) \times t \times K}{\rho} \tag{9-5}$$

式中，V_4 为燃料油日用油柜容积；其余同上。

$$V_5 = \frac{Q_{G2} \times t \times K}{\rho} \tag{9-6}$$

式中，V_5 为柴油日用油柜容积；Q_{G2} 为最大电力负荷时柴油发电机每小时的耗油量；t 为时间，最小取 8 小时；ρ 为燃油密度，约取 0.84 t/m^3；K 为容积系数，取 1.15。

3）主机、锅炉、柴油发电机用同一种柴油

$$V_q = \frac{(Q_{M2} + Q_{G2} + Q_B) \times t \times K}{\rho} \tag{9-7}$$

式中，V_q 为柴油日用柜容量；其余同上。

9.3.2　日用油柜和沉淀柜容量与数量的配置

日用油柜的容积和数量的配置按 SOLAS 要求可分成两种布置方案，如表 9-2 所示。

表 9-2　日用油柜和沉淀柜容量和数量配置表

油品使用情况	布置方案	容　积/m^3	数量
主机、柴油发电机和锅炉用一种 HFO，冷态起动和长期停车前用 MDO	按 SOLAS 要求	HFO 日用油柜 V_1 HFO 沉淀油柜 V_3^a (V_3 = 约 2 ~ 3V_1) MDO 日用油柜和沉淀柜油柜 V_2^a (V_2 = 约 0.5 ~ 1V_1)	2 1 或 2 各 1
	相当布置	HFO 日用油柜 V_1 MDO 日用油柜 V_2 ($V_2 = V_1$) HFO 沉淀油柜 V_3^a (V_3 = 约 2 ~ 3V_1) MDO 沉淀柜油柜 V_6^a (V_6 = 约 1.5V_2)	1 1 1 1
主机和锅炉用一种 HFO，柴油发电机用 MDO	按 SOLAS 要求	HFO 日用油柜 V_4 HFO 沉淀油柜 V_6^a (V_6 = 约 2 ~ 3V_1) MDO 日用油柜 V_5 MDO 沉淀柜油柜 V_7^a (V_7 = 约 2 ~ 3V_5)	2 1 2 2
	相当要求	HFO 日用油柜 V_4 MDO 日用油柜 V_8 ($V_8 = \frac{1}{2}V_4$ + 柴油发电机 4 小时，或者 V_8 = 柴油发电机 8 小时 + 锅炉 8 小时) HFO 沉淀油柜 V_6^a (V_6 = 约 2 ~ 3V_4) MDO 沉淀柜油柜 V_7^a (V_7 = 约 2 ~ 3V_8)	1 2 1 1
主机、柴油发动机和锅炉用同一种 MDO		MDO 日用油柜 V_9	2
		MDO 沉淀柜油柜 V_{10} (V_{10} = 约 2V_9)	1 或 2

[a] 注：上标[a] 表示油柜容量和数量 SOLAS 没有规定，但应注意规格书和入级规范的要求。

9.3.3　油位测量方法

油舱的液位测量一般都属于液位测量中的连续测量类型，重要作用为计量。只要油介质的闪点在 60℃以上，前面介绍的液位测量方法，如吹气式、压力式、微波式等均可应用。磁性翻板式液位表在日用油柜与沉淀油柜应用也比较广泛。极限液位测量用得较多的有浮子式、电极式等。闪点小于 60℃的原油、燃料油或其他油品属于危险物品，其油位测量的方法和手段与普通油舱有所不同。

除了以上一些固定式液位测量装置，有些船上还配有手提式液面测量卷尺，特别是液货船、化学品船几乎必备，主要用在货舱的定点测量。在每个货舱顶甲板上焊有专用的测量接口及阀件。进行测量时，将手提式测量卷尺装在这些接口上，打开阀件通过卷尺盒上的手柄将探测锤徐徐放入货舱内，当探测锤接触到液面时会发出信号，卷尺盒会发出声响和闪光进行提醒，这时可通过卷尺盒上读出液位。再继续往下放探测锤接触到另一种液位时，会发出另一种声光信号，这对上层是油下层是水的油污水测量特别重要。因为油船卸货后往往要洗舱，会产生大量油污水，对它们的处理要求不同，水可以排放，而油绝对不能排放。这种手动检测方法属于闭式测量，专用于油船与化学品船，替代了传统的开式测量。

根据船舶自动化程度不同的要求，一般在驾驶室控制站对油位极限液位测量还应设置以下检测报警点：滑油循环油柜低位报警、燃油日用柜及沉淀柜低位报警、艉轴管滑油柜低位报警、可调距桨液压柜低油位报警。

第 10 章　烟度测量和废气分析

柴油机作为船舶动力以来，其造成的大气环境污染就已经开始，污染的程度正比于营运船舶的总吨位或总功率。在世界经济贸易持续发展的过程中，由于船舶运输具有安全、低价和大运量等优点，其运输量不断扩大，船舶的数量或吨位逐年增加，船用柴油机造成的排放污染也不断加剧。由于船舶航行的路线一般远离陆地，造成的环境污染一直未引起人们的高度重视。20 世纪 50—60 年代，各发达国家工业畸形发展，由于陆地上汽车的成倍增长，其排放的各种有害物质造成的大气污染不断加剧，为此，相继制定了一系列汽车尾气排放限制法规，这些法规有力地减少了汽车有害物质的排放量。到 70 年代，各国政府更加重视环境的保护工作，花费了大量的人力、物力和财力，加强环境保护的立法和综合治理工作，并取得了显著的成效，环境污染的速度基本得到了控制，环境质量有明显的改善。例如，曾经公害污染严重的日本，从 1968 年到 1976 年间，在工业持续发展的情况下，大气中的漂浮物，硫氧化合物 SO_x 和 CO 的含量不断下降。

船舶柴油机功率大，其排放的有害物的数量是巨大的。而且，船用柴油机一般燃用重质的燃料油，成分复杂，有害物含量高，同样的情况，其产生的有害物较多。因此加强船用柴油机有害物排放量的限制，强化立法工作，对于保护环境是必要的。

10.1　概述

10.1.1　船用柴油机排气的组成

柴油机排气中包含的成分基本分为两大类：一是燃料在空气中完全燃烧后的产物，基本成分是二氧化碳（CO_2）、二氧化硫（SO_2）和（H_2O），还有过量的空气等，这些气体（SO_2除外）对人体和生物不会造成直接的危害。另一类属于燃料不完全燃烧产物和有害的氧化物，它们包括一氧化碳（CO）、未燃碳氢 HC、氮氧化物 NO_x、微粒子（碳烟、高沸点可溶性碳氢和铅化物）、臭氧（O_3）、臭气（甲醛、丙烯醛和未燃醇等）。二是排放物不同程度都会对人体和生物直接构成危害，具有毒性和强烈的刺激性，有些成分（如微粒子）具有致癌作用。表 10 - 1 列出了 W6L20C 型柴油机各工况下排气中主要有害气体的排放浓度和单位功率的质量排放量。

表 10 - 1　W6L20C 柴油机排放浓度及单位功率的质量排放量

成分 \ 工况	1 082(100%P_e) 900(100%n)	810(75%P_e) 819(91%n)	538(50%P_e) 720(80%n)	269(25%P_e) 567(63%n)
CO_2	61 000×10^{-6} 666.5(g/kWh)	60 100×10^{-6} 661.2(g/kWh)	63 000×10^{-6} 689.9(g/kWh)	66 000×10^{-6} 747.1(g/kWh)
NO_x	870×10^{-6} 9.447(g/kWh)	933×10^{-6} 10.27(g/kWh)	836×10^{-6} 9.185(g/kWh)	936×10^{-6} 10.68(g/kWh)

（续 表）

成分 \ 工况	1 082(100%P_e) 900(100%n)	810(75%P_e) 819(91%n)	538(50%P_e) 720(80%n)	269(25%P_e) 567(63%n)
CO	25×10^{-6} 0.174(g/kWh)	26×10^{-6} 0.182(g/kWh)	106×10^{-6} 0.738(g/kWh)	219×10^{-6} 1.58(g/kWh)
HC	106×10^{-6} 0.387(g/kWh)	144×10^{-6} 0.529(g/kWh)	153×10^{-6} 0.561(g/kWh)	235×10^{-6} 0.892(g/kWh)

10.1.2 柴油机排气的危害性

柴油机排气中的有害气体排出并扩散到大气中。扩散到大气中的排气污染物，可通过化学反应、降雨冲刷及被土壤、动植物或人类吸收等途径消失。对于不同的气候和地理条件，它们消失的速度不同，也就是各种有害气体在大气中存在的寿命不同。对于大多数的有害气体，如 CO、NO_x、SO_2 等，在大气中的寿命较短，但也有寿命很长的，如 CH_4、CO_2 等，表 10－2 列出了部分有害气体的寿命。

表 10－2 部分有害气体的寿命

气体种类	平均寿命	气体种类	平均寿命
NO	3～30 小时	CH_4	约 7 年
NO_2	1～2 天	HC	几小时到几天
SO_2	约 5 天	CO	约 60 天
O_3	几小时	CO_2	2～4 年

排气污染物对大气环境的影响主要表现在烟雾（如著名的英国“伦敦烟雾”、美国“多诺拉烟雾”等）、酸雨、臭氧层变薄（臭氧层空洞）、臭氧浓度过高和温室效应等几方面。

烟雾的形成是由排气过程中的化学反应造成的。烟雾有两种成因：一是由民用的烟筒和工业排气中含硫的物质和微粒造成的，如前面提到的“伦敦烟雾”；二是各种燃油发动机排气中的非饱和碳氢（HC）在阳光和 NO_x 的共同作用下，经过光化学反应形成臭氧的同时，产生的对人体黏膜有刺激的有机含氧物质所致。

酸雨是排气中的硫氧化合物和二氧化氮溶解于大气中的水蒸气中，形成弱酸，而引起降雨中的酸性增强。

臭氧在大气中有两种存在形式，其一存在于大气的同温层中，即人们通常所说的需保护的大气臭氧层，它是保护地球上生物免受各种宇宙射线伤害的保护伞，排气中的含氟含氯碳氢化合物将造成同温层的臭氧层变薄甚至出现空洞；其二是指大气对流层中的臭氧含量，在它们的形成过程中，NO，NO_x，CO 和 HC 都起着一定的作用。

温室效应是近年来才引起全球关注的一个问题。柴油机排气中的一些气体，对人体健康无直接的伤害，但会造成气候的变化，进而影响人们的生活。表 10－3 给出了部分气体的影响情况。至暖势是评定温室气体对气候影响的重要指标。它给出了一个温室气体分子对气候变化影响和一个 CO_2 分子对气候变化影响的比值。从表中可以看出，虽然含氟的碳氢化合物的排量很小，但它们的危害却是惊人的，不但表现在它们的至暖势是二氧化碳的 17 000 倍，更重要的是它们的寿命都很长。

表10-3　部分有害气体对人体的影响

温室气体	CO_2	CH_4	N_2O	$FCCH_{11}$	$FCCH_{12}$
寿命(年)	2～4	约7	150	65	110
至暖势	1	32	150	14 000	17 000

柴油机排气中的污染物对人体的影响如下：

(1) 一氧化碳(CO)。一氧化碳是无色无味的气体，它与血红蛋白的结合能力是氧气的240倍，当空气中的一氧化碳的质量含量超过0.1%时，会导致人体中毒。

(2) 二氧化碳(CO_2)。二氧化碳无色无味，略带酸味，无毒。它的危害主要是产生温室效应。

(3) 臭氧(O_3)。臭氧是刺激性很强的气体，它刺激人体的眼睛和呼吸道。空气中含有0.1×10^{-6}的臭氧时，就会使人明显感觉呼吸困难，它影响植物的光合作用，是导致森林病虫害的主要原因。但高空大气同温层中的臭氧却有过滤阳光中对人体有伤害的紫外线的作用。

(4) 碳氢化合物(HC)。其中烷烃无味，对人的口鼻黏膜有刺激、麻醉作用；烯烃略带甜味，是形成烟雾的因素之一，同烷烃一样，对人的口鼻黏膜有刺激、麻醉作用；芳香烃具有特殊的气味，对神经系统有伤害，多环的芳香烃被怀疑有致癌作用。

(5) 一氧化氮(NO)。无色气体，易与人体中的血红蛋白结合，其结合能力是一氧化碳的1 000倍，但在空气中，一氧化氮将被氧化成二氧化氮。

(6) 二氧化氮(NO_2)。呈红褐色，因其强烈的刺激气味，对肺和心肌有很大的伤害，也是地面附近大气中形成臭氧的主要因素之一。

(7) 二氧化硫(SO_2)。无色气体，具有强烈的刺激气味，是形成酸雨的主要成因。

(8) 微粒。微粒中主要成分是碳，直径大于0.3 μm时，人在呼吸时，可被吸入肺部，并在肺里滑动，会造成肺组织的伤害。

(9) 铅。含铅物质对血液、骨骼和神经系统有损害作用，它的作用是一个较慢的过程。

根据柴油机的工作原理及现代船用柴油机的工作特点可知，在柴油机的有害排气中，氮氧化物和微粒的排放量较大，由表10-1可知：NO_x的排量是CO和HC的10～20倍。因此如果减少了船用柴油机氮氧化物的排放量，也就抓住了船用柴油机有害排放物造成环境大气污染的主要方面。

10.2　废气颗粒物的测量

10.2.1　废气颗粒物的定义

在柴油机排放的废气中，颗粒物(particulate matter，PM)主要由燃烧不完全的燃油、机油、燃油中含有的硫、水蒸气、碳金属和其他成分组成。如图10-1所示。

最早对颗粒物进行检测的方法是烟度测量，主要有滤纸式烟度计和消光式烟度计两种。问世最早的滤纸式烟度计仪器是波许(Bosch)烟度计。随着大气污染的加重，科技的进步，观测手段的提高，人们对颗粒物成分认识的提高，发现烟度测量不能全面评价颗粒物。如只能测量碳烟、不能做瞬态工况、测量结果的重复性和可比性较差等等。因此，评价更全面、更精确、更容易横向比较的质量测量方法，成为各国法规标准的颗粒物测量手段。

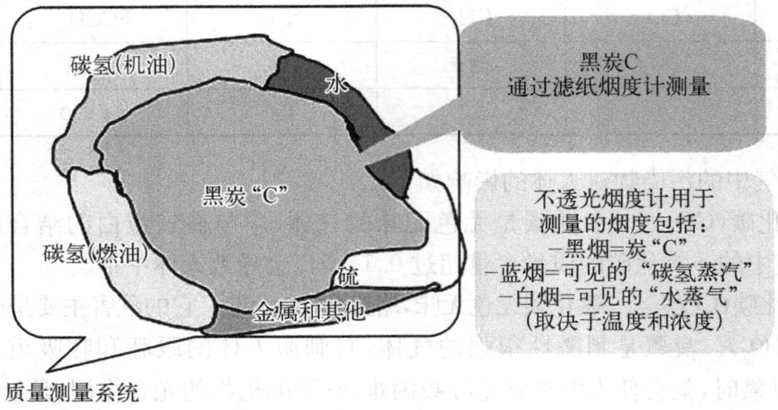

图 10-1 柴油机排气成分组成

现在一般将用滤纸式烟度计或消光式烟度计检测颗粒物的工作称为烟度测量。质量测量方法称为颗粒物测量。

颗粒物的质量测量是目前柴油机排放法规中规定的颗粒物测量方法，对评价颗粒物致环境影响显然是合理的。但这种方法所用设备复杂，测量费时，并且不能测量瞬态排放。由于柴油机颗粒物的生成以碳烟为核心，而且在中等以上负荷下碳烟所占比例大，有机可溶成分(SOF)所占比例较小，所以表示碳烟多少的排气烟度测量长期以来得到广泛应用。虽然烟度测量结果的重复性和可比性较差，但在船用柴油机等对瞬态工况没有要求的行业，因为工况稳定、设备昂贵、使用习惯等等原因，滤纸式烟度计还是得到了广泛应用。在很多行业成为研究开发工作中作为对比手段和在柴油机生产过程中作为质量监控的手段。

10.2.2 烟度计分类及工作原理

测定烟度的仪器，一般可分为两类：

(1) 滤纸式烟度计：被测量废气通过一定规格的滤纸，废气中烟碳被吸附在滤纸表面，然后利用光的反射作用测定滤纸的反光程度，以表示废气烟度。

(2) 消光式烟度计：将一定规范的光束直接通过部分或全部废气，利用废气中的固态和液态微粒的消光作用来测定废气烟度，又叫不透光烟度计。

1. 滤纸式烟度计

滤纸式烟度计工作原理是：用一只活塞式抽气泵在柴油机排气管中抽取一定容积的烟气，使它通过一定面积的白色滤纸，烟气中微粒被吸附在滤纸上，使滤纸染黑，然后用光电反射计进行测量。国标规定烟度计以 FSN(filter smoke number)为单位。

以前，滤纸式烟度值以 R_b 为单位，称为波许烟度值。该单位在国内一度成为烟度法规的标称单位，因此，得到了广泛应用。其量值与新国标中规定的 FSN 有以下换算关系：

$$FSN = A + B \times R_b \tag{10-1}$$

式中，$A = 0.650$；$B = 0.935$；R_b 为波许烟度值。

表 10－4 为国际烟度值与波许烟度值的对比情况。

表 10－4　国际烟度值与波许烟度值对比

单　　位		常规使用仪器
Bosch number	取样容积：330 cm^3 滤纸面积：8.14 cm^2（$d=32$ mm） 有效烟柱长度：405 mm	国产 FBY－1(2)系列 BOTCH ETD20 AVL409
FSN	滤纸面压力：1 Bar	AVL415
	滤纸面温度：25℃	
	有效烟柱长度：405 mm	

常见的滤纸式烟度计有波许烟度计、AVL 自动烟度计等(见表 10－5)。

表 10－5　常见的滤纸式烟度计

差别 仪器名称	取样方法及取样容积	有效面积（cm^2）	标定方式	测量单位	取样管长	分辨率
FBY 系列	活塞式抽气泵，330±15 mL	8.042 $d=32$ mm	烟度标准卡，无零点、满量程	Bosch 无修正	5 m	0.2，烟度＜0.4，无测量显示
BOTCH ETD20	活塞式抽气泵，330 cm	7.069 $d=30$ mm	零点、满量程	Bosch 无修正	0.7 m	0.1，烟度＜0.2，无测量显示
AVL409	活塞式抽气泵，1 000±20 mL	7.069 $d=30$ mm	零点、满量程	Bosch 无修正	1 m	0.1，不适用自由加速测量
AVL415	电动薄膜泵 0～1 000 mL 可调	7.069 $d=30$ mm	零点、满量程	FSN，温度、压力修正	0.5 m～15 m	0.01，满足标准测量要求

1）波许烟度计

波许烟度计是滤纸式烟度计中最有代表性的一种。下面仅以国产的 FBY－1 型排气烟度计(见图 10－2)为例进行介绍。

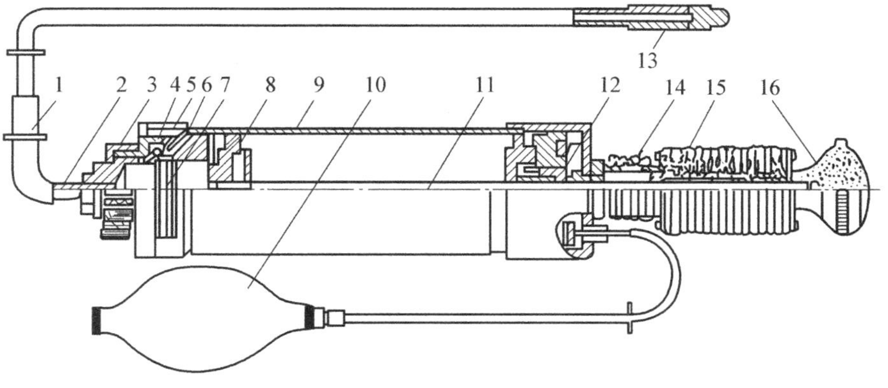

图 10－2　FBY－1 型排气烟度计

1—采样连接管；2—进气接头；3—滚花调节螺帽；4—O 型橡胶圈；5—滤纸夹；6—O 型橡胶圈；7—滤纸；8—橡胶活塞；9—泵体；10—快门皮球；11—活塞杆；12—操纵机构；13—探头；14，15—工作弹簧；16—球头把手

FBY-1型排气烟度计是一种用手操作、人工更换滤纸和测量的结构较为简单的烟度计，它由取样装置、光电检测装置和指示仪3部分组成：

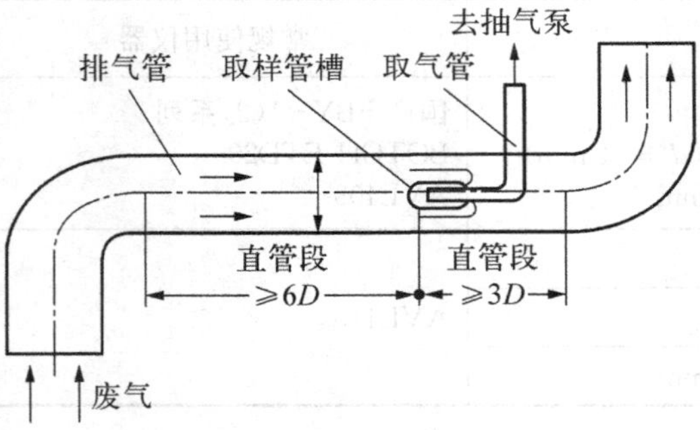

图10-3　取气管安装简图

(1) 取样装置：由取气管13(或称探头)和抽气泵9组成，中间用橡胶管1连接。工作时取气管安装在排气管内，图10-3为取气管安装简图。为保证取样均匀，要求取样点安装在排气管中心线上，并保持水平。取样点应选择在排气管的直管段中，进口前方的直管段长度应不小于6D(D为排气管内径)，进口后方的直管长度不小于3D。取气管帽的作用是使废气中的水滴和其他液滴不进入取气管内，而碳烟微粒由于密度较小，可以随气流进入取气管。

取样时，用手按抽气泵的快门皮球。使泵内的活塞在弹簧的作用下向后移动，废气随之被吸入泵内，其容积为330 mL。在抽气泵的前端装有滤纸，废气通过时，烟碳被吸附在滤纸表面。

(2) 光电检测装置：光电检测装置由白炽灯光源和硒光电池等件组成。检测时，将被测的滤纸放在光电检测装置的下面，灯光通过圆孔照射到滤纸上，又经滤纸反射到硒光电池上，硒电池输出的光电流被传输到指示仪上。

(3) 指示仪：指示仪实际上是一只微电流计，量程为0～10R_b。由于滤纸所吸附的烟碳量不同，反射到硒光电池上的光照度也不同，因而硒光电池输出的光电流大小也不同。全白的滤纸反光能力最强。光电流也最大，定其波许烟度值为0；全黑的滤纸光电流最小，定其波许烟度值为10。图10-4所示为光电检测装置和指示仪简图。

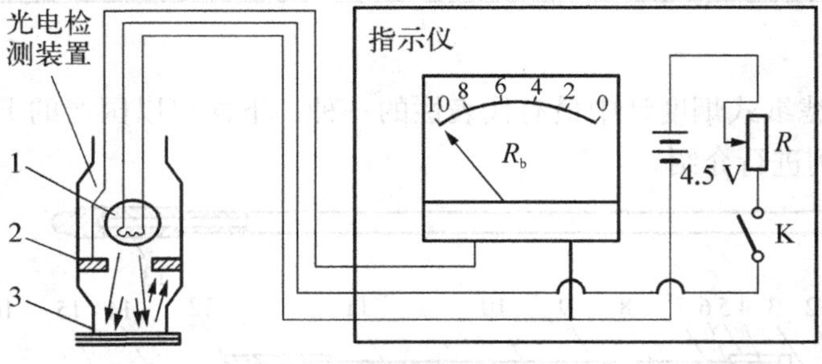

图10-4　光电检测装置和指示仪简图

1—白炽灯光源；2—硒光电池；3—检测滤纸

滤纸式烟度计需经常进行标定。这是因为仪器在使用一段时间后，由于硒光电池灵敏度有变化，还有其他因素的影响，使测量值发生偏差。标定的方法如下：

(1) 光电检测装置放在多张(一般为10张以上)的洁白滤纸上，此时指示仪应指向“0”度。

(2) 将光电检测装置放在标准烟度卡上，指示仪的指示值应与标准烟度卡的“标值”相一致。

如果不符合上述两项要求，可用指示仪上的一组可调电位器R进行调节。如果调节不好，可能是硒光电池已经老化或有其他故障，需要更换或修理。

波许烟度计所用的滤纸应符合一定的技术要求，主要是：厚度适中，组织均匀细密；过滤阻力要小，而又不会滤过碳粒；表面平整，有一定的机械强度；色泽洁白，经久不变。

波许烟度计的优点是：结构简单、体积较小、重量较轻、操作方便，可用于实验室和现场测量；经取样后的滤纸可长期保存；但由于它的抽气取样是非连续的，因而不适用于需要连续测定的场合。

2）AVL415 型自动烟度计

这是一种非连续自动测量滤纸式烟度计。由奥地利李斯特内燃机研究所研制。其原理与波许烟度计相似，也只能用于稳态测量。不同的是它的吸气、滤纸更换和测量过程都是自动的。所用的滤纸呈带状。每隔一定时间送入一次。滤纸经过滤后，用光电检测器测定其污染程度，烟度单位用 FSN 烟度值表示。是目前国内唯一不需要换算，测得结果就符合法规规定的烟度单位的设备。由于它是自动测量，因此可以远距离操作。这种烟度计的导入部分在测试过程中容易被烟气所污染，引起测量误差。因此在测定之前要用压缩空气将其吸净。AVL 型烟度计的吸气泵容量为 1 000 mL。由于其容量大。虽然导管较长，其测量精度仍相对较高。这种烟度计的重量和体积较大，现场使用受到一定限制。

2. 消光式烟度计

消光式烟度计的原理是利用被测烟气对光线的消光作用。在国际标准中消光式烟度计的烟度值以消光度（Obscuratian）N 表示，其计算公式为

$$N = (1 + e^{-KL}) \times 100\% \tag{10-2}$$

式中，L 为穿过烟气的光路长度；K 为烟气的吸光率。上式通常称为 Beer-Lambert（比尔-兰特）定律。

烟气吸光率与烟气单位容积中的消光微粒数量（包括碳粒和其他液态微粒）、微粒对光路的平均投影面积及微粒的综合消光系数等因素成正比。对某一种消光式烟度计来说，由于其光路长度 L 一定，所以消光度即为烟气吸光率的单值函数。

测量时，光源发出一定强度的光线经过一定长度的被测烟气柱后，其一部分光通量受到消减，剩余部分的光通量 l 照射到光电池上，被转化成为与 l 成正比的光电流 i。剩余部分光通量 l 的值为

$$l = (1 - N)l_0 (\text{lm}) \tag{10-3}$$

式中，l_0 为测量光路未受消减时，照射到光电池上的光通量（lm）。

这样，在消光度 N 和光电流 i 之间存在着下列关系：当光路通过洁净的空气时，消光度 $N=0$，光电流 i 有最大值；当光路通过完全不透光的烟气时，消光度 $N = 100\%$，光电流 $i = 0$。消光式烟度计以 N 的极值 0 和 100%分别作为其表头刻度的下限和上限，其间以 100 格等分，这个方法对于后面所介绍的几种消光式烟度计都是相同的，只不过各国家或厂商所制造的烟度计其烟度单位分别标以各自的名称罢了。

按照所取气样的多少，消光式烟度计分为取样型（分流型）和全流型两大类，前者取部分烟气通过烟度计，而后者则是使全部烟气通过烟度计。

法规规定消光式烟度计所用光源应为色温在 2 800～3 250 K 范围内的白炽灯，或光谱峰值在 500～570 nm 间的绿色发光二极管。

消光度读数取决于仪器的光通道有效长度。为进行有效的烟度比较，应按表 10－6 规定的标准光通道有效长度报告排烟消光度结果。

表 10-6 标准光通道长度

发动机功率 P_e/kW	标准光通道有效长度 L_{AS}/m
$P_e < 37$	0.038
$37 \leqslant P_e < 75$	0.05
$75 \leqslant P_e < 130$	0.075
$130 \leqslant P_e < 225$	0.1
$225 \leqslant P_e < 450$	0.125
$P_e \geqslant 450$	0.15

10.2.3 烟度测量方法及法规

1. 滤纸烟度计使用方法

滤纸烟度计常用在稳态烟度测量中。是在柴油机的转速、负荷以及各部分的温度、压力等均处于稳态状态下进行的。测量应在工况稳定后进行，每点测 3 次，每次相隔时间应不超过 1 min，以 3 次测量的平均值作为测量结果，若 3 次测量值相差超过 0.93FSN($0.3R_b$)，说明测量值的重复性不好，应重新进行测量。表 10-7 是我国现行的船用滤纸烟度的限值。

表 10-7 船用滤纸烟度的限值

名义排气流量 G/(L/s)	S_F(*FSN*)	名义排气流量 G/(L/s)	S_F(*FSN*)
≥45	4.86	>290～350	3.27
>45～55	4.77	>350～400	3.08
>55～65	4.58	>400～500	2.99
>65～75	4.48	>500～600	2.90
>75～85	4.30	>600～700	2.71
>85～95	4.20	>700～900	2.62
>95～110	4.11	>900～1 150	2.43
>110～125	4.02	>1 150～1 500	2.24
>125～140	3.92	>1 500～2 000	2.05
>140～160	3.83	>2 000～3 000	1.96
>160～185	3.74	>3 000～5 000	1.77
>185～210	3.64	>5 000～7 000	1.59
>210～250	3.46	>7 000	1.40
>250～290	3.36		

自然吸气或增压柴油机的名义排气流量按下列公式计算：

二冲程

$$G = Vn/60 \tag{10-4}$$

四冲程

$$G = Vn/120 \tag{10-5}$$

式中，G 为名义排气流量(L/s)；V 为气缸总排量(L)；n 为测量烟度时柴油机转速(r/min)。

2. 消光式烟度计使用方法

已被国际标准化组织(ISO)所推荐，因为它可以进行连续测量，在低烟度下有较高的分辨率，可用来研究柴油机的瞬态碳烟排放特性，测量排放法规中所要求的加速烟度。

使用消光式烟度计测量时，必须满足环境系数(大气修正系数)要求：

$$0.93 \leqslant f_a \leqslant 1.07 \tag{10-6}$$

式中，f_a 为环境系数。不同类型的发动机，其环境系数的计算不同。

自然吸气和机械增压发动机及废气旁通阀作用的压燃式发动机为

$$f_a = \left[\frac{99}{p_a}\right] \times \left[\frac{t+273}{298}\right]^{0.7} \tag{10-7}$$

不带增压空气冷却器或带空/空增压空气冷却器的涡轮增压压燃式发动机为

$$f_a = \left[\frac{99}{p_a}\right]^{0.7} \times \left[\frac{t+273}{298}\right]^{1.2} \tag{10-8}$$

带水/空增压空气冷却器的涡轮增压压燃式发动机为

$$f_a = \left[\frac{99}{p_a}\right]^{0.7} \times \left[\frac{t+273}{298}\right]^{0.7} \tag{10-9}$$

式中，p_a 为进气干空气压力/kPa；t 为进气空气温度/℃。

3. 烟度测量法规

下列标准为部分现行有效地使用滤纸式烟度计和消光式烟度计的国家标准或国际标准：

(1) GB/T 8840—2009 船用柴油机排气烟度限值。

(2) GB/T 5741—2008 船用柴油机排气烟度测量方法。

(3) GB/T 9487—2008 柴油机自由加速排气烟度的测量方法。

(4) GB/T 8190.3—2003 往复式内燃机　排放测量　第3部分：稳态工况排气烟度的定义和测量方法。

(5) GB/T 8190.9—2010 往复式内燃机　排放测量　第9部分：压燃式发动机瞬态工况排气烟度的试验台测量用试验循环和测试规程。

(6) ISO 8178—9：2002 往复式内燃机　排放测量　第9部分：压燃式发动机瞬态工况排气烟度现场测量用试验周期和试验。

(7) ISO 8178—10：2002 往复式内燃机　排放测量　第10部分：压燃式发动机瞬态工况排气烟度的试验台测量用试验循环和试验。

(8) GB/T 8190.10：2010 往复式内燃机　排放测量　第 10 部分：压燃式发动机瞬态工况排气烟度的现场测量用试验循环和测试规程。

10.3 废气分析

10.3.1 废气排放测试原理

1. 发动机废气取样系统

排气成分分析仪器都是测量该成分在排气中的浓度，然后根据排气流量算出该成分的总排放量。图 10-5 即为法规规定的一种分析系统流程图。

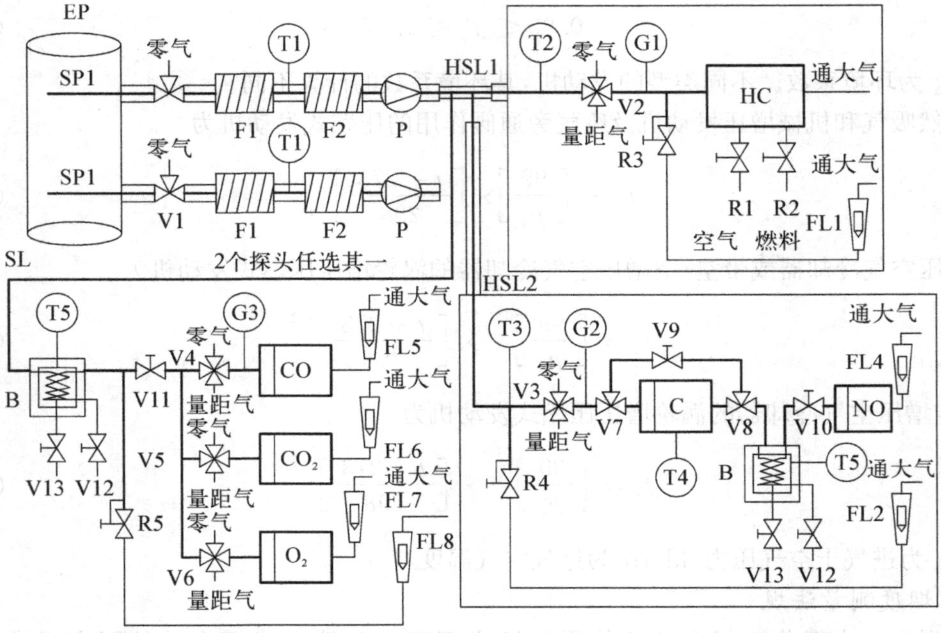

图 10-5　测量原始排气的 CO，CO_x，O_2，NO_x 和 HC 分析系统流程图

对原始排气，所有组分的取样可以用一个取样探头或两个相互靠近的取样探头并在内部分流到不同的分析仪。应采取措施确保在分析系统的任何部位不发生排气组分（包括水和硫酸盐）的凝结。

2. 气体成分的测量原理

世界各国的排放法规规定，CO 和 CO_2 用不分光红外分析仪（NDIR）测量，NO_x 用化学发光分析仪（CLD）测量。当需要从总碳氢 THC 中分出无甲烷碳氢化合物 NMHC 时，一般用气相色谱仪测量甲烷 CH_4。此外，内燃机排气中的氧常用顺磁分析仪测量。

1) 不分光红外分析仪（NDIR）

NDIR 的工作原理基于大多数非对称分子（不同原子构成的分子）对红外波段中一定波长具有吸收能力，其吸收程度与气体浓度有关。如 CO 能吸收波长 4.5～5 μm 的红外线，CO_2 能吸收 4～4.5 μm 的红外线，CH_4 能吸收 2.3，3.4，7.6 μm 的红外线。

目前常用的 NDIR 构造如图 10－6 所示。从红外光源 1 射出的红外线经过旋转的截光盘 2 交替地投向气样室 7 和装有不吸收红外线的气体(如氮)的参比室 4,然后进入检测器 5。检测器有两个接受气室,由铝箔薄膜 6 隔开,铝箔薄膜 6 是电容的可动极板。两室中都充有被测气体。当气样室中的被测气样浓度变化时,两个接受室接受的红外辐射能的差别也变化,因而造成压力差变化。由截光盘造成的周期性压力变化使可变电容器的电容量周期变化,成为仪器的输出信号。

为了防止其他气体对被测气体测量的干扰,可在光路上设置滤波室 3, 8,滤掉干扰气体能吸收的波段。如分析 CO 的 NDIR,在滤波室中充以 CO_2, CH_4 等,在分析时就不受排气中 CO_2, CH_4 成分的干扰。同样,分析 CO_2 的 NDIR,要在滤光室中充以 CO, CH_4。

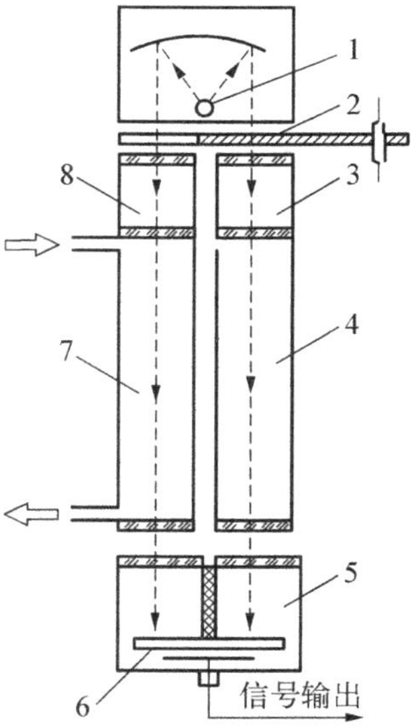

图 10－6　不分光红外分析仪原理

1—红外光源;2—截光盘;3,8—滤波室;4—参比室;5—检测器;6—电容器薄膜;7—气样室

2）化学发光分析仪(CLD)

CLD 测量 NO 的原理基于它和臭氧 O_3 的反应

$$NO + O_3 \longrightarrow NO_2^* + O_2$$

$$NO_2^* \longrightarrow NO_2 + h\upsilon \qquad (10-10)$$

当 NO 与 O_3 反应生成 NO_2 时,大约有 10%处于激态(以 NO_2^* 表示),这种激态 NO_2^* 返回基态 NO_2 时发射出波长0.59～3 μm 的光,其强度与 NO 量成正比。为了避免其他气体成分对测量的干扰,检测器通过滤光片只记录波长0.6～0.65 μm 的光。CLD 原理如图10－7 所示。气样可以根据需要由通道 A 或 B 进入反光室 1。通道 A 直接通向反应室,在那里气样中的 NO 和臭氧发生器 2 中产生的 O_3 进行反应,发出的光经滤光片由光电倍增管检测器 4 接受,并通过信号放大器 6 转换成测量信号。这个通道只能测量气体中 NO 浓度。气样通过通道 B 时,气样中的 NO_2 将在催化转化器 3 中按反应式

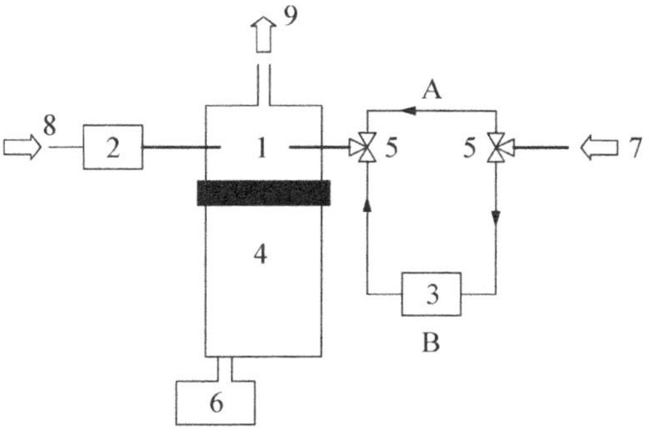

图 10－7　化学发光分析仪的原理

1—反应室;2—臭氧发生器;3—催化转换器;4—光电倍增管检测器;5—转换开关;6—信号放大器;7—气样入口;8—氧入口;9—反应室

$$2NO_2 \longrightarrow 2NO + O_2 \qquad (10-11)$$

转化成 NO,然后进入反应室。这样,仪器测得的是 NO 与 NO_2 的总和 NO_x。

为使 NO_2 能全部转化 NO,催化转化器中的温度必须在 650℃以上。实际测量中常会出现 NO_2 测值过低的问题。一般原因有二：一是催化剂老化,二是 NO_2 可能溶解在冷凝水中。因此,在 NO_2 浓度较高的排放测量中,必须将取样系统加热到冷凝点以上。CLD 使用中要经常检查 $NO_2 \rightarrow NO$ 的转化效率。

3）氢火焰离子分析仪(FID)

FID 的原理是利用碳氢化合物在氢火焰 2 000℃左右的高温中燃烧时,会离子化成自由离

子，离子数基本上与碳原子数成正比。在 FID 中，待测气样与氢混合后进入燃烧器（见图 10-8）。在缺氧的氢扩散火焰中，HC 分解出离子，在 100～300 V 电压作用下形成离子流，通过对离子电流的测量，就可测得碳原子的浓度。

FID 不受样气中无水蒸气的影响，但受样气中氧的干扰。这种干扰可用两种措施减小：一是用 40%H_2 和 60%He 的混合气代替纯 H_2；二是用含氧量接近样气的零点气和量距气进行标定。

不同 HC 的分子结构对 FID 的响应有影响。FID 显示的 C 原子数对实际 C 原子数之比，对烷烃不低于 0.95，对环烷烃和烯烃一般不低于 0.9，对芳香烃特别是含氧有机物（如醇、醛、醚、酯、酸等），响应偏离较大。由于高沸点的 HC 在取样过程中会凝结，为避免这一点，测量柴油机排出的 HC 时，要用加热管路和加热式氢火焰离子化分析仪（HFID）。

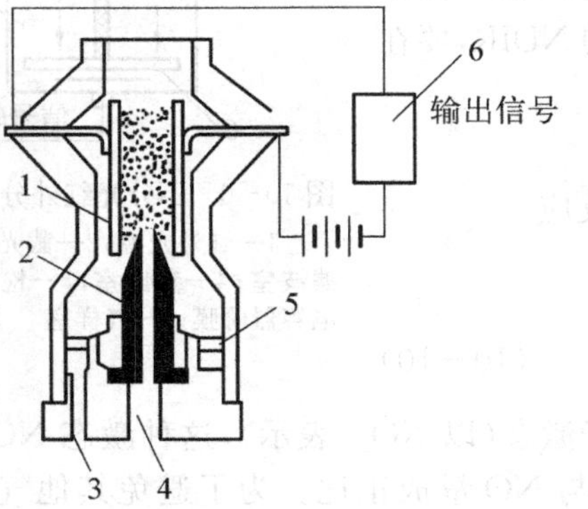

图 10-8 氢火焰离子分析仪燃烧器构造

1—离子收集器；2—燃烧嘴；3—助燃空气入口；4—氢气和待测气体入口；5—空气分配栅；6—信号发生器

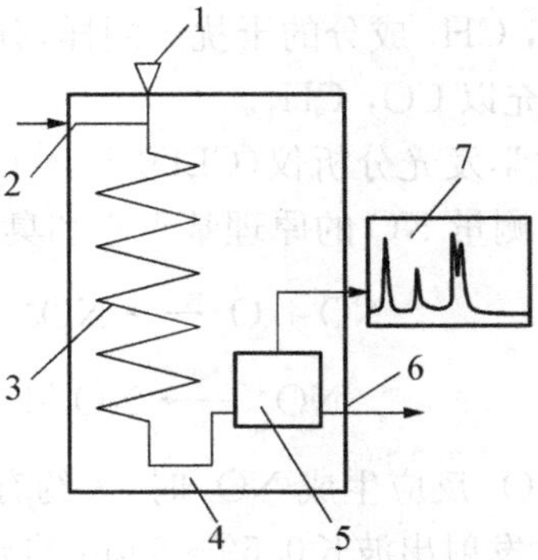

图 10-9 气相色谱仪示意图

1—试样注入口；2—载气入口；3—色谱柱；4—温控槽；5—检测器；6—气体出口；7—色谱图记录仪

4) 气相色谱仪（GC）

气相色谱仪利用色谱柱分离（定性）、用检测器检测（定量）分析微量混合气试样的方法。图 10-9 为 GC 的示意图。

GC 法是将氢、氦、氩、氮等气体作为载气（或称移动相），将混合气样品注入装有填充剂（或称固定相）的色谱柱里。试样的组分，由于对固定相亲和力（吸附性或溶解性）的差异，在载气的推动下得到了分离。亲和力弱的组分，很难被吸附或溶解到固定相上，首先流出色谱柱；反之，亲和力强的组分流出较晚。在色谱柱的出口装有检测器，例如热导率检测器（TCD）和氢火焰离子化检测器（FID）等，可输出与被分离组分数量相对应的信号，在记录仪上以色谱峰形式记录下来。从注入试样开始到出现色谱峰顶点为止的时间称为滞留时间或淘析时间。在测试条件相同时，试样中每一组分的滞留时间是一个定值。所以，可以根据滞留时间来定性分析试样中所含每一组分。另一方面，色谱峰的面积与对应组分的含量成正比，因而可据此进行定量。

GC 特别适于分析汽油、柴油以及排气中未燃 HC 的各种组分，例如可以把 CH_4 从其他 HC 中分离出来，从而从总碳氢 THC 得出非甲烷碳氢 NMHC。

5) 顺磁分析仪

气体受不均匀磁场的作用时也受到力的作用，如果气体是顺磁性的，此力的指向磁场增强的方向；如果气体是反磁性的，则此力指向磁场减弱的方向。大多数气体是反磁性的，只有少数气体是高度顺磁性的。氧是一种强顺磁性气体，NO 的顺磁性为氧的 44%。因为内燃机排气中，氧的浓度要比 NO 高得多，所以可以顺磁分析仪来测量排气中的氧。

图 10-10 表示一种氧顺磁分析仪的原理。气样 3 中的氧 2 在永久磁铁 6 造成的磁场吸引下自左向右充入水平玻璃管 5 中。在磁场强度最大的地方，气样被电热丝加热。加热后的氧顺磁性下降，磁铁对它的吸力小于冷态的氧。于是便受到后面较冷气样的推力，流向水平通道右侧。这样，在玻璃管里就形成了气体流动，也称磁风，其速度与气样中的氧浓度成正比。如果电热丝同时起热线风速仪作用，就可比较简单地测定磁风速度，从而得出气样中的氧浓度。

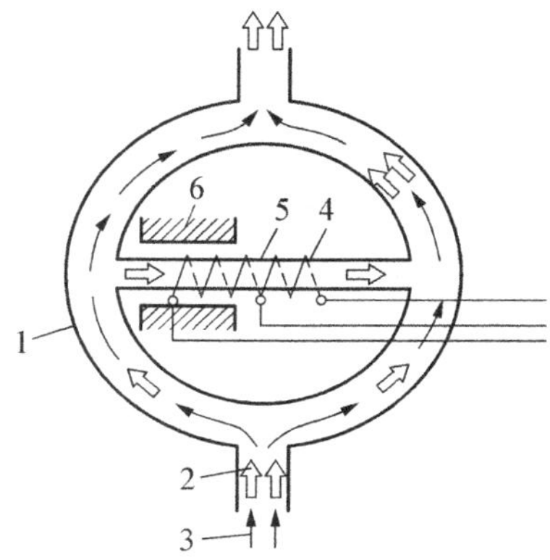

图 10-10　一种氧顺磁分析仪原理

1—环形室；2—气样中的氧；3—气样；4—电热丝；5—玻璃管；6—永久磁铁

10.3.2　废气排放法规(主要内容为船用标准)

废气排放中汽车尾气的排放限制法规起步较早。由于各国政治、经济和科学技术的发展水平不同，制定的排放限制标准也不同。一般来说，经济发达的国家和地区的排放限制标准较高，经济发展相对落后的国家和地区排放限制标准较低，甚至没有限制。目前，世界上实行的排放限制标准主要有美国、欧洲和日本三大体系，其中美国和欧洲的排放标准体系已广泛被各国引用，我国采用的也是欧洲排放体系。基本等效于相应的欧洲标准，但是实施日期略有推迟。

目前世界上部分国家或地区对不同类型的排放标准介绍：

1. 欧盟非道路排放限值

欧盟非道路排放标准					
净功率 P/kW	CO/(g/kWh)	HC/(g/kWh)	NO_x/(g/kWh)	PM/(g/kWh)	实施时间
阶段Ⅰ					
130～560	5,0	1,3	9,2	0,54	1999.01.01
75～130	5,0	1,3	9,2	0,70	1999.01.01
37～75	6,5	1,3	9,2	0,85	1999.04.01
阶段Ⅱ					
130～560	3,5	1,0	6,0	0,2	2002.07.01
75～130	5,0	1,0	6,0	0,3	2003.07.01
37～75	5,0	1,3	7,0	0,4	2004.01.01
18～37	5,5	1,5	8,0	0,8	2002.01.01
阶段Ⅲ A					
$130 \leqslant P < 560$	3.5	NO_x + HC：4.0		0.2	2005.12.31
$75 \leqslant P < 130$	5	NO_x + HC：4.0		0.3	2006.12.31

（续　表）

欧盟非道路排放标准					
净功率 P/kW	CO/(g/kWh)	HC/(g/kWh)	NO_x/(g/kWh)	PM/(g/kWh)	实施时间
阶段Ⅲ A					
$37 \leqslant P < 75$	5	NO_x + HC：4.7		0.4	2007.12.31
$19 \leqslant P < 37$	5.5	NO_x + HC：7.5		0.6	2006.12.31
阶段Ⅲ B					
$130 \leqslant P < 560$	3.5	0.19	2	0.025	2010.12.31
$75 \leqslant P < 130$	5	0.19	3.3	0.025	2011.12.31
$56 \leqslant P < 75$	5	0.19	3.3	0.025	2011.12.31
$37 \leqslant P < 56$	5	NO_x + HC：4.7		0.025	2012.12.31
阶段Ⅳ					
$130 \leqslant P < 560$	3.5	0.19	0.4	0.025	2013.12.31
$56 \leqslant P < 130$	5	0.19	0.4	0.025	2014.09.30

2. 美国联邦环保署非公路用机动设备排放标准 Tier 1 - Tier 3

美国联邦环保署非公路用机动设备排放标准 Tier 1 - Tier 3

发动机功率	排放标准	实施年份	一氧化碳	碳氢化合物	非甲烷碳氢化合物+氮氧化物	氮氧化物	颗粒物
kW < 8 (hp < 11)	Tier 1	2000	8.0(6.0)	—	10.5(7.8)	—	1.0(0.75)
	Tier 2	2005	8.0(6.0)	—	7.5(5.6)	—	0.80(0.60)
$8 \leqslant$ kW < 19 ($11 \leqslant$ hp < 25)	Tier 1	2000	6.6(4.9)	—	9.5(7.1)	—	0.80(0.60)
	Tier 2	2005	6.6(4.9)	—	7.5(5.6)	—	0.80(0.60)
$19 \leqslant$ kW < 37 ($25 \leqslant$ hp < 50)	Tier 1	1999	5.5(4.1)	—	9.5(7.1)	—	0.80(0.60)
	Tier 2	2004	5.5(4.1)	—	7.5(5.6)	—	0.60(0.45)
$37 \leqslant$ kW < 75 ($50 \leqslant$ hp < 100)	Tier 1	1998	—	—	—	9.2(6.9)	—
	Tier 2	2004	5.0(3.7)	—	7.5(5.6)	—	0.40(0.30)
	Tier 3	2008	5.0(3.7)	—	4.7(3.5)	—	—*
$75 \leqslant$ kW < 130 ($100 \leqslant$ hp < 175)	Tier 1	1997	—	—	—	9.2(6.9)	—
	Tier 2	2003	5.0(3.7)	—	6.6(4.9)	—	0.30(0.22)
	Tier 3	2007	5.0(3.7)	—	4.0(3.0)	—	—*
$130 \leqslant$ kW < 225 ($175 \leqslant$ hp < 300)	Tier 1	1996	11.4(8.5)	1.3(1.0)	—	9.2(6.9)	0.54(0.40)
	Tier 2	2003	3.5(2.6)	—	6.6(4.9)	—	0.20(0.15)
	Tier 3	2006	3.5(2.6)	—	4.0(3.0)	—	—*

（续 表）

美国联邦环保署非公路用机动设备排放标准 Tier 1 - Tier 3							
发动机功率	排放标准	实施年份	一氧化碳	碳氢化合物	非甲烷碳氢化合物+氮氧化物	氮氧化物	颗粒物
225≤kW<450 (300≤hp<600)	Tier 1	1996	11.4(8.5)	1.3(1.0)	—	9.2(6.9)	0.54(0.40)
	Tier 2	2001	3.5(2.6)	—	6.4(4.8)	—	0.20(0.15)
	Tier 3	2006	3.5(2.6)	—	4.0(3.0)	—	—*
450≤kW<560 (600≤hp<750)	Tier 1	1996	11.4(8.5)	1.3(1.0)	—	9.2(6.9)	0.54(0.40)
	Tier 2	2002	3.5(2.6)	—	6.4(4.8)	—	0.20(0.15)
	Tier 3	2006	3.5(2.6)	—	4.0(3.0)	—	—*
kW≥560 (hp≥750)	Tier 1	2000	11.4(8.5)	1.3(1.0)	—	9.2(6.9)	0.54(0.40)
	Tier 2	2006	3.5(2.6)	—	6.4(4.8)	—	0.20(0.15)
* 未采用，发动机必须满足 Tier 2 颗粒物标准							

3. 国际海事组织(IMO)排放限值

国际海事组织(IMO)1997年召开缔约国大会，会议形成大会决议。为限制和控制船舶向大气排放有害物质，通过了修订《73/78防污染公约》(MARPOL公约)的1997年议定书。该议定书新增了《73/78防污染公约》附则Ⅵ——“防止船舶造成空气污染规则”。其中第13条规定了船用柴油机氮氧化物排放量的限制值，MARPOL附则Ⅵ自1997年通过至2005年5月19日生效实施，历经8年时间。随着技术的发展以及对环境保护需求的提高，在2005年的MEPC 53次会议上，委员会同意启动MARPOL附则Ⅵ及NO_x技术规则的审议工作，制定在防止船舶造成空气污染方面的IMO长期标准。修订完成时间从2007年推迟至2008年。

国际海事组织(IMO)制定了关于船舶废气排放标准的(MARPOL 73/78公约)附则Ⅵ，于1997年获得缔约国大会通过并于2000年1月1日生效，在附则Ⅵ第13条中对氮氧化物(NO_x)排放提出了具体规定(见表10-8)。其中：

Tier Ⅰ：适用于全球区域，2000.1.1—2010.12.31建造的船舶上的柴油机，或1990.1.1—1999.12.31建造的船舶上的部分大功率柴油机。

Tier Ⅱ：适用于全球区域，2011.1.1后建造的船舶上的柴油机。

Tier Ⅲ：适用于2016.1.1后建造的船舶上的柴油机，由IMO指定的NO_x排放控制区(NECA)。在NECA外航行时，可以按Tier Ⅱ标准排放。

表10-8 IMO规定的NO_x排放极限

阶 段	适 用 时 间	限值/(g/kWh)，转速 n/(r/min)		
		$n<130$	$130\leq n<2\,000$	$n\geq 2\,000$
Tier Ⅰ	2000.1.1—2010.12.31	17.0	$45\times n^{-0.2}$	9.8
Tier Ⅱ	2011.1.1—2015.12.31	14.4	$44\times n^{-0.23}$	7.7
Tier Ⅲ	2016.1.1—	3.4	$9\times n^{-0.2}$	2.0

10.3.3 计算方法(船用标准规定的计算方法)

IMO 仅对 NO_x 和硫化物做出了限制,硫化物的排放限制通过对所用燃油进行限制。下面就以 IMO 规定的 NO_x 比功率计算方法进行介绍。

1. NO_x 质量排放总量的计算

柴油机 NO_x 质量排放总量是指柴油机每千瓦小时排放出 NO_x 的克数。强调柴油机发出单位功率的同时,产生污染物的数量,是定量的测定方法。柴油机的质量排放量是按照 MARPOL 公约附则Ⅵ规定的试验模式通过台架试验测定的,不同的试验模式含有不同的试验工况,每一工况产生的 NO_x 质量排量在柴油机质量排放量的计算中具有各自的权重系数。因此,计算柴油机 NO_x 质量排放总量,应首先计算出各工况的 NO_x 质量排量,然后再按照各工况的 NO_x 质量排量占柴油机 NO_x 质量排放总量的不同权重,综合算出柴油机 NO_x 质量排放总量。

1) 各工况的 NO_x 质量排量的计算

各工况的 NO_x 质量排量可通过三种方式实现,即:

(1) 已知干排气体积流量和 NO_x 干浓度,有

$$NO_x\ 质量排量(g/h) = 转换系数(v) \times NO_x\ 干浓度 \times 干排气体积流量$$

$$M_{GAS_i}(g/h) = v \times \text{conc} \times \text{VEXHD}$$

(2) 已知湿排气的体积流量和 NO_x 湿浓度,有

$$NO_x\ 质量排量(g/h) = 转换系数(w) \times NO_x\ 湿浓度 \times 湿排气体积流量$$

$$M_{GAS_i}(g/h) = w \times \text{conc} \times \text{VEXHW}$$

(3) 已知湿排气的质量流量及湿 NO_x 浓度,有

$$NO_x\ 质量排量(g/h) = 转换系数(u) \times NO_x\ 湿浓度 \times 湿排气质量流量$$

$$M_{GAS_i}(g/h) = u \times \text{conc} \times \text{GEXHW}$$

其中,w 和 v 为 NO_x 的密度,单位为 g/m^3;u 为 NO_x 的密度和排气密度的比,即:$u = w/\text{density}$。表 10-9 给出了几种常测气体的 u、v 和 w 的数值,其中 u 是在排气密度为 1.293 kg/m^3 时的数值,在实际计算中,如果排气的密度不是 1.293 kg/m^3,u 的数值应按照公式 $u = w/\text{density}$ 重新计算。通过以上 3 式算出的 NO_x 质量排量的单位全为 g/h。

表 10-9 几种气体的 u, w, v 值

气　体	u	v	w	单　位
NO_x	0.001 587	0.002 053	0.002 053	$\times 10^{-6}$
CO	0.000 966	0.001 25	0.001 25	$\times 10^{-6}$
HC	0.000 479		0.000 619	$\times 10^{-6}$
CO_2	15.19	19.64	19.64	%
O_2	11.05	14.29	14.29	%

2）柴油机 NO_x 质量排放总量的计算

柴油机 NO_x 质量排放总量根据下式计算：

$$GAS_X = \frac{\sum_{i=1}^{i=n} M_{GAS_i} \times W_{F_i}}{\sum_{i=1}^{i=n} P_i \times W_{F_i}} \tag{10-12}$$

式中，GAS_X 为柴油机 NO_x 质量排放总量；M_{GAS_i} 为某工况柴油机 NO_x 质量排量；W_{F_i} 为某工况权重系数；P_i 为某工况柴油机制动功率。

3）试验循环的采用限制

MARPOL 公约附则Ⅵ共规定了四种试验模式，对不同用途的柴油机应按相应的试验模式进行台架试验，只有这样测定的各试验数据才符合 MARPOL 公约附则Ⅵ的要求。

（1）模式 E2：E2 模式适用于定速工作的船用主柴油机，还包括用于电力传动装置和变距桨装置的柴油机，表 10－10 给出了试验模式规定的转速、功率和相应的权重系数。

表 10－10　E2 模式的规定值

E2 模式	转　速/%	100	100	100	100
	功　率/%	100	75	50	25
	权重系数	0.2	0.5	0.15	0.15

（2）模式 E3：E3 模式适用于按推进特性工作的主柴油机和辅柴油机，表 10－11 给出了试验模式规定的转速、功率和相应的权重系数。

表 10－11　E3 模式的规定值

E3 模式	转速/%	100	91	80	63
	功率/%	100	75	50	25
	权重系数	0.2	0.5	0.15	0.15

（3）模式 D2：D2 模式适用于定速工作的辅柴油机，表 10－12 给出了试验模式规定的转速、功率和相应的权重系数。

表 10－12　D2 模式的规定值

D2 模式	转速/%	100	100	100	100	100
	功率/%	100	75	50	25	10
	权重系数	0.05	0.25	0.3	0.3	0.1

（4）模式 C1：C1 模式适用于变速变负荷工作的辅柴油机，表 10－13 给出了试验模式规定的转速、功率和相应的权重系数。

表 10－13　C1 模式的规定值

C1 模式	转　速	标定转速				中间转速			怠速
	功　率/%	100	75	50	10	100	75	50	0
	权重系数	0.15	0.15	0.15	0.1	0.1	0.1	0.1	0.15

2. 排气质量流量的计算方法

确定柴油机 NO_x 的质量排放量必须首先精确地测定柴油机排气的质量流量。理论上讲，确定柴油机排气的质量流量可采用两种测量方法：直接测量法和间接测量法。直接测量法就是使用测试仪表直接测量排气的质量流量。但是，在温度 300℃左右、流动复杂的发动机排气端进行流量测量，误差超过允许范围，所以实际不能采用。间接测量法首先测量出与排气质量流量有关的其他参数，再利用函数关系，计算出排气的质量流量。目前柴油机的排气质量流量的测量普遍采用间接测量方法。

从柴油机的工作过程可知，实现排气流量的间接测量可有两种方案。

方案一，由于排气的质量流量等于燃油质量流量与进气质量流量之和，可分别测量柴油机进气流量、燃油的质量流量，计算得到排气质量流量。燃油的质量流量可采用重量法或容积法测出；但是，进气的质量流量的直接测量几乎与直接测量排气流量一样，实际也不可行；

方案二，根据排气成分的干/湿浓度、燃烧前后碳、氧等主要成分保持平衡的原则及柴油机燃烧的空气消耗原理确定的过量空气系数，然后再利用质量法或容积法测定的燃油质量流量，计算出排气的质量流量。即

$$GEXHW = GAIRW + GFUEL$$

式中，$GEXHW$ 为湿排气的质量流量；$GAIRW$ 为湿进气的质量流量；$GFUEL$ 为燃油的质量流量。

IMO 制定的关于船舶废气排放标准的(MARPOL 73/78 公约)附则Ⅵ规定只能用碳平衡法计算排气流量。该方法仅适用于燃油中不含氧、氮成分的碳平衡方法。即

$$GEXHW = GFUEL \cdot (1 + EAFEXH \cdot STOIAR) \quad (\text{kg/h}) \tag{10-13}$$

式中，$GEXHW$ 为湿排气质量流量；$GFUEL$ 为燃油质量流量；$EAFEXH$ 为过量空气系数；$STOIAR$ 为单位质量燃料完全燃烧所需的理论空气质量。

从公式(10-13)可知，燃油质量流量可测量得到，只要确定出过量空气系数($EAFEXH$)和单位质量燃料完全燃烧所需理论空气质量($STOIAR$)，就可算出排气的质量流量。

对于燃用不含氧/氮成分燃料的柴油机，完全燃烧过程主要有下列反应：

$$C + O_2 \rightarrow CO_2$$
$$4H + O_2 \rightarrow 2H_2O$$
$$S + O_2 \rightarrow SO_2$$

从中可知，完全燃烧 1 摩尔的碳消耗 1 摩尔的氧气；完全燃烧 4 摩尔的氢消耗 1 摩尔的氧气；完全燃烧 1 摩尔的硫消耗 1 摩尔的氧气。所以，单位质量燃料完全燃烧所需的理论空气质量(kg)为

$$\left(\frac{\text{燃油中碳的质量含量}}{\text{碳的原子量}} + \frac{\text{燃油中氢的质量含量}}{\text{氢的原子量} \times 4} + \frac{\text{燃油中硫的质量含量}}{\text{硫的原子量}}\right) \times$$
$$\text{氧气的摩尔质量} / \text{氧气占空气的质量含量} \quad (\text{kg/kg})$$

换成符号，代入已知值得

$$STOIAR = \frac{\left(\frac{BET}{12.011} + \frac{ALF}{1.0079 \times 4} + \frac{GAM}{32.060}\right) \times 31.9988}{23.15} (\text{kg/kg}) \tag{10-14}$$

当测得燃油中碳、氢和硫等组分质量含量后，通过式(10－14)即可算出单位质量燃料完全燃烧所需的理论空气质量(*STOIAR*)。

燃油中氢/碳含量摩尔比(*HTCRAT*)的确定：

$$HTCRAT = \frac{\dfrac{\text{燃油中氢的质量含量}}{\text{氢的摩尔质量}}}{\dfrac{\text{燃油中碳的质量含量}}{\text{碳的摩尔质量}}} = \frac{ALF \times 12.011}{BET \times 1.00794} \tag{10-15}$$

排气中含碳成分的体积与全部排气体积比值(EXHCPN)的确定可参阅《往复式内燃机排放测量》第一部分：气体和颗粒排放物的试验台测量，标准号为：GB/T 8190.1—2010/ISO 8178—1：2006。

需要指出的是，本算法涉及的各排气成分的浓度应为干浓度，如果测量值为湿浓度，则应根据本章提供的干/湿转换系数，将湿浓度转化成干浓度，然后再进行排气质量流量的计算。

第 11 章　噪声与振动的测量

11.1　振动与噪声测量概述

11.1.1　描述振动与噪声的量

人们生活在噪声与振动的环境中，任何有质量和刚度分布的结构都会发生振动，振动往往是指某质量或质点在平衡位置附近的往复运动，而振动状态在弹性介质中的传递便形成了声。因此，质量和刚度是构成振动的必要因素，而振源和弹性介质则是形成声的必要条件。

振动(或扰动)在固体中的传递称为结构声，在水中的传递称为水声，在空气中的传递称为空气声。我们通常所说的噪声指的是空气声，它是一种压缩波。噪声是指人们不想要的声音。

有些振动可以被看见或者感觉到，有些则根本无法感知；许多声音可以被听到，有些则听不到。这不仅取决于振动与噪声的强度，也和其频率相关。人耳可听到的声音频率范围在 20 Hz～20 kHz，高于 20 kHz 的称为超声，低于 20 Hz 的称为次声。

描述振动与噪声的常用参量有：

质点位移 S　单位：米(m)

质点振速 v　单位：米/秒(m/s)

质点加速度 a　单位：米/秒^2(m/s^2)

声压 p　单位：帕(Pa)

声强 I　单位：瓦/米^2(W/m^2)

声功率 W　单位：瓦(W)

考虑到振动与噪声都是动态的概念，以上这些参量均为时间和空间的函数。

振动与噪声参量的动态范围变化非常大。以可听声为例：人耳刚好能听到的声音的声压约为几十个微帕，而使人耳产生痛觉的声压最高可达数百帕，两者之比在 10^7 以上。另一方面，上述提及的位移、速度、加速度及声压均为场量，通常用复数来描述，不便于在直角坐标系内直接表示。而振动与噪声能量往往是所关心的指标，且为标量。因此，在工程上引入“级”的概念，一来可以压缩动态范围，二来可以将矢量场参数转化为能量参数来评估。考虑到振动与噪声的能量均正比于其场量模的平方，因此各类“级”可以定义为：

(1) 声压级：$L_p = 20 \cdot \lg\left(\dfrac{p}{p_0}\right)$，(dB)，基准量 $p_0 = 20 \times 10^{-6}\ \mathrm{N/m^2}$。

(2) 声功率级：$L_w = 10 \cdot \lg\left(\dfrac{w}{w_0}\right)$，(dB)，基准量 $w_0 = 10^{-12}\ \mathrm{W}$。

(3) 加速度级：$L_a = 20 \cdot \lg\left(\dfrac{a}{a_0}\right)$，(dB)，基准量 $a_0 = 10^{-6}\ \mathrm{m/s^2}$。

(4) 速度级：$L_v = 20 \cdot \lg\left(\dfrac{v}{v_0}\right)$，(dB)，基准量 $v_0 = 10^{-9}\ \mathrm{m/s}$。

(5) 位移级：$L_S = 20 \cdot \lg\left(\frac{S}{S_0}\right)$，(dB)，基准量 $S_0 = 10^{-12}$ m。

因此“级”的本质就是能量之比取对数。当取了级以后，可听声的动态范围基本在 0 dB 至 140 dB 之间。

11.1.2　测试系统简介

工程与科研中可以通过构建测试系统来实现噪声与振动的测量，测试系统的主要作用就是将振动加速度、速度和位移，以及声压等机械信号转化为电信号传输至数据记录采集仪，并经分系统处理后显示在输出设备(通常是计算机屏幕)上。测试系统的构成如图 11－1 所示，其中包括以下部分。

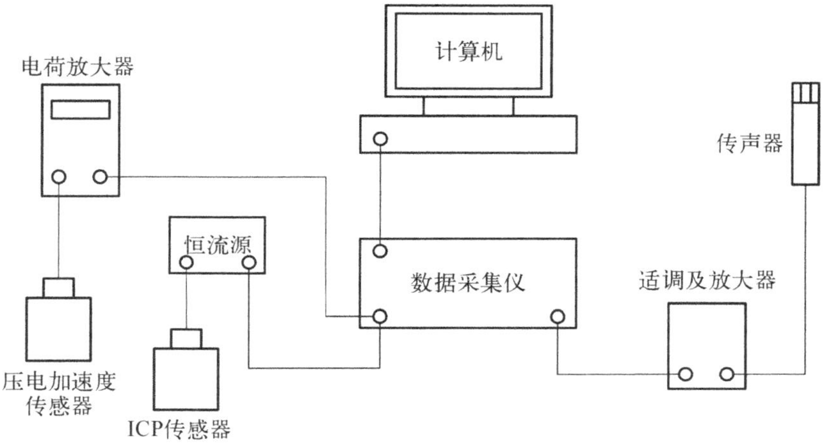

图 11－1　测试系统的构成

1. 测试传感器

传感器是整个测试系统的末端，其主要作用是将机械信号转化为电信号，因此其精度直接影响到测试结果的精度。噪声测量中常用的传感器是传声器，也叫麦克风；振动测量中最常用的是加速度计。传感器根据工作原理不同通常可以分为不同的种类。

2. 适调及放大器

由于传感器输出的信号非常弱，有的甚至只是电荷信号，不能直接传输至数据采集仪，因此需要连接适调及放大设备将其转化为数据采集分析系统可接收的信号。不同的传感器通常要配合不同的适调或放大器，比如：压电式的加速度传感器输出的是电荷信号，需要通过电荷放大器将其转化为电压信号；电容式的传声器需要配前置放大器，对于部分未预极化的传声器还要配以专门的单元以提供传声器所需的极化电压；对于 ICP 传感器则需要配以恒流源以提供传感器所需的工作电流。需要强调的是，适调单元具有针对性，配合不同的传感器使用，一般是不能混用的。

3. 数据采集仪

经适调和放大单元处理后的数据可以传输至数据采集仪并通过分析系统进行处理分析。但是数据采集仪并非单纯地用于记录数据，随着仪器设备的发展，目前的数据采集仪通常还会带有一些辅助模块，比如：功率放大模块，A/D 转换模块，滤波器模块，甚至在最新的数据采集系统中还包含了ICP供电模块，这就使得测试人员无须再为ICP传感器专门配备供电电源了。

在选用数据采集仪的时候，有一些指标参数直接影响到采集仪的工作性能。

(1) 输入信号类型，是否可以接收交直流电压电流信号，以及信号的幅值范围。

(2) 数据采集仪的位数及芯片主频，将直接影响采集速度。

(3) 数据采集仪是否包含ICP供电功能。

(4) 数据采集仪的通道数及采集方式(连续、瞬态、触发)。

(5) 数据采集仪的最高采样频率。

一般情况下，我们希望选择刚好适用的数据采集仪，既要满足测试要求，也能节约成本。

4. 数据分析及显示系统

数据采集仪记录的往往是信号的时间历程，对于噪声和振动而言更关心的是其频谱特性。因此需要数据处理分析单元对信号进行处理。通常的分析系统会以分析软件的形式安装在与采集仪相连接的微型计算机上，主要功能包括：频谱分析、相关性分析、频响分析等。而经分析系统分析的结果也能直接显示在计算机屏幕上或者保存在计算机的存储器中。

11.1.3 传感器简介

图11-2　加速度计

1. 振动传感器

加速度传感器是一种能够测量加速力的电子设备。加速力就是当物体在加速过程中作用在物体上的力，就好比地球引力，也就是重力。加速力可以是个常量。加速度计(见图11-2)有两种：一是角加速度计，是由陀螺仪(角速度传感器)改进的；二是线加速度计。加速度传感器按其工作原理可以分为以下几类：

1) 压电式

压电式加速度传感器又称压电加速度计。它属于惯性式传感器。压电式加速度传感器的原理是利用压电陶瓷或石英晶体的压电效应，在加速度计受振时，质量块加在压电元件上的力也随之变化。当被测振动频率远低于加速度计的固有频率时，则力的变化与被测加速度成正比。

2) 压阻式

基于世界领先的MEMS硅微加工技术，压阻式加速度传感器具有体积小、低功耗等特点，易于集成在各种模拟和数字电路中，广泛应用于汽车碰撞试验、测试仪器、设备振动监测等领域。加速度传感器网为客户提供压阻式加速度传感器/压阻加速度计各品牌的型号、参数、原理、价格、接线图等信息。

3) 电容式

电容式加速度传感器是基于电容原理的极距变化型的电容传感器。电容式加速度传感器(电容式加速度计)是比较通用的加速度传感器。在某些领域无可替代，如安全气囊、手机移动设备等。电容式加速度传感器(电容式加速度计)采用了微机电系统(MEMS)工艺，在大量生产时变得经济，从而保证了较低的成本。

4) 伺服式

伺服式加速度传感器是一种闭环测试系统，具有动态性能好、动态范围大和线性度好等特点。其工作原理，传感器的振动系统由“m－k”系统组成，与一般加速度计相同，但质量 m 上还接着一个电磁线圈，当基座上有加速度输入时，质量块偏离平衡位置，该位移大小由位移传感器检测出来，经伺服放大器放大后转换为电流输出，该电流流过电磁线圈，在永久磁铁的磁场中产生电磁恢复力，力图使质量块保持在仪表壳体中原来的平衡位置上，所以伺服加速度传感器在闭环状态下工作。由于有反馈作用，增强了抗干扰的能力，提高测量精度，扩大了测量范围，伺服加速度测量技术广泛地应用于惯性导航和惯性制导系统中，在高精度的振动测量和标定中也有应用。

在选用加速度传感器的时候要注意其技术指标，主要包括：

(1) 灵敏度。对于一个仪器来说，一般都是灵敏度越高越好，因为越灵敏，对周围环境发生的加速度的变化就越容易感受到，加速度变化大，很自然地，输出的电压的变化相应地也变大，这样测量就比较容易方便，而测量出来的数据也会比较精确的。

(2) 频响范围。指的是传感器可以测量的有效频带，比如，一个传感器有上百 Hz 带宽的就可以测量振动了；一个具有 50 Hz 带宽的传感器就可以有效测量倾角了。

(3) 动态范围。属于量程方面的技术指标，测量不同事物的运动所需要的量程都是不一样的，要根据实际情况来衡量。其实动态范围通常是和灵敏度相关的一个量，当测试稳态微振动的时候要选用量程较小，灵敏度较大的传感器，而测量冲击的时候则一定要选用灵敏度非常小，动态范围非常大的传感器。

(4) 抗冲击。抗冲击是一个保护性指标，在选用传感器的时候一定要注意。它是传感器所能承受的最大加速度，一旦在测试过程中超过这个极限值，加速度传感器就有可能损坏。

2. 噪声传感器

噪声传感器又称传声器(microphone)，简写为 MIC，是声-电转化器材，有时也被称为“麦克风”、“话筒”、“微音器”等。它是音响系统中最为广泛使用的一种电声器件之一，它的作用是将话音信号转换成电信号，再送往调音台或放大器，最后从扬声器中播放出来。也就是说，传声器在音响系统中是用来拾取声音的，它是整个音响系统的第一个环节，其性能质量的好坏，对整个音响系统的影响很大。传声器的分类有以下几种：

1) 动圈传声器

这是一种最常用的传声器。主要由振动膜片、音圈、永久磁铁和升压变压器等组成。它的工作原理是当人对着话筒讲话时，膜片就随着声音前后颤动，从而带动音圈在磁场中作切割磁力线的运动。根据电磁感应原理，在线圈两端就会产生感应音频电动势，从而完成了声电转换。为了提高传声器的输出感应电动势和阻抗，还需装置一只升压变压器。

动圈传声器(见图 11－3)结构简单、稳定可靠、使用方便、固有噪声小。早期的动圈式传声器灵敏度较低、频率范围窄，随着制造工艺的成熟，近几年出现了许多专业动圈传声器，其特性和技术指标都很好，被广泛用于语言广播和扩声系统中。

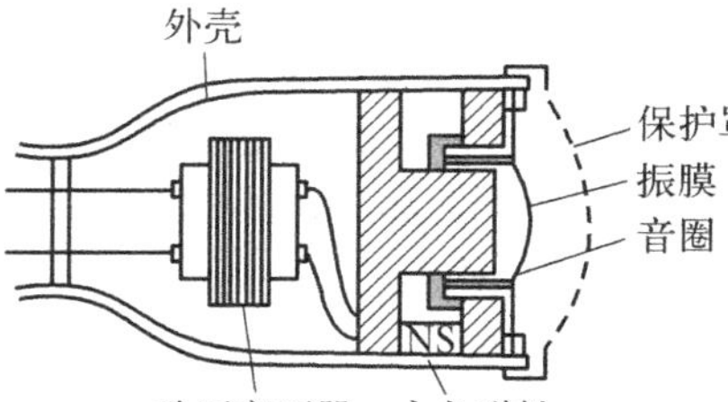

图 11－3　动圈传声器示意图

在户外拾音或进行人声拾音时，风和人发声时的气流会冲击声电转化件的膜片，使传声器产生很大的杂音，甚至使振膜无法自由运动，这时需要进行防风。

风罩就是起到这个作用。它是由外壳的金属罩和内部的海绵体组成,金属罩可以抵抗外力的冲击,保护传声器;海绵体会减弱、阻止气流的进入。这样,人讲话时的气流运动和风的气流运动就不会影响拾音的效果。由于声音不是气流的定向运动,而是一种机械波动,所以它受到风罩的影响很小。若是在强风的天气下,气流的干扰作用可能很大,这时需要在传声器的外壳上再加一层防风器件(防风篮)。

另外,声阻、尼龙网栅、谐振腔都是传声器为了改进声音质量而设立的声学处理措施。

2) 铝带式传声器

这是一种利用电磁感应原理制造的传声器,由于它有非常优异的音质,在20世纪60年代前广泛应用在专业领域。它最大的缺点是非常娇嫩,很容易损坏。使用这种传声器时,要非常注意防风措施,当遇到爆破音,如"迫"、"扑",都有可能造成传声器的损坏,所以它同样不能用于室外的拾音工作。

造成这种特点的原因是结构上的,带式传声器用一条薄薄的铝质带代替了动圈式传声器的线圈,当这条铝条在磁场中振动时,它也能感应出电流。这条铝带的长大约是几cm、宽大约2~4 mm,厚度只有几个微米。它的质量很轻,因此很能感知、传递声波的振动特性,所以音质很好,同样也容易损坏。

铝带式传声器没有振动膜,铝带既是振动膜又是线圈。声波的驱动方式与动圈式不同,是双面驱动式。声波到达铝带双面的路程不同时,由于相位不同,可以造成声压差,依靠这个声压差铝带就产生振动。

3) 电容式传声器

电容式传声器是一种目前性能相对较好的传声器类别,它的工作核心是电容器。它主要有三种类型:声频式、射频式、驻极体式。

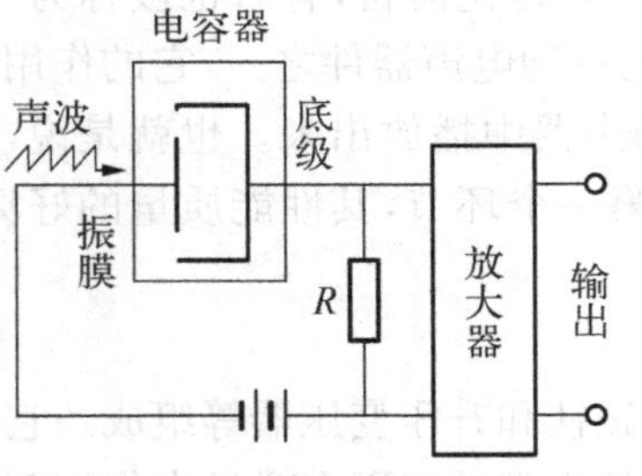

图11-4 电容式传声器示意图

电容传声器(见图11-4)靠电容量的变化进行工作。主要由振动膜片、刚性极板、电源和负载电阻等组成。它的工作原理是当膜片受到声波的压力,并随着压力的大小和频率的不同而振动时,膜片极板之间的电容量就发生变化。与此同时,极板上的电荷随之变化,从而使电路中的电流也相应变化,负载电阻上也就有相应的电压输出,从而完成了声电转换。

电容传声器的频率范围宽、灵敏度高、失真小、音质好,但结构复杂、成本高,多用于高质量的广播、录音、扩音中。

4) 驻极体电容传声器

这种传声器的工作原理和电容传声器相同,所不同的是它采用一种聚四氟乙烯材料作为振动膜片。由于这种材料经特殊电处理后,表面被永久地驻有极化电荷,从而取代了电容传声器的极板,故名为驻极体电容传声器。其特点是体积小、性能优越、使用方便,被广泛地应用在盒式录音机中作为机内传声器。

5) 无线传声器

无线传声器实际上是一种小型的扩声系统。它由一台微型发射机组成。发射机又由微型驻极体电容式传声器、调频电路和电源三部分组成,无线传声器采用了调频方式调制信号,调制后的信号经传声器的短天线发射出去,其发射频率的范围、按国家规定在100~120 MHz

间，每隔 2 MHz 为一个频道，避免互相干扰。

无线传声器与接收机应一一对应，配套使用，不得出现差错。接收机是专用调频接收机，但是一般的调频收音机只要使其调谐频率调整在无线传声器发射的频率上，同样能收听到无线传声器发出的声音。

无线传声器体积小、使用方便、音质良好，话筒与扩音机间无线，移动自如，且发射功率小，因此在教室、舞台、电视摄制方面得到了广泛的应用。在实验室及工程测量中，电容式传声器和驻极体传声器应用最多。

在选用传声器的时候应当注意以下技术指标：

(1) 灵敏度。传声器的灵敏度指的是传声器的声-电转化的能力。它的具体数值是：当 10 Pa 的声压作用于传声器振动膜时，传声器能转化出 1 V 的电压，这样的传声器灵敏度就是 0 dB。这是一个很大的数值，传声器一般是达不到的。普通的传声器灵敏度一般在 −70 dB 左右，高一些的有 −60 dB，专业用的高灵敏度传声器可以达到 −40 dB 左右。

高灵敏度的传声器在同样的条件下可以拾得更大的声音，这样就可以减小后级放大器的负担，容易得到高的信噪比。当然，太大的信号输出也要考虑后级设备的承受能力。

(2) 指向性。传声器的指向性是传声器最重要的一种特性。它指的是传声器对不同方向声音的敏感度差异。这种抽象的含义通常可以用极坐标图来直观地表达。

极坐标用角度和离中心点的距离这两个量来确定坐标中的任何一个点。在表达传声器的指向性时，相当于传声器放在 O 点上，0 度角是传声器的正方向(在专业术语中称为主轴方向)，与 O 点的距离就是灵敏度的大小。在使用极坐标中，0 度角这个方向上的长度规定为 1，这样就容易看出其它方向上灵敏度的差异。如果 20 度角的灵敏度是 0 度角的 80%，就在坐标中 20 度角的地方描一个长度是 0.8 的点；如果 90 度角的灵敏度是 0 度角的 50%，就在坐标中 90 度角的地方描一个长度是 0.5 的点，以相同的方法，就可以描出 360 度角内灵敏度的数值，这个图形就是传声器指向性的极坐标图(见图 11-5)。

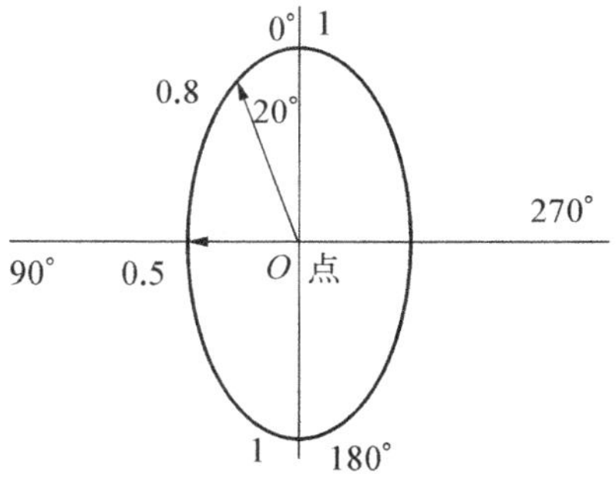

图 11-5　传声器指向性示意图

同样道理，若指向图形为正圆形，表示该传声器对所有方向的声音灵敏度一致。

(3) 近距效应。传声器的近距效应是含有压差式换能方法的传声器具有的一种特性。当这类传声器在近距离拾音时，它的低频灵敏度会明显地提高，距离越近，低频输出就越大。越是低的频率，这种近距的效应就越强。

近距效应破坏了传声器良好的频率响应，也就是说经过这种传声器后，原声场中的低频部分会不正常地增加。这样，对于心形、8 字形的传声器，拾音的距离就不能太近。特别是对于低音乐器的拾音，过强的低频声会形成严重的干扰，破坏对整个乐队拾音的平衡性。

解决的方法是：传声器上有一个低频衰减开关，当这个开关打开时，传声器就用电信号处理的方法，衰减输出信号中的低音成分。这个开关一般分成三档：OFF、MUSIC 与 VOICE，后两者有时也简写为 M 与 V。前者是音乐的意思，它是不衰减低频信号，后者是衰减低频信号。

为什么传声器还要有 MUSIC 档，保留低距效应呢？这是因为近距效应也有其有利的一面。

根据心理学的研究发现，声音的高、低频段提升，声音会让人感到“亲切、甜蜜”；而适当衰减高、低频，声音会让人感到“距离感、响度感、穿透感”。因此，有些通俗的歌曲演唱者喜欢把传声器放在离口部很近的位置拾音，也能达到歌曲内容所要求的感情氛围。

(4) 信噪比。传声器的信噪比指的是传声器在输出时，信号成分和噪声成分的比例。

这是传声器的一项重要技术指标，信噪比越高，传声器的质量越好。因为当拾音对象是很微弱的声音时，为了录音时、扩音时能够听得清楚，提高放大量是在所难免，此时高信噪比的传声器就能少把噪声带入下一级。

高灵敏度的传声器可以减少因为提升放大量后，后级设备的噪声，高灵敏度传声器并不能使输出的信号噪声减少。

综合起来就是这样的关系：高信噪比可以减少传声器的噪声输出，而高灵敏度可以减少后级设备因为放大而产生的噪声。

(5) 频率响应。传声器在不同频率的声波作用下的灵敏度是不同的。一般在中音频(如1千赫)时灵敏度高，而在低音频(如几十赫)或高音频(十几千赫)时灵敏度降低。我们以中音频的灵敏度为基准，把灵敏度下降为某一规定值的频率范围叫做传声器的频率特性。表达的方法为绘出频率响应曲线。观察曲线的平滑程度和保持在正负3分贝之内的频率范围。如：某传声器的频响是55～18 kHz，表明这种传声器在55～18 kHz内输出信号变化是在3分贝以内。

(6) 输出阻抗。与天线系统中所述的一样，传声器，或是其他任何设备都有输入、输出阻抗的问题。传声器的输出阻抗分成三类：高阻(10～20 kΩ)；中阻(600 Ω)；低阻(200 Ω)，传声器的输出阻抗会影响到它与后级设备连接的阻抗匹配方式。而且，对于传声器而言，高阻的传声器更容易感染噪声，专业用传声器多用低阻方式输出信号。

(7) 最大承受声压。太大的声压会使拾音质量不良，并有可能损坏传声器，因此传声器都有一个“最大可承受声压”的技术指标。一般这个数值可以达到120 dB以上，对于通常的拾音工作都是能够满足要求的。但是对于高声压的拾音(如：喷气发动机、汽锤之类)还是要考虑，对于极近距的拾音，尽管声源的声压不很大，由于距离太近，也有可能变成很大的声压，这时也要考虑这项指标。

11.1.4 数据采集前的准备工作

当需要在科研或工程中对振动与噪声信号进行测量的时候，首先要根据11.1.2节所介绍的方法选择合适的设备并正确连接测试系统。但这并不意味着马上就能开始测试，在正式测试前，还需要根据测试的具体目的和工况做一些相应的调整和设置，其中包括：

1) 正确分配传感器的通道及设置传感器的灵敏度

根据测点的数量和位置分配数据采集仪的通道，并对每个传感器的灵敏度进行设置。如果传感器在测试前已完成标定，可根据标定结果设置灵敏度；如果没有标定，则建议使用出厂设置的灵敏度，具体可参考传感器说明书。

2) 设置采样模式

目前多数数据采集仪都有“连续”和“触发”两种采样模式，前者多用于环境振动噪声测量等稳态过程，后者多用于冲击、爆炸等瞬态工况。对于连续采样模式，一旦采集功能启动，仪器会连续记录各通道采集到的信号，直至操作人员中断采样。对于"触发"采样模式，一旦采样启动，系统会处于等待状态，直至触发条件被满足，系统才开始记录数据，并在数据量达到预设长度以后自动停止采集。需要指出的是：触发可以由信号源来实现，也可以由外部振动或噪声信号来实现，比如：某测点的加速度超过一定量值等。同时，通常瞬态过程变化非常快且持续时间非常短，为了能够完整地记录下触发的全过程，操作人员还要根据具体情况设置一定的提前量，以保证记录的结果包含部分触发前的数据。

3）设置采样频率

实际振动噪声信号的变化都是连续的，而数据采集仪是通过离散采样的方式来记录数据，即：每隔一个固定的时间间隔记录一次数据状态，然后将这些离散的点连接起来成为时间曲线。这个时间间隔称为采样周期，其倒数就是采样频率。实际信号包含的频率成分一般比较复杂，高频成分可能会很多。如果采样频率不够高，则通过间隔采样复原出来的信号就会发生畸变。但一味增加采样频率不仅会增加数据存储量，同时还有可能降低频域分辨率。因此必须选取适合的采样频率，在满足分析要求的同时尽量节省存储资源。根据香农(Shannon)采样定理，如果要不失真地复原一个信号，其采样频率不应低于该信号最高频率的 2.5 倍。在实际操作中，通常将采样频率设定在所关心的最高频率的 2.5 倍至 3 倍之间。

4）设置动态范围

动态范围的设定是测试中非常重要的环节，会直接影响到数据的精确度。动态范围设置过大，会导致输入信号偏小、分辨率不够；动态范围设置过小，在测量时信号可能会超过量程最大值，产生"截波"的效果(比如：正弦信号变成方波信号)。因此，在测量前应通过计算或经验预估被测量信号的最大值，设置合适的动态范围。工程中我们希望信号的动态范围控制在满量程的 30%～70%间。

5）进行试采样排除干扰

在正式开始采样之前，建议进行试采样。试采样的目的是检查传感器是否正常工作以及判断系统是否存在干扰。判断传感器是否正常工作的方法很多，最简单且直接的方法如下：首先在没有任何外激励的情况下观察传感器输出的信号是否平稳及存在异常；然后在传感器附近施加一个瞬态的激励(例如在加速度传感器附近用工具轻轻敲击，或者在传声器附近拍手)，观察输出是否会有相应的瞬态响应，则可判断传感器是否正常工作。其次就是要观察信号中是否存在 50 Hz 工频干扰，这种干扰的特点是输出信号为 50 Hz 正弦波。工频干扰主要是由于测试系统的元器件部分采用交流电部分采用直流电，交直流电由于参考电位不同，且系统本身接地较差而导致 50 Hz 干扰信号串入系统而引起的。解决 50 Hz 工频干扰的方法有两种：其一，测试系统全部直流供电；其二，将测试系统所有用电设备的参考极(机器的金属外壳)用导线连接并统一接地。

在上述准备工作就绪以后，方可开始正式测试，这样就能保证测试数据的可信度。

11.1.5　测量结果与处理

在实际工程中，能反映目标测点的振动噪声特性的参量包括：

1）时间曲线

利用测试系统对固定测点的振动和噪声信号进行测量，所能得到最直接的结果就是振动加速度或者噪声声压随时间的变化。图 11-6 是振动信号的时间曲线。

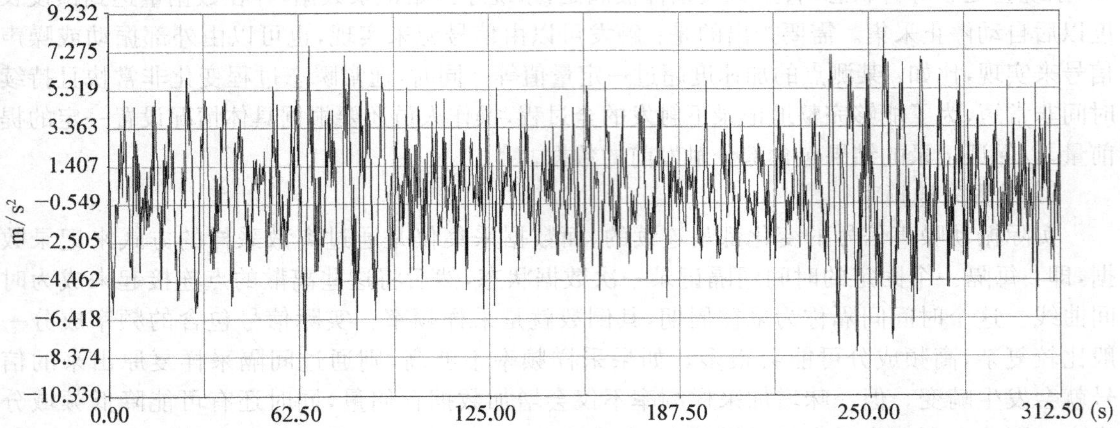

图 11-6 振动信号的时间曲线

2) 频谱图

振动和噪声信号的时间曲线通常是杂乱无章的，从这些时间曲线中往往只能看出信号的变化范围及最大值等，在分析时还必须通过频谱分析来研究不同频率分量对信号的贡献。如上文所述，数据的采样是一个等时间间隔离散点拾取的过程，所以实际记录的数据是一个状态序列。目前绝大部分数字信号处理软件都是通过 FFT(快速傅里叶变换)将时间信号转化为恒定带宽谱，其带宽(频域分辨率)同时取决于采样频率和检波时间。

由于实际的振动信号持续时间可以很长，但是数据采集分析系统的存储和处理能力却有限，不可能将全部信号采集齐后统一做 FFT；另一方面，有时也希望了解某一时段内信号谱线的分布情况。因此在工程处理中通常会根据需要将数据分为若干"块"，每个"块"包含有一定的采样点数，从而决定了这个块的规模，而采集这些点所需要的时间就是检波时间。

当采样频率一定的时候，数据块长度和检波时间是一个概念。由于 FFT 所需要的数据点数必须是 2 的整数次方(如 1 024，2 048 等)，因此很多软件都是通过设定"块"长度来定义检波时间的。比如：某次采集的采样频率是 1 000 Hz，也就是 1 s 内采 1 000 个点，而一次 FFT 所需的数据点是 1 024，那么这里的检波时间就是 1.024 s。

在频谱分析中，如果对每个数据块进行 FFT 得到就是信号的实时谱，若将一段时间内多个块的实时谱求能量平均，那么得到的就是这个时间段内的平均谱。如果对每个实时谱积分求其总能量，然后做出实时谱能量随时间的变化，这就是时频分析。图 11-7 是上述振动时间曲线对应的实时谱，从该谱中可以看出这一时刻振动能量主要集中在 100～200 Hz 间。平均谱与其形式相同，只是多个频谱平均的结果。

根据采样定理，多数软件都会将分析频率和采样频率的关系设为 2.56 倍。而谱线数(FFT 对应的线数)则为数据块长度的 2.56 分之一。这样，如果某次测试的采样频率为 1 024 Hz，则可以计算其分析频率为 $1\,024/2.56=400$ Hz；若设定检波时间为 2 s，则数据块长度为 $1\,024\times 2=2\,048$ 点，谱线数为 $2\,048\div 2.56=800$ 线，如此数据频谱的频域分辨率(窄带谱宽度)为 $400\div 800=0.5$ Hz，这个分辨率在环境振动的评估中是可以接受的。如果要进一步提高频域

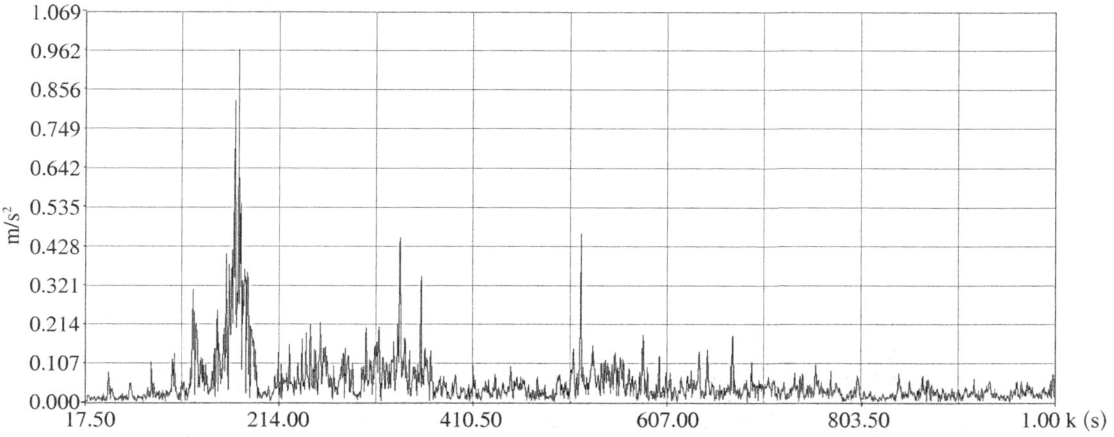

图 11－7　振动信号实时谱

分辨率，要不就必须增大检波时间。

3）1/1 倍频带及 1/3 倍频带谱

窄带谱可以细致地描述不同频率分量在总响应中所占的比重，但是其变化依然比较复杂。在某些情况下，只希望对信号的频谱有一个大致的了解（如某个频段内振动噪声能量的情况），同时考虑到人对噪声振动频率偏移的感觉是按指数变化的，工程上就提出了倍频程的概念。考虑一系列首尾相接的频带，相邻的两个频带的上下限频率及中心频率满足以下关系：$f_{n+1}/f_n = 2^n$，当 $n = 1$ 时称其为 1/1 倍频带而 $n = 1/3$ 时称为 1/3 倍频带。通过简单的计算可知，3 个 1/3 倍频带可以合成一个 1/1 倍频带，同时每个倍频带的带宽与中心频率的比值是个定值（如 1/3 倍频带的带宽是中心频率的 23.3%，而 1/1 倍频带的带宽是中心频率的 70%），也就是说这两种频带谱都是等百分比带宽谱，其带宽会随着频率的增大而增大，这符合人对噪声及振动的感觉规律。图 11－8 是某振动信号的 1/3 倍频带谱。不同于窄带谱的是，它们多以柱状图出现，且每个频带中只有一个总能量的数据。有些信号窄带谱可能低频高，高频低，但是在 1/3 倍频带谱中两者却相当，这主要是因为高频带宽较大，而其能量是频带内积

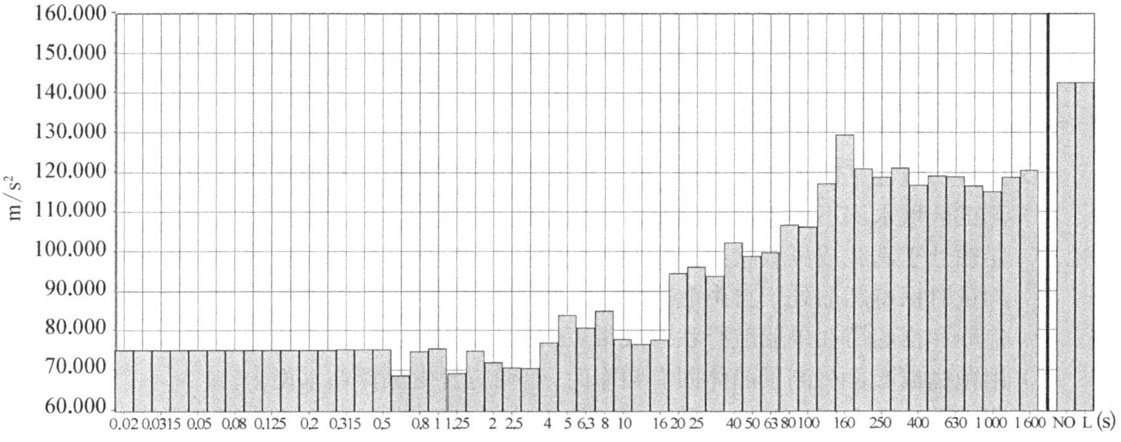

图 11－8　1/3 倍频带谱

分的总和的缘故。

4）瀑布图

在动力学分析中，除了实时谱和平均谱，有时候也希望了解频谱随时间的变化，这就需要用到三维的频谱图，这种图谱 x 坐标是频率，y 坐标是时间，如图 11-9 所示，完全可以描述信号频谱随时间的变化。

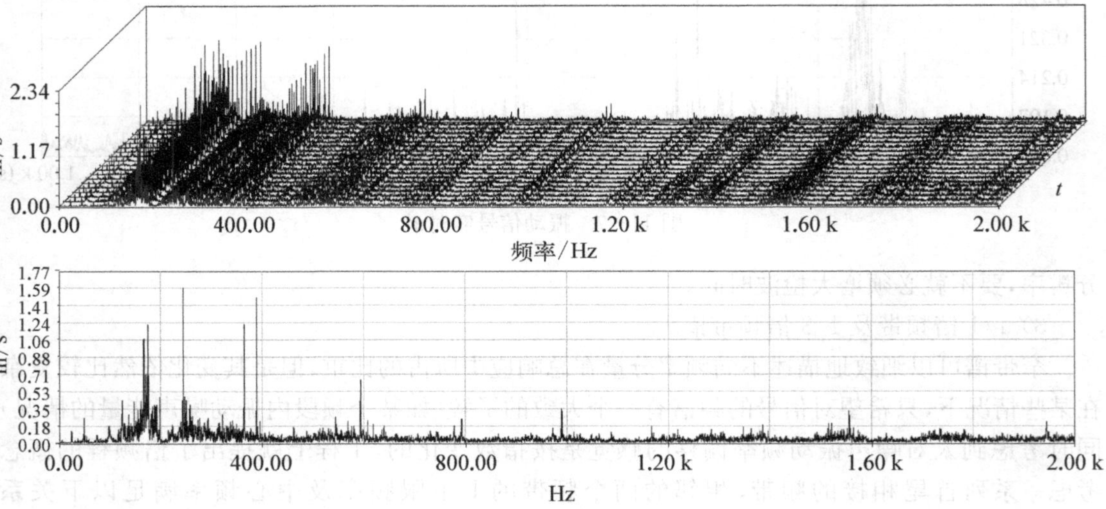

图 11-9　振动信号瀑布图

在旋转机械分析中，需要了解机械设备在不同转速下的振动噪声特性，这就同样需要将频谱随转速的变化反映在三维图上，也就是将上图的时间轴换成转速数据，这就是瀑布图。在瀑布图绘制的时候，通常还需要一路转速信号，这个通常可以由光电传感器来实现。

11.2　船体振动试验

进行船体振动试验的目的是检验船舶由螺旋桨、主机和辅机等激励产生的船体总振动和局部结构振动的相应情况，测定船体振动固有频率、固有振形及阻尼特性。

11.2.1　试验应满足的要求

（1）试验一般在平静水面上进行，且气象条件不会对测量值有较大的影响。

（2）测试区域水深不小于船舶吃水的 5 倍，离岸距离不小于船宽的 25 倍。

（3）船舶处于满载或压载状态。压载时，船尾吃水应保证螺旋桨全部浸没于水中。

（4）测量时保持船舶处于自由航行状态。

（5）拖船和推船需在单船航行状态或带驳航行状态下测量。

（6）用抛锚或激振机测量船体固有频率时，船舶应自由漂浮在水面上。

（7）测试前计算出船体总振动及上层建筑振动固有频率，以便合理布置测量点。

（8）船体振动测试尽可能与上层建筑振动、机架振动、轴系振动测试同步进行。

11.2.2 试验程序与内容

1. 船体总振动试验

(1) 测点布置在上甲板或主甲板纵中剖面尾端、相关振动的波腹位置，布置 2～3 个测量点，方向为垂向、横向、纵向。

(2) 试验时，一般是从主机最低稳定转速开始分档进行测量，到主机额定转速为止。每档转速稳定时间为 1 分左右，同步记录各测点振动信号。

一般，低速机转速分档为 5 转/分，中速机为 10～30 转/分，高速机为 30～50 转/分。在船体共振区、上层建筑共振区、机架共振区、轴系扭振共振区、轴系纵振共振区、轴系回旋振动共振区内，转速分档应适当减小。

(3) 如有强烈共振时，应迅速越过该测量区，以避免造成机械设备的损坏。

2. 上层建筑振动试验

(1) 测量点应布置在上层建筑纵中剖面线或与前缘围壁处不同位置，如驾驶甲板、上甲板、主甲板等处，布置 2～4 个测点，方向为垂向、横向、纵向。

(2) 测试时转速的控制与分档，同船体总振动试验。

3. 局部振动试验

(1) 根据需要，可将测点布置在桅杆顶部、轴支架下端、板架的中央、机舱双层底的前后端、烟囱的顶部。方向根据振动型式决定。

(2) 测试时转速分档，同船体总振动试验。

4. 抛锚激振试验

(1) 测点应布置在船舶首尾端，以及沿船长分布在纵中线上的波腹位置 2～4 个点。方向为垂向、纵向。

(2) 测试时，让锚自由抛落，并在锚触及海底之前，用锚机迅速刹车，同步记录振动信号。

5. 激振机试验

(1) 测量点布置同抛锚激振试验。

(2) 测试时，激振机从最低转速开始，缓慢地稳速增加，同步记录各测点振动信号。

11.3 船舶机械设备振动试验

进行船舶机械设备振动试验目的是测量主机等机械设备的振动特性，以便采取有效的减振措施。测试前机械设备需安装正确，所有固定螺栓都应处于紧密连接状态，以保证设备运行安全。

测试程序与方法如下：

1. 机械设备试验

(1) 测量点应选取在具有代表性、刚性较强的位置。测点数目依测量对象尺寸而定，尺寸较小的机械设备测点可少些，大型机械设备测点应多些。方向为垂向、纵向、横向。

(2) 测试应在额定工况下进行，没有运动部件的设备应在航行时进行。为校核固有频率计算的准确性，也可从设备最低稳定转速开始，到额定转速为止，分档进行测量。

2. 机械振动试验

(1) 大型低速柴油机的机架振动试验，测点应布置在机架上部侧面两端与中间处，以及上部端面，至少一个侧点。方向为垂向、纵向、横向。

(2) 测试时，可从最低稳定转速开始到额定转速为止，分档进行测量。

11.4 船舶轴系振动试验

进行轴系振动试验目的是测量推进装置轴系的振动特性，以便采取减振措施或确定"转速禁区"，保障船舶安全航行。一般在5级风力以下进行测试，螺旋桨全部浸没于水中，船舶处于直航状态，主机各缸负荷均匀，各缸爆炸压力的差值应小于±5%。本试验可与推进轴功率测试同步进行。

轴系振动试验的内容及方法如下。

1. 扭转振动试验

(1) 测量应变的测点布置在节点处。测量角位移的测点布置在曲轴自由端。如果曲轴自由端测点布置困难时，可把测点布置在轴系上相对振幅较大处。如两个振型的不同共振转速相近而相互干扰时，则除了在自由端布置测点，还应在轴系其他位置上布置测点，以便把不同振型的振幅分开。

(2) 主机转速测试范围：最低稳定转速～额定转速。转速分档测量间隔应小于5%持续转速。临界转速附近分档应更小。

(3) 装有高弹性联轴器或齿轮传动的轴系，测试时应注意防止在共振转速时由于振动扭矩过大而导致弹性联轴器受损或产生严重齿击。如计算时发现存在上述现象，测量中应迅速越过该转速区。

如图11-10所示的测试装置为某非接触式扭振测试系统实例，系统利用NZ-T分析系统对信号进行分析计算，测试灵敏度和分析精度均比较高。扭振测试点选择在主机输出端，即盘车齿轮位置作为测量点(见图11-11)。测试系统采用磁电(或光电)传感器，安装方便、测量精度高，传感器输出的转速信号和扭振信号被送到扭振分析仪。

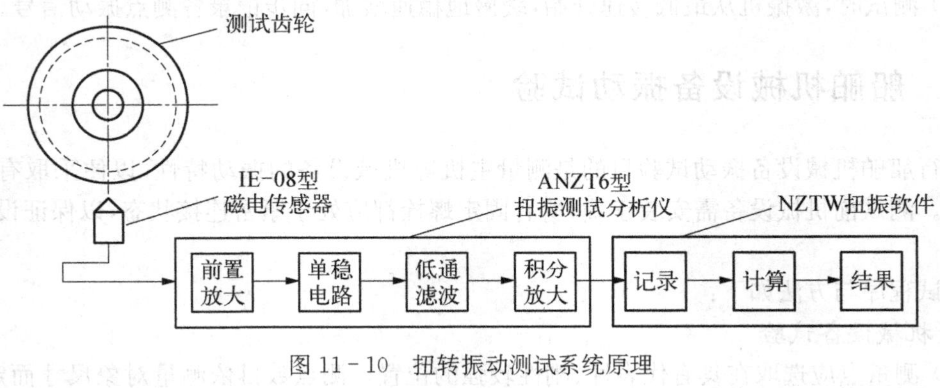

图11-10 扭转振动测试系统原理

该测试系统采用ANZT6型扭振测试分析仪，该分析仪由微机处理的数字部件和模拟部件两个相互独立的部分组成，包括前置放大器、单稳电路、低通滤波器和积分放大器等部分，具有可测试扭角的转速范围大、扭角测试分辨率高、可测试扭振频率范围大、频谱分析精度高、测试速度快精度高、抗振性抗干扰性好等特点。

图 11－11　扭转振动测点布置图

扭振分析仪与计算机相连，与计算机通信的软件(NZTW)及硬件(USB 及串口通信)可将分析仪计算出的频谱数据及扭振时域波形传送到计算机屏幕显示和存盘，并可将数据组合成谐次转速跟踪曲线及数个谐次的综合曲线(波特图)，三维图、扭应力曲线、扭矩曲线、许用应力、许用扭矩曲线及不同试验曲线对比等，可用通用打印机打出，还可以将测试结果传到 Word、TXT、Excel 等软件中再行处理。

1) 扭转振动测试原理

对于上述测试系统，若齿轮齿数为 Z，当轴系平均转速为 n 时，传感器感应出的脉冲波频率为 $f = Zn/60$，设扭振角位移为

$$\phi = A\sin(\omega t - \varphi) \tag{11-1}$$

则

$$\dot{\phi} = A\omega\cos(\omega t - \varphi) \tag{11-2}$$

于是，扭振引起的转速变化为

$$\Delta n = \frac{\dot{\phi}}{2\pi} = \frac{A\omega}{2\pi}\cos(\omega t - \varphi) \tag{11-3}$$

当转轴扭振时，传感器上产生的脉冲重复频率为

$$f = \frac{Z(n + \Delta n)}{60} = \frac{Zn}{60} + \frac{Z\Delta n}{60} = f_1 + f_2 \tag{11-4}$$

式中，f_1 为平均转速下频率恒定分量；f_2 为扭振引起的频率变化分量。

脉冲波推动单稳电路工作后，输出恒幅、恒宽的矩形脉冲，脉冲的重复频率仍为 f，在通过低通滤波，把矩形脉冲波平均，其平均电压值为

$$U(t) = \frac{t_0}{T}E_0 \tag{11-5}$$

式中，t_0 为矩形脉冲持续时间；T 为矩形脉冲周期；E_0 为矩形脉冲峰值。则有

$$U(t) = ft_0E_0 = (f_1 + f_2)t_0E = \frac{Znt_0E_0}{60} + \frac{Zt_0E_0}{60}\left[\frac{A\omega}{2\pi}\cos(\omega t - \varphi)\right] \tag{11-6}$$

由式(11－6)可知，电压值同样存在两个分量，一个是平均转速下的直流分量，另一个是由于转轴扭振引起的交变分量。经电容滤去直流分量后得到电压信号为

$$U'(t) = \frac{Zt_0E_0}{60}\left[\frac{A\omega}{2\pi}\cos(\omega t - \varphi)\right] = U'_0\left[\frac{A\omega}{2\pi}\cos(\omega t - \varphi)\right] \tag{11-7}$$

通过积分放大器，把信号 $U'(t)$ 积分并放大，其输出电压为

$$U_{出}(t)=U_0\sin(\omega t-\varphi) \tag{11-8}$$

可以看到,输出电压正比于被测轴的扭振角位移 φ,输出电压反应扭振情况。对于若干简谐波叠加的复谐波,输出电压也是复谐波。电路设计时必须使 $t_0<T$,否则单稳电路不能正常工作,无法正确反映出扭振波形成分。

2)散货船扭振实测及实测分析

利用上述扭振测试装置对该"MYWAY"散货船船进行扭振测试。

测试方法为:主机处于正常工作状态下,自主机最低转速 30 r/min 升至最高转速 127 r/min,每间隔 5 转保存一个数据点,在扭振计算书中规定的转速禁区范围附近,每隔两转保存一个数据点,在保存测点扭振信号时保持主机转速基本稳定,以消除主机转速波动引起的虚假扭振信号。实测数据如图 11-12、图 11-13、图 11-14、图 11-15 所示。

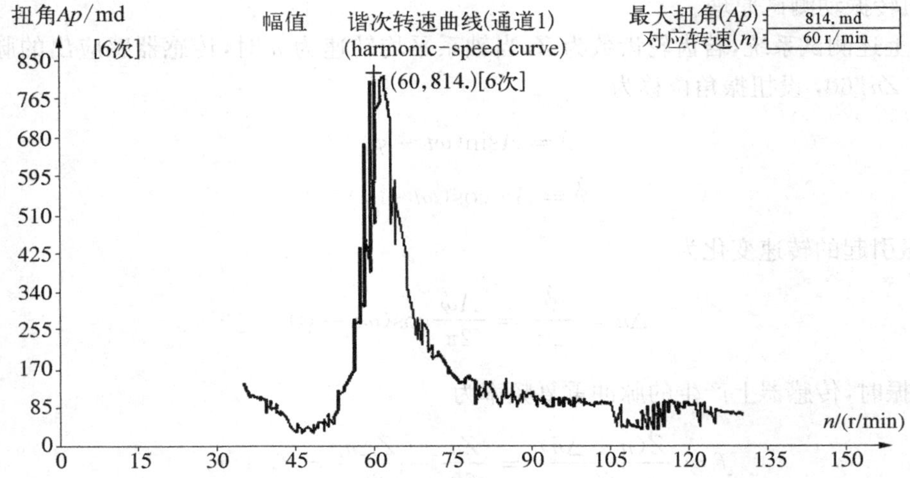

图 11-12 MYWAY 转速-扭角曲线图

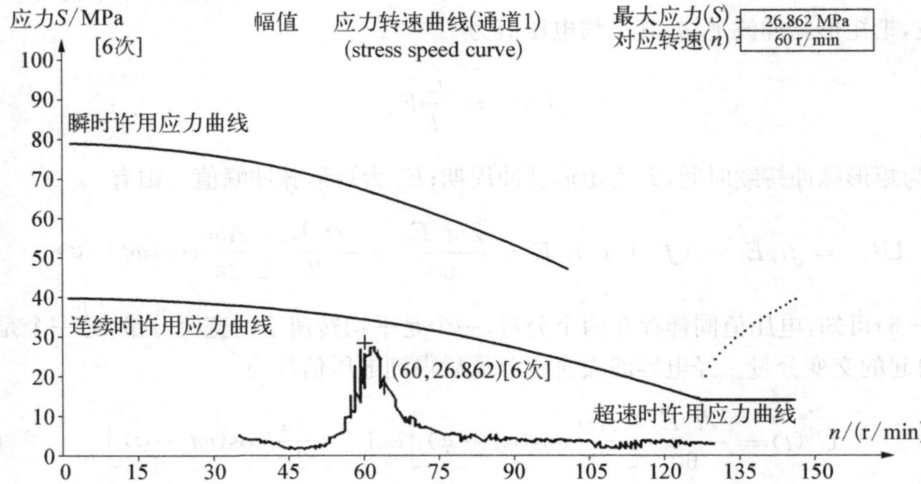

图 11-13 MYWAY 曲轴转速-应力曲线

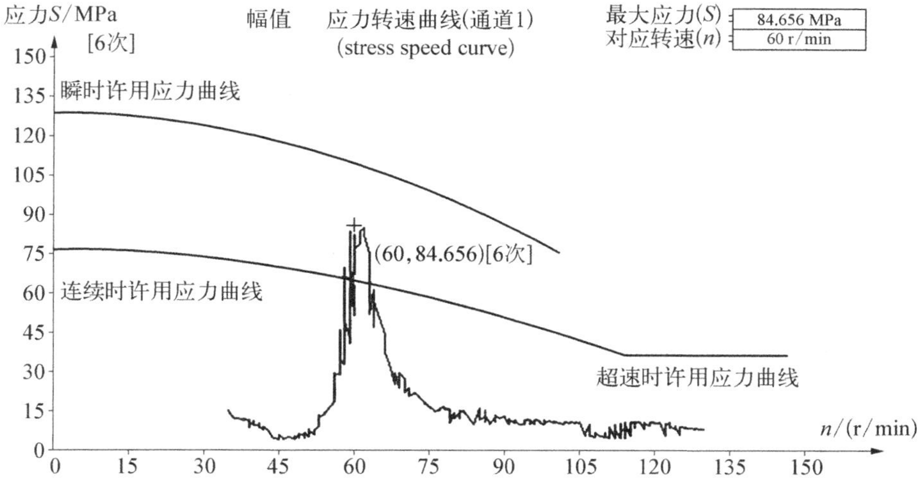

图 11-14　MYWAY 中间轴转速-应力曲线

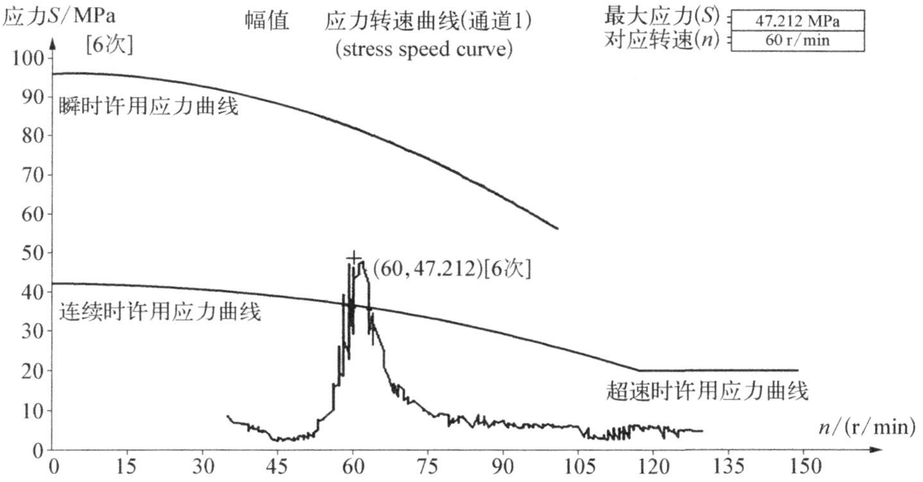

图 11-15　MYWAY 桨轴转速-应力曲线

图 11-12 为扭角随转速的变化曲线，从中可以读得最大扭角及其对应转速，此对应转速即为临界转速，图 11-13、图 11-14 和图 11-15 分别为曲轴、中间轴、桨轴应力随转速的变化曲线，从中可以得到最大应力及对应转速，可见各部分最大应力处对应转速相同，均为临界转速。超出连续许用应力曲线对应的转速部分即为转速禁区，中间轴及桨轴的转速-应力曲线均超出连续许用应力曲线，曲轴转速-应力曲线在连续许用应力曲线之下，因此，划定转速禁区只考虑中间轴和桨轴部分，不考虑曲轴部分。

由测试结果可知，"MYWAY"临界转速为 60.0 r/min，对应最大扭角为 814 毫度，曲轴、中间轴、螺旋桨轴最大应力分别为：26.862 MPa、84.656 MPa、47.212 MPa，转速禁区 54～64 r/min。可见，其中间轴的扭振问题比较突出，主动力装置危险截面出现在中间轴部分，此船轴系扭振特性不够理想，各轴段扭振应力值较大，危险截面最大应力达到 84.656 MPa，不利于轴系的安全运转以及主机的正常工作，不能满足船东及其船级社对船舶性能的要求。因此，我们需要对此型号船舶轴系进行改进设计研究。

2. 纵向振动试验

(1) 测点布置在曲轴自由端。

(2) 试验时与轴系扭振测量同步进行,但在纵振共振区内,转速分档间隔应适当减小。

(3) 轴系如安装了纵振减振器,为校核其减振效果,可采用打开和关闭减振器进油阀两种工况分别进行测量。

3. 回旋振动试验

(1) 当采用非接触式传感器测量时,测点应布置在振幅最大位置,如尾管前轴承内侧或尾管内(如有可能的话)采用应变仪进行测量时,测点应选在弯曲变形较大处。

(2) 测试时,应与轴系扭转振动测量同步进行,但在回旋振动共振区内,转速间隔应适当减小。

11.5 船舶噪声试验

进行船舶噪声试验的目的是测量船舶各主要舱室和部位的噪声级值,检查其是否符合设计规定的舱室噪声限值,为限制船舶噪声提供实测数据。

1. 试验注意事项

(1) 一般风力不超过4级,海浪不超过3级,流速平缓,不能影响噪声的测量;

(2) 人员、施工、雨、水深等环境条件所引起的噪声,应不致对被测舱室的噪声级有所影响;

(3) 船舶处于满载或压载状态;

(4) 主机运行于85%额定转速;

(5) 正常航行中所必需各种辅机、其他连续使用的机器均正常运转;空调和通风设备处于正常工作状态;对于间断使用的机器(如每班工作不超过0.5小时)应停止工作;

(6) 关闭声源、舱室的门窗(对航行中长期敞开的门窗除外)。

2. 测点的布置

(1) 舱室噪声测点一般应布置在被测舱室中央,每一个舱室至少一个测点,舱室较大时,测点可增加,但两相邻测点间距不小于2米,也不大于7米,驾驶室一般布置3个测点。

(2) 机舱内的测点布置在主机操纵处、船员主要工作部位和强噪声部位。在强噪声部位测量时,测点距噪声源外壳为1米,在狭窄地方至少为0.5米。

(3) 测试前,应对所测舱室及其测点位置按顺序进行标位。测量时,每个测点至少持续5秒,将所测噪声值记录在相应序号的记录表内。

3. 噪声级极限

根据IMOA468(X11)1981船舶噪声级规则,各个处所的噪声级极限规定如下表所示。

工作处所	dB(A)
1. 机舱(连续有人值班)	90
2. 机舱(非连续有人值班)	110
3. 机舱集控室	75
4. 修理车间	85
5. 驾驶室和海图室	65
6. 无线电室	60

（续　表）

工　作　处　所	dB(A)
7. 居住舱室和医疗室	60
8. 餐室和娱乐室	65
9. 办公室	65
10. 厨房	75

11.6　船舶结构振动测量及故障诊断(选读)

11.6.1　测试概况

为了查找引起某科学考察船尾部剧烈振动的主要因素，对该船进行实船航行测试。由于该船在航行状态下，工作人员感受到的船中首部结构振动问题相对较轻，所以测试重点区域在于船舶尾部及与其相邻的两个舱段。测试过程中在船舶尾部及其附近舱段共布置了 7 个测点，其中测点 1～4 位于主甲板中线上，主要用于测试各舱段甲板振动响应，以考察各舱段整体振动状况；测点 5 位于主机基座上，主要测试主机振动响应，考察主机响应频谱与甲板响应的相关性；测点 6 位于上齿轮箱基座上，主要测试齿轮啮合处的振动响应，考察齿击响应频谱与甲板响应的相关性；测点 7 位于舵机舱底板上，主要测试舱地板处振动响应，考察螺旋桨表面力引起的响应频谱与甲板响应的相关性。各测点布置如图 11-16 所示。

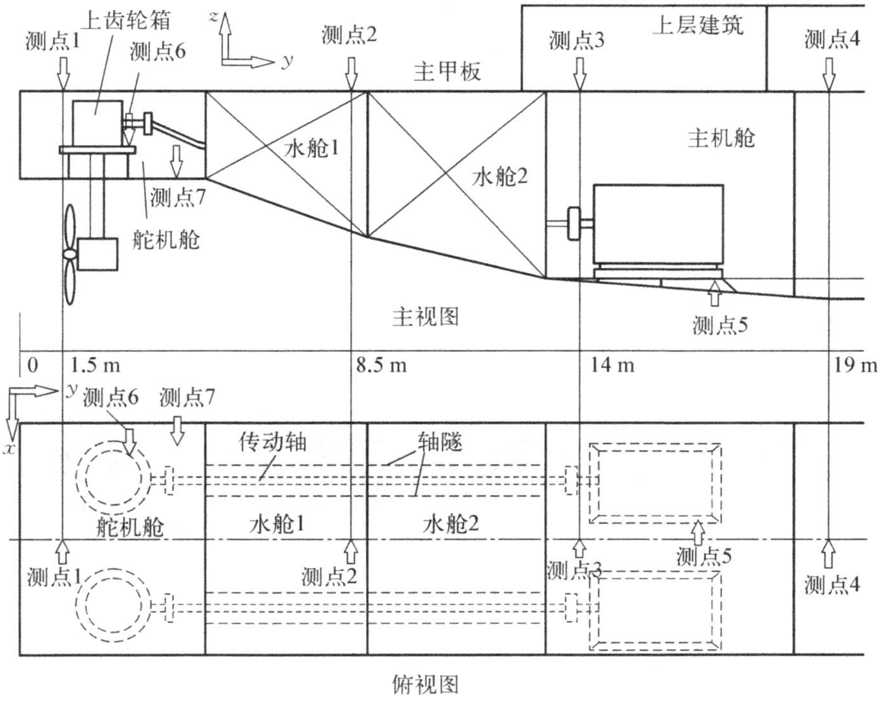

图 11-16　测点布置

实船航行测试地点位于舟山港外水域,测试过程中船舶连续直线航行,主机起动后转速平稳提升,自 1 150 r/min 起,每隔 5 分钟增加 50 r/min,直至 1 750 r/min 最高转速工况。测试过程中,7 个测点均布置加速度传感器,以多通道 2.56 kHz 的采样频率连续采样,采集测点振动加速度信号。测试结束后,对测试数据进行时域分析和频域分析,比较各测点振动响应值与频率响应谱。

11.6.2 测试结果分析

1. 测点振动响应时域波形及总振动加速度级比较

图 11-17 至图 11-22 为测点 1～6 的振动加速度时间波形图,图 11-23 为主甲板 4 个测点在 0～500 Hz 内总的振动能量曲线。从加速度时间波形和总振动能量比较可以得到如下结论:

(1) 测点 1 和测点 2 的振动响应远大于测点 3 和测点 4 的振动响应。在测点 2 与测点 3 之间船体总振动加速度级骤减,说明在尾部船体水舱附近存在较大的动刚度突变,尾部结构整体刚度远小于主船体的刚度。也就是说,剧烈振动问题仅存在于尾部船体,尾部振动的能量并未被中首部主船体大量吸收和耗散;

(2) 测点 1 的平均振动响应比测点 2 要小,这与一般悬臂梁的振动规律不同。由于尾部船体总刚度小于主船体,整个尾部相对于主船体来说相当于延伸出来的悬臂梁,刚度均匀的悬臂梁尾端振动响应应大于中间响应,而舵机舱甲板测点 1 的振动响应小于水舱甲板测点 2,这说明虽然两个水舱的横截面较大,但其抗弯刚度相对于舵机舱刚度更小,即水舱内部结构抗弯刚度与舱段横截面不匹配;

(3) 测点 5 处的振动响应随着主机转速增大平稳增大,整个过程中没有出现非正常的振动形式,这说明主机工作正常,没有撞击现象;

(4) 随着转速增加,测点 1 的振动加速度级在 1 500 r/min(25 Hz)时出现极大值(峰值),同样测点 2 在 1 600 r/min(26.7 Hz)处也出现类似的峰值,这表明在 25 Hz 和 26.7 Hz 附近分别在舵机舱和水舱内部存在局部模态,导致两个舱段出现结构共振问题;

(5) 在 1 700 r/min 以下航行时,上齿轮箱基座(测点 6)的振动响应比主机基座(测点 5)小,而转速超过 1 700 r/min 时上齿轮箱基座的振动响应超过主机基座。测点 6 的时间波形在转速超过 1 700 r/min 时出现剧烈的波动,说明该转速下齿轮出现非正常啮合,存在撞击现象。类似的,转速超过 1 700 r/min 时,在测点 1 和测点 2 的时间波形上也出现了剧烈波动。这一现

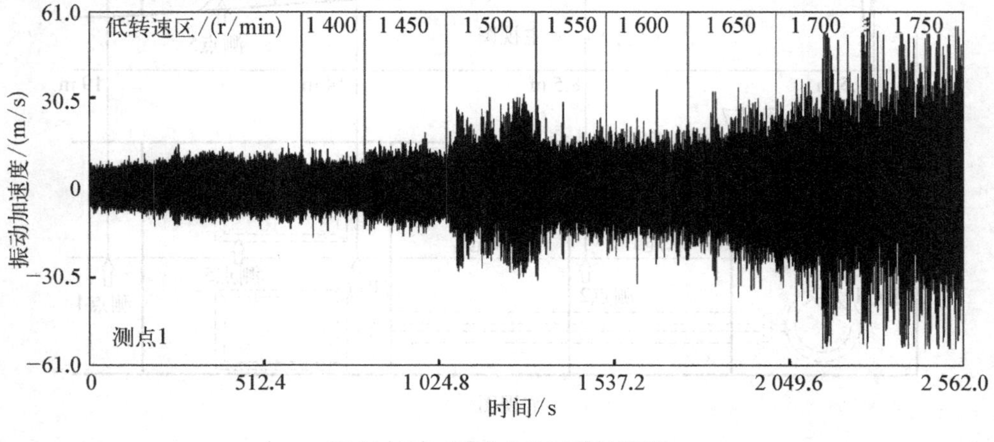

图 11-17 测点 1 的时间波形图

象表明，尾部甲板剧烈振动现象与上齿轮箱的非正常工作有一定的关系，而突然出现的齿轮非正常啮合现象与轴隧变形有关。在主机转速 1 700～1 750 r/min 范围内，轴隧可能存在局部共振，造成传动轴偏移，导致齿轮箱出现脉动冲击，进而使舵机舱及其上方甲板振动加剧。

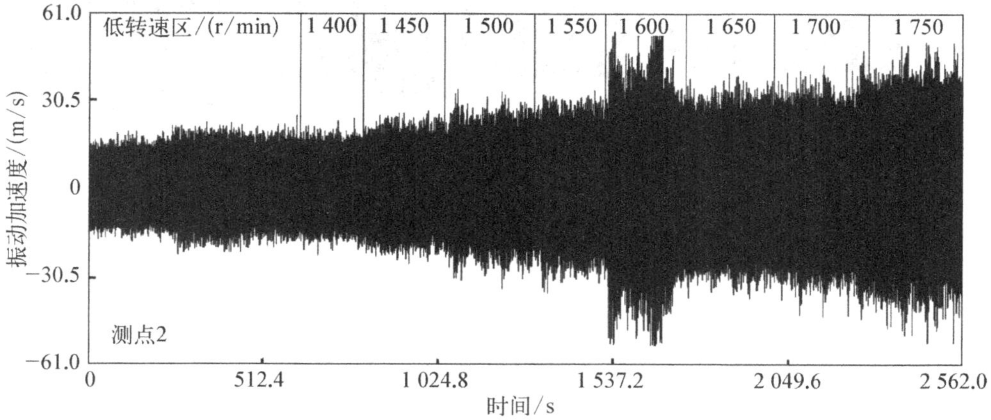

图 11-18　测点 2 的时间波形图

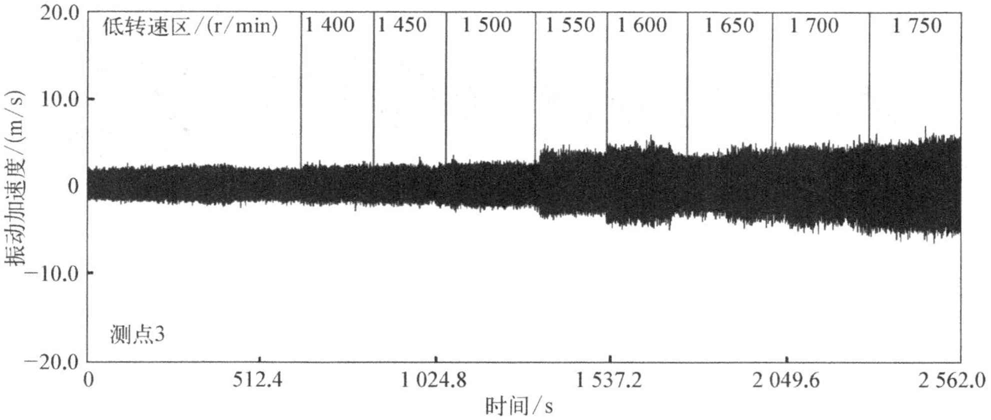

图 11-19　测点 3 的时间波形

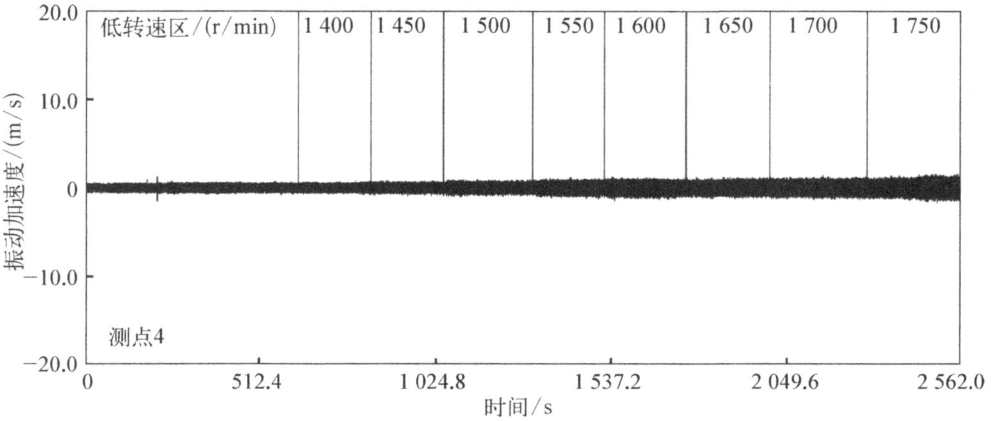

图 11-20　测点 4 的时间波形

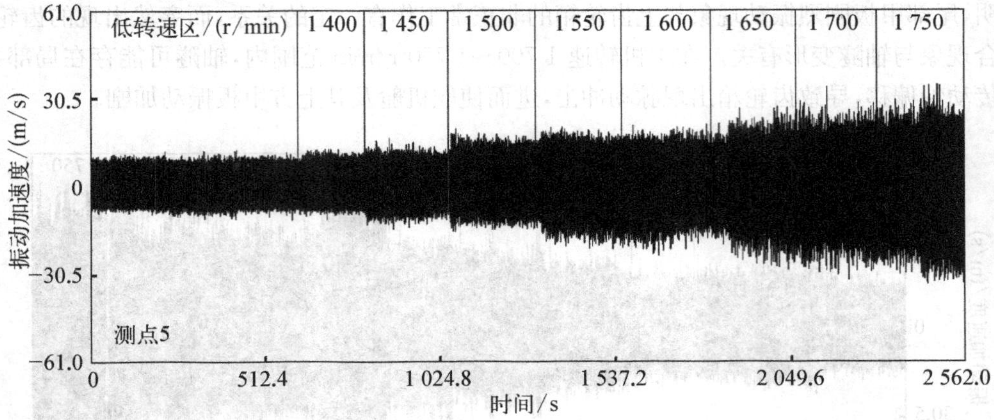

图 11-21　测点 5 的时间波形

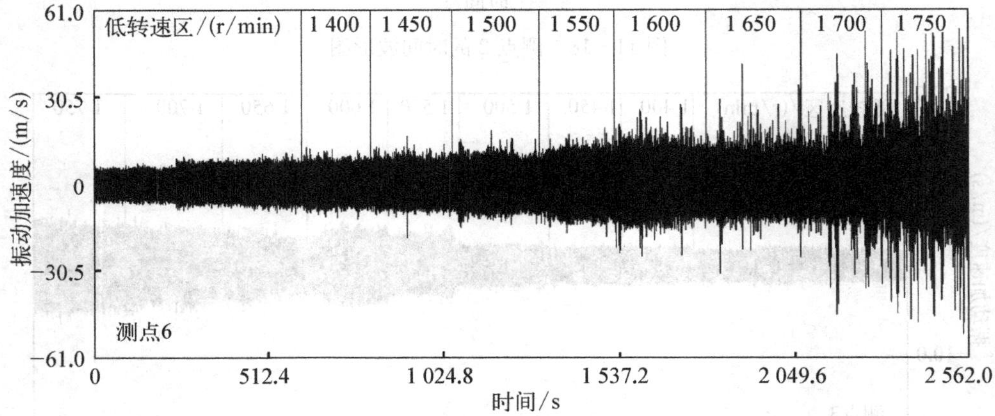

图 11-22　测点 6 的时间波形

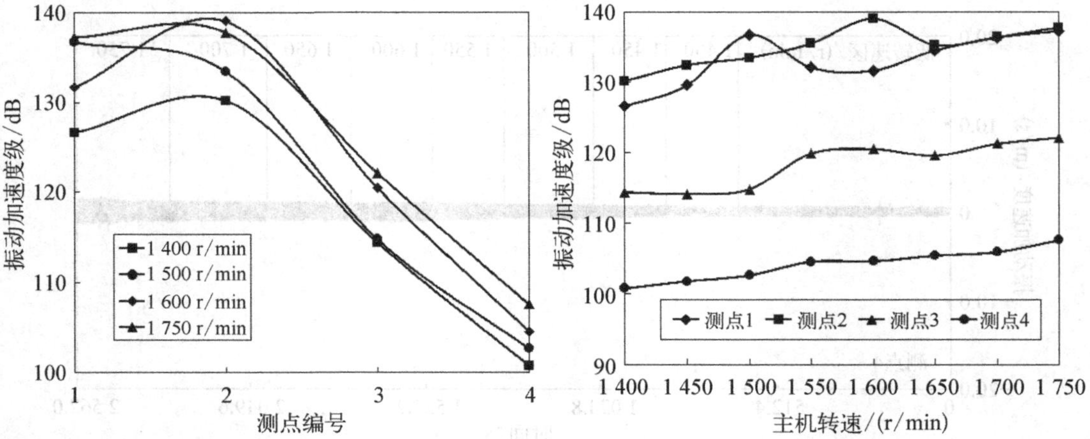

图 11-23　主甲板测点在不同工况下 0～500 Hz 内总的振动加速度级对比

综合上述分析，可以初步判断船舶尾部在高转速下的剧烈振动主要由上齿轮箱引起，与主机几乎没有关联。

2. 测点振动响应频谱分析

图 11－24 和图 11－25 分别为不同测点在 1 600 r/min(26.7 Hz)和 1 750 r/min(29.2 Hz)两种转速下的 1/3 倍频带平均谱。从平均谱比较可以得到如下结论：

(1) 主甲板测点 1 和测点 2 跟上齿轮箱基座测点 6 的频谱曲线相关性比跟主机基座测点 5 的频谱曲线相关性更好，说明齿轮箱发出的脉冲激振力对船尾的剧烈振动问题起主导作用，而主机工作产生的作用力对尾部振动影响不大；

(2) 测点 7 的频谱曲线在螺旋桨叶频附近没有较高峰值，并且该频率附近振动响应相对于主甲板较小，说明螺旋桨表面力对船尾振动贡献较小。虽然高倍频范围测点 7 出现较高的

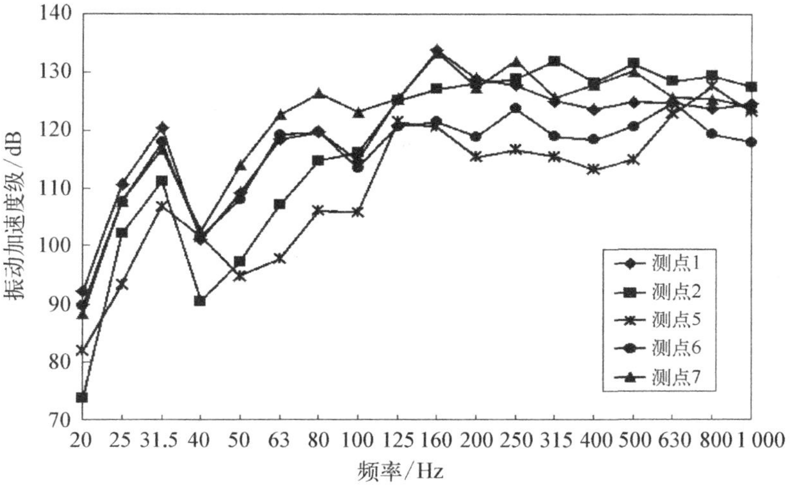

图 11－24　不同测点的 1/3 倍频带平均谱(1 750 r/min)

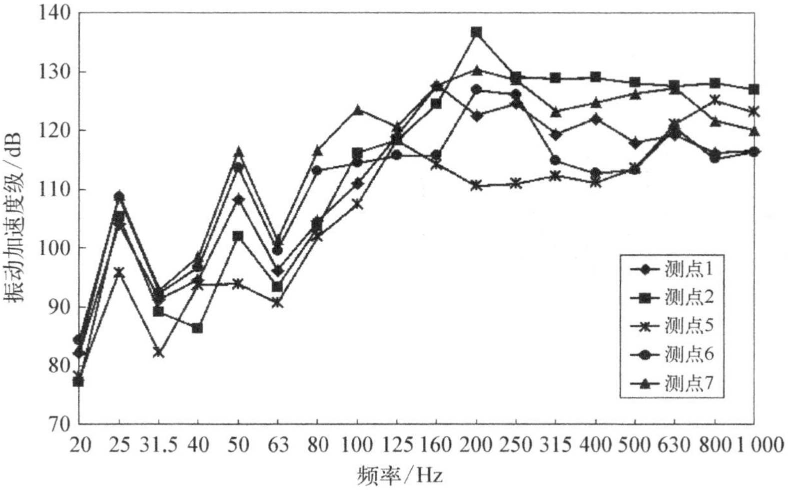

图 11－25　不同测点的 1/3 倍频带平均谱(1 600 r/min)

峰值,但由于高倍频已超过流体激振频率范围,因此测点 7 的高频振动不是由流体激励,所以螺旋桨表面力对船体振动的贡献没有占据主导。

综合时间波形和振动响应谱的对比分析结果,可以基本排除尾部剧烈振动由主机或者螺旋桨引起的可能性,而主要激励源在于上齿轮箱,即齿轮非正常啮合产生的脉冲冲击力是船舶尾部振动问题的主要激振力。而造成齿轮非正常啮合的原因,可初步判定为轴隧的剧烈振动导致传动轴做偏心振动,即船体本身结构存在动力学缺陷导致了传动轴齿轮箱等机械设备的异常工作。有关船体结构本身的振动特性需要通过数值计算做进一步分析。

11.7 船舶发电机组振动测试(选读)

11.7.1 引言

船舶机电设备是船舶主要噪声与结构振动源,为了避免设备振动直接影响到船体结构,往往会在其与基座之间安装隔振器。在航行试验中,在设备机脚及公共基座上设置振动测点,测量其加速度级,既可以了解该设备的振动源强度(加速度级),也可以根据隔振器的振级落差(隔振器以上设备机脚测点与隔振器以下基座测点测量加速度级之差)来评估隔振系统是否满足要求,因此是十分必要的。

11.7.2 测点布置

现以某 CAT 柴油发电机组的振动测试为例,考察柴油发电机组在不同运行工况下的振动情况,以及隔振器的隔振效率。发电机组由 CAT 柴油机、发电机及公共机座组成。柴油机通过高弹性联轴节与发电机连接,并一起安装于公共基座上,如图 11-26 所示,其中柴油机与机座之间安装有橡胶隔振器,而发电机则刚性安装。

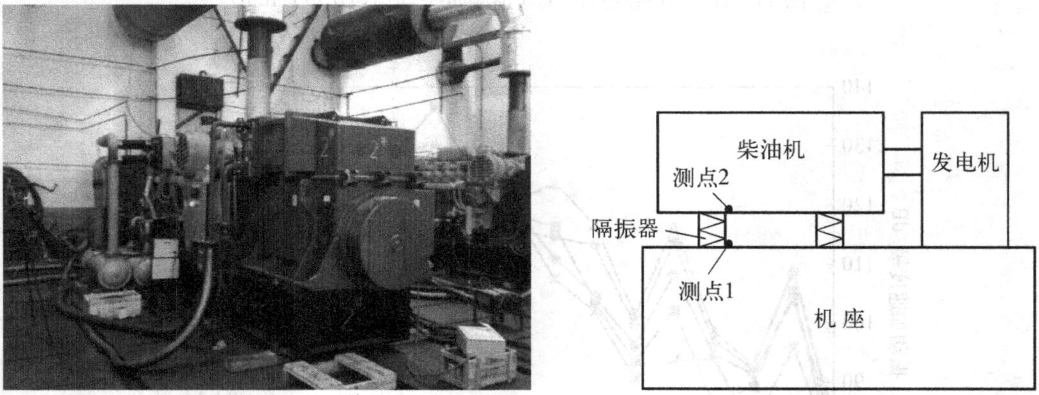

图 11-26 测点布置图

11.7.3 测量时间信号

图 11-27、图 11-28 所示的是隔振器上下测点在不同发电机负载下的振动时间曲线,发电机组空载起动,然后逐步加载至 50%、75%乃至 100%,然后再停机。

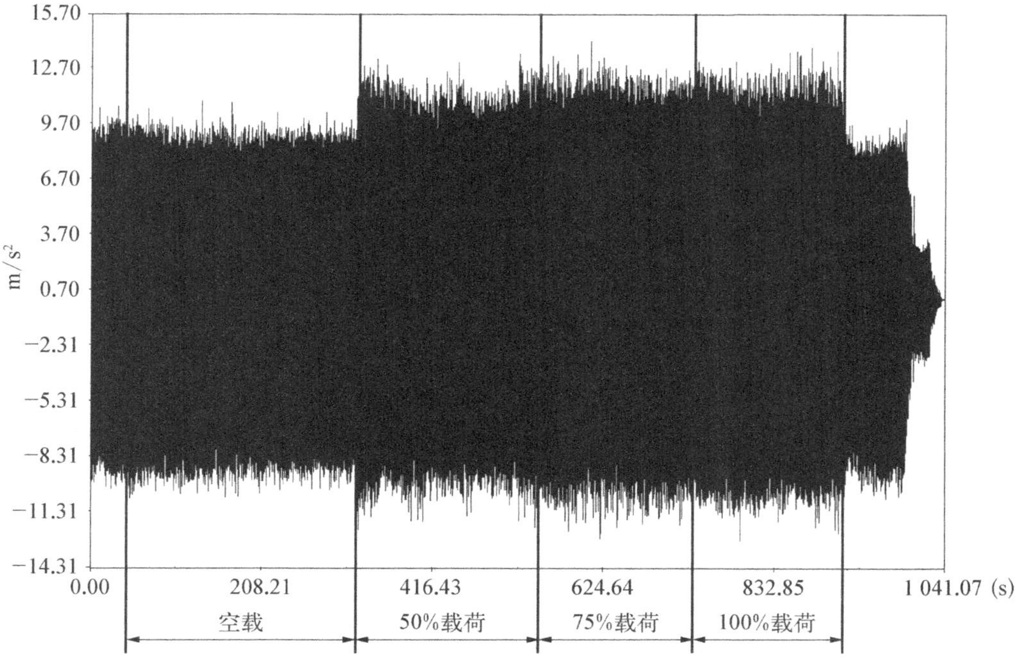

图 11-27　测点 1 振动时间波形图

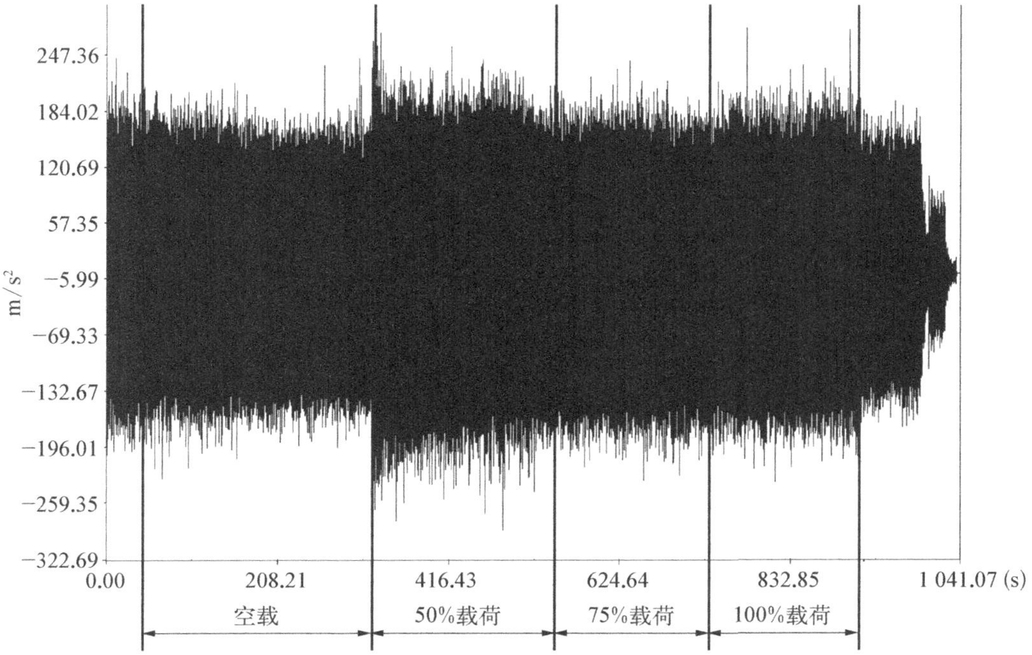

图 11-28　测点 2 振动时间波形图

11.7.4 1/3 倍频带频谱数据

将时间曲线分段截取，对其做快速傅立叶变换（FFT），并将其转化为 1/3 倍频带谱，数据见表 11-1、表 11-2。整理数据得到图 11-29～图 11-32 的振动平均谱。

表 11-1 测点 1 各工况下柴油机基座 1/3 倍频带振动平均谱

频率/Hz	16	20	25	31.5	40	50	63
0%载荷	81.45	81.74	106.25	112.73	98.37	101.49	100.25
50%载荷	85.48	79.98	105.33	110.65	102.23	103.84	100.99
75%载荷	84.99	82.67	105.16	110.16	103.69	104.8	102.71
100%载荷	83.62	82.89	105.76	110.17	105.64	105.94	103.94
频率/Hz	80	100	125	160	200	250	315
0%载荷	106.37	127.9	121.95	114.8	117.48	107.38	107.77
50%载荷	110.66	125.66	125.29	116.85	119.09	112.3	109.91
75%载荷	111.8	122.97	126.22	118.09	118.95	111.27	110.64
100%载荷	115.09	123.87	128.09	122.45	120.56	113.63	112.29
频率/Hz	400	500	630	800	1 000	1 250	1 600
0%载荷	108.05	110.38	117.74	107.18	108.23	109.21	111.14
50%载荷	109.15	103.41	121.4	107.76	106.42	113.13	113.84
75%载荷	110.63	106.02	124.11	111.17	108.51	112.82	115.35
100%载荷	114.53	105.96	120.11	110.69	107.54	113.44	115.85
频率/Hz	2 000	2 500	3 150	4 000	不计权		
0%载荷	110.72	117.5	109.3	118.15	130.62		
50%载荷	112.12	115.79	112.59	119.62	131.01		
75%载荷	111.98	117.75	113.96	118.71	131.28		
100%载荷	111.77	119.87	112.98	118.99	132.30		

表 11-2 测点 2 各工况下柴油机基座 1/3 倍频带振动平均谱

频率/Hz	16	20	25	31.5	40	50	63
0%载荷	18.6	20.57	41.63	53.04	51.59	58.09	52.87
50%载荷	14.82	15.15	31.27	41.61	41.9	47.6	48.02
75%载荷	14.83	15.56	32.17	42.24	43.91	49.34	48.33
100%载荷	10.76	14.62	32.85	42.37	44.47	49.15	47.7
频率/Hz	80	100	125	160	200	250	315
0%载荷	93.36	94.46	90.47	90.93	95.97	99.21	108.67
50%载荷	102.49	96.08	92.05	96.23	94.95	96.81	106.12
75%载荷	99.57	99.12	98.01	98.72	96.25	97.57	111.93
100%载荷	96.86	98.98	99.21	100.43	96.75	97.89	114.4

（续　表）

频率/Hz	400	500	630	800	1 000	1 250	1 600
0%载荷	141.39	139.63	142.77	138.73	141	141.63	139.12
50%载荷	147.48	140.47	141.29	138.8	142.03	142.27	139.13
75%载荷	145.05	139.68	140.59	139.41	142.89	142.4	139.7
100%载荷	144.98	139.57	137.83	139.1	142.55	142.09	141.15
频率/Hz	2 000	2 500	3 150	4 000	不计权		
0%载荷	136.11	137.37	133.93	146.3	151.80		
50%载荷	137.2	137.68	137.03	146.04	153.18		
75%载荷	138.65	137.76	137.25	145.34	152.53		
100%载荷	138.29	137.64	136.74	145.55	152.70		

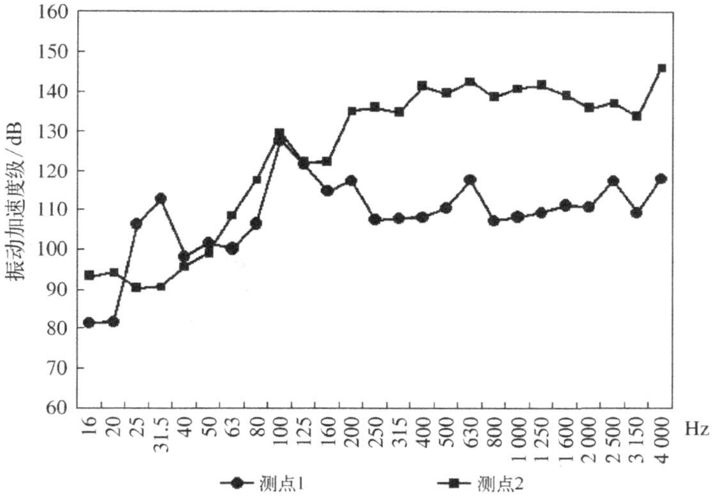

图 11－29　0%载荷 1/3 倍频带振动平均谱（不计权）

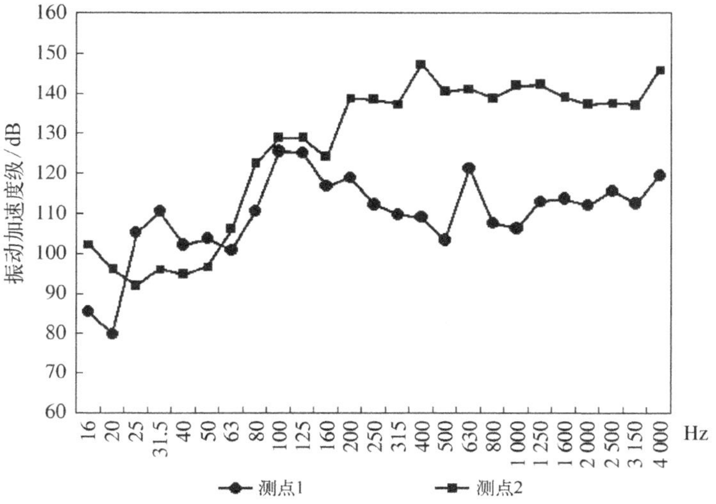

图 11－30　50%载荷 1/3 倍频带振动平均谱（不计权）

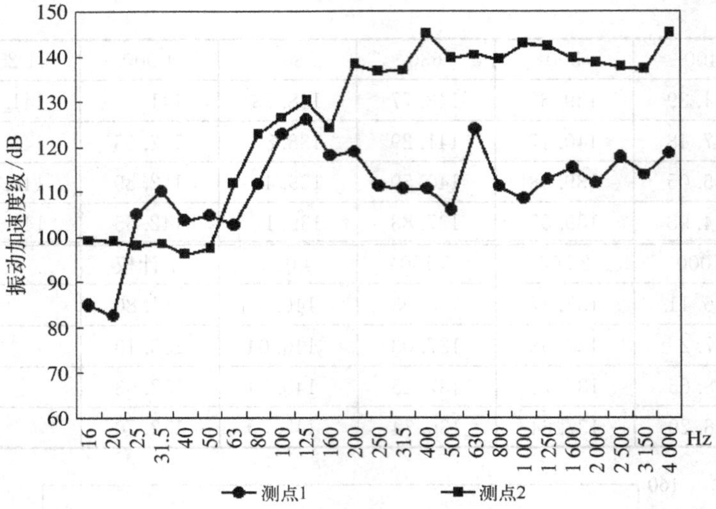

图 11-31 75%载荷 1/3 倍频带振动平均谱(不计权)

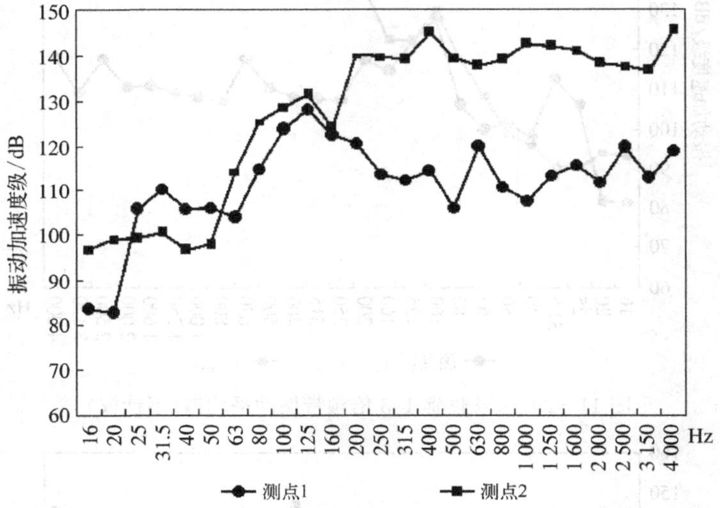

图 11-32 100%载荷 1/3 倍频带振动平均谱(不计权)

11.7.5 各工况下的隔振量评估

一般情况下,对于单层隔振系统,隔振器理想的振级落差希望保持在 15 dB 以上。如表 11-3可见,本次测试的隔振器在不同载荷下,其 16 Hz~4 kHz 频带内平均隔振量均在 20 dB 左右,基本满足隔振要求。但是其低频隔振效果不佳,且隔振区边界频率偏高,其原因是发电机未采取隔振的缘故。

表 11-3 隔振量计算表

工　况	0%载荷	50%载荷	75%载荷	100%载荷
隔振量/dB	21.18	22.17	21.25	20.40

11.8　船舶运行模态测量(选读)

11.8.1　概述

结构模态测试分析方法主要有试验模态分析发和运行模态分析法。试验模态分析法(即 EMA 法)又叫测力法,用该方法进行结构模态分析时,需要提供可测的宽频激振力作为激振源激发结构振动,比如常用的力锤敲击和一定质量的物体冲击等。使用该方法进行模态分析时,不仅试验状态容易掌控,而且激振力和振动响应均可以测量,但对于大型设备或结构,难以提供足够大的可测的宽频激振力,因此该方法有一定的局限性,而基于环境激振的运行模态分析方法得以快速发展。运行模态分析方法(即 OMA 法)又叫不测力法,是在结构或设备运行状态下,仅考虑采集结构振动响应数据以识别结构模态参数的一种方法,通常被用于激振源复杂的大型机械设备或结构的模态分析,其激振源可以是环境激振,以白噪声为最佳。

对于船舶、桥梁等比较庞大的结构体,常规的试验模态分析法所需要的可测的宽频激振力无法获得,因此试验模态分析法不适用,而运行模态分析法仅在环境激振下即可进行模态分析,因此可以通过对航行中的船舶采集振动响应数据来识别船体振动模态。

11.8.2　运行模态测试的原理

现采用运行模态分析法中的随机子空间法来识别船舶尾部模态,其基本原理如下。

1. 基于参考点的随机状态空间模型

模态测试中,测试信号来自很多不同的测点,其中一个或多个被选作参考点。假设某测量过程中有 1 个测点,其中前 r 个测点被选作参考点。系统输出向量如下:

$$\boldsymbol{y}_k = \begin{pmatrix} \boldsymbol{y}_k^{\text{ref}} \\ \boldsymbol{y}_k^{-\text{ref}} \end{pmatrix},\ \boldsymbol{y}_k^{\text{ref}} \in \mathbf{R}^{r\times 1},\ \boldsymbol{y}_k^{-\text{ref}} \in \mathbf{R}^{(l-r)\times 1} \tag{11-9}$$

式中,$\boldsymbol{y}_k^{\text{ref}}$ 是参考点的输出向量;$\boldsymbol{y}_k^{-\text{ref}}$ 是非参考点的输出向量。

定义 Hankel 块矩阵如下:

$$\boldsymbol{H}_{p,q} = \begin{bmatrix} \boldsymbol{R}_1 & \boldsymbol{R}_2 & \cdots & \boldsymbol{R}_q \\ \boldsymbol{R}_2 & \boldsymbol{R}_3 & \cdots & \boldsymbol{R}_{q+1} \\ \vdots & \vdots & \ddots & \vdots \\ \boldsymbol{R}_p & \boldsymbol{R}_{p+1} & \cdots & \boldsymbol{R}_{p+q-1} \end{bmatrix} \tag{11-10}$$

$$\boldsymbol{R}_k = \frac{1}{M-k}\sum_{m=0}^{M-k-1} \boldsymbol{y}_{k+m}(\boldsymbol{y}_m{}^{\text{ref}})^{\text{T}}(0 \leqslant k < M-1) \tag{11-11}$$

式中,$\boldsymbol{R}_k$ 是两个响应点间的互相关序列;k 是“过去”数据长度,即时间延迟;m 为“将来”数据长度。定义上式的前提是假设“过去”数据中包含着足以预测“将来”的全部信息。

根据随机子空间识别理论,投影矩阵可以分解为观测矩阵和 Kalman 滤波状态序列的乘积:

$$\boldsymbol{H}_{pq}=\boldsymbol{O}_p\boldsymbol{C}_q \tag{11-12}$$

$$\boldsymbol{O}_p=[\boldsymbol{C}\quad \boldsymbol{CA}\quad \cdots\quad \boldsymbol{CA}^{p-1}]^{\mathrm{T}} \tag{11-13}$$

$$\boldsymbol{C}_q=[\boldsymbol{G}\quad \boldsymbol{AG}\quad \cdots\quad \boldsymbol{A}^{q-1}\boldsymbol{G}] \tag{11-14}$$

其中 $\boldsymbol{A}\in\mathbf{R}^{n\times n}$ 是系统状态矩阵，$\boldsymbol{C}\in\mathbf{R}^{l\times n}$ 是输出矩阵，$\boldsymbol{G}=\boldsymbol{E}[\boldsymbol{x}_{k+i}\boldsymbol{y}_k^{\mathrm{T}}]$ 是“下一状态方差矩阵”。Hankel 矩阵的奇异值分解如下：

$$\boldsymbol{W}_1\boldsymbol{H}_{p,q}\boldsymbol{W}_2^{\mathrm{T}}=[\boldsymbol{U}_1\boldsymbol{U}_2]\begin{bmatrix}\boldsymbol{S}_1 & \boldsymbol{0}\\ \boldsymbol{0} & \boldsymbol{0}\end{bmatrix}\begin{bmatrix}\boldsymbol{V}_1^{\mathrm{T}}\\ \boldsymbol{V}_2^{\mathrm{T}}\end{bmatrix}=\boldsymbol{U}_1\boldsymbol{S}_1\boldsymbol{V}_1^{\mathrm{T}} \tag{11-15}$$

由式(11-12)和式(11-15)可得

$$\boldsymbol{O}_p=\boldsymbol{W}_1^{-1}\boldsymbol{U}_1\boldsymbol{S}_1^{1/2} \tag{11-16}$$

根据上述推导，系统状态矩阵和输出矩阵可以通过下式来确定

$$\boldsymbol{O}_{p-l}\boldsymbol{A}=\boldsymbol{O}_{p-l}^{\uparrow},\ \boldsymbol{C}=\boldsymbol{O}_{pl} \tag{11-17}$$

其中$\boldsymbol{O}_{p-l}^{\uparrow}$是$\boldsymbol{O}_p$ 去掉前 l 行的子矩阵，$\boldsymbol{O}_{p-l}$是$\boldsymbol{O}_p$ 去掉后 l 行的子矩阵，$\boldsymbol{O}_{pl}$ 是$\boldsymbol{O}_p$ 的前 l 行组成的子矩阵。

2. 根据子空间模型确定结构模态参数

根据上面确定的系统状态矩阵 $\boldsymbol{A}$ 和输出矩阵$\boldsymbol{C}$，结构模态参数可通过下面步骤识别：

第一步：系统状态矩阵的特征值分解。

$$\boldsymbol{\Psi}\boldsymbol{\Lambda}\boldsymbol{\Psi}^{-1}=\boldsymbol{A} \tag{11-18}$$

对角矩阵 $\boldsymbol{\Lambda}=\mathrm{diag}(\lambda_i)\in\mathbf{C}_{\lambda_i}^{n\times n}(i=1,2,\cdots,n)$ 列出了离散时间系统的特征值，$\boldsymbol{\Psi}\in\mathbf{C}^{n\times n}$ 是系统特征向量矩阵。

第二步：确定结构振动固有频率和模态阻尼比。

离散时间系统和连续时间系统特征值的关系如下：

$$\mu_i=\frac{\ln\lambda_i}{\Delta t} \tag{11-19}$$

其中 μ_i 是连续时间系统的第 i 个特征值，Δt 是采样时间间隔。

振动固有频率和阻尼比可通过下式确定：

$$\mu_i,\ \bar{\mu}_i=-\xi_i\omega_i\pm \mathrm{j}\omega_i\sqrt{1-\xi_i^2} \tag{11-20}$$

其中 ω_i 为第 i 阶固有频率，ξ_i 为第 i 阶模态阻尼比，j 是虚数单位。

第三步：计算结构模态振型。

结构模态振型向量可通过下式确定：

$$\boldsymbol{\Phi}=\boldsymbol{C}\boldsymbol{\Psi}=[\boldsymbol{\phi}_1\quad \boldsymbol{\phi}_2\quad \cdots\quad \boldsymbol{\phi}_n] \tag{11-21}$$

其中 $\boldsymbol{C}$ 是系统输出矩阵，$\boldsymbol{\Psi}$ 是系统特征矩阵。

11.8.3　实船测试

实船测试过程中，船舶连续直线航行，主机转速自 1 150 r/min 起，每隔 5 分钟增加 50 r/min，直至 1 750 r/min 最高转速工况，以 2.56 kHz 采样频率连续采集各工况下船上关键位置的垂向振动加速度响应信号，利用运行模态分析法对船尾振动模态进行识别，并与 3 种模型计算结果作比较。

测试过程中共选取了 14 个测点，船尾甲板布置 9 个测点，船中首部沿主甲板中线布置 5 个测点，测点布置如图 11－33 所示。

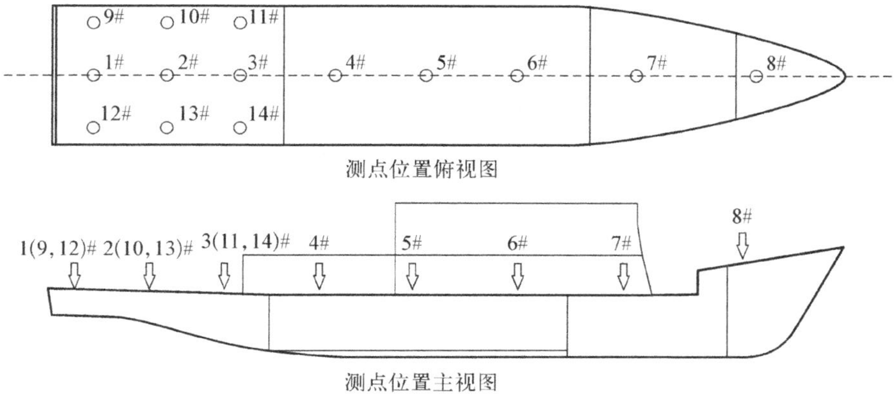

图 11－33　测点布置示意图

11.8.4　模态识别结果

利用随机子空间法识别该船舶尾部舱段的一阶纵弯、二阶纵弯和一阶扭转模态。根据实船结构型式构建模态分析模型，将实测数据经傅里叶变换得到的随机子空间稳态图谱，如图 11－34 所

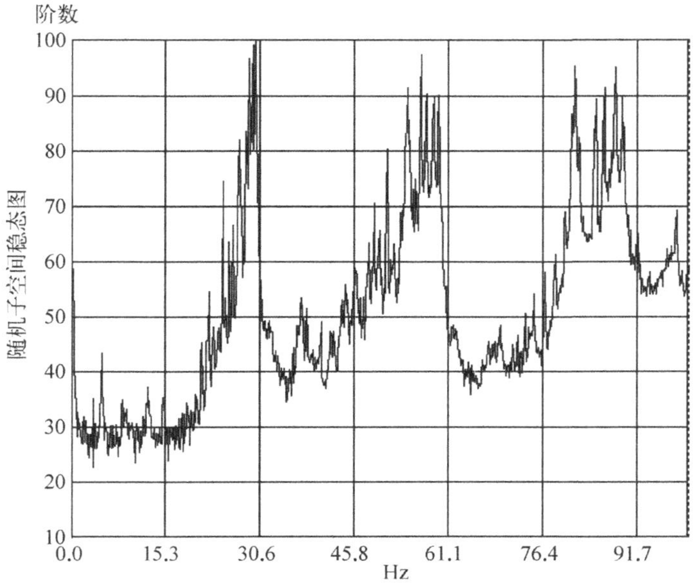

图 11－34　随机子空间稳态图

示,从图中可以看出该船尾部的振动幅值随频率的变化呈周期性变化。尾部整体结构模态固有频率识别结果如表 11-4 所示。

表 11-4 实船测试模态分析结果

变形模式	固有频率/Hz
一阶纵弯	11.50
一阶扭转	26.55
二阶纵弯	27.39

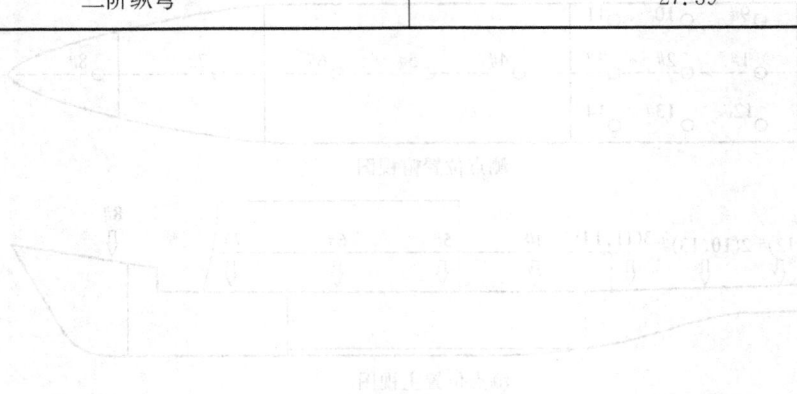

第12章 轴功率测试与航行试验

12.1 轴功率测试

舰船轴功率测试是在航行中测量的舰船推进轴轴功率，与发动机台架性能试验中的功率测试不同。在舰船上装备功率仪能实时测量轴系的扭矩、转速、功率。

实船轴功率测试对提高船舶技术性能和科学管理的作用如下：

(1) 实时监视主机、轴系的扭矩、转速、功率：通过测量的数据可判断主机工作是否正常、是否处于最佳状态，可协助进行主机的早期故障诊断。

(2) 主机功率平衡：对多主机船舶而言，通过测量轴转速、扭矩和功率，可实时进行控制，使各台主机功率达到平衡和最佳工况。

(3) 轴系超限报警：当主机和轴系承受扭矩超过上限时，不但可报警，还可将测量信号提供给自动控制系统，降低负荷保护主机。这样的功能在舰船抢滩时，水位低、主机轴系扭矩极大，尤其有特殊意义。

(4) 航行阻力测定：通过轴功率和航速相关性，可获得航行阻力信息。如，船体被贝壳附着污底后阻力增大的信息；螺旋桨缠绕后主机转速下降、扭矩增大的信息。

(5) 燃油管理及续航能力判断：连续监测轴功率、转速，同时检测油耗，可估算出舰船续航能力。

(6) 主机效率测试：通过油耗和主机轴功率的测量，可获得主机效率数据。

(7) 自动控制及最佳航行：轴功率实时信息反馈给舰船最佳航行系统，可使舰船工作在经济航行状态。

对于大多数民用船舶而言，轴功率测试主要指新建船的首制船和修船后的船舶试航时的实船推进轴轴功率。试航中应在同一时间内测量一根或多根推进轴的转速、扭矩、功率。通过对主机不同工况下的轴功率测量，可了解及检验机-桨-船三者之间的匹配状况，轴功率是衡量与鉴别新建船型能否达到设计、制造目标的重要性能指标。因此，轴功率是各大船厂新建船以及旧船改造必须进行的测量项目之一。

船舶轴功率测试的方式是通过传感器测量出被测轴的转速和扭矩，在利用以下公式推算出被测轴功率：

$$P_e = \frac{Mn}{9\,550} \tag{12-1}$$

式中，P_e 为被测轴轴功率(kW)；M 为被测轴扭矩(N·m)；n 为被测轴转速(r/min)。

目前，船舶轴功率测试仪主要有钢弦式(振弦式)、应变遥测式两种。

12.1.1 钢弦测功仪

钢弦测功仪的扭力轴在受到外扭矩作用时，安装在传感器中的钢弦拉紧或放松，从而使钢弦自身频率发生变化测得扭矩。

1. 测量原理

弹性轴扭转变形如图 12-1 所示。在第 8 章中已经介绍过，当一段弹性轴在扭矩 M 的作用下产生弹性形变时，其扭转角 θ 与扭矩 M 的关系可以写成：

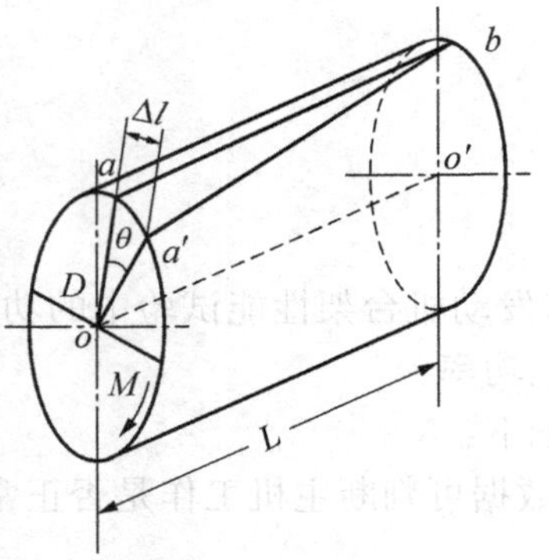

图 12-1 弹性轴扭转变形

$$\theta = \frac{M \cdot L}{G \cdot J_p}$$

即

$$M = \frac{G \cdot J_p}{L}\theta \tag{12-2}$$

由图可知

$$\tan\theta = \frac{\Delta l}{R}$$

式中，Δl 为当轴变形扭转时 a 点移到 a' 点的位移量；R 为钢弦与轴心的距离。

由于弹性轴受扭形变所引起的扭转角 θ 很小，所以可以认为 $\tan\theta = \theta$，则有

$$\theta = \frac{\Delta l}{R} \tag{12-3}$$

由式(12-2)及(12-3)可得：

$$M = \frac{GJ_p}{RL} \cdot \Delta l \tag{12-4}$$

即，若能测得 Δl 的值，也就可以知道轴所传递的扭矩 M 的大小。

在实际测量中，并不是直接从弹性轴表面测量 a 点移到 a' 的位移量 Δl，而是在轴的外表面，即在图 12-2 的 Δl 处装一根钢弦(安装方法在后面介绍)，通过激振器使钢弦自由振动，当弹性轴受扭矩 M 的作用而扭转变形时，钢弦的张力随之发生变化，其自振频率 f_0 也发生变化。通过测量钢弦自振频率的变化来测量 Δl。

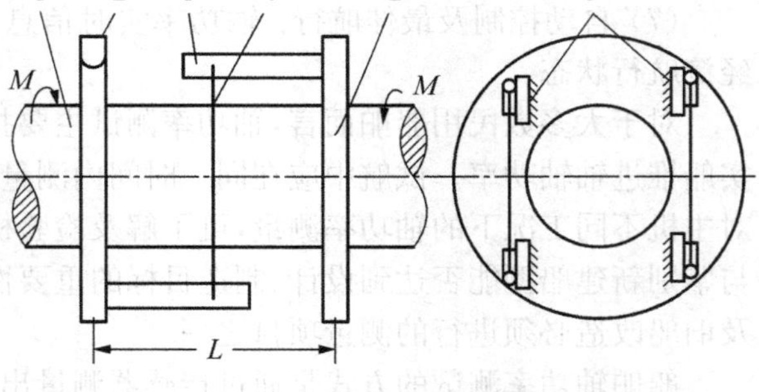

图 12-2 钢弦测功器

1—弹性轴；2—偶合环；3—凸臂；4—钢弦；5—调节装置

钢弦自振频率与弦长之间的关系为：

$$f_0 = \frac{1}{2l}\sqrt{\frac{\sigma}{\rho}} \tag{12-5}$$

式中，f_0 为钢弦自振频率；l 为钢弦长度；ρ 为钢弦材料密度；σ 为钢弦所受到的拉应力。

钢弦弹性模量与应力关系为

$$E = \frac{\sigma}{\varepsilon} \quad \varepsilon = \frac{\Delta l}{l}$$

式中，E 为钢弦弹性模量；ε 为钢弦应变。

即：

$$\sigma = \frac{E}{l} \cdot \Delta l$$

将上式代入式(12－5)得

$$f_0^2 = \frac{E}{4\rho l^3} \cdot \Delta l \tag{12-6}$$

由此可知，钢弦的自振频率 f_0、应力 σ、伸长量 Δl 与扭矩 M 之间具有下列关系：

$$f_0^2 \propto \sigma \propto \Delta l \propto M$$

只要测定钢弦的自振频率 f_0，即可求得轴扭矩

$$M = \frac{4\rho l^3}{E} \cdot \frac{GJ_p}{RL} \cdot f_0^2 \tag{12-7}$$

2. 钢弦测功仪的构造及组成

1）钢弦传感器

图 12－3 为钢弦传感器安装简图，在弹性轴 1 相距 L 的两个截面上，各固定着一个偶合环 2，在偶合环的凸臂 3 上安装有钢弦 4。为了消除离心力和温度等因素对钢弦工作的影响，在轴的 180°对称位置上各装有一根钢弦，称为工作弦。由图可知，安装时，钢丝被拉长至一定的预紧度，而轴受扭转变形时，一根弦被进一步拉长，称为“拉弦”；另一根弦被缩短（放松），称为“压弦”。由于钢弦张力的变化，其振动频率也随之变化，钢弦的预紧度可由调节装置 5 进行调节。

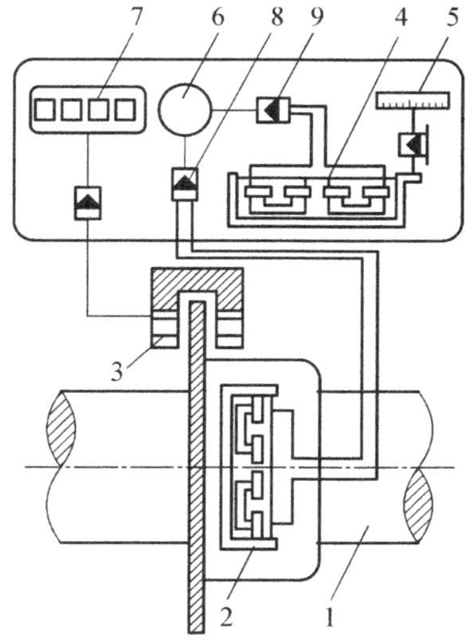

图 12－3　钢弦传感器安装简图

1—弹性轴；2—测量接收器；3—光电转速传感器；4—基准弦；5—调节盘；6—示波器；7—数字显示器；8，9—放大器

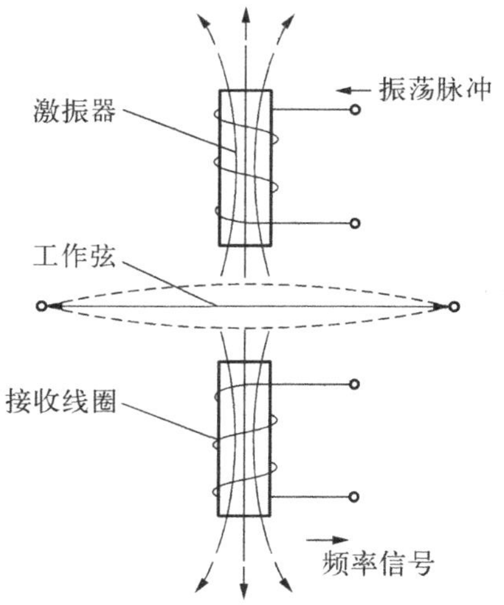

图 12－4　钢弦传感器原理图

钢弦传感器原理图如图 12－4 所示。在工作弦的一侧有一个激振器，它所发出的振荡脉冲，

使工作弦振荡起来。工作弦的振荡，又使处于工作弦同侧的接收线圈的磁场发生波动，于是在接收线圈中便感应产生一个与工作弦固有频率相对应的电信号，该信号经放大器放大后输出到接收仪进行处理。同时一部分感应电信号反馈到激振器，以提供钢弦持续振动的能量。

2）接收仪

接收仪与配套的偶合环、钢弦传感器等配合使用。

接收线圈输出的与钢弦固有频率相同的交流信号，经过放大、滤波、整形等处理过程，可以测量出钢弦的振荡频率，再结合相应的标定系数就可计算出被测扭矩的大小。

3. 扭矩的测定

对于确定的钢弦传感器来说，式(12-7)可简化为

$$M=\frac{4\rho l^3}{E}\cdot\frac{GJ_p}{RL}\cdot f_0^2=K\cdot f_0^2 \tag{12-8}$$

式中，K 为常数。

则在钢弦测功仪中，弹性轴所受到的扭矩为

$$M=\frac{K_1\cdot(f_1^2-f_{10}^2)+K_2\cdot(f_{20}^2-f_2^2)}{2} \tag{12-9}$$

式中，K_1 为拉弦系数；K_2 为压弦系数；f_{10}，f_{20} 为零扭矩时拉、压弦的自振频率；f_1，f_2 为受扭矩时拉、压弦的自振频率。

实际测试应估算出待测的最大扭矩范围，选择量程合适的扭矩传感器。在正式测试前，被测的动力机械应盘车，记下拉弦和压弦的初始自振频率。正式测试时，记录下每一工况的测量数据，代入式(12-9)，可得到被测扭矩 M。在上述扭矩仪中带有转速测量装置，可以同时指示出转速 n。

为了提高测量精度，在新型的钢弦传感器与扭矩接受仪中采用了非接触式的信号传递系统。接收线圈中的频率信号，经过频率调制，由发射天线发射以进行信号传输。再由接收天线接收后，经过解调放大处理，可直接显示出被测扭矩、转速、功率的值，也可进行记录。

12.1.2 应变式遥测功率仪

20世纪80、90年代，实船轴功率测量一般采用钢弦式轴功率测量系统。钢弦测功系统的测量精度高，适合测量静态工况，但对于不同轴径的待测轴，需配套相应尺寸规格的偶合环，成本较高，同时安装在轴上的设备较为笨重，对于大型船舶以及轴系安装空间小的舰船，安装较困难，有时甚至无法安装。且由于钢弦容易折断，因此钢弦测功仪只能短期使用。为此，随着电子技术的发展，安装简单、使用方便、能实现永久安装的应变式遥测功率测量仪应运而生。

各种应变式遥测功率仪的结构有所差异，但基本构成可分成以下几个部分(见图12-5)：

(1) 应变式传感器：用于感受弹性轴受扭产生的应变。

(2) 信号发射装置：调制由应变式传感器传来的电信号，以高频无线电信号的形式向周围发射。

(3) 信号接收装置：用于接收发射装置发射的无线电信号。

(4) 信号处理和显示装置：解调(3)接收的信号并进行相应的信号处理和采集，以显示和存储。

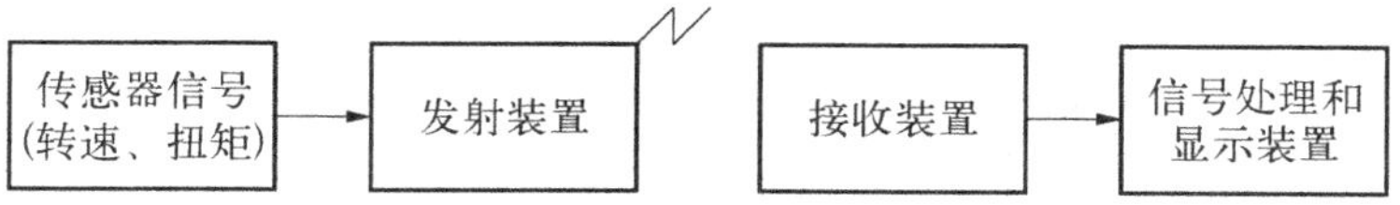

图 12-5　应变式遥测功率仪功能流程

应变式功率测试仪扭矩测量可不设专门的传感器装置。在被测轴表面贴上与轴线成45°及 135°的电阻应变片，当轴在扭矩作用下发生变形时，电阻应变片产生应变信号，经导线连接到接线盒上，通过信号线连接到发射模块，由发射天线发出信号，再由接收机接收信号，传送到计算机中进行数据的分析处理，计算出轴功率。具体组成如图 12-6 所示。

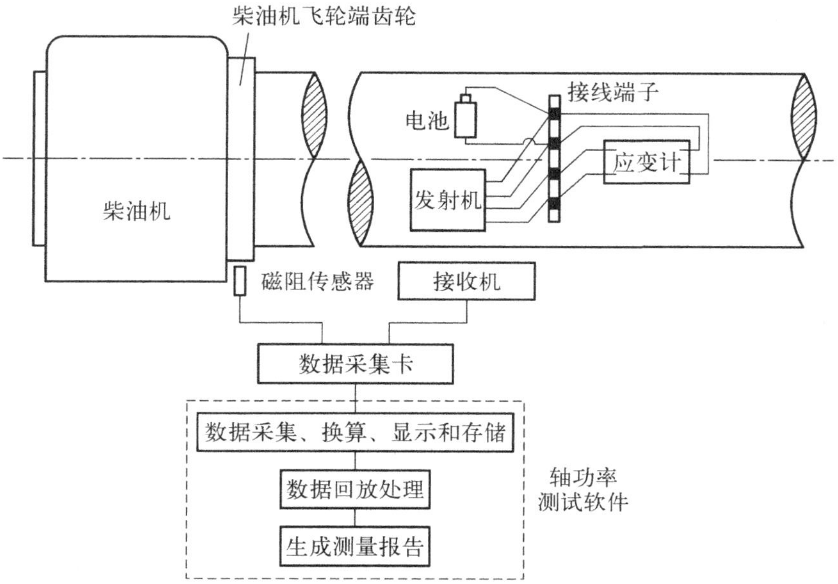

图 12-6　应变片式遥测功率仪组成

该类应变式遥测功率仪很多，如中船重工 702 研究所研制的 SK-01 型船用柴油机轴功率遥测系统。由于没有专门的扭矩传感器装置，这类应变式遥测功率仪价格便宜、安装方便，适应性强，但贴在轴上的电阻应变片与轴线的角度很难精确到理论要求的角度，因而会引入误差。

为了安装方便，应变式遥测功率仪也可做成卡环型，中船重工 704 研究所研制生产的 RTM-MC 遥测功率仪就是典型代表。

卡环型应变遥测功率仪用于监测主机和轴系扭矩、转速、功率。测量时无须断开轴系，甚至不需要对传动轴进行任何改动，是非介入测量，只需要将传感器装置卡在被测轴上即可正常工作(应符合规范要求)，整个安装过程只需要十几分钟。扭矩信号的传输采用无线遥测技术，避免了滑环信号传输带来的弊病，信号传输可靠，数据处理采用了微机系统，准确度高。

1. RTM-MC 应变遥测功率仪的组成

RTM-MC 遥测功率仪测量原理如图 12-7 所示。在一段被测轴(通常大于 80 mm)上卡上两道卡环。卡环采用两个半圆的卡盘结构，通过螺栓将两个半圆紧紧固定在工作轴上(严禁滑动)。在两道卡环间安装了一个小量程的应变传感器。发射机由比例放大器、V/F 转换器、

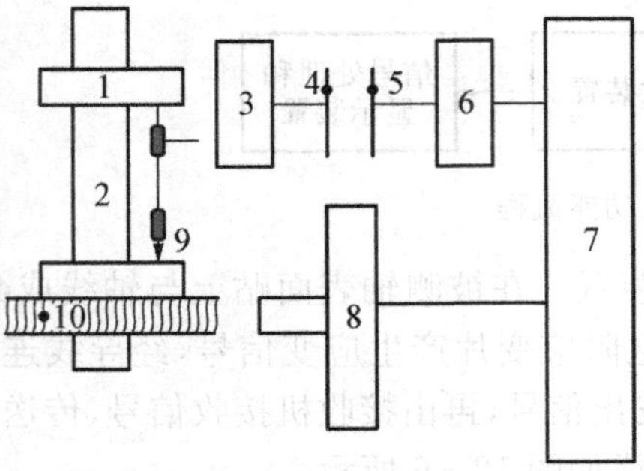

图 12-7 RTM-MC 遥测功率仪原理图

1—卡环；2—被测轴；3—发射机；4—发射天线；5—接收天线；6—接收机；7—数字处理电路；8—磁感应器；9—应变式传感器；10—测速齿轮

频率调制电路、功率放大器组成。接收机由隔离放大器、选频放大电路、脉冲整形电路、滤波器、解调电路等组成。

2. 扭矩测量原理

当被测轴受到扭矩作用后，两卡环之间产生微小扭转角，安装在卡环上的应变传感器也产生变形，应变传感器的应变与被测扭矩成正比。

应变传感器的输出经放大电路比例放大成规定电压，经 V/F 转换器转换成脉冲信号，通过信号调制送到发射天线。接收天线接收到信号后，经隔离放大、选频放大后检波，经由低通滤波器，信号还原成脉冲信号，经信号处理电路，可显示和存储。

3. 转速测量原理

RTM-MC 转速测量采用磁电式传感器。在被测轴上安装有测速齿轮，在固定于船体的底板上与测速齿轮相对的位置安装有磁电式传感器，传感器探头与齿轮齿顶距离 2～4 mm。当被测轴转动时，传感器感应出周期性的感应电压，经放大整形，测出频率，按式(12-10)可计算出被测轴的转速，即

$$n = \frac{60}{z} f_x \qquad (12-10)$$

式中，n 为被测转速；f_x 为周期性信号频率；z 为测速齿轮齿数。

4. 功率测量原理

根据被测轴测量得到的扭矩和转速，按式(12-1)可计算出相应的功率。

目前，美国、英国、俄罗斯、日本在舰艇、货船和油船上已普遍在主机和推进部分装备了功率仪，表 12-1 列举了各国船用功率仪的情况。

表 12-1 各国船用功率仪性能比较表

国别	名 称	精 度	测量原理	安装尺寸	数据传输形式
美国	Acurex 船用扭矩仪	±1%	卡环式	光滑轴＞700 mm	遥测式
英国	EEL 船用扭矩仪	±1%	应变片电桥式		遥测式
日本	MS25B 船用主机扭矩测量仪(小野测试社、赤版铁工联合研制)	±0.8%F.S.			遥测式
荷兰	A·V·D 船用扭矩仪	±1%	应变片电桥式		遥测式
壳牌石油公司	桑顿推力扭矩仪	±1%	卡环式	光滑轴＞1 000 mm	遥测式
中国	RTM-MC 遥测功率仪	±1%	卡环式	光滑轴＞140 mm	遥测式
瑞典	ASEA 扭矩仪	±2%	磁弹性		遥测式
俄罗斯	LIM 磁弹性扭矩传感器	±1.5%	磁弹性	40～120 mm	
德国	Mc. huk 钢弦扭矩测量仪	±2%	钢弦式	＞500 mm	遥测式、滑环式

早在1944年,美国首先把TMB型扭矩仪用于舰艇上,最初,测量信号的输出形式为“电刷-滑环”,由于电刷-滑环有很大的噪声,且需要经常清洁,因此,这种扭矩仪只供测试人员在试航时临时使用。

随着不介入式的遥测设备的出现,美国海军的水面与水下战斗舰艇基本都采用了“永久性”安装的功率仪。在平时航行中,永久安装的功率仪可实时监测推进轴系运行状况,并依据测量数据对舰艇进行相应控制和操纵。实船轴功率的测量起到了延长美国海军舰艇大修周期的作用,提高了舰船寿命,同时也提高了舰船的作战能力。

20世纪50年代中后期,由上海交通大学船舶动力系内燃机教研室李渤仲教授、著名内燃机专家主持设计的8 800马力大功率船用柴油机设计研制成功,为我国造船工业研制大吨位的万吨级以上船舶打下了扎实的基础,当时为验证对新型首制船推进轴轴功率的测量,从西德Mc. huk公司引进了钢弦测功仪。经过一段时间的摸索使用,我国造船工业培养了一批实船轴功率测量的技术人才,为进一步科学地制定实船轴功率测量方法、步骤、建立规范奠定了坚实的基础。从1980年开始,中船重工704研究所开始研制RTM-MC遥测功率仪,1984年进行了实船测试获得成功,RTM-MC功率仪使用了80381单片机技术,使可靠性和性能得到了提高,且经过了多年多船的实际验证。2008年前后,多家研究所和企业都研制生产出了应变片式轴功率遥测系统,系统利用全桥式应变电桥测量传动轴扭矩,用磁阻传感器测量转速,转速和扭矩信号经由信号发射机发射出,在6米范围内固定安装的接收机信号,通过数据采集卡将信号送入上位机,上位机利用LabVIEW完成了数据采集、换算、显示和存储,由于数据采集卡和上位软件的弥补,轴功率测试测量精度高,环境适应力强,可在各种较为复杂或恶劣的环境中进行测量,具有经济、灵活、精确的特点。

轴功率测量是船舶试航试验中轴系工况测量的一项重点项目。我国规范规定,单机功率大于1 471 kW的首制船舶,试航试验时要测量主机轴功率或测取示功图,算出指示功率和传动效率,后续船只测轴功率或指示功率。为了测量准确,轴功率测量一般选择在主机负荷试验和航速试验等主机工作稳定时进行。

12.1.3 轴功率测试的要求及方法

1. 测试应具有的条件

(1) 环境条件:

- 试航水域应有一定的宽度,有足够的预备行程、直线航行行程和回旋半径;
- 水域海况应不大于二级,三级风以下,潮流平稳;
- 航行时船舶横倾角不大于0.5°,纵倾状态与设计状态相一致;
- 试航时船舶应为正常排水量,偏差一般为(±2%正常排水量);
- 测试时主机转速、功率应趋于平稳。

(2) 被测轴要求:

清洗轴段表面油污,去除表面油漆,表面粗糙度不大于6.3 μm,被测轴测量段的光滑长度一般不小于0.5 m,被测轴测量段轴径向周围空隙一般不小于0.2 m。

(3) 测量仪器:应具有同步测试功能。

(4) 剪切弹性模数G应取实测值,由推进轴制造厂提供;当G无法提供时,一般可取,合金钢推进轴8.20×10^{10} N/m^2,普通钢推进轴8.15×10^{10} N/m^2。

(5) 扭矩传感器、卡环、供电滑环的安装均应按照有关标准规定的要求。安装后应进行通电检查，试验时船舶内部应保证通讯畅通。

2. 测试准备工作

1) 零位调整

将仪器零位置于“0”，盘车驱动推进轴右转一圈，左转一圈，重复三次，仪器零位修正数按下式计算

$$M_0 = \frac{\sum_{i=1}^{3} M_{1i} + \sum_{i=1}^{3} M_{2i}}{6} \tag{12-11}$$

式中，M_0 为测试仪器扭矩显示零位数；M_1 为轴右转时仪器扭矩显示数值；M_2 为轴左转时仪器扭矩显示数值。

2) 仪器系数修正

根据轴径和 G 值的变化，实心轴仪器系数按式(12-12)计算，空心轴仪器系数按式(12-13)计算

$$K_1 = K_0 \frac{G_1 \cdot D_1^4}{G_0 \cdot D_0^4} \tag{12-12}$$

$$K_1 = K_0 \frac{G_1 \cdot (D_1^4 - d_1^4)}{G_0 \cdot D_0^4} \tag{12-13}$$

式中，K_1 为修正后的系数；K_0 为测功仪器系统校准时的系数；G_1 为被测轴的 G 值；G_0 为测功仪系统校准时标定轴 G 值；D_1 为被测轴外径；d_1 为被测轴内径；D_0 为计量轴轴径。然后将系数 K_1 置入系数置数器。

3) 温度修正

测量现场温度，用于进行温度修正。

4) 预热和预载

测试前测功仪应预热 0.5 h；仪器装船或测试前扭矩传感器须经过满量程预载。

3. 测试方法

(1) 测试数据的采集。测试按设计工况进行，每一种工况的测试须在主机转速稳定 2 min 后同步读取；每种工况测试须 3 次，即船舶从甲到乙，从乙到甲，反复 3 次。

(2) 每一数据组应包括扭矩、转速、功率值。数据组一般含有 20 个数据，数据采集应不少于 12 组。

(3) 测试过程中如发现转速不稳定或采集到的数据少于 12 组，应重新测试。

(4) 测试数据处理。应剔除数据中个别明显的异常数据。每种工况测试数据中保留 10 个，取该 10 个数据的算术平均值作为该工况一次测量值。该工况测试的轴功率按下式进行计算：

$$\overline{W}_i = \frac{\overline{W}_1 + 2\,\overline{W}_2 + \overline{W}_3}{4} \tag{12-14}$$

式中，$\overline{W}_i$ 为该工况的功率值；$\overline{W}_1$ 为船舶从甲到乙的功率平均值；$\overline{W}_2$ 为船舶从乙到甲的功率

平均值；$\overline{W}_3$ 为船舶从甲再到乙的功率平均值。

12.2　航行试验的目的

在船体建造和相关设备安装工作结束后，为保证舰船建造的完善性和各种设备工作的可靠性，必须进行全面而严格的试验，试验通常分为两个阶段，即系泊试验和航行试验。

系泊试验俗称码头试车，是在船厂附近水域，将舰船艏、尾两端用缆绳系泊在码头上进行的试验。系泊试验应对船舶的主机、辅机和其他机电设备进行的一系列实效试验，用以检验安装质量和运转情况。在系泊试验结束后，需排除所发现的质量问题。

系泊试验时，舰船基本上处于静止状态，主机、轴系和有关设备系统不能显示全负荷运转的性能，所以还需要进行航行试验。

航行试验前，应按照船舶检验机构同意的技术文件进行倾斜试验，并报批准认可。在船舶设计阶段，通常按分配计算方法求取空船的重量和重心位置。船舶建成后的实际重量和重心位置与计算结果往往有一定差异，故在船舶建成后要进行船舶倾斜试验，以便正确地求得船舶重量和重心位置。

倾斜试验的目的：

(1) 确定船舶重量和重心高度，并将试验结果整理成空船状态下的重心位置及初稳性高度。

(2) 检验设计阶段计算的船舶重量和重心，为以后设计同类船舶提供参考资料。

倾斜试验的步骤和方法如下：

① 检验船舶下水后的空载稳态高度与空载水线是否在设计范围内；

② 在船舶纵向与横向若干个截面上悬挂重锤，检验船舶纵向与横向截面上各类设备由于重量及安装定位的偏差而引起的初始纵、横向倾斜。如果各截面上的初始倾斜角在允许的误差范围内，可做适当的修正。如偏差过大，则应进行调整修缮。

③ 调整方法：一般采用标准压块（或压铁）在一定的纵、横截面上给予配重，应详细记录配重的位置、重量，以备需要调整时造船厂或各设计部门共同协商并提出修正意见和方案。

倾斜试验结果反映出对船舶自身重量的确切评价，与船舶经济性、安全航行密切相关。一般情况下，船舶摇摆的纵倾角在 15 度以内，横倾角在 22.5 度以内。上述倾斜试验方法通常适用于中、小型吨位船舶。大型或超大型船舶通常用压载水舱依次、逐个地充满压载水，并视倾斜角大小，经过计算而求得。

航行试验，又称试航。航行试验的目的是通过试验对船舶进行最终验收。航行试验应按规定的大纲进行，船舶在航行状态下，对船舶的航海性能、电气设备、导航设备和机械设备进行试验，验证船舶总体性能和设备的质量是否符合合同、政府法规、法令和国际有关公约、规范和图样等要求。试验结果经船舶验证机构和用户验收合格后，由船厂正式交付订货方使用。对于成批建造的船舶，其首制船需进行更为全面、严格的航行试验，一方面对已造船舶进行鉴定，另一方面对后续船舶的性能研究和进一步改进提供依据。

航行试验主要包括 4 方面的内容：

① 船舶性能试验。

② 主机、轴系和其他装置试验。

③ 航海设备和通信设备试验。

④ 船舶自动化系统试验。

本节将主要介绍与动力装置相关的航行试验内容。

12.3 船舶性能试验

船舶的操纵性和机动性是船舶的生命，因此，船舶性能试验是航行试验中的一项重要内容。试验内容包括航速测定、停船试验、回转试验和初始回转试验、航向稳定性试验、侧向推进器试验、Z形操纵试验和威廉逊溺水试验等。

12.3.1 航速试验

船舶的航行速度是重要的航海性能指标，其速度快慢将直接影响船舶目标任务完成的质量与营运周期，所以船舶速度也是反映双重经济效果的重要指标。通常，船东对船舶的"航速"都非常重视。

航速试验目的是通过实测数据做出评定，判断是否符合合同要求；同时也为船东提供实船航速，使其了解和掌握船舶营运状况，从而发挥和取得该船的最佳经济效益。

1. 航速测定的要求与条件

(1) 气候条件。航速测定应选择风力不超过蒲氏3级，海浪不超过2级，且在潮流平稳时进行。

(2) 试验水域的水深和航道宽度应满足下述条件：

$$h/T \geqslant 30v/\sqrt{gL}$$

$$b/B \geqslant 20$$

式中，h 为水深(m)；b 为航道宽度(m)；v 为航速(m/s)；L 为船长(m)；B 为船宽(m)；T 为船舶吃水(m)。

(3) 对测定航速用的标距应事先进行了解和选择。如东海花鸟山测速区的标距是1.524 n mile，吴淞口测速区的标距为1 n mile。

(4) 船壳水线以下表面应在坞内清洗刷新，螺旋桨表面应光洁。

(5) 船舶的艏、艉吃水，油船应在满载状态。不能满足时，应进行调整，并进行记录。

(6) 如果(1)，(2)条不能满足时，试验结果允许修正。

2. 航速测定方法

(1) 航速测定时，船舶必须保持正确的航向，航向与测速标距保持平行，偏差在±2°范围内。检验时的最大操舵角应小于5°，主机转速保持稳定。

(2) 标距两端应至少有3 n mile的直线航向，具体如图12-8所示。提出这一要求的原因有两个：一方面由于大型船舶转到相反方向时，尾随船舶的伴流尚未消失，会对船舶形成阻抗作用。另一方面，当船舶回转时，主机转速下降，此时不能立刻加油门，因此主机恢复正常转速需要一定时间。

(3) 按试验大纲规定的工况进行测速。测试人员使用的器具目前大多数采用望远镜和秒表。船舶航行至E立标与F立标重合时，测速开始，揿下秒表，船舶继续航行至G立标与H

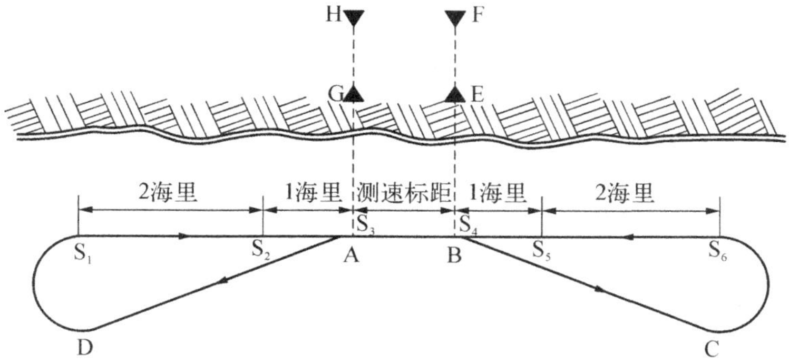

图 12-8　航速测量图

立标重合时，再揿下秒表，记下读数，计算出航速为 v_1。为了消除水流、潮流和海流的影响，连续来回 3 个单程试验，即用同样方法连续测得 v_2 和 v_3。将按下列公式进行计算得出船舶航速 v。

$$v = (v_1 + 2v_2 + v_3)/4(\text{n mile/h}) \tag{12-15}$$

（4）对于双螺旋桨的船舶，除了测定双桨运转时的航速外，视需要可增测单桨推进时的航速；对于拖轮，还应测量系柱拖力（一般情况下以测量拖载工况下拖曳航速来测量）；对于渔轮，还应进行渔轮捕捞拖网工况的航速试验；对于内河船舶，应在与其航区水深和水宽相接近的航区进行试验。

12.3.2　停船试验（惯性试验）

船舶和陆上车辆的停车性能有很大不同。因为车辆质量小，通过停止发动机运转及刹车装置可使其在较短时间内停止运动。而船舶质量和体积都很大，主机停止运转后船舶还会由于惯性滑行较长的距离，这就是船舶惯性的特征。

船舶惯性与其航行中的安全避让和安全靠离码头有着非常密切关系。通过停船试验可了解和掌握船舶惯性特征，从而确定主机停车、倒车或改变转速的最佳时刻；确定采用何种舵角，能使船舶安全靠离码头或安全航行。

1．停船试验要求

为了获得较为准确的试验结果，进行停船试验时，试验海区应有足够的助航距离和回旋余地。试验应选择风力不超过蒲氏 4 级，海浪不超过 2 级，潮流平稳的气候条件下进行。油船应在满载状态，其他船可处于压载状态。

2．试验工况

进行停船试验期间，船舶需保持正舵。在下列各种船舶主机变速情况下，测定船舶的滑行距离和滑行时间。

1）惯性停船试验

船舶在主机为 100%MCR 功率下直线前进，下达“停车”命令，直到船停止为止。测定自“停车”命令发出至船舶接近对水移动停止时的滑行距离和时间，记录船首方向偏转度数。

上述数据测量完毕后，主机稳定在 50%MCR 功率下直线前进，下达“停车”命令，直到船停止为止。测定自“停车”命令发出至船舶接近对水移动停止时的滑行距离和时间，记录船首方向偏转度数。

2）倒车停船试验

船舶在主机为100%MCR功率下直线前进，下达“全速后退”命令，直到船停止为止。测定自“全速后退”命令发出至船舶接近对水移动停止时的滑行距离和时间，记录船首方向偏转度数。

上述数据测量完毕后，主机稳定在50%MCR功率下直线前进，下达“全速后退”命令，直到船停止为止。测定自“全速后退”命令发出至船舶接近对水移动停止时的滑行距离和时间，记录船首方向偏转度数。

3. 测量方法

可采用下述方法中的一种或两种方法测量：

方法1：通过雷达测知船舶与某一固定岸标的方位和距离，从而根据已知边、角的关系，求得滑行距离。

方法2：使用计程仪和电罗经进行测量。

船舶滑行距离的经验数值为：全速正车→停车的滑行距离为5～7倍船长，半速正车→停车为3～4倍船长，全速正车→全速倒车为4～5倍船长，半速正车→全速倒车为1～2倍船长。

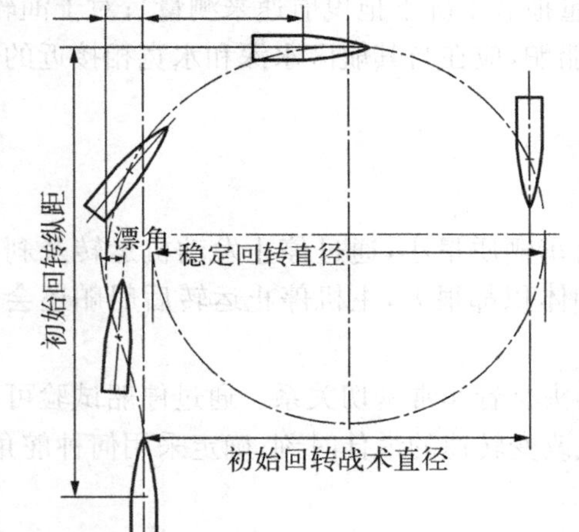

图12-9　船舶回转轨迹

12.3.3　回转试验和初始回转试验

1. 回转试验

回转试验的目的是为了求得船舶回转一周的回转轨迹，从而获知船舶回转纵距、横距、外距、漂角、回转直径和回转周期（见图12-9）。

回转试验通常均以全速或常用速度左、右满舵各回旋一周。对于双桨船舶，还应测量一正车、一倒车就地回旋的回转圆的大小。试验时，如果左右回旋所测得的回转直径相差1/2船长时，应重做试验。

回旋直径一般均以船长的倍数表示，各类船舶试航所得的回转直径如表12-2所示，表中的数值可供参考。

表12-2　各类船舶回转直径

船　　型	回转直径/船长　(*D*/*L*)
战斗舰	3.0～4.0
重巡洋舰（后分水踵小或无）	3.0～4.0
重巡洋舰（后部有分水踵）	3.5～4.5
侦察巡洋舰	4.0～5.0
驱逐舰（低速）	5.0～6.0
驱逐舰（高速）	6.0～7.5

（续　表）

船　　型	回转直径/船长　(D/L)
大型快速客轮	7.5～8.0
中型快速客轮	4.0～5.0
大型客货轮(客多货少)	5.0～7.0
中型客货轮(客多货少)	4.0～5.0
大型货轮	5.0～6.5
中型货轮	4.0～5.0
破冰船	2.0～4.0
一般小型船舶(拖船、渔船等)	2.0～3.0

按IMOA 75(18)船舶操纵性暂行标准规定：满意的回转能力其纵距应不大于4.5倍船长，回转直径应不大于5倍船长。

应选择有足够的助航距离和回旋余地的海区，风力不大于蒲氏4级，海浪不超过2级，潮流平稳的条件下进行试验。必须注意，风力对船舶回转运动轨迹有影响，尤其是受风面积较大的船舶。

试验前，船舶应在全速情况下，在预定航向上稳速直航2～3 min。接着操满舵，保持舵角不得摆动，以形成稳定的回转，待船首角变化达540°时，一个回转试验结束。

在船舶全速的工况下(主机为100%MCR)，操左满舵和右满舵各回转一次，测量回转直径、时间和最大横倾角。

对双螺旋桨船舶还应做左正车、右倒车及右正车、左倒车时回转试验，测定回转直径、时间和最大横倾角。

2. *初始回转试验*

本试验目的是通过试验了解和掌握船舶在稳速直航情况下，操舵后瞬时首向状态数据，为船舶避碰和靠码头提供依据。本项试验可与回转试验同时进行。试验条件同回转试验。

首先测定船舶在无航速下操最大舵角，然后主机以半速航行所对应的转速使船向一侧回转，当船的首向角改变达180°时试验结束。再以相同的程序，反向操舵重复上述的试验。初始回转轨迹曲线如图12-10所示。

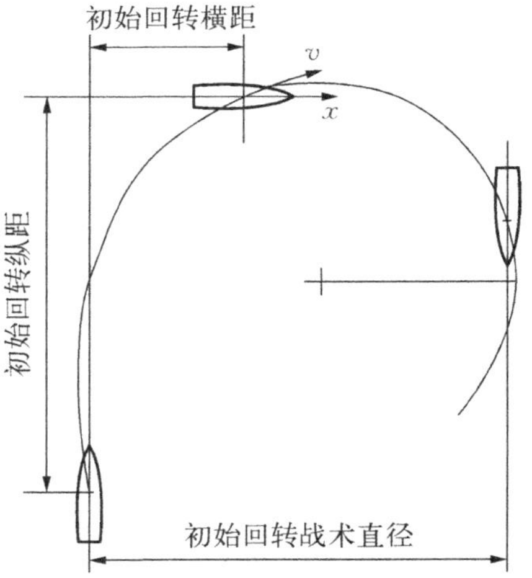

图12-10　船舶初始回转轨迹

3. *Z形操纵试验*

本试验目的是求得船舶操纵性指数和初转期，以评价船舶对操舵的响应特性，其结果应符合设计要求。图12-11为Z形操纵试验记录曲线，其纵坐标为航向角或舵角，横坐标为时间。试验时应具备的条件与回转试验、初始回转试验相同。试验可按下述步骤进行：

(1) 船舶在预定航向上稳速直航2～3 min，记录初始船速、航向角及推进器转速等；

(2) 快速操舵至右指定舵角(一般为 10°),并维持该舵角;

(3) 当船舶向右航向改变量与所操右舵角相等时,快速反向操舵至左指定舵角(一般为 10°),并维持该舵角;

(4) 当船舶向左航向改变量与所操左舵角相等时,快速转右舵至指定舵角(一般为 10°),并维持该舵角;

(5) 如此反复进行,操舵达 5 次时,可结束一次试验。

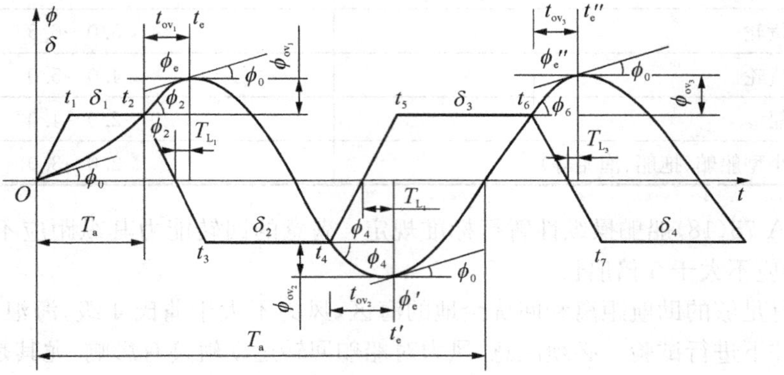

图 12－11　Z 形操纵试验记录曲线

4. 航向稳定性试验

航向稳定性试验是对船舶保持所期望的航向稳定的性能做出相应的评价。由于船舶在海上不断遇到的干扰作用,因此,不能用直接试验方法测定船舶的航向稳定性和旋回运动稳定性,必须用间接的试验方法,即螺旋试验或逆螺旋试验。试验时,试验海区有足够的助航距离和回旋余地;风力不超过蒲氏 4 级,海浪不超过 2 级,潮流平稳。

螺旋试验程序如下:

(1) 保持船舶直线定常航速,操舵开始前,记录初始船速、航向角及推进器转速等;

(2) 发令,迅速转舵到一舷指定舵角,并保持该舵角,使船舶进入旋回状态;

(3) 待旋回角速度达到定常值时,记录相应的角速度 r 和舵角 δ;

(4) 将舵角改变一个规定的角度,再重复测量角速度 r 和舵角 δ。以 15°舵角为例,依次改变舵角,顺序如下:右 15°→右 10°→右 5°→右 3°→右 1°→0°→左 1°→左 3°→左 5°→左 10°→左 15°→左 10°→左 5°→左 3°→左 1°→0°→右 1°→右 3°→右 5°→右 10°→右 15°,舵角变化一周,回到开始值时,可结束一次试验。

试验记录结果以回转角速度 r 为纵坐标,舵角 δ 为横坐标作图,如图 12－12 所示。在图 12－12(a)中从左到右与从右到左的曲线是重合的,则试验船舶具有航向稳定性;如果曲线出现了环线,如图 12－12(b),则说明试验船舶的航向是不稳定的。环线愈宽,不稳定程度愈大。

5. 操舵试验

船舶必须具有良好的操纵性能,即船舶能随驾驶者的意图而改变航向,舵设备用以保证船舶操纵性能。

船舶设备操纵应具有轻便、灵活、正确、可靠的特点。本试验可为船员驾驶船舶(航行、回转、入港、起航等)提供切实可靠的数据。

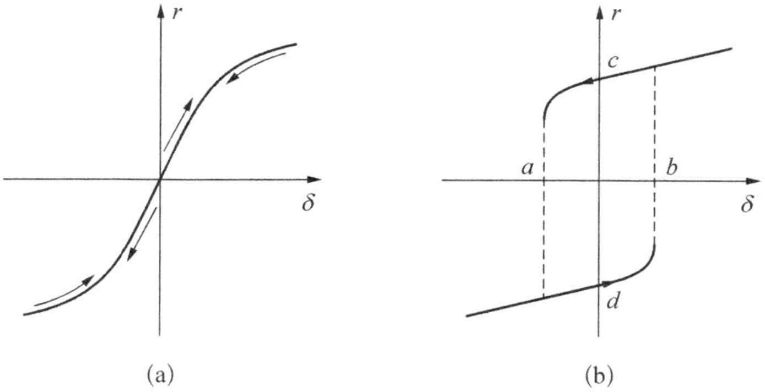

图 12-12　航向稳定性试验结果

1）试验前应具备的条件

(1) 试验仪器误差在±1°范围内或符合规定的技术要求，否则必须进行校准；

(2) 试验海区有足够回旋余地；

(3) 海浪不大于 3 级，应有足够的水深以确保不影响船的操纵。

2）试验内容和方法

(1) 主操舵装置试验应在主机正车全速航行工况下进行（或在船舶最大营运航速时）。

(2) 操舵程序如下：

① 正舵 0°→右满舵 35°，保持 10 秒钟；

② 右满舵 35°→左满舵 35°，保持 10 秒钟；

③ 左满舵 35°→右满舵 35°，保持 10 秒钟；

④ 右满舵 35°→正舵 0°，保持 10 秒钟；

⑤ 正舵 0°→左满舵 35°，保持 10 秒钟；

⑥ 左满舵 35°→正舵 0°

(3) 操舵试验要求。

① 操舵装置的各个电源、机组、控制系统及操纵站都应按大纲规定进行转换操舵试验。

② 操舵时间。客船：一套动力操舵装置工作试验，舵机自一舷 35°转舵至另一舷 30°所需时间不应大于 28 秒。货船：单套动力操舵装置或双套动力操舵装置同时工作试验，舵机自一舷 35°转舵至另一舷 30°，所需时间不应大于 28 秒。

对装有蓄能器的操舵装置，当蓄能器贮压达到规定压力时，停止油泵工作，用蓄能器能力进行操舵，测定舵机从一舷 35°转舵至另一舷的操舵次数、时间和压力降。

(4) 操舵试验时还应检查以下内容：

① 检查电动机、液压系统及各运动部件有无异常发热、敲击、漏油等现象。

② 检查各电源、机组、控制系统、操纵站的转换交替操舵是否正常，操舵时间是否在允许范围内，核定其安全保护装置。

6. 抛锚试验

锚设备是船舶的重要甲板机械之一。除了正常航行之外，船舶在有些情况需要使用锚设备辅助，如船舶到达某一港口，因无泊位需要在锚地停泊，等候进港通知；遇到台风，需找避风港停泊；接受检疫或等候引水员而停泊；进出港时避让或离靠码头等。

对船舶锚设备的要求应达到：

(1) 工作安全可靠。

(2) 抛锚、起锚迅速。

(3) 锚和锚链有足够的质量和尺寸。

(4) 锚链有足够长度。

(5) 锚与锚链应牢靠地系在锚链舱和锚链筒固定端上。

(6) 锚机在全负荷下能够平稳地工作，操作方便。

(7) 在特殊的应急情况下，能够迅速弃锚。

(8) 锚、锚链、锚机应有验船部门的钢印和合格证书。

(9) 过载保护、调载保护装置应调整合格。

(10) 试验应选择水深不小于 50 m 及良好海底土质海域，并在海区风平浪静条件下进行试验。如果试验海区水深达不到 50 m 时，应事先征得验船师和船东的同意。

1) 试验要求及验证内容

可分别进行左(右)单锚试验，起锚平均速度不小于 9 m/min。分别将左、右锚各做一次单抛、单起试验，抛出的锚链长度通常不小于 4 节。在快速抛锚时，须试验刹车 3 次。锚抛出后，用慢倒车(后退一)将锚链拉紧，检验掣链器固定锚链的情况。

2) 抛、起锚试验时应检验的内容

(1) 锚链和卸扣通过锚链筒、掣链器和链轮时有无跳动和扭转现象。

(2) 锚链冲水装置的冲洗效果。

(3) 各运动部件有无异常发热、敲击等现象。

(4) 液压(或蒸汽)系统有无泄漏现象。

(5) 油泵工作压力及油泵和油马达的转速。

(6) 电动机及其换向器(对直流电动机)的工作情况，并测量电动机启动电流、工作电流、破土电流以及电压和转速等。

(7) 电器控制设备、各档调速和电磁制动器的工作情况。

(8) 检验和调整过载保护装置、液压(或蒸汽)系统安全阀的开启压力。

(9) 快速抛锚时的刹车功能。

(10) 制链器固定锚链情况。

(11) 起锚后，锚与船体贴合情况。

3) 锚的双抛双起效用试验方法

双抛：先抛出一只锚，待锚落底后，再抛第二只锚，待第二只锚落底后，然后双锚链同时再抛出约 1～2 节。

双起：先拉起第一只锚，使锚破土并处于垂直状态，然后收起第二只锚的锚链，并使锚处于破土状态。最后双锚同时拉起，至第一只锚出水到锚链筒为止。

7. 威廉逊(Willamson)溺水救生试验

本试验主要是验证一种海上救生方法的船舶操纵性，仅限于首制船进行。试验时应具备的条件同停船(惯性)试验。

1) 试验方法

(1) 船以设定航速稳定直线航行时，从船中部一舷侧向外抛出浮标(代表落水者)；

(2) 向浮标一侧(假设为右舷)快速右满舵，待船航向右偏转向60°～90°之间时，快速反向操左满舵；

(3) 船舶航向与原直航航向接近反向时(一般提前 60°左右)回航至中；

(4) 船航向与原航向成反向时，保持直航并减速；

(5) 船接近浮标时，船航速减至零，试验结束。

2) 试验记录

测量和记录从试验开始第一次操满舵至第二次反向舵的时间，以及第二次操反向满舵开始至回舵的时间。

试验航迹如图 12-13 所示。航迹曲线是理想的航迹，事实上由于试验时受风向、海流的影响，船舶不可能回到原来位置，因此试验时还应观察、记录返航到原位置时船与浮标之间的最短距离(目测)。

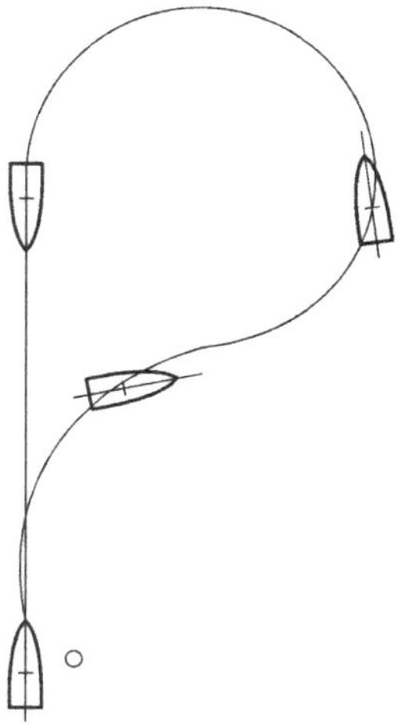

图 12-13　威廉逊溺水救生试验航迹曲线

12.4　主机、轴系和其他装置试验

12.4.1　主机和轴系试验

主机和轴系是动力装置中主要推进装置，主机又可譬喻为船舶的心脏。主机和轴系的航行试验，就是使船舶在相似于航行条件下进行试验。在试验过程中，须对主机、轴系和为主机服务的附属设备进行全面检查，以确保其安全可靠。

1. 试验应具备的条件

(1) 主机及为主机服务的各辅助机械及系统在系泊试验时所发现的质量问题均已消除。

(2) 燃油、滑油已取样化验合格(以便试航结束后再作化验时进行对比)。

(3) 按试验大纲规定的其他一切准备工作已就绪。

2. 试验程序及内容

1) 主机航行试验工况和时间

在 GB 3471《海船系泊及航行试验通则》中，对试验工况和时间作出规定，具体如表 12-3 所示。

表 12-3　主机航行试验工况及时间

工　况	转速百分比/%	试验时间/h
1	70	0.5
2	87	0.5
3	常用功率的转速	2
4	100	4
5	103.2	0.5
6	倒车　70	10(min)

注：① 中高速机，上述 1～5 工况规定的时间可减少 50%；

② 经验船部门同意后，上述 1～5 工况规定的试验时间也可减少 50%；

③ 试验时应连续进行，因故停车时间一般应不超过 15 min。

2）运行参数

在额定工况试验阶段，应每隔 0.5～1 小时记录一次运行参数。其他工况，在各档试验结束时进行测量并作记录。试验时须判断各个参数是否正常，特别是几个主要热工参数应调整在相对误差的范围内（或符合说明书规定）：

压缩压力　±2.5%；

爆炸压力　±4%；

排气温度　±5%。

3）测量轴功率

单机功率大于 1 471 kW 的首制船舶，应测量主机轴功率或测取示功图，算出指示功率和传动效率。后续船只测轴功率或指示功率。

4）测量主机燃油耗油量和计算耗油率

燃油耗油量的考核数值，在主机制造厂的台架试验时已测得，但单机功率大于 1 471 kW 的首制船舶应在 87%及 100%额定转速及常用转速时测定主机的耗油量。测量方法有两种：

（1）利用船上燃油供给系统的流量计进行测定试验，即在主机运转保持某工况下，连续试验 1 h，记录流量计所指示消耗的油量（读数）。

（2）根据所测得的轴功率，计算出主机耗油率

$$g_e = [(G \times 1\,000 \times \gamma)/P_e] \times c \tag{12-16}$$

式中，g_e 为主机耗油率/g/(kW·h)；G 为流量计读数/(m^3/h)；γ 为燃油密度/(kg/m^3)；P_e 为轴功率/kW；c 为修正系数。

修正系数 c 根据不同的燃油发热值、燃油加热温度和环境温度修正后确定。

燃油耗油率的测量记录如表 12-4 所示。

表 12-4　主机耗油量记录表

主机负荷/%	转速/(r/min)	轴功率/kW	油料种类	一小时运行耗油量/t	油料比重
耗油率					

5）主机最低稳定转速试验

主机应具有良好的最低转速工作性能，并在最低稳定转速下运转 5 分钟。各种类型的主机对最低稳定转速的要求不一样，如低速机要求最低稳定转速小于额定转速的 30%，中速机要求小于额定转速的 40%，高速机则要求小于额定转速的 45%。

试验时记录主机转速、负荷、油泵与操纵手柄位置的刻度、增压器转速等，并汇总测量记录，具体如表 12-5 所示。

表 12-5　主机最低稳定转速记录表

负荷指示/%	操纵手柄油门刻度	转速调定空气压力/MPa	增压器转速/(r/min)		最低稳定转速/(r/min)
			No. 1	No. 2	

6）主机换向试验

换向试验应在主机最低稳定转速下进行，每次换向所需的时间应不大于 15 秒。换向方式包括从“正车→倒车”和“倒车→正车”，次数不少于 3 次。

测量数值汇总并测量记录，具体如表 12－6 所示。

表 12－6　主机换向试验记录　　单位：秒

状态/试验次数	1	2	3	4	5	6
正车→倒车						
倒车→正车						

7）主机超速保护装置试验

(1) 在主机制造厂进行台架试验时，先将水力测功器负荷减少，然后将主机转速逐渐升高，直至超速保护装置起作用为止。

(2) 在船厂试验时，依照飞车保护装置设定值，将主机转速开至设定值，检验其是否动作。试验后记下测量记录，具体如表 12－7 所示。

表 12－7　主机超速保护装置试验记录

主机转速/(r/min)	飞车保护装置设定值(格)	主机运行时动作

8）测量扭转振动

主机功率大于 220 kW 的首制船，航行试验时一般应测量扭转振动，详见本书第 11 章振动试验。

9）主机超负荷试验

在主机作额定功率试验后，应进行 110％额定负荷的超负荷试验，运行时间为 1 小时。此时检验主机和轴系工作是否正常，并记录各热工参数。

10）主机燃油转换试验

对可以燃烧重油的主机，在额定功率试验后，应进行主机轻、重燃油的转换试验，运转时间按试验大纲规定，并检验燃油加热系统、重油预热、黏度自动控制等设备的可靠性。

11）主机遥控试验

该试验应在比较宽阔的海面上进行。试验时，应分别在机旁、主机集控室、驾驶室进行主机起动、变速、停车及换向试验，并对机旁、集控室、驾驶室操纵的转换进行试验。各种试验的正确和失误，都须有声光信号表示。

12）桨叶转动试验

对采用可调螺距螺旋桨的船舶，应在主机额定转速时作桨叶转动试验，即螺距角从正满角到负满角，从负满角到正满角，各 2 次。需要注意的是，操纵正满角到负满角、负满角到正满角所需的时间均应不大于 15 秒。试验应检查螺距角指示器的准确性，检查驾驶室及机舱集控室螺距角的误差，并作记录。

13）拆机检验

航行试验结束后，应按试验大纲进行拆机检验，一般七缸（含七缸）以下的机拆检一个缸，八缸（含八缸）以上的机拆检两个缸。拆检时，验船师、船东都应在场。

主机重新装复后，应在系泊状态下进行 30 分钟的运行试验，以验证装复的状态是否符合效用要求。

12.4.2 废气锅炉试验

废气锅炉是利用柴油机的排气余热制造蒸汽的锅炉。只有当柴油发电机组排气系统设置废气锅炉时，废气锅炉制造的蒸汽可用于主机启动前的暖缸、燃油舱加热、滑油加热、油船上以蒸汽为动力的辅机、冲洗海底门以及船员、旅客生活上的需要。在大型船舶上，主机废气锅炉所产生的蒸汽可以驱动汽轮发电机。废气锅炉的安装可以减少船舶停泊时使用燃油辅锅炉的时间，以节省燃油。废气锅炉还能起到消音器的作用。

废气锅炉试验的目的是验证其工作是否正常，是否符合要求。

试验内容和方法如下：

（1）在主机额定功率试验时，对废气锅炉进行 1～2 小时的效用试验。

（2）对废气锅炉自动调节及安全报警装置进行调整和验收，并随炉作效用试验。

（3）废气锅炉安全阀试验应报请检验师参加。试验方法和要求如下：

① 安全阀起跳试验。调整安全阀起跳压力，要求大于实际允许工作压力的 5%，但不超过锅炉设计压力。安全阀验收后，应进行铅封。

② 安全阀容量升值试验。将锅炉所有蒸汽阀关闭，使炉膛内的废气充分燃烧，要求在安全阀开启后 15 分钟内（水管锅炉 7 分钟），气压升值不超过锅炉工作压力的 10%。

③ 安全阀手动开启试验。要求安全阀灵活、可靠。

（4）在主机全负荷航行时，多余蒸汽泄放至大气冷凝器时废气锅炉作效用试验。

12.5 船舶自动化系统试验

船舶自动化又称为轮机自动化，目前主要指船舶动力方面的自动控制程度。按照自动化程度，可将船舶自动化系统分为以下几类：无人值班机舱、一人值班机舱、集控机舱、驾驶室遥控机舱。随着自动化技术的发展，自动控制程度越来越高，各种类型计算机被广泛应用到各个控制系统中，使机舱逐步实现“无人管理”。

船舶自动化系统可包括以下一项或几项内容：

（1）主机及辅机的集中监控装置和遥控装置。

（2）燃油、滑油、冷却水的自动温度控制和液位监控。

（3）船舶电站自动控制系统。

（4）自动记录运行参数的各种装置。

船舶的自动化程度越高，所包括的内容越多，周期性无人值班机舱应包括上述全部内容。自动化系统程序一般由控制部分、安全部分和报警显示部分三部分组成。控制部分是指控制的方法和位置，用程序管理的方法来进行局部控制、集中控制和驾驶室遥控；安全部分是指根据出现的故障的危害程度，以自动或手动进行保护性动作，降转或降速，转入备用设备或者自动停止运行；报警和显示系统是指设备运转中出现故障时，以某种方式显示记录下来，并根据需要发出视觉和声响信号提醒工作人员。使工作人员可以根据提示采取有效的解决办法。

采用自动化系统的最大的优点就是可以使设备经常处于最佳运行状态，出现异常时及时发现和排除，而不影响正常航行，并对控制系统能作自动检测，从而提高工作效率，降低成本。

12.5.1　机舱集控台检测报警点试验

集控台检测报警点是自动化系统的重要组成部分。它能对被监控的机、电设备及其安全和控制系统运行的工况实行检测，对所出现的故障发出声光报警，并根据自动化技术的要求将报警信号延伸到工作人员滞留处。使值班人员随时可以了解设备运转的情况，并且根据监测情况采取相应的措施。对于被监控的设备工况可以由数字、图形和模拟状态的方法显示，并且可以自动记录下来。

集控台的报警信号应该同时发出声响和视觉信号。视觉信号一般以红色表示，清晰可见；声响信号应该具有足够的响度，并与火警、电话延伸铃及其他声响信号有明显的区别。

1. 试验前应具备的条件和内容

进行检测点检验的首要条件是线路安装结束。这里要考虑两个因素，一是对设备试验运行有影响的检测点应该先分批做检验，例如，发电机的燃油柜液位检测点等。二是全封闭设备的检测点，应该在安装之后封闭之前进行检验，以免以后无法进行实际检验。对于系统运行的综合报警点，允许放在系统试验中去做。所以，这个检验的时间往往很长。

在做检测点检验之前，集控台监测系统的自检程序应该先运行结束，以保证对设备的监控检测的正确性。

检测点包括的内容：一是压力方面的检测和控制；二是温度变化的检测和控制；三是液位方面的检测；四是工况运行方面的检测。这里较复杂的是工况运行方面的检测，有些必须实际运行后才可以检测，是无法用模拟手段进行试验的。

检测点包括的范围：主机系统、锅炉系统、发电机系统、首侧推系统，以及机舱一切与动力运行有关设备的船用设备，例如，污水处理装置、各类油水柜等。

2. 试验的实施和方法

当进行集控台检测报警点检验时，应该注意检测元件动作参数的准确数值，安装在设备上的位置和报警状态。对于可以调整的检测点，试验结束后应该立即锁住，以免因误操作而改变。对检测中有疑问的数据，应及时汇集设备人员、船东、验船师的意见进行修改。修改后应有文字依据，以备后查。对于试验中出现的较小的误差，允许征得船东、验船师的意见当场进行调理，调整后重新进行试验。

如果集控台检测报警系统是由计算机系统控制的，应做到硬件应尽可能模块化，以便于检测和更换；操作指令的输入方式应尽可能地简单方便；软件程序经试验合格后，不得随意更改。为保证数据程序不因失电而丢失，应配有不中断电源作为保护的措施。

1）报警系统的试验

（1）报警系统的供电方式应该是双套电源。当主电源失电后，能自动转接到独立的备用蓄电池组，并同时发出报警，蓄电池组的容量应该至少能维持供电 15 min。为保证应急供电，平时应对蓄电池组实行监控，当 24 V 失电时，也可以发出声光报警。

(2) 报警系统的自我检测。当报警系统自身发生故障时，应及时发出报警。较先进的自检系统能及时指出故障部位，较简易的至少对线路的短路、开路或保险丝断等进行报警。

(3) 报警的声响和视觉信号均应符合船级社的规范要求。当报警应答后，应可以消音，但光信号必须一直保留到故障消除为止。报警应答消音后，闪光可以转为平光信号。

(4) 报警信号应发送到值班轮机员居住室、驾驶室和轮机员常滞留的场所，例如餐厅、休息室等。报警信号应与集控台检测报警点一致。当轮机员应答后，机舱应有显示。较先进的显示方法是当呼叫后轮机员未作应答，能将报警信号自动转到驾驶室或轮机长室。

(5) 集控台的绝缘应符合技术要求。若工作电压大于 100 V 时，绝缘电阻值不小于 1 MΩ，工作电压小于 100 V 时，绝缘电阻不小于 0.5 MΩ。

2) 对压力报警点的试验

试验时，一般使用手动液压泵对被检测的压力传感器进行测试，对其控制点进行调整，以其达到设定的数据动作。一般采用下面的方法。

(1) 压力开关或传感器的试验方法。将试验装置按如图 12-14 所示接通，通过试验泵对该设备进行增压或减压，通过压力表观察达到所需监控显示报警的设定值，检查显示报警，应正确无误。

(2) 压差开关的试验方法。将试验装置按如图 12-15 所示接通，通过试验泵进行增压或减压，通过压力表观察达到所需报警的设定值，应正确无误。

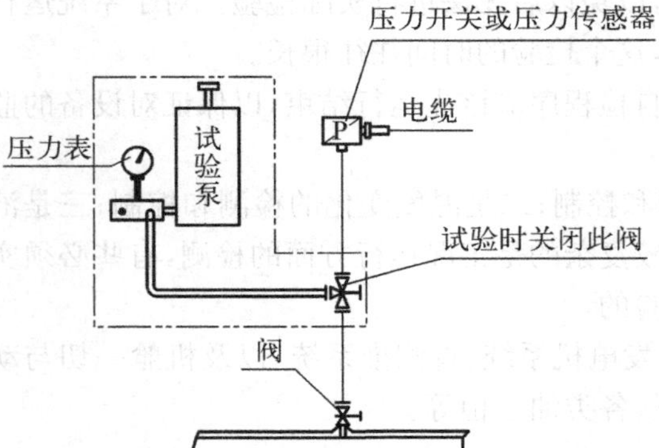

图 12-14 压力开关或传感器试验图

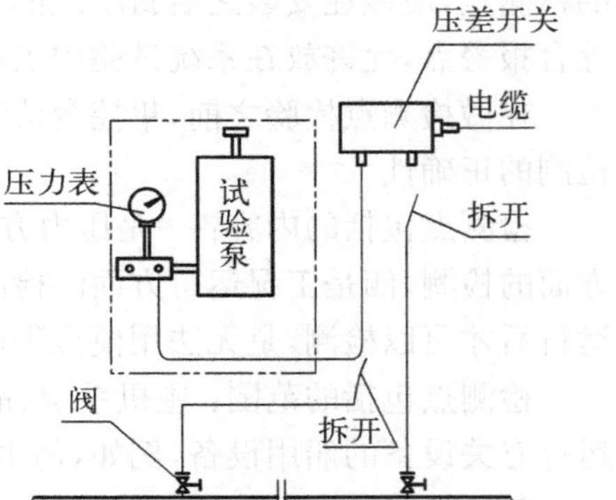

图 12-15 压差开关试验图

3) 对温度测量点的试验

温度测量通常是利用热膨胀、热电变换、电阻变化等方法进行测量的。一般分为 100℃以下和 100℃以上两种试验方法来检验的。

(1) 100℃以下温度传感器的检验一般采用实际加热的方法。将温度传感器取下，按如图 12-16 所示插入试验装置中，调节温度调节器，使温度箱介质的温度升高或下降，通过标准温度计观察达到所需的设定值，检查报警显示状况，测试结果应正确无误。

(2) 100℃以上热电阻式传感器的试验方法。电阻式温度传感器利用导体或半导体的电阻值随温度变化的特性测量温度。试验时将接线盒中的温度传感器的接线断开，按如图 12-17 所示接上可调电阻，根据温度所对应的电阻值标准图表册查出所需设定的温度值所对应的电阻值，调节可调电阻达到所需电阻值，检查显示与报警，测试结果应正确无误。

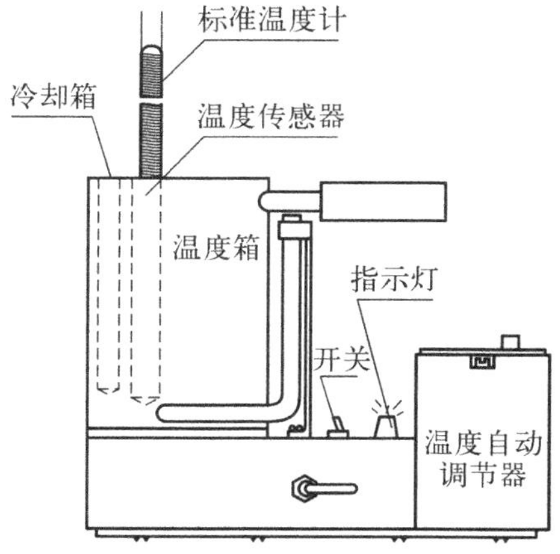

图 12-16 温度试验图

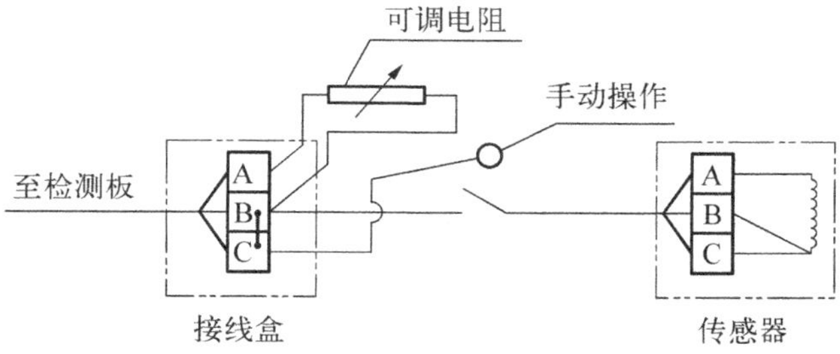

图 12-17 热电阻试验图

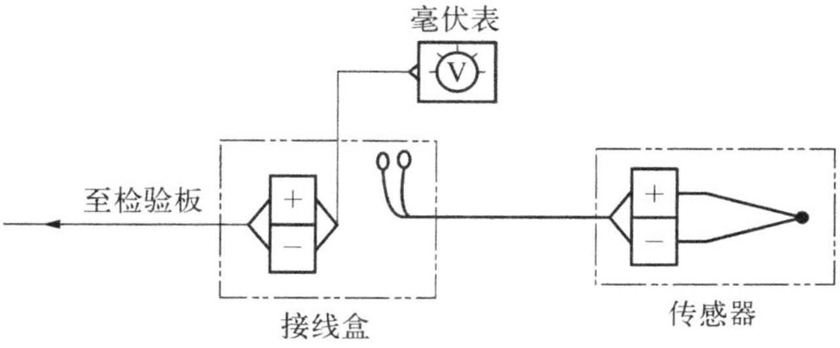

图 12-18 热电偶试验图

(3) 100℃以上热电偶式传感器试验方法。热电偶的结构简单，尺寸小，热惰性小、输出为电信号(热电势)。一般使用精度较高的毫伏计精确测量热电偶产生的热电势的毫伏数。检验时在接线盒中将温度传感器的接线断开，按如图 12-18 所示接毫伏表，根据温度所对应的电压(毫伏)值标准图表册，查出所需设备的温度值对应的毫伏值，调节毫伏计达到所需的值，检查显示与报警状况，应正确无误。

4) 对于液位报警的检验

液位报警点如果仍以浮子的形式出现，检验时应用手动的方法进行实际检测。检验中应该重点注意浮漂安装的位置和延时的时间选择。这是为了防止由于船的摇摆，或者液面处于临界状态时所产生的误报警而采取的延时措施。延时的时间一般都是可以调整的。

5) 工况检测报警点的检验

这种报警点一般以两种形式出现。一种是重要故障或保护系统动作的单独报警点，首先要搞清楚几种状态的报警，然后按功能逐一进行测试，以保证每种状态报警的传递均正确无误。

12.5.2 泵的自动切换试验

无人值班机舱的船舶，其主机和发电机一般都备有双套的辅泵，用以保证设备的连续正常工作状态。其中一台是主用泵，一台为备用泵。主用泵投入运转后，如果发生故障，则备用泵应该能够自动投入运行，这样才能保证主机或发电机的正常工作。

为保证正常航行，下列辅泵均配备有双套泵：主机冷却淡水泵、主机冷却海水泵、主机滑油泵、主机凸轮轴滑油泵、主机燃油供给泵、主机燃油循环泵、发电机冷却海水泵、发电机燃油供给泵、发电机燃油循环泵。为了保证船舶主动力工作能力的连续性，以上这些泵不但具有自动切换的功能，而且程序自动起动的优先级别最高。

泵的自动切换一般由连锁电路进行控制。目前，较先进的泵切换控制由可编程序控制器(PLC)进行控制。与继电器控制和半导体逻辑元件控制相比较，PLC控制更灵活、准确、工作稳定可靠。

1. 试验前应具备的条件

在进行泵切换检验以前，各类泵的单机试验应结束，即各类泵已投入正常运行状态。其次，控制程序调整完毕后，各种泵均应设有一个报警值和一个切换值，一般情况下，报警值应高于切换值。在报警的同时进行切换，或在切换后报警都是错误的。

2. 检验的方法

泵内压力不正常或电气故障都将引起泵的自动切换。所以，在检验中，可利用人为的方法，降低压力或者调整过载值，模拟主用泵遇到故障，引发程序自动切换到备用泵工作。

12.5.3 主机遥控试验

无人值班机舱、一人值班机舱的船舶，以及驾驶室遥控机舱的船舶，其主机均具有在驾驶室控制站进行远距离控制的功能。在驾驶室控制站对主机进行操纵、控制和监视，简称为主机遥控。

1. 主机遥控试验前应具备的条件

(1) 机舱集控台主机监控、检测报警延伸到驾驶室控制站的报警点按照机舱集控台检测报警点试验方法检验完毕。其各报警点试验均符合设计要求；声、光报警信号效用情况良好、正确、可靠。驾驶室控制站所设的报警应答后，允许消去驾驶室的报警声响信号。其光信号应在故障排除后消失，而且光信号应在故障被应答前和应答后要有所区别。

(2) 根据自动化程度不同的要求，一般在驾驶室控制站应设以下检测报警点：

① 滑油进机压力(如设有齿轮箱时，包括齿轮箱)低/过低报警。

② 滑油进机温度(如设有齿轮箱时，包括齿轮箱)高报警。

③ 滑油进涡轮增压器压力低报警。

④ 滑油进涡轮增压器温度高报警。

⑤ 涡轮增压器滑油重力油柜低位报警。

⑥ 滑油循环油柜低位报警。

⑦ 滑油滤器前后压差大报警。

⑧ 气缸注油器出油量小报警。

⑨ 气缸冷却水进机压力低(或流量小)报警。

⑩ 气缸冷却水出口温度高报警。

⑪ 活塞冷却液进出口压力低(或出口流量小)报警。

⑫ 活塞冷却液出口温度高报警。

⑬ 喷油器冷却液压力低报警。

⑭ 喷油器冷却液高温报警。

⑮ 海水冷却水压力低报警。

⑯ 冷却水膨胀水箱低水位报警。

⑰ 重燃油温度低(或黏度大)报警。
⑱ 燃油日用及沉淀柜加热温度高报警。
⑲ 燃油日用及沉淀油柜低位报警。
⑳ 燃油低压油泵出口压力低报警。
㉑ 高压燃油管故障报警。
㉒ 扫气温度(或火警)高报警。
㉓ 排气温度高报警。
㉔ 增压空气冷却器出口温度高/低报警。
㉕ 涡轮增压器排气出口温度高报警。
㉖ 推力轴承温度或滑油出口温度高报警。
㉗ 曲轴箱油雾浓度或主轴承温度高报警。
㉘ 柴油机转速或螺旋桨轴转速超速报警。
㉙ 柴油机转速或桨轴转速在禁区内时报警。
㉚ 主机第三次自动起动失败,停止再起动时报警。
㉛ 起动空气压力低报警。
㉜ 起动蓄电池组电压低报警。
㉝ 监控系统动力源(电动、气动、液压)故障报警。
㉞ 离合器的控制动力源(电动、气动、液压)故障报警。
㉟ 尾轴管油润滑尾管轴承温度高报警。
㊱ 尾轴管滑油柜油位低报警。
㊲ 可变螺距桨螺距控制的液压系统低压报警。
㊳ 可变螺距桨电液控制系统电源失电报警。
㊴ 可变螺距桨液压柜油位低报警。
㊵ 可变螺距桨液压油温度(当装有油冷却器时)高报警。

上述驾驶室控制站主机检测报警点,在条件具备时,可以与机舱集控室控制站的主机检测报警点同时进行试验。

(3) 驾驶室控制站控制系统所用的压缩空气管系与液压管系应经强度试验;上船安装后应经1.25倍最大工作压力的气、液密性试验;这些管系安装应完整、正确,符合有关规范、工艺要求,并用压缩空气吹干净。

驾驶室控制站控制系统的各控制执行机构的安装应正确完整。

(4) 驾驶室控制站电气控制系统安装完整,接线牢固,正确,接地良好、可靠。驾驶室控制站电气、气压、液压等仪表均经校准。气控安全阀应经1.1倍工作压力的开启试验合格。

(5) 主机系泊试验和航行试验完毕。如主机安全保护装置试验,主机起动、调速、换向、停车、紧急停车试验,主机最低稳定转速试验,主机盘车机连锁试验,主机机舱集控室操纵与机旁操纵转换试验,主机在机舱集控室操纵各种工况(25%, 50%, 75%, 90%, 100%, 110%)负荷运行试验,主机在机舱集控操纵自动减速和自动停车试验(以及主机自动减速和自动停车报警)完毕,均符合设计、规范要求,正确无误。

为主机服务的泵、备用泵的自动转换,自动起动的切换试验(以及相应的自动转换、自动起动的切换报警)完毕,均符合设计要求、正确无误。

(6) 船内通信和信号装置如主机传令钟，声力电话、自动电话等试验完毕，效果良好。

2. 主机遥控试验

(1) 机舱集控室控制站和驾驶室控制站主机操纵位置的转换试验：

① 机舱集控室控制站操纵→驾驶室控制站操纵；

② 驾驶室控制站操纵→机舱集控室控制站操纵；

③ 机舱集控室控制站操纵→机旁控制站操纵；

④ 机旁控制站操纵→机舱集控室控制站操纵。

要求控制站操纵的转换试验灵活、正确无误，并记录转换所需时间。

(2) 驾驶室控制站中主机备用传令钟的效用试验，检查备车、各种正车、各种倒车、完车的效用情况，信号正确无误。

(3) 在驾驶室控制站操纵主机，进行主机起动、调整、停车、紧急停车等操纵试验，要求效用良好、正确无误，并记录起动操纵所需时间。主机在空气压缩机不补充空气的情况下，遥控操纵正车和倒车交替起动试验12次，满足要求。

(4) 模拟主机遥控起动失败试验，主机连续三次自动起动失败，停止再起动时报警，工作正确无误。

(5) 模拟主机遥控自动减速和自动停车以及自动减速和自动停车报警试验的效用情况，工作正确无误。

(6) 在驾驶室控制台检查限制功能试验：

① 加速程序限制试验。

② 降速程序限制试验。

③ 越控功能效用试验，当越控装置使某一程序或某一安全保护动作解除时，主机应仍可以从驾驶室控制站进行遥控操纵。

(7) 按如图12-19所示的程序图进行试验，各种试验工作正常。

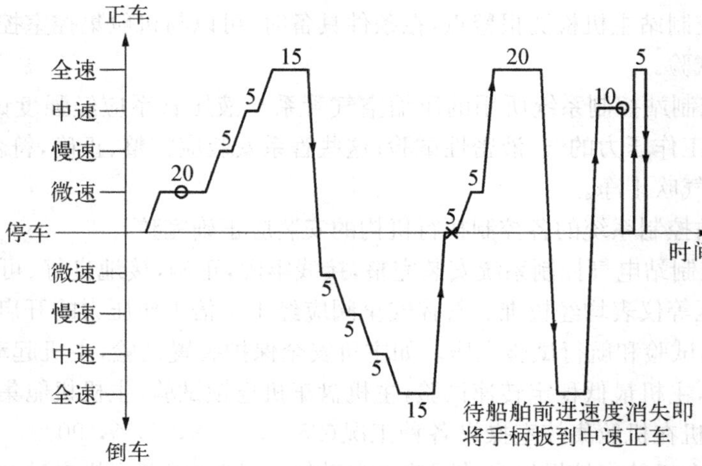

图12-19 主柴油机可调距桨单手柄控制系统试验程序

图中：标明的数字表示时间，标有"→"的过程，控制手柄应尽快扳到所要求的工况位置；在标有"○"符号处，船舶应进行满舵操作；标有"×"符号处轴系应该停止旋转；标有"◎"符号，为由驾驶室控制站进行中速前进控制时，切断遥控系统的动力(电、空气、油压)2 分钟，检查主机不应因控制动力中断而发生任何危险或不正常情况；标有“→→”的过程，为主机由应急停车装置进行紧急停车。

试验时主机的转速应为船舶在狭水道或港内操纵航行时的全速、中速、慢速和微速，一般试验时的全速约为海上航行时主机额定转速的 2/3。

试验中当每一档控制状况改变时，其改变的转速应达到稳定状况。

(8) 在驾驶室进行主机遥控操纵。当船舶作中速航行时，模拟一个使发电机自动停车故障，检查备用发电机自动起动投入供电的功能；在供电恢复后，与船舶航行有关的重要辅机应立即自动起动投入运行，保证航行安全。

12.5.4　机舱自动化试验

机舱自动化试验又称无人机舱试验，是船舶进行海上航行试验的最后一个内容。这是因为无人机舱是对全船自动化系统以及各类设备的综合性考验，是对自动化的运行网络和应变能力的最终检验。这个试验一般都安排在全船主机系统设备试验结束后进行。

无人机舱是自动化程度的一种标志。对于机舱自动化附加标志的定义有以下几种：

AUT－0：推进装置由驾驶室控制站遥控，包括机舱集控室控制站周期无人值班。

AUT－1：推进装置由驾驶室控制站遥控，机舱集控室控制站有一人值班，对机电设备进行监控。

BRC：推进装置由驾驶室控制站遥控，机器处所有人值班对机电设备进行监控。

MCC：机舱集控室控制站有人值班，对机电设备进行监控。

无人机舱考核的范围比较广，包括的设备也很多。一般情况下，在无人值班航行中，自动化系统应该保证至少下列机电设备连续正常的运行。

主机(包括电力推进装置)以及为主机服务的重要辅机，例如：主机高/低温冷却淡水泵，主机冷却海水泵，辅机冷却海水泵、主滑油泵、主机凸轮轴滑油泵、主机燃油循环泵及辅锅炉等。

其他机电设备，如可变螺距桨、空气压缩机、燃油、柴油、滑油分油机、侧推器、舱底水系统(包括舱底水泵)、舱底水油水分离器、制淡装置、污水处理装置、污水井、燃油系统以及机舱火警、轮机员呼叫和延伸报警装置等。

1. 检验前应具备的条件

(1) 机舱集控台检测报警点全部试验完毕，经检验确认正确无误，机舱集控台检测报警点自检功能正常，确认报警点没有被锁住现象。全部报警点均正常工作。消除所有相关系统的故障，确保所有相关系统正常运行，无错误的报警现象。

(2) 机舱集控台检测报警点除延伸到驾驶室控制站报警外，还应延伸到向几个轮机员居住舱室内(至少有一个轮机员居住舱室)报警，以便进行监视。延伸报警应经试验确认正确无误。

(3) 辅锅炉试验，特别是辅锅炉自控系统试验完毕。锅炉燃烧器在各种工况下保持正常供汽和稳定燃烧、自动点火。当给水泵和燃油的出口压力低时，自动起动备用泵投入工作，能使锅炉水位在所有工况下自动保持在规定范围内。

(4) 为主机服务的重要辅机自动转换试验完毕。当水泵、油泵的出口压力低时，自动起动备用泵投入工作，保证主机正常运行。

(5) 发电机和自动电站试验完毕。当发电机发生故障时备用发电机自动起动、建压、自动合闸投入工作，或者当负荷增加、备用发电机自动起动、建压、自动同步并网投入工作，保证机电设备正常供电，应急发电机组应处于正常工作状态。

(6) 主机遥控试验完毕，主机在驾驶室进行遥控，正确无误、运行可靠。

(7) 其他机电设备试验完毕，均能保证连续正常运转。

(8) 机舱油水柜液位应能保证在无人机舱试验时不会出现高位或低位报警的位置上。

(9) 机舱内底应清扫干净、污油柜、污水井应清扫干净。

2. 检验的方法

在无人机舱试验前，应由验船师、船东、船厂三方共同确认完成就绪。试验时，除船东、验船师和船厂检验人员在场外，其他人员一律撤出机舱。将控制部位转到驾驶室遥控后，开始 4 小时或者 6 小时的无人机舱试验。试验时应尽量选择较宽阔的海域，以便于在各种工况下进行试验。

由于无人机舱的试验主要是对设备工况的考核，所以，必须在有充分准备的情况下进行。在试验中，我们应该注意下列情况。

(1) 在试验中要密切注意自动化系统的监控设备，以及打印、记录设备，应该随时观察各设备的运行情况。

(2) 对于报警应该做具体分析。一般情况下不应该有重要报警的出现。所谓重要报警，是指如不及时处理将直接影响航行或损坏设备的报警，即无自动停车或自动降速的报警。原则上一般非重要报警点也不应该超过三个，这三个报警，也应该属于正常报警而不是误报警。

(3) 对于备用设备的自动投入工作或者转换，原则上应该属于正常工作状态。但是对转换的原因作为船厂应该做具体的分析，以便查出还有没有暴露的隐患。

(4) 考虑到试验期间可能出现的不可预见的问题，试验中，应选配轮机方面的检验人员在岗，出现问题时，应采取果断措施，以保证设备和人身的安全。

(5) 试验中如出现较重要的问题时应该停止试验，待问题解决后，重新进行试验。如果出现的问题不影响整个系统的正常运行，在征得船东和验船师的同意后，也可以继续进行试验，待试验结束后解决。

参 考 文 献

[1] 刘允嘉,杨本法.动力机械测试基础[M].上海:上海交通大学出版社,1985.
[2] 罗次申.动力机械测试技术[M].上海:上海交通大学出版社,2001.
[3] 吕崇德.热工参数测量与处理[M].北京:清华大学出版社,1990.
[4] 陆俊岫.船舶建造质量检验[M].哈尔滨:哈尔滨工程大学出版社,1996.
[5] 严兆大.热能与动力机械测试技术[M].北京:机械工业出版社,1999.
[6] 王伯雄.测试技术基础[M].北京:清华大学出版社,2003.
[7] 郑正泉,等.热能与动力工程测试技术[M].武汉:华中科技大学出版社,2001.
[8] 辛淑华,施卫.现代机电工程测试技术[M].广州:华南理工大学出版社,2001.
[9] 张洪亭,王明赞.测试技术[M].沈阳:东北大学出版社,2005.
[10] 刘文铁,阮根健.锅炉热工测试技术[M].哈尔滨:哈尔滨工业大学出版社,1996.
[11] 唐露新.传感与检测技术[M].北京:科学出版社,2006.
[12] 樊尚春.传感器技术及应用(第2版)[M].北京:北京航空航天大学出版社,2010.
[13] 费业泰.误差理论与数据处理[M].北京:机械工业出版社,1981.
[14] 吴正毅.测试技术与测试信号处理[M].北京:清华大学出版社,1991.
[15] 中华人民共和国国家军用标准.GJB 2854—1997 舰船轴功率测试方法[S].
[16] 中华人民共和国国家标准.GB/T 3471—2011 海船系泊及航行试验通则[S].
[17] 中华人民共和国国家标准.GB/T 3221—2010 柴油机动力内河船舶系泊及航行试验通则[S].
[18] 中华人民共和国船舶行业标准.CB 3410—91 舰船用遥测扭矩仪[S].
[19] 中华人民共和国国家标准.GB 14763—2005 污染物排放限值及测量方法(收集法)[S].
[20] 中华人民共和国国家标准.GB *****—2004 重型车用发动机排气污染为排放限值及测量方法(Ⅲ、Ⅳ、Ⅴ)[S].
[21] 徐科军.传感器与检测技术(第3版)[M].北京:电子工业出版社,2011.
[22] 周杏鹏.传感器与检测技术[M].北京:清华大学出版社,2010.
[23] 厉彦忠,吴筱敏.热能与动力机械测试技术[M].西安:西安交通大学出版社,2007.